CONTENTS

이 책의 차례 부동산창업아카데미

저자 김정우

저자 약력

1996년 상문고등학교 졸업
2004년 성균관대학교 졸업
2012년 사법시험 합격
2015년 사법연수원 수료

경력

가. 변호사 경력
2015. 법무법인 우송 소속변호사
2016. 법무법인 센트로 파트너 변호사
2022. 법무법인 센트로 공동대표 변호사 (현재)

나. 정비사업 등 기타 경력
2017. 주거환경연구원 정비사업전문관리사 과정 수료
2017. 제14기 서초부동산 최고경영자과정 수료
2018. 대한변호사협회 등록 <재건축·재개발> 전문변호사
2018. 부동산법률업무과정 수료(대한변호사협회)
2018. 세무아카데미 수료(대한변호사협회)
2019. 대한법무사협회 재개발·재건축 강사
2019. 한국금융투자협회 금융투자교육원 재개발·재건축 강사
2019. 대한법률구조공단 재개발·재건축 강사
2019. 사단법인 주거환경연구원 재개발·재건축 강사
2020. 안양시 도시정비사업 점검위원
2020. 대한변협신문(법조신문) 칼럼니스트
2021. 대한변호사협회 등록 <등기·경매> 전문변호사
2021. 하우징헤럴드 칼럼니스트
2021. 여성소비자신문 칼럼니스트
2022. 머니투데이 칼럼니스트
2022. 부산고등법원 재개발·재건축 전문재판역량강화교육 강사
2022. 시흥시 재건축,재개발,소규모주택정비사업 아카데미 강사
2023. 신한은행 부동산투자센터 재개발·재건축 강사
2023. 서울지방변호사회 변호사 의무연수 강사(재개발·재건축)
2023. 광주광역시 북구청 재개발·재건축 강사
2023. 대한변호사협회 법제위원회 위원
2023. 경기도 리모델링 자문단 위원
2023. (재)시흥시 도시재생지원센터 정비사업 전문가 자문단 자문위원
2023. 시흥시 정비사업 지원 정책개발 TF 민간전문위원
2023. 리모델링 사업 관리사(RMP) 자격 취득(한국리모데링협회)
2024. 한국부동산원 정비사업 자문위원(조합운영 실태점검, 공사비분쟁)

Part

01

재개발 · 재건축실무

1 도시정비법의 의의와 제정, 개정 경위

「도시 및 주거환경정비법(이하 '도시정비법'이라고 함)」은 2002. 12. 30. 제정되어 2003. 7. 1.부터 시행이 되었다. 도시정비법은 도시기능의 회복이 필요하거나 주거환경이 불량한 지역을 계획적으로 정비하고 노후·불량건축물을 효율적으로 개량하기 위하여 필요한 사항을 규정함으로써 도시환경을 개선하고 주거생활의 질을 높이는 데 이바지함을 목적으로 한다.

대한민국은 1970년대 이후 산업화·도시화 과정에서 대량 공급된 주택들이 2000년대 들어서면서 노후화됨에 따라 이들을 체계적이고 효율적으로 정비할 필요성이 커졌다. 도시정비법이 제정되기 전에는 재개발사업·재건축사업 및 주거환경개선사업이 각각 개별법으로 규정되어 이에 관한 제도적 뒷받침이 미흡하다는 지적이 있었다.

도시정비법이 제정되기 전, 주거환경개선사업은 도시저소득주민의주거환경개선을위한임시조치법이, 재건축사업은 주택건설촉진법이, 재개발사업(도시환경정비사업 포함)은 도시재개발법이 규율하였다. 위 사업이 모두 도시정비법의 제정으로 통합되었다.

그 후 정비사업에 대한 사회적 수요가 급증하고, 시장 상황 변화에 부응하기 위하여 도시정비법 개정이 빈번하게 이루어졌으며, 법조문도 제정 당시 88개조 273개항에서 2017년 경에는 110개가 넘게 크게 증가하였다. 이로 인해 법률 규정이 지나치게 복잡하고 일반 국민이 이해하기가 어려울 뿐만 아니라, 정비사업을 둘러싼 분쟁이 다수 발생하고 있어, 법률을 알기 쉽게 개편하고 불필요한 분쟁을 저감할 수 있도록 법률 규정을 정비할 필요성이 증대되었다.

이에 따라 복잡한 정비사업 유형을 통합하여 단순화하고, 분쟁을 유발하는 불명확한 규정은 명확하게 개선하는 한편, 일반 국민들이 정비사업 제도를 쉽게 이해할 수 있도록 2017. 2. 8. 도시정비법을 전면 개정하였고, 위 전부 개정 도시정비법은 2018. 2. 9.부터 시행되었다.

한편, 도시정비법은 대규모 정비사업 위주로 주요내용이 구성되어 있고, 가로주택정비사업 등 소규모 정비사업과 관련된 사항이 있기는 하였으나, 사업 활성화를 위한 지원규정은 미흡한 수준이라는 문제가 지속적으로 제기되어 왔다. 특히 저소득층의 60% 이상이 단독·다세대주택에 거주하고 있다는 점에서 소규모주택 정비에 대한 공공의 다각적 지원이 요구되었다.

이에 2017년 도시정비법을 전부개정하면서 동시에 「빈집 및 소규모주택 정비에 관한 특례법(이하 '소규모주택정비법'이라 함)」을 새로이 제정하여, 빈집의 체계적 정비를 위한 제도적 근거를 마련하고, 도시정비법에서 규정하고 있던 가로주택정비사업 등을 이 법으로 이관하여 사업절차를 간소화하는 한편, 사업 활성화를 위하여 건축규제완화, 임대주택건설 등의 특례규정과 정비지원기구 지정, 임대관리업무 지원, 기술지원 및 정보제공 등의 지원규정을 신설하였다.

현재 주거환경개선사업, 재개발사업, 재건축사업은 도시정비법이 규율하고, 자율주택정비사업, 가로주택정비사업, 소규모재건축사업, 소규모재개발사업 등 소규모주택정비사업은 소규모주택정비법이 규율하고 있다.

이번 강의에서는 도시정비법에 규정된 공인중개사의 의무를 살펴보고, 정비사업의 진행 절차 및 정비구역 내 부동산 중개 시 공인중개사가 반드시 알아야 할 분양자격과 입주권에 관한 사항 등에 대하여 관련 규정 및 최신 법원의 판결례에 대하여 알아본다.

2 도시정비법상 토지등소유자, 공인중개사의 설명의무(제122조)

도시정비법 제122조는 토지등소유자가 정비구역 내 부동산 거래를 위한 계약을 체결할 경우 몇 가지 중요 사항에 대하여 설명의무를 규정하고 있다. 위 사항들은 공인중개사법 제25조의 중개대상물의 확인·설명의무에도 해당된다.

그러므로 정비구역 내 부동산을 거래할 경우 공인중개사는 반드시 위 규정을 숙지하여 중개사고가 발생하지 않도록 주의해야 한다.

● **도시정비법**

제122조(토지등소유자의 설명의무) ① 토지등소유자는 자신이 소유하는 정비구역 내 토지 또는 건축물에 대하여 매매·전세·임대차 또는 지상권 설정 등 부동산 거래를 위한 계약을 체결하는 경우 다음 각 호의 사항을 거래 상대방에게 설명·고지하고, 거래 계약서에 기재 후 서명·날인하여야 한다.

1. 해당 정비사업의 추진단계
2. 퇴거예정시기(건축물의 경우 철거예정시기를 포함한다)
3. 제19조에 따른 행위제한
4. 제39조에 따른 조합원의 자격
5. 제70조제5항에 따른 계약기간
6. 제77조에 따른 주택 등 건축물을 분양받을 권리의 산정 기준일
7. 그 밖에 거래 상대방의 권리·의무에 중대한 영향을 미치는 사항으로서 대통령령으로 정하는 사항

② 제1항 각 호의 사항은 「공인중개사법」 제25조제1항제2호의 "법령의 규정에 의한 거래 또는 이용제한사항"으로 본다.

● 도시정비법 시행령

제92조(토지등소유자의 설명의무) 법 제122조제1항제7호에서 "대통령령으로 정하는 사항"이란 다음 각 호를 말한다.

1. 법 제72조제1항제2호에 따른 분양대상자별 분담금의 추산액
2. 법 제74조제1항제6호에 따른 정비사업비의 추산액(재건축사업의 경우에는 「재건축초과이익 환수에 관한 법률」에 따른 재건축부담금에 관한 사항을 포함한다) 및 그에 따른 조합원 분담규모 및 분담시기

● 공인중개사법

제25조(중개대상물의 확인·설명) ① 개업공인중개사는 중개를 의뢰받은 경우에는 중개가 완성되기 전에 다음 각 호의 사항을 확인하여 이를 해당 중개대상물에 관한 권리를 취득하고자 하는 중개의뢰인에게 성실·정확하게 설명하고, 토지대장 등본 또는 부동산종합증명서, 등기사항증명서 등 설명의 근거자료를 제시하여야 한다. <개정 2011. 4. 12., 2013. 7. 17., 2014. 1. 28., 2020. 6. 9.>

1. 해당 중개대상물의 상태·입지 및 권리관계
2. 법령의 규정에 의한 거래 또는 이용제한사항
3. 그 밖에 대통령령으로 정하는 사항

② 개업공인중개사는 제1항에 따른 확인·설명을 위하여 필요한 경우에는 중개대상물의 매도의뢰인·임대의뢰인 등에게 해당 중개대상물의 상태에 관한 자료를 요구할 수 있다. <개정 2014. 1. 28., 2020. 6. 9.>

③ 개업공인중개사는 중개가 완성되어 거래계약서를 작성하는 때에는 제1항에 따른 확인·설명사항을 대통령령으로 정하는 바에 따라 서면으로 작성하여 거래당사자에게 교부하고 대통령령으로 정하는 기간 동안 그 원본, 사본 또는 전자문서를 보존하여야 한다. 다만, 확인·설명사항이 「전자문서 및 전자거래 기본법」 제2조제9호에 따른 공인전자문서센터(이하 "공인전자문서센터"라 한다)에 보관된 경우에는 그러하지 아니하다. <개정 2014. 1. 28., 2018. 8. 14., 2020. 6. 9.>

④ 제3항에 따른 확인·설명서에는 개업공인중개사(법인인 경우에는 대표자를 말하며, 법인에 분사무소가 설치되어 있는 경우에는 분사무소의 책임자를 말한다)가 서명 및 날인하되, 해당 중개행위를 한 소속공인중개사가 있는 경우에는 소속공인중개사가 함께 서명 및 날인하여야 한다. <개정 2009. 4. 1., 2014. 1. 28., 2020. 6. 9.>

도시정비법 제122조에 따르면, 토지등소유자는 자신이 소유하는 정비구역 내의 토지 또는 건축물에 대해 매매, 임대차, 지상권 설정 등의 부동산 거래를 체결할 때 해당 정비사업의 추진 단계, 퇴거 예정 시기, 도시정비법 제19조에 따른 행위제한, 제39조에 따른 조합원의 자격, 제70조제5항에 따른 계약기간, 제77조에 따른 주택 등 건축물을 분양받을 권리의 산정 기준일, 그리고 거래 상대방의 권리와 의무에 중대한 영향을 미치는 사항 등을 상세히 설명해야 한다. 이러한 설명은 계약서에 기재되어야 하며, 서명 및 날인이 필요하다.

공인중개사도 도시정비법 제122조 각호의 사항에 대하여 설명의무가 있는데, 위 각호의 사항은 공인중개사법 제25조 제1항 제2호의 "법령의 규정에 의한 거래 또는 이용제한 사항"으로 간주하기 때문이다. 즉 공인중개사도 도시정비법 제122조에 따라 정비사업의 추진 단계, 퇴거 예정 시기 등을 성실하고 정확하게 설명해야 하는 책임이 있다.

토지등소유자와 공인중개사 모두 위 설명의무를 위반할 경우, 손해배상 책임이 발생할 수도 있다.

특히 도시정비법 제39조의 조합원의 자격과 관련하여 조합원자격이 승계되는 부동산인지 여부가 자주 문제가 되기 때문에 이 부분을 정확히 파악하고 중개해야 한다. 매수인이 단독으로 조합원 지위를 취득할 수 있는지 여부, 투기과열지구 내 부동산의 경우 조합원 지위승계가 가능한지 여부 등에 대하여 자세히 설명해야 하고 계약서에 기재해야 한다(조합원의 의의 파트 참조).

도시정비법 제70조 제5항은 "제74조에 따라 관리처분계획의 인가를 받은 경우 지상권·전세권설정계약 또는 임대차계약의 계약기간은 「민법」 제280조·제281조 및 제312조제2항, 「주택임대차보호법」 제4조제1항, 「상가건물 임대차보호법」 제9조제1항을 적용하지 아니한다"라고 규정하고 있는데, 정비구역 내 지상권, 전세권 또는 임대차계약을 체결할 경우, 주택임대차보호법과 상가건물임대차보호법에 따른 계약기간이 보장되지 않는다는 점도 명시적으로 설명하고 계약서에 기재해야 한다.

정비구역 내 부동산 매수인은 아파트 입주권(분양자격)을 목적으로 취득하는 경우가 많다. 그러므로 매도인인 토지등소유자와 공인중개사는 도시정비법 제77조에 따른 주택등 건축물의 분양받을 권리의 산정 기준일도 정확히 파악하여 설명하고 계약서에 기재해야 한다.

그리고 해당 정비사업에 대하여 사업시행인가가 나고 분양절차가 진행되는 단계 또는 관리처분계획이 수립된 단계까지 진행이 되었다면 도시정비법 제72조 제1항 제2호에 따른 분양대상자별 분담금의 추산액, 제74조 제1항 제6호에 따른 정비사업비의 추산액(재건축사업의 경우에는 「재건축초과이익 환수에 관한 법률」에 따른 재건축부담금에 관한 사항을 포함한다) 및 그에 따른 조합원 분담규모 및 분담시기 등의 자료가 토지등소유자에게 통지가 되었을 것이다. 도시정비법 제122조 제1항의 설명의무에 위 내용도 포함되어 있으니 꼼꼼히 챙겨서 설명해야 하고, 계약서에 기재해야 한다.

이하에서는 토지등소유자, 공인중개사의 설명의무에 포함되는 사항의 구체적인 내용과 함께 공인중개사가 반드시 알아야 할 정비사업의 종류, 도시정비법상의 조문내용 및 관련 최신 판결례 등에 대해서 살펴본다.

● 도시정비법 제122조 및 손해배상 관련 판결례

부산지방법원 2020. 1. 16. 선고 2019가단319361 판결

부동산중개업자와 중개의뢰인과의 법률관계는 민법상의 위임관계와 같으므로 중개업자는 중개의뢰의 본지에 따라 선량한 관리자의 주의로 중개대상물의 권리관계 등을 조사·확인하여 설명할 의무가 있고, 그 주의의무를 위반할 경우에는 그로 인한 손해를 배상할 책임이 있다(대법원 2007. 11. 15. 선고 2007다44156 판결 등 참조). 그리고 공인중개사법 제25조 제1항은 '개업공인중개사는 중개를 의뢰받은 경우 중개가 완성되기 전에 당해 중개대상물의 상태·입지 및 권리관계(제1호), 법령의 규정에 의한 거래 또는 이용제한사항(제2호) 등을 확인하여 이를 당해 중개대상물에 관한 권리를 취득하고자 하는 중개의뢰인에게 성실·정확하게 설명하고, 토지대장 등본 또는 부동산종합증명서, 등기사항증명서 등 설명의 근거자료를 제시하여야 한다.'고 규정하고 있고, 같은 법 제30조는 '개업공인중개사는 중개행위를 함에 있어서 고의 또는 과실로 인하여 거래당사자에게 재산상의 손해를 발생하게 한 때에는 그 손해를 배상할 책임이 있다.'고 규정하고 있으며, 도시 및 주거환경정비법(이하 '도시정비법'이라 한다) 제122조 제1항은 '토지 등 소유자는 자신이 소유하는 정비구역 내 토지 또는 건축물에 대하여 매매·전세·임대차 또는 지상권 설정 등 부동산 거래를 위한 계약을 체결하는 경우 해당 정비사업의 추진단계(제1호), 퇴거예정시기(건축물의 경우 철거예정시기를 포함한다, 제2호), 그 밖에 거래 상대방의 권리·의무에 중대한 영향을 미치는 사항으로서 대통령령으로 정하는 사항(제7호) 등의 사항을 거래 상대방에게 설명·고지하고, 거래 계약서에 기재 후 서명·날인하여야 한다.'고 규정하고 있고, 같은 조 제2항은 '같은 조 제1항 각 호의 사항은 공인중개사법 제25조 제1항 제2호의 "법령의 규정에 의한 거래 또는 이용제한사항"으로 본다.'라고 규정하고 있다.

......<중간생략>......

피고 C은 도시정비법 제122조, 공인중개사법 제25조 제1항에 따라 원고 측에게 이 사건 사업의 추진단계, 퇴거예정시기, 이 사건 건물의 철거예정시기 등을 성실·정확하게 설명하고, 설명의 근거자료를 제시하여야 함에도, 위 사항 등을 제대로 확인하거나 원고 측에게 설명하지 아니하였다.

서울중앙지방법원 2020. 7. 15. 선고 2018가합568523 판결

즉 공인중개법 제25조 제1항 제2호에는 '개업공인중개사는 중개를 의뢰받은 경우에는 중개가 완성되기 전에 "법령의 규정에 의한 거래 또는 이용제한사항"을 확인하여 이를 해당 중개대상물에 관한 권리를 취득하고자 하는 중개의뢰인에게 성실·정확하게 설명하여야 할 의무가 있다'고 규정하고 있는데, 도시정비법 제122조 제1항 제4호에서 피고 C(토지소유자 등)이 거래상대방인 원고들에 대하여 설명·고지하여야 할 사항인 '조합원 자격'에 관한 사항은 같은 조 제2항에서 「공인중개사법」 제25조 제1항 제2호의 "법령의 규정에 의한 거래 또는 이용제한사항"으로 보아, 공인중개사법 상 개업공인중개사인 피고 D, E이 이를 확인하여 해당 중개대상물인 이 사건 아파트에 관한 조합원지위 승계 권리를 취득하고자 하는 중개의뢰인인 원고들에게 성실·정확하게 설명하여야 하는 사항인 점, 그런데 피고 D, E은 이 사건 계약에 있어 원고들이 피고 C의 조합원 지위를 승계취득할 것을 전제로, 이 사건 계약을 체결하는 것을 알면서도, 공인중개사로서 이 사건 재건축사업에 관한 관할관청인 서초구청 등에

이에 대한 확인이나 별도의 법률적 검토없이 이 사건 계약 체결을 중개한 점, 피고 D, E은 이 사건 계약의 중개로 7,000,000원이라는 적지 않은 중개수수료를 취득하였는바 피고 조합에 조합원승계에 문제가 없는지 확인한 사실만으로 피고 D, E이 공인중개사법 상 개업공인중개사로서의 의무를 모두 이행하였다고 보기 어려운 점 등에 비추어 보면, 피고 D, E은 개업공인중개사로서 중개행위를 함에 있어 당연히 설명·고지해야 할 사항인 '조합원자격'에 관한 사항을 제대로 설명하지 못한 과실이 있다. 따라서 피고 D, E은 원고들에게 공인개사법 제30조 제1항에 의하여 중개업무에 대한 채무불이행 책임 또는 불법행위 책임에 근거하여 원고들이 입은 손해를 배상할 책임이 있다.

인천지방법원 부천지원 2020. 1. 8. 선고 2019가합101792 판결

피고 C은 공인중개사로서 이 사건 조합 사업구역 내에 있는 이 사건 부동산의 매매계약을 중개함에 있어 공인중개사법 제25조 제1항 제2호에 따라 '법령의 규정에 의한 거래 또는 이용제한사항', 즉 도시정비법 제122조 제2항, 제1항 제4호에서 정한 '조합원의 자격'에 관한 사항을 원고에게 성실·정확하게 설명하고 설명의 근거자료를 제시하여야 할 의무를 부담한다. 그런데 갑 제2, 3, 8 내지 10호증, 을 제4호증의 각 기재에 변론 전체의 취지를 더하여 보면, 피고 C은 이 사건 매매계약 중개 시 이 사건 조합에 아무런 확인도 하지 않은 채 원고에게는 확인을 하였다고 하면서 이 사건 부동산을 매수하면 추후 아파트 분양권 하나를 취득할 수 있는 온전한 단독 조합원으로서의 지위 및 권리를 취득할 수 있다고 잘못 설명한 사실이 인정된다. 이러한 피고 C의 과실로 인하여 원고는 이 사건 부동산과 관련된 조합원 자격, 지위에 관하여 착오한 채이 사건 매매계약을 체결하게 되었고, 이로 인하여 손해가 발생하였으므로, 피고 C은 공인중개사법 제30조 제1항에 기하여 원고에게 그 손해를 배상할 의무가 있다.

3 도시정비법상의 정비사업의 종류[1]

"정비사업"이란 도시정비법에서 정한 절차에 따라 도시기능을 회복하기 위하여 정비구역에서 정비기반시설을 정비하거나 주택 등 건축물을 개량 또는 건설하는 아래 3가지 사업을 의미한다.

가. 주거환경개선사업

도시저소득 주민이 집단거주하는 지역으로서 정비기반시설이 극히 열악하고 노후·불량건축물이 과도하게 밀집한 지역의 주거환경을 개선하거나 단독주택 및 다세대주택이 밀집한 지역에서 정비기반시설과 공동이용시설 확충을 통하여 주거환경을 보전·정비·개량하기 위한 사업

1) 별도 법률 명칭이 언급되어 있지 않을 경우 '도시정비법'을 의미한다.

나. 재개발사업

정비기반시설이 열악하고 노후·불량건축물이 밀집한 지역에서 주거환경을 개선하거나 상업지역·공업지역 등에서 도시기능의 회복 및 상권활성화 등을 위하여 도시환경을 개선하기 위한 사업. 이 경우 다음 요건을 모두 갖추어 시행하는 재개발사업을 "공공재개발사업"이라 한다.

1) 특별자치시장, 특별자치도지사, 시장, 군수, 자치구의 구청장(이하 "시장·군수등"이라 한다) 또는 제10호에 따른 토지주택공사등(조합과 공동으로 시행하는 경우를 포함한다)이 제24조에 따른 주거환경개선사업의 시행자, 제25조 제1항 또는 제26조 제1항에 따른 재개발사업의 시행자나 제28조에 따른 재개발사업의 대행자(이하 "공공재개발사업 시행자"라 한다)일 것
2) 건설·공급되는 주택의 전체 세대수 또는 전체 연면적 중 토지등소유자 대상 분양분(제80조에 따른 지분형주택은 제외한다)을 제외한 나머지 주택의 세대수 또는 연면적의 100분의 20 이상 100분의 50 이하의 범위에서 대통령령으로 정하는 기준에 따라 특별시·광역시·특별자치시·도·특별자치도 또는 「지방자치법」 제198조에 따른 서울특별시·광역시 및 특별자치시를 제외한 인구 50만 이상 대도시(이하 "대도시"라 한다)의 조례(이하 "시·도조례"라 한다)로 정하는 비율 이상을 제80조에 따른 지분형주택, 「공공주택 특별법」에 따른 공공임대주택(이하 "공공임대주택"이라 한다) 또는 「민간임대주택에 관한 특별법」 제2조 제4호에 따른 공공지원민간임대주택(이하 "공공지원민간임대주택"이라 한다)으로 건설·공급할 것. 이 경우 주택 수 산정방법 및 주택 유형별 건설비율은 대통령령으로 정한다.

다. 재건축사업

정비기반시설은 양호하나 노후·불량건축물에 해당하는 공동주택이 밀집한 지역에서 주거환경을 개선하기 위한 사업. 이 경우 다음 요건을 모두 갖추어 시행하는 재건축사업을 "공공재건축사업"이라 한다.

1) 시장·군수등 또는 토지주택공사등(조합과 공동으로 시행하는 경우를 포함한다)이 제25조 제2항 또는 제26조 제1항에 따른 재건축사업의 시행자나 제28조 제1항에 따른 재건축사업의 대행자(이하 "공공재건축사업 시행자"라 한다)일 것
2) 종전의 용적률, 토지면적, 기반시설 현황 등을 고려하여 대통령령으로 정하는 세대수 이상을 건설·공급할 것. 다만, 제8조 제1항에 따른 정비구역의 지정권자가 「국토의 계획 및 이용에 관한 법률」 제18조에 따른 도시·군기본계획, 토지이용 현황 등 대통령령으로 정하는 불가피한 사유로 해당하는 세대수를 충족할 수 없다고 인정하는 경우에는 그러하지 아니하다.

● '소규모주택정비법' 상의 소규모주택정비사업의 종류

가. 자율주택정비사업 : 단독주택, 다세대주택 및 연립주택을 스스로 개량 또는 건설하기 위한 사업
나. 가로주택정비사업 : 가로구역에서 종전의 가로를 유지하면서 소규모로 주거환경을 개선하기 위한 사업
다. 소규모재건축사업[2] : 정비기반시설이 양호한 지역에서 소규모로 공동주택을 재건축하기 위한 사업. 이 경우 도심 내 주택공급을 활성화하기 위하여 다음 요건을 모두 갖추어 시행하는 소규모재건축사업을 "공공참여 소규모재건축활성화사업"이라 한다.
  1) 제10조 제1항 제1호에 따른 토지주택공사등이 제17조 제3항에 따른 공동시행자, 제18조 제1항에 따른 공공시행자 또는 제56조에 따른 사업대행자(이하 "공공시행자등"이라 한다)일 것
  2) 건설·공급되는 주택이 종전 세대수의 대통령령으로 정하는 비율 이상일 것. 다만, 제27조에 따른 통합심의를 거쳐 「국토의 계획 및 이용에 관한 법률」 제18조에 따른 도시·군기본계획 또는 정비기반시설 등 토지이용 현황 등을 고려하여 대통령령으로 정하는 비율 이상 건축할 수 없는 불가피한 사정이 있다고 인정하는 경우에는 그러하지 아니하다.
라. 소규모재개발사업 : 역세권 또는 준공업지역에서 소규모로 주거환경 또는 도시환경을 개선하기 위한 사업

4 재개발, 재건축 정비사업의 추진 절차

도시및주거환경정비기본방침 → 도시및주거환경정비기본계획 → 정비계획수립및정비구역지정 → 조합설립추진위원회 구성 및 승인 → 조합설립인가 → 시공자선정 → 사업시행계획인가 → 분양신청절차 → 관리처분계획인가 → 이주·철거·착공·준공 → 이전고시 → 해산·청산

가. 도시 및 주거환경정비 기본방침 결정(제3조)

국토교통부장관은 도시 및 주거환경을 개선하기 위하여 10년마다 도시 및 주거환경 정비를 위한 국가 정책 방향, 제4조 제1항에 따른 도시·주거환경정비기본계획의 수립 방향, 노후·불량 주거지 조사 및 개선계획의 수립, 도시 및 주거환경 개선에 필요한 재정지원계획의 사항을 포함한 기본방침을 정하고, 5년마다 타당성을 검토하여 그 결과를 기본방침에 반영하여야 한다.

2) 본 항에 한하여 별도 법률 명칭이 언급되어 있지 않은 부분은 '소규모주택정비법'을 의미한다.

나. 도시 및 주거환경정비 기본계획 수립(제4조)

특별시장·광역시장·특별자치시장·특별자치도지사 또는 시장은 관할 구역에 대하여 도시·주거환경정비기본계획(이하 "기본계획"이라 한다)을 10년 단위로 수립하여야 한다. 다만, 도지사가 대도시가 아닌 시로서 기본계획을 수립할 필요가 없다고 인정하는 시에 대하여는 기본계획을 수립하지 아니할 수 있다. 특별시장·광역시장·특별자치시장·특별자치도지사 또는 시장은 기본계획에 대하여 5년마다 타당성을 검토하여 그 결과를 기본계획에 반영하여야 한다. 기본계획에는 정비사업의 기본방향, 정비사업의 계획기간, 인구·건축물·토지이용·정비기반시설·지형 및 환경 등의 현황, 주거지 관리계획 등이 포함된다.

다. 정비계획수립 및 정비구역지정(제8조)

정비계획은 도시정비법에 따라 정비구역 내의 사업을 체계적으로 시행하기 위한 행정계획이다. 이는 정비사업의 명칭, 정비구역 및 면적, 도시계획시설의 설치, 공동이용시설의 설치, 건축물의 주용도, 건폐율, 용적률, 높이에 관한 계획, 사업시행 예정 시기와 세입자 주거대책 등을 포함하여 수립하는 계획이다. 정비계획은 정비사업이 계획적으로 진행될 수 있도록 지침 역할을 한다. 정비구역은 정비사업을 계획적으로 시행하기 위해 지정된 구역을 의미한다. 정비구역은 정비계획을 전제로 하여 지정되며, 그 안에서 정비사업이 수행된다. 정비구역의 지정은 해당 지역의 토지와 건축물의 위치와 면적을 확정하며, 이로 인해 조합원의 범위와 신축 건축물의 부지가 결정된다. 정비계획과 정비구역은 서로 밀접한 관련이 있으며, 정비계획이 수립되어야 정비구역이 지정될 수 있다.

라. 조합설립추진위원회 구성 및 승인(제31조)

조합설립추진위원회는 토지등소유자 과반수의 동의를 얻어 구성되며, 위원장과 감사 등 주요 임원을 포함한 최소 5명의 위원으로 구성되며, 시장·군수등의 승인을 받아야 한다. 추진위원회는 정비사업을 위해 조합을 설립하기 전에 필요한 준비 작업, 예를 들어, 조합설립인가를 받기 위한 창립총회의 준비 및 개최, 정비사업전문관리업자의 선정, 조합 설립을 위한 동의서 징구, 조합정관 초안 작성 등의 업무를 수행한다. 추진위원회는 도시정비법령 및 운영규정에 따라 활동하며, 추진위원회가 수행한 업무와 관련된 권리와 의무는 조합에 포괄적으로 승계된다.

마. 조합설립인가(제35조)

조합설립추진위원회는 도시정비법 제35조에 따라 토지등소유자들로부터 동의서를 징구한 후 시장·군수등으로부터 조합설립인가를 받는다. 조합설립인가를 받으면 조합은 법적 실체로서 존재하게 되며, 정비사업을 시행할 수 있는 공법인으로서의 지위를 갖게 된다. 조합설립인가처분은 단순히 사인들의 조합설립행위에 대한 보충행위로서의 성질을 갖는 것에 그치는 것이 아니라 법령상 요건을 갖출 경우 도시정비법상 주택재건축사업을 시행할 수 있는 권한을 갖는 행정주체로서의 지위를 부여하는 일종의 설권적 처분의 성격을 갖는다.

바. 시공자선정(제29조)

조합은 조합설립인가를 받은 후 조합총회에서 경쟁입찰 또는 수의계약(2회 이상 경쟁입찰이 유찰된 경우로 한정한다)의 방법으로 건설업자 또는 등록사업자를 시공자로 선정하여야 한다. 다만, 대통령령으로 정하는 규모 이하의 정비사업은 조합총회에서 정관으로 정하는 바에 따라 선정할 수 있다. 시공자는 반드시 조합원 총회에서 선정해야 하며, 시공자를 선정하기 위한 총회에는 조합원 과반수가 직접 참여해야 한다. 과거 서울의 경우 서울특별시 조례에 따라서 사업시행계획인가 이후에 시공자를 선정할 수 있었으나, 최근 해당 조례가 개정되어 서울도 조합설립인가 후 바로 시공자를 선정할 수 있게 되었다.

사. 사업시행계획인가(제50조)

사업시행계획은 도시 및 주거환경 정비사업에서 필수적인 계획으로, 정비사업을 체계적으로 수행하기 위한 구체적인 설계도와 같은 역할을 한다. 이는 정비구역 내에서 건축물 및 정비기반시설 등을 어떻게 설치하고 운영할 것인지에 대한 종합적인 계획을 포함한다. 사업시행계획에는 토지이용계획(건축물배치계획을 포함한다), 정비기반시설 및 공동이용시설의 설치계획, 임시거주시설을 포함한 주민이주대책, 세입자의 주거 및 이주 대책, 사업시행기간 동안 정비구역 내 가로등 설치, 폐쇄회로 텔레비전 설치 등 범죄예방대책, 임대주택의 건설계획(재건축사업의 경우는 제외한다), 건축물의 높이 및 용적률 등에 관한 건축계획, 정비사업비 등을 포함한다. 조합은 사업시행계획에 대해서 조합원 과반수의 찬성으로 의결할 수 있으며, 시장·군수등에게 제출하고 사업시행계획인가를 받아야 한다.

아. 분양신청절차(제72조)

조합 등 사업시행자는 사업시행계획인가의 고시가 있은 날(사업시행계획인가 이후 시공자를 선정한 경우에는 시공자와 계약을 체결한 날)부터 120일 이내에 분양대상자별 종전의 토지 또는 건축물의 명세 및 사업시행계획인가의 고시가 있은 날을 기준으로 한 가격, 분양대상자별 분담금의 추산액, 분양신청기간 등을 토지등소유자에게 통지하고, 분양의 대상이 되는 대지 또는 건축물의 내역 등 대통령령으로 정하는 사항을 해당 지역에서 발간되는 일간신문에 공고하여야 한다. 분양신청기간은 30일 이상 60일 이내로 하여야 하고, 관리처분계획의 수립에 지장이 없다고 판단하는 경우에는 분양신청기간을 20일의 범위에서 한 차례만 연장할 수 있다.

자. 관리처분계획인가(제74조)

정비사업시행구역 안에 있는 종전의 토지 또는 건축물의 소유권과 소유권 이외의 권리를 정비사업으로 새로이 조성된 토지와 축조된 건축시설에 관한 권리로 일정한 기준 아래 변환시켜 배분하는 일련의 계획이다. 관리처분계획은 사업시행인가고시 후 조합원이 출자한 재산에 대한 종전자산평가와 함께 새로이 신축하는 건축물과 대지 등에 대한 배분 기준 및 추산액 등을 산정하여 각 조합원들의 부담해야 할 분담금이 얼마인지 등을 확정하는 가장 중요한 기준이다. 관리처분계획에는 분양대상자별 분양예정인 대지 또는 건축물의 추산액,

정비사업비의 추산액 및 그에 따른 조합원 부담규모 및 부담시기 등이 포함된다. 관리처분계획은 조합원에게 구체적이고 결정적인 영향을 미치며, 정비사업조합은 이를 수립함에 있어 종전의 토지 또는 건축물의 면적, 이용상황, 환경 등을 종합적으로 고려하여 대지 또는 건축물이 균형 있게 분양신청자에게 배분되고 합리적으로 이용되도록 해야 한다. 조합은 분양신청기간이 종료된 때에는 분양신청의 현황을 기초로 관리처분계획을 수립하여야 한다. 관리처분계획에 대하여 조합원 총회에서 과반수 찬성을 받아야 하고, 시장·군수등의 인가를 받아야 한다.

차. 이주·철거·착공·준공(제81조, 제83조)

관리처분계획에 대한 인가가 나면, 정비구역의 토지에 대한 사용수익원은 조합이 가지게 되며, 토지등소유자 전원은 이주를 해야 한다. 이주가 완료되면 정비구역 내 기존 건축물을 모두 철거하고 공동주택 건설 공사를 시작하게 된다. 공사가 완료되면 시장·군수등으로부터 준공인가를 받아야 한다.

카. 이전고시(제86조)

이전고시란 관리처분계획에 따라 대지 또는 건축물의 소유권을 분양받을 자에게 이전하는 행정처분이다. 이전고시가 효력을 발생하면 조합원 등은 관리처분계획에 따라 분양받을 대지 또는 건축물에 대한 권리 귀속이 확정되고, 이를 토대로 새로운 법률관계를 형성하게 된다. 이전고시의 효력이 발생한 이후에는 대다수 조합원 등에 대하여 권리귀속 관계가 획일적으로 처리되므로, 그 후 일부 내용만을 변경할 수 없으며 전체 이전고시를 무효화하고 처음부터 다시 관리처분계획을 수립하여 이전고시 절차를 거치는 것은 허용되지 않는다. 이러한 절차는 정비사업의 공익적·단체법적 성격과 이미 형성된 법률관계를 유지하여 법적 안정성을 보호하기 위한 것이다. 따라서 이전고시가 효력을 발생한 후에는 관리처분계획의 취소나 무효확인을 구할 법률상 이익이 인정되지 않는다.

타. 해산·청산(제86조의2)

조합장은 이전고시가 있은 날부터 1년 이내에 조합 해산을 위한 총회를 소집하여야 한다. 조합장이 위 기간 내에 총회를 소집하지 아니한 경우 조합원 5분의 1 이상의 요구로 소집된 총회에서 조합원 과반수의 출석과 출석 조합원 과반수의 동의를 받아 해산을 의결할 수 있다. 이 경우 요구자 대표로 선출된 자가 조합 해산을 위한 총회의 소집 및 진행을 할 때에는 조합장의 권한을 대행한다. 시장·군수등은 조합이 정당한 사유 없이 해산을 의결하지 아니하는 경우에는 조합설립인가를 취소할 수 있다. 해산하는 조합에 청산인이 될 자가 없는 경우에는 「민법」 제83조에도 불구하고 시장·군수등은 법원에 청산인의 선임을 청구할 수 있다. 청산인은 지체 없이 청산의 목적범위에서 성실하게 청산인의 직무를 수행하여야 한다.

5 토지등소유자, 조합원의 의의와 자격

가. 토지등소유자

토지등소유자는 도시정비법상 각종 절차에 관한 동의권자이면서 조합원의 자격에 관한 가장 기초적인 개념이다. 토지등소유자의 개념과 동의자 수 산정에 관하여 도시정비법과 시행령은 아래와 같이 규정하고 있다.

● 도시정비법

제2조(정의) 이 법에서 사용하는 용어의 뜻은 다음과 같다.

9. "토지등소유자"란 다음 각 목의 어느 하나에 해당하는 자를 말한다. 다만, 제27조 제1항에 따라 「자본시장과 금융투자업에 관한 법률」 제8조 제7항에 따른 신탁업자(이하 "신탁업자"라 한다)가 사업시행자로 지정된 경우 토지등소유자가 정비사업을 목적으로 신탁업자에게 신탁한 토지 또는 건축물에 대하여는 위탁자를 토지등소유자로 본다.
   가. 주거환경개선사업 및 재개발사업의 경우에는 정비구역에 위치한 토지 또는 건축물의 소유자 또는 그 지상권자
   나. 재건축사업의 경우에는 정비구역에 위치한 건축물 및 그 부속토지의 소유자

● 도시정비법 시행령

제33조(토지등소유자의 동의자 수 산정 방법 등) ① 법 제12조 제2항, 제28조 제1항, 제36조 제1항, 이 영 제12조, 제14조 제2항 및 제27조에 따른 토지등소유자(토지면적에 관한 동의자 수를 산정하는 경우에는 토지소유자를 말한다. 이하 이 조에서 같다)의 동의는 다음 각 호의 기준에 따라 산정한다. <개정 2023. 12. 5., 2024. 3. 19.>

1. 주거환경개선사업, 재개발사업의 경우에는 다음 각 목의 기준에 의할 것
   가. 1필지의 토지 또는 하나의 건축물을 여럿이서 공유하는 경우에는 해당 토지 또는 건축물의 토지등소유자의 4분의 3 이상의 동의를 받아 이를 대표하는 1인을 토지등소유자로 산정할 것
   나. 토지에 지상권이 설정되어 있는 경우 토지의 소유자와 해당 토지의 지상권자를 대표하는 1인을 토지등소유자로 산정할 것
   다. 1인이 다수 필지의 토지 또는 다수의 건축물을 소유하고 있는 경우에는 필지나 건축물의 수에 관계없이 토지등소유자를 1인으로 산정할 것. 다만, 재개발사업으로서 법 제25조 제1항 제2호에 따라 토지등소유자가 재개발사업을 시행하는 경우 토지등소유자가 정비구역 지정 후에 정비사업을 목적으로 취득한 토지 또는 건축물에 대해서는 정비구역 지정 당시의 토지 또는 건축물의 소유자를 토지등소유자의 수에 포함하여 산정하되, 이 경우 동의 여부는 이를 취득한 토지등소유자에 따른다.
   라. 둘 이상의 토지 또는 건축물을 소유한 공유자가 동일한 경우에는 그 공유자 여럿을 대표하는 1인을 토지등소유자로 산정할 것

2. 재건축사업의 경우에는 다음 각 목의 기준에 따를 것
   가. 소유권 또는 구분소유권을 여럿이서 공유하는 경우에는 그 여럿을 대표하는 1인을 토지등소유자로 산정할 것
   나. 1인이 둘 이상의 소유권 또는 구분소유권을 소유하고 있는 경우에는 소유권 또는 구분소유권의 수에 관계없이 토지등소유자를 1인으로 산정할 것
   다. 둘 이상의 소유권 또는 구분소유권을 소유한 공유자가 동일한 경우에는 그 공유자 여럿을 대표하는 1인을 토지등소유자로 할 것
3. 추진위원회의 구성 또는 조합의 설립에 동의한 자로부터 토지 또는 건축물을 취득한 자는 추진위원회의 구성 또는 조합의 설립에 동의한 것으로 볼 것
4. 토지건물등기사항증명서, 건물등기사항증명서, 토지대장 또는 건축물관리대장에 소유자로 등재될 당시 주민등록번호의 기록이 없고 기록된 주소가 현재 주소와 다른 경우로서 소재가 확인되지 아니한 자는 토지등소유자의 수 또는 공유자 수에서 제외할 것
5. 국·공유지에 대해서는 그 재산관리청 각각을 토지등소유자로 산정할 것

② 법 제12조 제2항 및 제36조 제1항 각 호 외의 부분에 따른 동의(법 제26조 제1항 제8호, 제31조 제2항 및 제47조 제4항에 따라 의제된 동의를 포함한다)의 철회 또는 반대의사 표시의 시기는 다음 각 호의 기준에 따른다.
1. 동의의 철회 또는 반대의사의 표시는 해당 동의에 따른 인·허가 등을 신청하기 전까지 할 수 있다.
2. 제1호에도 불구하고 다음 각 목의 동의는 최초로 동의한 날부터 30일까지만 철회할 수 있다. 다만, 나목의 동의는 최초로 동의한 날부터 30일이 지나지 아니한 경우에도 법 제32조 제3항에 따른 조합설립을 위한 창립총회 후에는 철회할 수 없다.
   가. 법 제21조 제1항 제4호에 따른 정비구역의 해제에 대한 동의
   나. 법 제35조에 따른 조합설립에 대한 동의(동의 후 제30조 제2항 각 호의 사항이 변경되지 아니한 경우로 한정한다)

③ 제2항에 따라 동의를 철회하거나 반대의 의사표시를 하려는 토지등소유자는 철회서에 토지등소유자가 성명을 적고 지장(指章)을 날인한 후 주민등록증 및 여권 등 신원을 확인할 수 있는 신분증명서 사본을 첨부하여 동의의 상대방 및 시장·군수등에게 내용증명의 방법으로 발송하여야 한다. 이 경우 시장·군수등이 철회서를 받은 때에는 지체 없이 동의의 상대방에게 철회서가 접수된 사실을 통지하여야 한다.

④ 제2항에 따른 동의의 철회나 반대의 의사표시는 제3항 전단에 따라 철회서가 동의의 상대방에게 도달한 때 또는 같은 항 후단에 따라 시장·군수등이 동의의 상대방에게 철회서가 접수된 사실을 통지한 때 중 빠른 때에 효력이 발생한다.

나. 조합원의 자격과 개념

1) 조합원의 의의

재개발, 재건축정비사업조합이 설립되면, 토지등소유자는 위 조합의 구성원으로서 조합원의 지위를 취득한다. 재건축사업의 경우 조합설립에 동의한 사람만 조합원이 되고(임의가입제), 재개발사업의 경우 조합설립동의서를 제출하지 않았어도 토지등소유자의 지위가 인정되면 자동으로 조합원이 된다(강제가입제).

조합원은 정비사업의 추진과 관련하여 다양한 권리와 의무를 가지며, 사업의 진행에 있어 핵심적인 의사결정에 참여하게 된다. 조합원은 정비사업과 관련된 총회 의결권, 조합임원 선출권, 분양신청권 등을 가진다. 특히 분양신청권은 조합원이 소유하던 토지나 건축물을 출자하여 새로 조성된 부동산을 분양받을 수 있는 권리로서, 조합원의 가장 중요한 권리 중 하나이다.

또한 조합원은 정비사업비 부담, 청산금 납부 등의 의무를 지며, 이러한 의무는 조합원의 권리와 밀접하게 연관되어 있다. 또한, 조합원은 정비사업의 원활한 진행을 위해 필요한 경우 추가적인 경제적 부담을 감수해야 할 수도 있다. 도시정비법은 조합원의 권익을 보호하기 위해, 조합의 주요 결정 사항은 총회의 의결을 거치도록 하고 있으며, 이를 위반한 조합 임원은 처벌받을 수 있도록 규정하고 있다.

조합원의 자격과 조합원의 수를 산정하는 방법에 대해서는 도시정비법 제39조 제1항에 규정되어 있다.

● 도시정비법

제39조(조합원의 자격 등) ① 제25조에 따른 정비사업의 조합원(사업시행자가 신탁업자인 경우에는 위탁자를 말한다. 이하 이 조에서 같다)은 토지등소유자(재건축사업의 경우에는 재건축사업에 동의한 자만 해당한다)로 하되, 다음 각 호의 어느 하나에 해당하는 때에는 그 여러 명을 대표하는 1명을 조합원으로 본다. 다만, 「지방자치분권 및 지역균형발전에 관한 특별법」 제25조에 따른 공공기관지방이전 및 혁신도시 활성화를 위한 시책 등에 따라 이전하는 공공기관이 소유한 토지 또는 건축물을 양수한 경우 양수한 자(공유의 경우 대표자 1명을 말한다)를 조합원으로 본다. <개정 2017. 8. 9., 2018. 3. 20., 2023. 6. 9.>

1. 토지 또는 건축물의 소유권과 지상권이 여러 명의 공유에 속하는 때
2. 여러 명의 토지등소유자가 1세대에 속하는 때. 이 경우 동일한 세대별 주민등록표 상에 등재되어 있지 아니한 배우자 및 미혼인 19세 미만의 직계비속은 1세대로 보며, 1세대로 구성된 여러 명의 토지등소유자가 조합설립인가 후 세대를 분리하여 동일한 세대에 속하지 아니하는 때에도 이혼 및 19세 이상 자녀의 분가(세대별 주민등록을 달리하고, 실거주지를 분가한 경우로 한정한다)를 제외하고는 1세대로 본다.

> 3. 조합설립인가(조합설립인가 전에 제27조 제1항 제3호에 따라 신탁업자를 사업시행자로 지정한 경우에는 사업시행자의 지정을 말한다. 이하 이 조에서 같다) 후 1명의 토지등소유자로부터 토지 또는 건축물의 소유권이나 지상권을 양수하여 여러 명이 소유하게 된 때

2) 수인의 토지등소유자에게 1명의 조합원 지위만 인정되는 경우

가) 공유 (제1호)

토지 또는 건축물의 소유권과 지상권이 여러 명의 공유에 속하는 때에는 그 전원을 대표하는 1인을 조합원으로 본다.

나) 하나의 세대 (제2호)

여러 명의 토지등소유자가 1세대에 속하는 때에는 그 전원을 대표하는 1명을 조합원으로 본다. 예를 들어, 할아버지, 아버지, 손자가 1세대를 이루고 있고, 하나의 정비구역 내에 각자 부동산을 가지고 있을 경우, 위 3인을 대표하는 1명을 조합원으로 본다. 다만, 이 경우 동일한 세대별 주민등록표 상에 등재되어 있지 아니한 배우자 및 미혼인 19세 미만의 직계비속은 1세대로 본다. 즉, 부부는 세대가 분리되어 있어도 1세대로 보고, 미혼인 19세 미만의 자녀도 1세대로 본다.
또한 1세대로 구성된 여러 명의 토지등소유자가 조합설립인가 후 세대를 분리하여 동일한 세대에 속하지 아니하는 때에도 이혼 및 19세 이상 자녀의 분가(세대별 주민등록을 달리하고, 실거주지를 분가한 경우로 한정한다)를 제외하고는 1세대로 본다.

다) 1인의 다물권자로부터 부동산 양수시 양도인과 양수인 (제3호)

조합설립인가 이후 1인의 토지등소유자로부터 부동산을 양수하여 여러 명이 소유하게 된 경우, 양도인과 양수인을 합하여 조합원 1명으로 본다.

3) 2009년 2월 6일 조합원 쪼개기 방지 규정 신설

2009년 2월 6일 법률 제9444호로 일부개정되기 전의 도시정비법(이하 “종전 도시정비법”이라 함) 제19조 제1항에서는 정비사업의 조합원은 토지등소유자로 하되, 토지 또는 건축물의 소유권과 지상권이 수인의 공유에 속할 때에는 그 수인을 대표하는 1인을 조합원으로 보도록 규정하고 있었고, 같은 조를 개정한 구 도시정비법 제19조에서는 개정 전 규정의 내용을 같은 조 제1항 및 같은 항 제1호에 규정하면서 같은 항에 제3호를 신설하여 조합설립인가 후 1인의 토지등소유자로부터 토지 또는 건축물의 소유권이나 지상권을 양수하여 수인이 소유하게 된 때에도 그 수인을 대표하는 1인을 조합원으로 보도록 규정하였다(이른바 ‘조합원 쪼개기 방지’ 규정 신설).

2009년 2월 9일 개정 당시에는 부칙을 두지 아니하였다. 이로 인하여, 법 시행 전 1인의 다물권자가 이미 양도를 해 두었더라도, 조합설립인가일 이후 양도라면, 누구든 개정 도시정비법이 적용되는 등 부동산 투기와 관계없는 토지등소유자들이 재산권 행사에 제약

을 받는 등 선의의 피해사례가 발생하였다. 이에, 해당 규정은 유지하면서 선의의 피해자를 구제하기 위하여 법률 제9444호 「도시 및 주거환경정비법 일부개정법률」의 부칙에 조합원 자격에 관한 경과조치를 두게 되었다.

● **도시정비법 제39조 제1항 제3호(구 도시정비법 제19조 제1항 제3호) 경과규정**

부칙 <법률 제14567호, 2017. 2. 8.>

제31조(조합원 자격에 관한 경과조치) 제39조 제1항 제3호의 개정규정에도 불구하고 제35조의 개정규정에 따라 조합설립인가를 받은 정비구역에서 다음 각 호의 어느 하나에 해당하는 경우에는 조합원 자격의 적용에 있어서는 종전의 「도시 및 주거환경정비법」(법률 제9444호 도시 및 주거환경정비법 일부개정법률로 개정되기 전의 법률을 말한다)에 따른다.

1. 다음 각 목의 합이 2 이상을 가진 토지등소유자로부터 2011년 1월 1일 전에 토지 또는 건축물을 양수한 경우
   가. 토지의 소유권
   나. 건축물의 소유권
   다. 토지의 지상권

2. 2011년 1월 1일 전에 다음 각 목의 합이 2 이상을 가진 토지등소유자가 2012년 12월 31일까지 다음 각 목의 합이 2(조합설립인가 전에 종전의 「임대주택법」 제6조에 따라 임대사업자로 등록한 토지등소유자의 경우에는 3을 말하며, 이 경우 임대주택에 한정한다) 이하를 양도하는 경우
   가. 토지의 소유권
   나. 건축물의 소유권
   다. 토지의 지상권

4) 다물권자 부동산거래와 조합원 지위, 분양자격 분쟁 (대법원 판례)

가) 1인의 다물권자로부터 조합설립인가 후 일부 부동산을 양수하였을 경우 양수인의 조합원 지위(도시정비법 제39조 제1항 3호)와 단독분양대상자 지위 인정 여부

● **대법원 2023. 2. 23. 선고 2020두36724 판결**

구 도시 및 주거환경정비법(2017. 2. 8. 법률 제14567호로 전부개정되기 전의 것, 이하 '구 도시정비법'이라 한다) 제19조 제1항은 "정비사업(시장·군수 또는 주택공사 등이 시행하는 정비사업을 제외한다)의 조합원은 토지등소유자(주택재건축사업의 경우에는 주택재건축사업에 동의한 자에 한한다)로 하되, 다음 각 호의 어느 하나에 해당하는 때에는 그 수인을 대표하는 1인을 조합원으로 본다."라고 규정하면서, 제1호에서 '토지 또는 건축물의 소유권과 지상권이 수인의 공유에 속하는 때'를, 제2호에서 '수인의 토지등소유자가 1세대에 속하는 때(이 경우 동일한 세대별 주민등록표 상에 등재되어 있지 아니한 배우자 및 미혼인 20세 미만의 직계비속은 1세대로 보며, 1세대로 구성된 수인의 토지등소유자가 조

합설립인가 후 세대를 분리하여 동일한 세대에 속하지 아니하는 때에도 이혼 및 20세 이상 자녀의 분가를 제외하고는 1세대로 본다)'를, 제3호에서 '조합설립인가 후 1인의 토지등소유자로부터 토지 또는 건축물의 소유권이나 지상권을 양수하여 수인이 소유하게 된 때'를 규정하고 있다. 한편, 구 도시정비법 제48조 제2항 제6호는 관리처분계획의 내용에 관하여, "1세대 또는 1인이 하나 이상의 주택 또는 토지를 소유한 경우 1주택을 공급하고, 같은 세대에 속하지 아니하는 2인 이상이 1주택 또는 1토지를 공유한 경우에는 1주택만 공급한다."라고 규정하고 있다.

구 도시정비법 제19조 및 제48조 제2항 제6호는 2009. 2. 6. 법률 제9444호로 개정되었다. 종래에는 '토지 또는 건축물의 소유권과 지상권이 수인의 공유에 속하는 때'에만 조합원의 자격을 제한하였으므로, 조합설립인가 후 세대분리나 토지 또는 건축물 소유권 등의 양수로 인해 조합원이 증가하여 정비사업의 사업성이 저하되는 등 기존 조합원의 재산권 보호에 미흡한 측면이 있었다. 이에 2009. 2. 6. 개정된 구 도시정비법 제19조 및 제48조 제2항 제6호는 일정한 경우 수인의 토지등소유자에게 1인의 조합원 지위만 부여함과 동시에 분양대상자격도 제한함으로써 투기세력 유입에 의한 정비사업의 사업성 저하를 방지하고 기존 조합원의 재산권을 보호하고 있다.

이와 같은 구 도시정비법의 규정 내용과 취지, 체계 등을 종합하여 보면, 주택재개발사업 조합설립인가 후 1인의 토지등소유자로부터 정비구역 안에 소재한 토지 또는 건축물의 소유권을 양수하여 수인이 소유하게 된 경우에는 원칙적으로 그 전원이 1인의 조합원으로서 1인의 분양대상자 지위를 가진다고 보아야 한다.

나) 여러 명의 토지등소유자가 1세대를 이룰 경우, 그 중 1인으로부터 부동산을 양수했을 때 양수인에게 단독 조합원 지위가 인정되는지 여부

● **대법원 2023. 6. 29. 선고 2022두56586 판결**

구 「도시 및 주거환경정비법」(2017. 2. 8. 법률 제14567호로 개정되기 전의 것, 이하 '구 도시정비법'이라고 한다) 제19조 제1항은 '정비사업(시장·군수 또는 주택공사 등이 시행하는 정비사업을 제외한다)의 조합원은 토지등소유자(주택재건축사업의 경우에는 주택재건축사업에 동의한 자만 해당한다)로 하되, 다음 각 호의 어느 하나에 해당하는 때에는 그 수인을 대표하는 1인을 조합원으로 본다'고 규정하면서, 제1호에서 "토지 또는 건축물의 소유권과 지상권이 수인의 공유에 속하는 때"를, 제2호에서 "수인의 토지등소유자가 1세대에 속하는 때(이 경우 동일한 세대별 주민등록표 상에 등재되어 있지 아니한 배우자 및 미혼인 20세 미만의 직계비속은 1세대로 보며, 1세대로 구성된 수인의 토지등소유자가 조합설립인가 후 세대를 분리하여 동일한 세대에 속하지 아니하는 때에도 이혼 및 20세 이상 자녀의 분가를 제외하고는 1세대로 본다)"를, 제3호에서 "조합설립인가 후 1인의 토지등소유자로부터 토지 또는 건축물의 소유권이나 지상권을 양수하여 수인이 소유하게 된 때"를 규정하고 있다.

구 도시정비법 제19조는 2009. 2. 6. 법률 제9444호로 개정되었다. 종래에는 “토지 또는 건축물의 소유권과 지상권이 수인의 공유에 속하는 때”에만 조합원의 자격을 제한하였으므로, 조합설립인가 후 세대분리나 토지 또는 건축물 소유권 등의 양수로 인해 조합원이 증가하여 정비사업의 사업성이 저하되는 등 기존 조합원의 재산권 보호에 미흡한 측면이 있었다. 이에 2009. 2. 6. 개정된 구 도시정비법 제19조는 일정한 경우 수인의 토지 등 소유자에게 1인의 조합원 지위만 부여함으로써 투기세력 유입에 의한 정비사업의 사업성 저하를 방지하고 기존 조합원의 재산권을 보호하고 있다.

이와 같은 구 도시정비법의 규정 내용과 취지, 체계 등을 종합하여 보면, 주택재건축사업 조합설립인가 후 1세대에 속하는 수인의 토지등소유자로부터 각각 정비구역 안에 소재한 토지 또는 건축물 중 일부를 양수한 수인의 토지등소유자와 양도인들 사이에서는 구 도시정비법 제19조 제1항 제2호, 제3호가 중첩 적용되어 원칙적으로 그 전원을 대표하는 1인을 조합원으로 보아야 한다.

다) 후발적으로 다물권자가 된 토지등소유자로부터 일부 부동산을 양수했을 경우

● **서울고등법원 2022. 9. 20. 선고 2022누36423 판결**
대법원 2023. 2. 2. 선고 2022두59028 판결(심리불속행 기각 확정)

도시정비법 제39조 제1항은 ‘정비사업의 조합원은 토지등소유자로 한다’는 원칙을 정하면서, 각 호에서 토지등소유자가 여러 명이더라도 1명만을 대표 조합원으로 보는 예외적인 경우를 열거하고 있다. 그중 제3호에서는 ‘조합설립인가 후 1명의 토지등소유자로부터 토지 또는 건축물의 소유권이나 지상권을 양수하여 여러 명이 소유하게 된 때’를 예외사유로 정하고 있다.

위 규정에 따르면 조합설립인가 시점부터 이른바 ‘다주택자’였던 1명의 토지등소유자로부터 토지 또는 건축물의 소유권이나 지상권을 양수하여 여러 명이 소유하게 된 경우에는, 그중 1명만을 대표 조합원으로 보는 것이 그 문언해석상 명백하다.

그러나 다음과 같은 이유로 도시정비법 제39조 제1항 제3호의 ‘조합설립인가 후 1명의 토지등소유자로부터’는 ‘조합설립인가 후 조합설립인가 시점부터 1명이었던 토지등소유자로부터’로 제한적으로 해석하여, 조합설립인가 시점을 기준으로 조합원 수가 늘어나지 않은 경우에는 위 규정이 적용되지 않는다고 봄이 타당하다. 이러한 전제에서 보면, 앞서 본 바와 같이 조합설립인가 당시에는 제1건물만 소유하여 다주택자가 아니었던 원고가, 이후 다른 건물을 양수한 후 종전에 소유하던 위 제1건물을 양도함에 따라 조합설립인가일 기준 조합원 수(2명)의 증가를 초래하지 않은 이 사건 사안에 대하여는 위 규정이 적용되지 않으므로, 도시정비법 제39조 제1항 본문에 따라 원고에게는 단독 조합원 지위가 인정된다. 원고의 주장은 이유 있다.

......<중간 생략>......

구 도시정비법(2009. 2. 6. 법률 제9444호로 개정되기 전의 것)은 다주택자의 주택 양도에 따른 조합원 지위 제한 규정을 두고 있지 않았다가, 2009. 2. 6. 개정되면서 비로소 제19조 제1항 제3호를 신설하여 '조합설립인가 후 1인의 토지등소유자로부터 토지 또는 건축물의 소유권이나 지상권을 양수하여 수인이 소유하게 된 때' 그 수인을 대표하는 1인을 조합원으로 본다고 규정하였다(위 개정 규정의 내용은 현행 법 제39조 제1항 제3호와 대동소이하다).

이처럼 개정 도시정비법이 조합설립인가 후 다주택자의 주택 양도로 토지등소유자가 증가하는 경우 그 조합원 지위를 제한하는 취지는, 투기세력 유입에 의한 도시정비사업의 사업성 저하를 방지하고 기존 조합원의 재산권을 보호하려는 것이다. 즉, 위 규정은 조합설립인가 후 조합원의 수가 이른바 '지분쪼개기'를 통해 늘어나는 것을 방지하기 위한 목적에서 도입된 것이다.

도시정비법 제39조 제1항은 1명의 토지등소유자에게 1명의 조합원 지위를 인정하는 원칙을 규정하면서, 예외적으로 각 호에 해당하는 경우 여러 명의 토지등소유자에게 1명의 조합원 지위만을 부여하고 있다. 이와 같은 규정의 체계에다가, 앞서 본 제39조 제1항 제3호의 입법목적, 재산권으로 기능하는 조합원 지위의 성격 등을 고려하면, 예외사항을 규정한 제3호 규정은 '조합설립인가 후의 조합원 수 증가'를 방지하기 위한 목적 범위 내에서 제한적으로 해석하는 것이 타당하다.

즉, 위 제3호는 '조합설립인가' 시점을 기준으로 하여 조합원 수를 고정시키기 위한 규정이므로, 조합설립인가일을 기준으로 하여 조합원 수의 증가가 없는 경우에까지 다주택자의 권리 양도 내지 그에 따라 승계되는 조합원 지위를 제한하는 것으로 해석될 수 없다(이는 조합원 수 증가 여부와 관계없이, 투기과열지구에서 일정한 토지등양수행위 자체를 제한하기 위한 목적에서 입법된 도시정비법 제39조 제2항과 궤를 달리 한다). 실제 이 사건의 경우와 같이 관리처분계획기준일 현재 제1, 2건물을 소유하는 조합원 수가 조합설립인가일과 비교하여 늘어나지 않은 경우, 조합설립인가 당시와 동일하게 제1, 2건물의 각 소유자에게 단독 조합원 지위를 인정하더라도 '조합설립인가 후의 도시정비사업의 사업성 저하 방지' 및 기존 조합원 재산권 보호'라는 도시정비법 제39조 제1항 제3호의 입법목적에 반하지 않는다.

이 사건 사안은 원고가 제1건물을 소유하던 중 제2건물을 취득한 후 다시 제1건물을 양도하여 결국 제2건물만을 소유하던 사안이다. 이와 달리 원고가 제1건물을 소유하다가 제1건물을 먼저 양도한 후 제2건물을 양수하여 제2건물만을 소유하게 된 사안을 상정해 보면, 이러한 사안에서 원고는 다주택자였던 적이 없으므로 도시정비법 제39조 제1항 제3호가 적용될 여지가 없게 된다. 그런데 이 사건 사안과 위 가상의 사안 사이에 차이를 두어야 할 어떠한 합리적 이유도 찾아보기 어렵다. 종전 건물 처분의 선후만 뒤바뀌었을 뿐인데 후자의 경우에는 원고가 단독조합원 지위를 가지게 되고 전자인 이 사건 사안에서는 원고가 공동조합원 지위를 부여받아야 한다는 결론은 받아들이기 어렵다.

결국 위와 같은 구체적 적용결과에 비추어 보더라도, 도시정비법 제39조 제1항 제3호의 입법취지와 사정범위는 조합설립 당시를 기준으로 인정되었던 조합원 지위의 숫자가 사후적 조작으로 늘어나는 것을 방지하기 위한 것임이 분명히 드러난다.

5) 무허가건축물 소유자의 조합원 자격

우리 대법원은 '무허가건축물 소유자의 경우 토지등소유자에 해당하지는 않으나, 재개발조합이 무허가건축물 소유자에게 조합원 자격을 부여하도록 정관으로 정하는 것까지 금지되는 것은 아니다'라고 판시하였다. 정비구역 내에서 조합원 입주권 취득을 목적으로 무허가건축물을 매수할 경우, 반드시 조합 정관을 검토하여 조합원 자격을 부여하고 있는지 여부를 확인해야 한다.

● 대법원 2009. 9. 24.자 2009마168,169 결정

구 도시정비법 제2조 제9호 가목 및 제19조 제1항은 정비구역 안에 위치한 토지 또는 건축물의 소유자 또는 그 지상권자는 재개발조합의 조합원이 된다는 취지로 규정하고 있는바, 무허가건축물은 원칙적으로 관계법령에 의하여 철거되어야 할 것인데도 그 소유자에게 조합원 자격을 부여하여 결과적으로 재개발사업의 시행으로 인한 이익을 향유하게 하는 것은 위법행위를 한 자가 이익을 받는 결과가 되어 허용될 수 없는 점, 재개발사업의 원활한 시행을 위하여는 정비구역 안의 무분별한 무허가주택의 난립을 규제할 현실적 필요성이 적지 않은 점, 무허가건축물의 소유자를 당연히 구 도시정비법 제2조 제9호 가목에서 정하는 토지등소유자로 해석한다면 다른 사람의 토지 위에 무단으로 무허가건축물을 축조한 다수의 소유자들이 조합설립추진위원회 및 재개발조합을 결성하여 그 토지소유자를 재개발사업에 강제로 편입시킴으로써 적법한 토지소유자의 재산권을 침해할 우려가 있는 점 등 여러 사정을 고려하여 볼 때, 구 도시정비법 제2조 제9호 가목 및 제19조 제1항에 의하여 소유자에게 조합원의 자격이 부여되는 건축물이라 함은 원칙적으로 적법한 건축물을 의미하고 무허가건축물은 이에 포함되지 않는다고 보아야 할 것이다. 다만, 이와 같은 법리에 의하여 토지등소유자의 적법한 동의 등을 거쳐 설립된 재개발조합이 각자의 사정 내지는 필요에 따라 일정한 범위 내에서 무허가건축물 소유자에게 조합원 자격을 부여하도록 정관으로 정하는 것까지 금지되는 것은 아니다 (대법원 1999. 7. 27. 선고 97누4975 판결 참조).

6 분양대상자(분양자격)

도시정비법상 분양대상자는 정비사업에서 새로 조성된 대지나 건축물을 분양받을 수 있는 자격을 가진 사람을 의미한다. 도시정비법 시행령 제63조 제1항 제3호에서는 분양대상자를 '토지등소유자'로 규정하고 있으며, 지상권자는 분양대상에서 제외한다고 규정하고 있다. 공동주택의 경우, 분양대상자는 조례 등에서 정한 일정 기준을 충족해야 하며, 이러한 기준에 부합하지 않는 자는 분양대상에서 제외될 수 있다. 분양대상자는 정해진 분양신청 기간 내에 사업시행자에게 분양신청을 해야 하며, 사업시행자는 분양신청 현황을 기초로 하여 최종적으로 관리처분계획을 수립한다. 분양자격에 대해서는 도시정비법, 시행령 및 각 시도조례까지 모두 살펴봐야 한다. 참고로, 소위 1+1 아파트 분양에 관한 내용은 도시정비법 제76조 제1항 제7호 라목에 규정이 되어 있다.

● 도시정비법

제76조(관리처분계획의 수립기준) ① 제74조 제1항에 따른 관리처분계획의 내용은 다음 각 호의 기준에 따른다.

6. 1세대 또는 1명이 하나 이상의 주택 또는 토지를 소유한 경우 1주택을 공급하고, 같은 세대에 속하지 아니하는 2명 이상이 1주택 또는 1토지를 공유한 경우에는 1주택만 공급한다.
7. 제6호에도 불구하고 다음 각 목의 경우에는 각 목의 방법에 따라 주택을 공급할 수 있다.
   가. 2명 이상이 1토지를 공유한 경우로서 시·도조례로 주택공급을 따로 정하고 있는 경우에는 시·도조례로 정하는 바에 따라 주택을 공급할 수 있다.
   나. 다음 어느 하나에 해당하는 토지등소유자에게는 소유한 주택 수만큼 공급할 수 있다.
      1) 과밀억제권역에 위치하지 아니한 재건축사업의 토지등소유자. 다만, 투기과열지구 또는 「주택법」 제63조의2제1항 제1호에 따라 지정된 조정대상지역(이하 이 조에서 "조정대상지역"이라 한다)에서 사업시행계획인가(최초 사업시행계획인가를 말한다)를 신청하는 재건축사업의 토지등소유자는 제외한다.
      2) 근로자(공무원인 근로자를 포함한다) 숙소, 기숙사 용도로 주택을 소유하고 있는 토지등소유자
      3) 국가, 지방자치단체 및 토지주택공사등
      4) 「지방자치분권 및 지역균형발전에 관한 특별법」 제25조에 따른 공공기관지방이전 및 혁신도시 활성화를 위한 시책 등에 따라 이전하는 공공기관이 소유한 주택을 양수한 자
   다. 나목1) 단서에도 불구하고 과밀억제권역 외의 조정대상지역 또는 투기과열지구에서 조정대상지역 또는 투기과열지구로 지정되기 전에 1명의 토지등소유자로부터 토지 또는 건축물의 소유권을 양수하여 여러 명이 소유하게 된 경우에는 양도인과 양수인에게 각각 1주택을 공급할 수 있다.

라. 제74조 제1항 제5호에 따른 가격의 범위 또는 종전 주택의 주거전용면적의 범위에서 2주택을 공급할 수 있고, 이 중 1주택은 주거전용면적을 60제곱미터 이하로 한다. 다만, 60제곱미터 이하로 공급받은 1주택은 제86조 제2항에 따른 이전고시일 다음 날부터 3년이 지나기 전에는 주택을 전매(매매·증여나 그 밖에 권리의 변동을 수반하는 모든 행위를 포함하되 상속의 경우는 제외한다)하거나 전매를 알선할 수 없다.

마. 과밀억제권역에 위치한 재건축사업의 경우에는 토지등소유자가 소유한 주택수의 범위에서 3주택까지 공급할 수 있다. 다만, 투기과열지구 또는 조정대상지역에서 사업시행계획인가(최초 사업시행계획인가를 말한다)를 신청하는 재건축사업의 경우에는 그러하지 아니하다.

Part 01

● 도시정비법 시행령

제63조(관리처분의 방법 등) ① 법 제23조 제1항 제4호의 방법으로 시행하는 주거환경개선사업과 재개발사업의 경우 법 제74조에 따른 관리처분은 다음 각 호의 방법에 따른다. <개정 2022. 12. 9.>

1. 시·도조례로 분양주택의 규모를 제한하는 경우에는 그 규모 이하로 주택을 공급할 것
2. 1개의 건축물의 대지는 1필지의 토지가 되도록 정할 것. 다만, 주택단지의 경우에는 그러하지 아니하다.
3. 정비구역의 토지등소유자(지상권자는 제외한다. 이하 이 항에서 같다)에게 분양할 것. 다만, 공동주택을 분양하는 경우 시·도조례로 정하는 금액·규모·취득 시기 또는 유형에 대한 기준에 부합하지 아니하는 토지등소유자는 시·도조례로 정하는 바에 따라 분양대상에서 제외할 수 있다.
4. 1필지의 대지 및 그 대지에 건축된 건축물(법 제79조 제4항 전단에 따라 보류지로 정하거나 조합원 외의 자에게 분양하는 부분은 제외한다)을 2인 이상에게 분양하는 때에는 기존의 토지 및 건축물의 가격(제93조에 따라 사업시행방식이 전환된 경우에는 환지예정지의 권리가액을 말한다. 이하 제7호에서 같다)과 제59조 제4항 및 제62조 제3호에 따라 토지등소유자가 부담하는 비용(재개발사업의 경우에만 해당한다)의 비율에 따라 분양할 것
5. 분양대상자가 공동으로 취득하게 되는 건축물의 공용부분은 각 권리자의 공유로 하되, 해당 공용부분에 대한 각 권리자의 지분비율은 그가 취득하게 되는 부분의 위치 및 바닥면적 등의 사항을 고려하여 정할 것
6. 1필지의 대지 위에 2인 이상에게 분양될 건축물이 설치된 경우에는 건축물의 분양면적의 비율에 따라 그 대지소유권이 주어지도록 할 것(주택과 그 밖의 용도의 건축물이 함께 설치된 경우에는 건축물의 용도 및 규모 등을 고려하여 대지지분이 합리적으로 배분될 수 있도록 한다). 이 경우 토지의 소유관계는 공유로 한다.
7. 주택 및 부대시설·복리시설의 공급순위는 기존의 토지 또는 건축물의 가격을 고려하여 정할 것. 이 경우 그 구체적인 기준은 시·도조례로 정할 수 있다.

② 재건축사업의 경우 법 제74조에 따른 관리처분은 다음 각 호의 방법에 따른다. 다만, 조합이 조합원 전원의 동의를 받아 그 기준을 따로 정하는 경우에는 그에 따른다. <개정 2022. 12. 9.>

1. 제1항 제5호 및 제6호를 적용할 것
2. 부대시설·복리시설(부속토지를 포함한다. 이하 이 호에서 같다)의 소유자에게는 부대시설·복리시설을 공급할 것. 다만, 다음 각 목의 어느 하나에 해당하는 경우에는 1주택을 공급할 수 있다.
   가. 새로운 부대시설·복리시설을 건설하지 아니하는 경우로서 기존 부대시설·복리시설의 가액이 분양주택 중 최소분양단위규모의 추산액에 정관등으로 정하는 비율(정관등으로 정하지 아니하는 경우에는 1로 한다. 이하 나목에서 같다)을 곱한 가액보다 클 것
   나. 기존 부대시설·복리시설의 가액에서 새로 공급받는 부대시설·복리시설의 추산액을 뺀 금액이 분양주택 중 최소분양단위규모의 추산액에 정관등으로 정하는 비율을 곱한 가액보다 클 것
   다. 새로 건설한 부대시설·복리시설 중 최소분양단위규모의 추산액이 분양주택 중 최소분양단위규모의 추산액보다 클 것

● 서울특별시 도시 및 주거환경정비 조례

제36조(재개발사업의 분양대상 등) ① 영 제63조 제1항 제3호에 따라 재개발사업으로 건립되는 공동주택의 분양대상자는 관리처분계획기준일 현재 다음 각 호의 어느 하나에 해당하는 토지등소유자로 한다.

1. 종전의 건축물 중 주택(주거용으로 사용하고 있는 특정무허가건축물 중 조합의 정관등에서 정한 건축물을 포함한다)을 소유한 자
2. 분양신청자가 소유하고 있는 종전토지의 총면적이 90제곱미터 이상인 자
3. 분양신청자가 소유하고 있는 권리가액이 분양용 최소규모 공동주택 1가구의 추산액 이상인 자. 다만, 분양신청자가 동일한 세대인 경우의 권리가액은 세대원 전원의 가액을 합하여 산정할 수 있다.
4. 사업시행방식전환의 경우에는 전환되기 전의 사업방식에 따라 환지를 지정받은 자. 이 경우 제1호부터 제3호까지는 적용하지 아니할 수 있다.
5. 도시재정비법 제11조 제4항에 따라 재정비촉진계획에 따른 기반시설을 설치하게 되는 경우로서 종전의 주택(사실상 주거용으로 사용되고 있는 건축물을 포함한다)에 관한 보상을 받은 자

제37조(단독주택재건축사업의 분양대상 등) ① 단독주택재건축사업(대통령령 제24007호 도시 및 주거환경정비법 시행령 일부개정령 부칙 제6조에 따른 사업을 말한다. 이하 같다)으로 건립되는 공동주택의 분양대상자는 관리처분계획기준일 현재 다음 각 호의 어느 하나에 해당하는 토지등소유자로 한다.

1. 종전의 건축물 중 주택 및 그 부속토지를 소유한 자

2. 분양신청자가 소유하고 있는 권리가액이 분양용 최소규모 공동주택 1가구의 추산액 이상인 자. 다만, 분양신청자가 동일한 세대인 경우의 권리가액은 세대원 전원의 가액을 합하여 산정할 수 있다.

제38조(주택 및 부대·복리시설 공급 기준 등) ① 영 제63조 제1항 제7호에 따라 법 제23조 제1항 제4호의 방법으로 시행하는 주거환경개선사업, 재개발사업 및 단독주택재건축사업의 주택공급에 관한 기준은 다음 각 호와 같다. <개정 2023.5.22.>

1. 권리가액에 해당하는 분양주택가액의 주택을 분양한다. 이 경우 권리가액이 2개의 분양주택가액의 사이에 해당하는 경우에는 분양대상자의 신청에 따른다.
2. 제1호에도 불구하고 정관등으로 정하는 경우 권리가액이 많은 순서로 분양할 수 있다.
3. 법 제76조 제1항 제7호 라목에 따라 2주택을 공급하는 경우에는 권리가액에서 1주택 분양신청에 따른 분양주택가액을 제외하고 나머지 권리가액이 많은 순서로 60제곱미터 이하의 주택을 공급할 수 있다.
4. 동일규모의 주택분양에 경합이 있는 경우에는 권리가액이 많은 순서로 분양하고, 권리가액이 동일한 경우에는 공개추첨에 따르며, 주택의 동·층 및 호의 결정은 주택규모별 공개추첨에 따른다.

② 영 제63조 제1항 제7호에 따라 법 제23조 제1항 제4호의 방법으로 시행하는 주거환경개선사업과 재개발사업으로 조성되는 상가 등 부대·복리시설은 관리처분계획기준일 현재 다음 각 호의 순위를 기준으로 공급한다. 이 경우 동일 순위의 상가 등 부대·복리시설에 경합이 있는 경우에는 제1항 제4호에 따라 정한다.

1. 제1순위 : 종전 건축물의 용도가 분양건축물 용도와 동일하거나 비슷한 시설이며 사업자등록(인가·허가 또는 신고 등을 포함한다. 이하 이 항에서 같다)을 하고 영업을 하는 건축물의 소유자로서 권리가액(공동주택을 분양받은 경우에는 그 분양가격을 제외한 가액을 말한다. 이하 이 항에서 같다)이 분양건축물의 최소분양단위규모 추산액 이상인 자
2. 제2순위 : 종전 건축물의 용도가 분양건축물 용도와 동일하거나 비슷한 시설인 건축물의 소유자로서 권리가액이 분양건축물의 최소분양단위규모 추산액 이상인 자
3. 제3순위 : 종전 건축물의 용도가 분양건축물 용도와 동일하거나 비슷한 시설이며 사업자등록을 필한 건축물의 소유자로서 권리가액이 분양건축물의 최소분양단위규모 추산액에 미달되나 공동주택을 분양받지 않은 자
4. 제4순위 : 종전 건축물의 용도가 분양건축물 용도와 동일하거나 비슷한 시설인 건축물의 소유자로서 권리가액이 분양건축물의 최소분양단위규모 추산액에 미달되나 공동주택을 분양받지 않은 자
5. 제5순위 : 공동주택을 분양받지 않은 자로서 권리가액이 분양건축물의 최소분양단위규모 추산액 이상인 자
6. 제6순위 : 공동주택을 분양받은 자로서 권리가액이 분양건축물의 최소분양단위규모 추산액 이상인 자

7 권리산정기준일과 입주권 쪼개기 금지

도시정비법은 투기를 억제하기 위해서, 조합원 쪼개기 금지 규정(도시정비법 제39조 제1항) 외에도, '특정한 날'을 기준으로 분양권을 쪼개는 이른바 '지분쪼개기 행위'를 금지하는 규정을 두었다. 그 특정한 날이 권리산정기준일이다. 즉, 권리산정기준일은 정비사업을 통해 건축물을 분양받을 수 있는 권리를 산정하기 위한 기준이 되는 날짜이다.

지분쪼개기란 주택 재개발이나 재건축 사업에서 다수의 주택을 취득하기 위해 의도적으로 토지나 건물의 소유권을 여러 명에게 분할하여 나누는 행위를 의미한다. 대표적으로 1필지의 토지를 여러 개의 필지로 분할하거나 또는 단독주택을 다세대주택으로 전환하는 행위 등이 그에 해당한다. 위와 같이 지분쪼개기를 통하여 토지등소유자의 숫자를 인위적으로 늘리게 될 경우, 정비사업의 사업성이 하락하게 되어 조합원들의 재산권에 피해가 발생할 수도 있다.

참고로 서울의 경우 도시 및 주거환경정비 조례에 따라서 2010년 7월 16일을 기준으로 그 이전에 기본계획이 수립된 구역의 경우 2003년 12월 30일이 권리산정기준일이 되며, 2010년 7월 16일 이후에 기본계획이 수립된 구역의 경우에는 현행 도시정비법 제77조 규정에 따라서 정비구역지정 고시일 등이 권리산정기준일이 된다. 그러므로 권리산정기준일과 분양자격에 대해서는 도시정비법 제77조 및 각 시·도조례의 규정을 정확히 확인해야 한다. 권리산정기준일은 관할 행정청 담당공무원에게 문의하여 확인할 수 있다.

● 도시정비법

제77조(주택 등 건축물을 분양받을 권리의 산정 기준일) ① 정비사업을 통하여 분양받을 건축물이 다음 각 호의 어느 하나에 해당하는 경우에는 제16조 제2항 전단에 따른 고시가 있은 날 또는 시·도지사가 투기를 억제하기 위하여 제6조 제1항에 따른 기본계획 수립을 위한 주민공람의 공고일 후 정비구역 지정·고시 전에 따로 정하는 날(이하 이 조에서 "기준일"이라 한다)의 다음 날을 기준으로 건축물을 분양받을 권리를 산정한다. <개정 2018. 6. 12., 2024. 1. 30.>

1. 1필지의 토지가 여러 개의 필지로 분할되는 경우
2. 「집합건물의 소유 및 관리에 관한 법률」에 따른 집합건물이 아닌 건축물이 같은 법에 따른 집합건물로 전환되는 경우
3. 하나의 대지 범위에 속하는 동일인 소유의 토지와 주택 등 건축물을 토지와 주택 등 건축물로 각각 분리하여 소유하는 경우
4. 나대지에 건축물을 새로 건축하거나 기존 건축물을 철거하고 다세대주택, 그 밖의 공동주택을 건축하여 토지등소유자의 수가 증가하는 경우
5. 「집합건물의 소유 및 관리에 관한 법률」 제2조 제3호에 따른 전유부분의 분할로 토지등소유자의 수가 증가하는 경우

② 시·도지사는 제1항에 따라 기준일을 따로 정하는 경우에는 기준일·지정사유·건축물을 분양받을 권리의 산정 기준 등을 해당 지방자치단체의 공보에 고시하여야 한다.

● 서울특별시 도시 및 주거환경정비 조례

제36조(재개발사업의 분양대상 등) ② 제1항에도 불구하고 다음 각 호의 어느 하나에 해당하는 경우에는 여러 명의 분양신청자를 1명의 분양대상자로 본다.

1. 단독주택 또는 다가구주택을 권리산정기준일 후 다세대주택으로 전환한 경우
2. 법 제39조 제1항 제2호에 따라 여러 명의 분양신청자가 1세대에 속하는 경우
3. 1주택 또는 1필지의 토지를 여러 명이 소유하고 있는 경우. 다만, 권리산정기준일 이전부터 공유로 소유한 토지의 지분이 제1항 제2호 또는 권리가액이 제1항 제3호에 해당하는 경우는 예외로 한다.
4. 1필지의 토지를 권리산정기준일 후 여러 개의 필지로 분할한 경우
5. 하나의 대지범위에 속하는 동일인 소유의 토지와 주택을 건축물 준공 이후 토지와 건축물로 각각 분리하여 소유하는 경우. 다만, 권리산정기준일 이전부터 소유한 토지의 면적이 90제곱미터 이상인 자는 예외로 한다.
6. 권리산정기준일 후 나대지에 건축물을 새로 건축하거나 기존 건축물을 철거하고 다세대주택, 그 밖에 공동주택을 건축하여 토지등소유자가 증가되는 경우

③ 제1항 제2호의 종전 토지의 총면적 및 제1항 제3호의 권리가액을 산정함에 있어 다음 각 호의 어느 하나에 해당하는 토지는 포함하지 않는다.

1. 「건축법」 제2조 제1항 제1호에 따른 하나의 대지범위 안에 속하는 토지가 여러 필지인 경우 권리산정기준일 후에 그 토지의 일부를 취득하였거나 공유지분으로 취득한 토지
2. 하나의 건축물이 하나의 대지범위 안에 속하는 토지를 점유하고 있는 경우로서 권리산정기준일 후 그 건축물과 분리하여 취득한 토지
3. 1필지의 토지를 권리산정기준일 후 분할하여 취득하거나 공유로 취득한 토지

제37조(단독주택재건축사업의 분양대상 등) ② 제1항에도 불구하고 다음 각 호의 어느 하나에 해당하는 경우에는 여러 명의 분양신청자를 1명의 분양대상자로 본다.

1. 단독주택 또는 다가구주택을 권리산정기준일 후 다세대주택으로 전환한 경우
2. 법 제39조 제1항 제2호에 따라 여러 명의 분양신청자가 1세대에 속하는 경우
3. 1주택과 그 부속토지를 여러 명이 소유하고 있는 경우
4. 권리산정기준일 후 나대지에 건축물을 새로 건축하거나 기존 건축물을 철거하고 다세대주택, 그 밖에 공동주택을 건축하여 토지등소유자가 증가되는 경우

부칙 <제6899호 2018. 7. 19.>

제29조(권리산정기준일에 관한 적용례 및 경과조치) ① 제36조 및 제37조 개정규정은 서울특별시조례 제5007호 서울특별시 도시 및 주거환경 정비조례 일부개정조례 시행 이후 최초로 기본계획(정비예정구역에 신규로 편입지역 포함)을 수립하는 분부터 적용한다.

② 서울특별시조례 제5007호 서울특별시 도시 및 주거환경 정비조례 일부개정조례 시행 전에 기본계획이 수립되어 있는 지역 및 지구단위계획이 결정·고시된 지역은 종전의 「서울특별시 도시 및 주거환경 정비조례」(서울특별시조례 제5007호로 개정되기 전의 것을 말한다) 제27조 및 제28조에 따른다.

③ 분양대상 적용 시 제2항을 따르는 경우 2003년 12월 30일 전부터 공유지분으로 소유한 토지의 권리가액이 분양용 최소규모 공동주택 1가구의 추산액 이상인 자는 종전의 「서울특별시 도시 및 주거환경 정비조례」(서울특별시조례 제5007호로 개정되기 전의 것을 말한다) 제27조 제2항 제3호에 따른 분양대상자로 본다.

8 재건축 상가소유자의 아파트 분양자격

재건축 구역에서 상가를 소유한 조합원은 원칙적으로 상가를 분양받아야 하며, 예외적으로 일정한 요건을 충족할 경우 아파트를 공급받을 수 있다. 과거 국토교통부가 고시한 재건축 정비사업 표준정관에는 상가 조합원들이 아파트를 분양받을 수 있는 요건과 관련해 "새로운 부대·복리시설을 공급받지 아니하는 경우로서 종전의 부대·복리시설의 가액이 분양주택의 최소분양단위규모 추산액에 총회에서 정하는 비율(정하지 아니한 경우에는 1로 한다)을 곱한 가액 이상일 것"이라고 규정하고 있었다.

그러나 위 표준정관은 도시정비법 시행령과는 그 내용이 다르다. 도시정비법 시행령 제63조 제2항은 "재건축사업의 경우 법 제74조에 따른 관리처분은 다음 각 호의 방법에 따른다. 다만, 조합이 조합원 전원의 동의를 받아 그 기준을 따로 정하는 경우에는 그에 따른다"라고 규정하고 있다. 그리고 위 규정 제2호 가목에서 상가 조합원이 예외적으로 아파트를 분양받을 수 있는 요건에 관해 "새로운 부대시설·복리시설을 건설하지 아니하는 경우로서 기존 부대시설·복리시설의 가액이 분양주택 중 최소분양단위규모의 추산액에 정관등으로 정하는 비율(정관등으로 정하지 아니하는 경우에는 1로 한다. 이하 나목에서 같다)을 곱한 가액보다 클 것"이라고 규정하고 있다.

여기서 도시정비법 시행령 규정과 다른 내용의 위와 같은 정관 규정이 유효하기 위해서 조합원 전원의 동의를 받아야만 하는 것인지가 문제가 된다. 왜냐하면, 위 시행령 규정과 다른 기준을 정하는 경우 '조합원 전원'의 동의가 필요하다고 규정하고 있기 때문이다.

이와 관련해 2010년 대법원은 상가 분양신청을 포기하고 아파트를 분양받는 내용의 정관 변경에 대해, 조합정관 변경에 필요한 의결정족수를 얻으면 족하고 조합원 전원의 동의를 얻을 필요가 없다는 취지로 판시했다.

그런데 국토교통부는 2022년 8월 각 지방자치단체에 공문을 보내어 재건축정비사업조합의 정관을 도시정비법 시행령 제63조 제2항 제2호와 동일한 내용으로 정비하고 표준정관도 그와 같이 작성 운영하도록 요청하였다.

2024년 5월 서울고등법원은 도시정비법 시행령 제63조 제2항 제2호는 '강행규정'이며, 상가를 포기하고 아파트를 분양받는 내용은 위 시행령 규정의 내용과는 다르기 때문에 '조합원 전원의 동의'가 없는 한 효력이 없다는 취지로 판시했다. 그리고 위 판결은 2024.8. 대법원에서 심리불속행 기각으로 확정됐다.

앞서 언급한 대법원 판결이 전원합의체 판결로 파기된 것은 아니지만, 최근 국토교통부와 법원이 모두 상가소유자에 대한 주택(아파트) 분양자격을 매우 엄격히 적용하려는 입장이라는 점을 고려할 때, 재건축구역에서 상가소유자가 아파트를 분양받기는 매우 어렵게 되었다. 참고로 서울특별시는 지난 2024년 11월 7일 고시한 재건축정비사업 표준정관 중 상가소유자의 주택분양자격에 관하여 현행 시행령 규정과 동일하게 작성하였다.

재건축구역의 상가건물에 대한 매매 중개 시에 도시정비법 시행령과 국토교통부의 지침 그리고 위 판결에 따라 주의하여 업무를 처리해야 한다. 상가분양을 포기할 경우 주택(아파트)를 분양받을 수 있었던 관행이 이제는 더 이상 과거와 동일하게 유지되기 어렵게 되었다.

● 도시정비법 시행령

제63조(관리처분의 방법 등) ② 재건축사업의 경우 법 제74조에 따른 관리처분은 다음 각 호의 방법에 따른다. 다만, 조합이 조합원 전원의 동의를 받아 그 기준을 따로 정하는 경우에는 그에 따른다.

1. 제1항 제5호 및 제6호를 적용할 것
2. 부대시설·복리시설(부속토지를 포함한다. 이하 이 호에서 같다)의 소유자에게는 부대시설·복리시설을 공급할 것. 다만, 다음 각 목의 어느 하나에 해당하는 경우에는 1주택을 공급할 수 있다.
   가. 새로운 부대시설·복리시설을 건설하지 아니하는 경우로서 기존 부대시설·복리시설의 가액이 분양주택 중 최소분양단위규모의 추산액에 정관등으로 정하는 비율(정관등으로 정하지 아니하는 경우에는 1로 한다. 이하 나목에서 같다)을 곱한 가액보다 클 것
   나. 기존 부대시설·복리시설의 가액에서 새로 공급받는 부대시설·복리시설의 추산액을 뺀 금액이 분양주택 중 최소분양단위규모의 추산액에 정관등으로 정하는 비율을 곱한 가액보다 클 것
   다. 새로 건설한 부대시설·복리시설 중 최소분양단위규모의 추산액이 분양주택 중 최소분양단위규모의 추산액보다 클 것

● 과거 국토교통부 고시 재건축정비사업 표준정관

제46조(관리처분계획의 기준)

9. 부대·복리시설(부속 토지를 포함한다. 이하 이 호에서 같다)의 소유자에게는 부대·복리시설을 공급한다. 다만, 다음 각목의 1에 해당하는 경우에는 부대·복리시설의 소유자에게 1주택을 공급할 수 있다.

가. 새로운 부대·복리시설을 '공급'받지 아니하는 경우로서 종전의 부대·복리시설의 가액이 분양주택의 최소분양단위규모 추산액에 총회에서 정하는 비율(정하지 아니한 경우에는 1로 한다)을 곱한 가액 이상일 것
나. 종전 부대·복리시설의 가액에서 새로이 공급받는 부대·복리시설의 추산액을 차감한 금액이 분양주택의 최소분양단위규모 추산액에 총회에서 정하는 비율을 곱한 가액 이상일 것
다. 새로이 공급받는 부대·복리시설의 추산액이 분양주택의 최소분양단위규모 추산액 이상일 것
라. 조합원 전원이 동의한 경우

● 서울특별시 공공지원 재건축정비사업조합 표준정관(2024. 11. 7. 고시)

제45조(관리처분계획의 기준) ① 조합은 "관리처분계획기준일"(법 제72조 제1항 제3호에 따른 분양신청기간의 종료일을 말한다. 이하같다)의 분양신청 결과를 토대로 법 제76조, 시행령 제63조, 국토교통부 및 서울특별시 고시 등 관련 규정, 지침을 준수하여 관리처분계획을 수립하여야 한다.

9. 부대시설·복리시설(부속 토지를 포함한다. 이하 이 호에서 같다.)의 소유자에게는 부대시설·복리시설을 공급할 것. 다만, 다음 각 목의 어느 하나에 해당하는 경우에는 부대시설·복리시설의 소유자에게 1주택을 공급할 수 있다.

가. 새로운 부대시설·복리시설을 건설하지 아니하는 경우로서 기존 부대시설·복리시설의 가액이 분양주택 중 최소분양단위규모 추산액에 총회에서 정하는 비율(정하지 아니한 경우에는 1로 한다)을 곱한 가액 이상일 것
나. 기존 부대시설·복리시설의 가액에서 새로 공급받는 부대시설·복리시설의 추산액을 뺀 금액이 분양주택 중 최소분양단위규모의 추산액에 총회에서 정하는 비율을 곱한 가액보다 클 것
다. 새로 건설한 부대시설·복리시설 중 최소분양단위규모의 추산액이 분양주택 중 최소분양단위규모의 추산액보다 클 것

● 대법원 2010. 2. 11. 선고 2008다45637, 2008다45644 판결

원심은, 나아가, 피고 조합의 제2차 총회의 제1호, 안건으로 상정된 조합정관변경안 중 제47조 제9호는 부대·복리시설의 소유자에게는 부대·복리시설을 공급하되, 관계법령에서 인정하는 상가 조합원 중 상가를 포기하고 아파트를 분양신청한 조합원에 한하여 '기존 부대·복리시설의 가액이 분양주택 중 최소분양단위 규모의 추산액에 18/100을 곱한 비율보다 높을 경우'에는 부대·복리시설의 소유자에게 주택 조합원에게 공급하고 남은 잔여세대 중에서 1주택을 공급할 수 있도록 규정하고 있는데, 이는 도시정비법 제48조 제7항에 의하여 관리처분의 기준 등을 규정한 도시정비법 시행령(2008. 12. 17. 대통령령 제21171호로 개정되기 전의 것) 제52조 제2항 제2호의 규정에 부합하므로, 조합정관 변경에 필요한 의결정족수를 얻으면 족하고, 위 시행령 제52조 제2항 후문에서 규정한 조합원 전원의 동의를 얻을 필요는 없다고 할 것이어서 정관개정에 충분한 의결정족수를 충족한 위 정관개정 결의는 유효하다고 판단하였고, 관련 법리와 기록에 비추어 살펴보면 원심의 위와 같은 판단은 정당한 것으로 수긍이 간다.

● 서울고등법원 2024. 5. 23. 선고 2023나2027555 판결(대법원 2024다252794 심리불속행 기각 확정)

이 사건 개정안은 상가 조합원에게 1주택을 공급할 수 있는 기준에 관하여 도시정비법 시행령 제63조 제2항 제2호와는 달리 정하는 것이므로, 이 사건 안건의 가결에는 도시정비법 시행령 제63조 제2항 단서에 따라 조합원 전원의 동의가 필요하다고 판단된다(이보다 완화된 결의요건인 전체 조합원 3분의 2 이상의 동의를 요구하는 도시정비법 제40조 제3항 단서 및 같은 조 제1항 제2, 8호에 해당하는지 여부는 더 나아가서 판단하지 않는다). 이 사건 총회에서는 이 사건 안건에 대하여 전체 조합원 약 56.8%만이 동의하였을 뿐 조합원 전원의 동의가 없었으므로, 이 사건 안건은 부결된 것으로 봄이 타당하다. 따라서 이 사건 안건이 가결되었다는 확인을 구하는 원고들의 이 사건 청구는 이유 없다. 그 이유는 아래와 같다.

가. 도시정비법 시행령 제63조 제2항은, '재건축사업의 경우 법 제74조에 따른 관리처분은 다음 각 호의 방법에 따른다. 다만, 조합이 조합원 전원의 동의를 받아 그 기준을 따로 정하는 경우에는 그에 따른다'고 규정하고, 같은 조 제2호는 '상가 조합원에게는 상가를 공급할 것. 다만 다음 각 목의 어느 하나에 해당하는 경우에는 1주택을 공급할 수 있다'고 규정하고 있다. 그러므로 재건축조합의 상가 조합원에게는 원칙적으로 상가를 공급하되, 예외적으로 도시정비법 시행령 제63조 제2항 제2호 각 목의 사유가 있거나 조합원 전원의 동의를 받아 따로 정한 기준에 부합하는 경우에 한하여 상가 조합원에게도 1주택을 공급할 수 있다고 할 것이다. 이는 재건축사업의 상가 소유자에게 무분별하게 주택을 공급하는 것을 방지하기 위하여 상가 조합원에게 주택의 공급을 예외적으로 할 수 있는 경우를 제한적으로 규정하되, 조합원 전원의 동의가 있는 경우에 한하여 위와 다른 기준을 정할 수 있음을 정한 것으로서 그 규정의 취지와 목적 등에 비추어 강행규정으로 봄이 타당하다. 따라서 도시정비법 시행령 제63조 제2항 제2호 각 목이 정하는 주택 공급의 예외사유는 가급적 엄격하게 해석·적용되어야 한다.

......<중간 생략>......

5) 이와 같이 상가 조합원에게 1주택을 공급할 수 있는 예외사유를 정한 도시정비법 시행령 제63조 제2항 제2호 각 목은 모두 '상가조합원에게는 상가를 공급하여야 한다'는 원칙을 지키는 것이 불가능하거나 위 원칙을 그대로 고수하면 상가 조합원에게 부당한 결과가 발생하는 경우를 전제로 하는 내용이다.

다. 그런데 이 사건 개정안은 관리처분계획의 기준을 '새로운 상가를 공급받지 아니한 경우로서 종전의 상가 가액이 분양주택의 최소분양단위규모 추산액에 20%를 곱한 금액보다 큰 경우'에도 상가 조합원에게 1주택을 공급할 수 있다는 내용으로 변경하는 것을 골자로 한다. 위 개정안에 따르면 조합이 상가를 충분히 건설하여 상가 조합원에게는 상가를 공급한다는 원칙을 지켜 대지 및 건축물을 균형 있게 배분할 수 있는 경우에도 상가 조합원이 상가 분양을 포기하는 방법으로 상가를 공급받지 않으면 상가 대신 주택을 공급받는 등 상가 조합원의 임의적 선택에 따라 상가 또는 주택을 분양받을 수 있게 된다. 이는 조합이 상가를 건설하지 않아 상가조합원에게는 상가를 공급한다는 원칙을 지키는 것이 불가능하거나(가목), 조합이 상가를 건설하여 공급하지만 건설되는 상가의 규모와 수 및 추정자산가액 등에 비추어 상가 조합원에게 부당한 결과가 발생하는 경우(나목, 다목)를 전제로 하여 상가 조합원에 대한 주택공급의 예외사유를 규정한 도시정비법 시행령 제63조 제2항 제2호 각 목의 기준을 완화하여 규정한 것이다. 그렇다면 이 사건 안건의 가결에는 도시정비법 시행령 제63조 제2항 단서에 따라 조합원 전원의 동의가 필요하다고 봄이 타당하다(이 사건 안건으로 개정하려는 피고 조합의 정관 제46조에서도 '관리처분계획의 기준'을 정하면서 그 제9호 가목 내지 다목에서 도시정비법 시행령 제63조 제2항 제2호 각 목의 규정을 그대로 규정하고 있고, 그 라목에서는 도시정비법 시행령 제63조 제2항 단서가 규정한 대로 '조합원 전원이 동의하여 그 기준을 따로 정하는 경우에는 그에 따른다'고 규정하고 있는바, 위 라목에 의한다고 하더라도 위 가목 내지 다목과 다른 기준을 정하기 위해서는 조합원 전원의 동의가 필요하다).

● 2022년 8월 국토교통부 지침

재건축사업 부대 · 복리시설 소유자 주택공급 규정 운영방안

□ **재건축사업 부대 · 복리시설 소유자 주택공급 규정 및 표준정관 현황**

○ **(규정)** 부대·복리시설 소유자에게는 부대·복리시설을 공급하되, **"새로운 부대·복리시설을 건설하지 아니하는 경우"** 1주택 공급 가능(영 §63②2)

○ **(표준정관)** 舊 건설교통부에서 작성·보급한 표준정관*에서 **"새로운 부대·복리시설을 공급하지 아니하는 경우"**로 기재

* 표준정관 작성·보급 주체는 국토교통부에서 시·도지사로 변경('19.4.23)

□ **운영방안**

① **(유권해석 명확화)** 법령에 따라 **"새로운 부대·복리시설을 건설하지 아니하는 경우"**에만 **1주택 공급**이 가능한 것으로 **유권해석**

- 상가조합원이 상가를 포기하는 등 **"새로운 부대·복리시설을 공급하지 아니하는 경우"**에는 **1주택 공급 불가**

② **(표준정관 반영)** 시·도에서 표준정관을 이미 작성·배포한 경우 **"새로운 부대·복리시설을 건설하지 아니하는 경우"**에만 **1주택 공급이 가능**한 것으로 **즉시 변경**하고,

- **향후,** 시·도에서 **작성하는 표준정관**은 **해당 내용**을 **반영**하여 작성

③ **(조합정관 인가)** **공문 시행일 이후** 조합설립인가가 **신청**된 조합정관은 **"새로운 부대·복리시설을 건설하지 아니하는 경우"**로 **인가**

- **기존 표준정관** 등을 **신뢰**하여 **"새로운 부대·복리시설을 공급하지 아니하는 경우" 1주택 공급이 가능**한 것으로 **인가된 조합정관이나, 공문 시행일 이전 인가 신청**된 **조합정관**은 **인정**

9 투기과열지구 정비구역에서 부동산 중개시 필수 체크 포인트

가. 조합원 지위 양도 제한과 예외

2022년 새 정부 출범 이후 3차례에 걸쳐 규제지역을 해제한 데 이어, 2023년 새해 벽두부터 강남구, 서초구, 송파구, 용산구 등 4개 구를 제외한 서울 전지역 및 과천·광명·성남(분당·수정구)·하남시 등의 투기과열지구·조정대상지역의 해제를 발표했다.

재개발·재건축사업과 관련해서는 투기과열지구의 지정 또는 해제 여부에 따라서 조합원 분양대상이 될 수 있는지 여부, 조합원 지위의 양도·양수 가부가 달라질 수 있기 때문에 조합

원 분양시장의 영향에 더욱 관심이 쏠리고 있고, 공인중개사의 경우 특히 도시정비법상의 투기과열지구에 관한 규정 내용을 정확히 알고 중개를 해야 한다.

원칙적으로 투기과열지구 내에서 재건축구역에서는 조합설립인가 후, 재개발구역에서는 관리처분계획인가 후 부동산을 양수하더라도 양수인이 조합원 지위를 승계하지 못한다. 다만 상속이나 이혼 등으로 인해 소유권이 이전되는 경우에는 예외적으로 조합원 지위를 승계할 수 있도록 허용하고 있다. 이러한 예외 규정은 가족 관계의 변동 등 불가피한 사유로 인한 소유권 이전을 고려하여 마련된 것이다. 따라서, 상속이나 이혼으로 인해 조합원 지위를 취득한 경우에는 분양 신청이 가능하다. 정비사업은 통상 10년 이상 장기적으로 진행되는 사업이다. 사업이 진행되는 가운데에서도 조합원이 질병치료나 근무상 사유 또는 이민 등의 이유로 부동산을 팔고 이사를 해야 할 수도 있다. 이런 불가피한 사유가 있을 경우에도 예외적으로 매수인에게 조합원 지위 승계가 가능하다.

이와 같은 규정은 투기과열지구 내에서의 부동산 거래를 엄격히 제한함으로써 시장 안정성을 유지하고자 하는 목적을 가지고 있으며, 조합원 지위의 승계 여부는 관련 법령에 따라 엄격하게 판단되어야 한다.

조합원 지위를 취득할 수 없는 부동산을 매수한 경우, 매수인은 분양을 받지 못하고 현금청산을 당하게 된다.

실무에서 가장 자주 활용되는 예외사유는 아래와 같다. 양도인이 아래 요건을 갖출 경우 예외적으로 조합원지위 승계가 가능하다.

- 상속·이혼으로 인한 양도·양수
- 1세대 1주택자로서 10년 이상 소유, 5년 이상 거주한 경우
- 조합설립인가일부터 3년 이상 사업시행인가 신청이 없는 재건축사업의 건축물을 3년 이상 계속하여 소유하고 있는 자가 사업시행인가 신청 전에 양도하는 경우
- 사업시행계획인가일부터 3년 이내에 착공하지 못한 재건축사업의 토지 또는 건축물을 3년 이상 계속하여 소유하고 있는 자가 착공 전에 양도하는 경우
- 착공일부터 3년 이상 준공되지 않은 재개발사업·재건축사업의 토지를 3년 이상 계속하여 소유하고 있는 경우
- 국가·지방자치단체 및 금융기관(「주택법 시행령」 제71조 제1호 각 목의 금융기관을 말한다)에 대한 채무를 이행하지 못하여 재개발사업·재건축사업의 토지 또는 건축물이 경매 또는 공매되는 경우

투기과열지구 조합원 지위 승계 제한과 그 예외에 관한 내용은 도시정비법 제39조 제2항 이하 및 시행령에 자세히 규정되어 있으니, 개업 공인중개사라면 반드시 이 내용을 정확히 숙지하여 중개업무에 임해야 한다.

● 도시정비법

제39조(조합원의 자격 등) ② 「주택법」 제63조 제1항에 따른 투기과열지구(이하 "투기과열지구"라 한다)로 지정된 지역에서 재건축사업을 시행하는 경우에는 조합설립인가 후, 재개발사업을 시행하는 경우에는 제74조에 따른 관리처분계획의 인가 후 해당 정비사업의 건축물 또는 토지를 양수(매매·증여, 그 밖의 권리의 변동을 수반하는 모든 행위를 포함하되, 상속·이혼으로 인한 양도·양수의 경우는 제외한다. 이하 이 조에서 같다)한 자는 제1항에도 불구하고 조합원이 될 수 없다. 다만, 양도인이 다음 각 호의 어느 하나에 해당하는 경우 그 양도인으로부터 그 건축물 또는 토지를 양수한 자는 그러하지 아니하다. <개정 2017. 10. 24., 2020. 6. 9., 2021. 4. 13.>

1. 세대원(세대주가 포함된 세대의 구성원을 말한다. 이하 이 조에서 같다)의 근무상 또는 생업상의 사정이나 질병치료(「의료법」 제3조에 따른 의료기관의 장이 1년 이상의 치료나 요양이 필요하다고 인정하는 경우로 한정한다)·취학·결혼으로 세대원이 모두 해당 사업구역에 위치하지 아니한 특별시·광역시·특별자치시·특별자치도·시 또는 군으로 이전하는 경우
2. 상속으로 취득한 주택으로 세대원 모두 이전하는 경우
3. 세대원 모두 해외로 이주하거나 세대원 모두 2년 이상 해외에 체류하려는 경우
4. 1세대(제1항 제2호에 따라 1세대에 속하는 때를 말한다) 1주택자로서 양도하는 주택에 대한 소유기간 및 거주기간이 대통령령으로 정하는 기간 이상인 경우
5. 제80조에 따른 지분형주택을 공급받기 위하여 건축물 또는 토지를 토지주택공사등과 공유하려는 경우
6. 공공임대주택, 「공공주택 특별법」에 따른 공공분양주택의 공급 및 대통령령으로 정하는 사업을 목적으로 건축물 또는 토지를 양수하려는 공공재개발사업 시행자에게 양도하려는 경우
7. 그 밖에 불가피한 사정으로 양도하는 경우로서 대통령령으로 정하는 경우

③ 사업시행자는 제2항 각 호 외의 부분 본문에 따라 조합원의 자격을 취득할 수 없는 경우 정비사업의 토지, 건축물 또는 그 밖의 권리를 취득한 자에게 제73조를 준용하여 손실보상을 하여야 한다.

● 도시정비법 시행령

제37조(조합원) ① 법 제39조 제2항 제4호에서 "대통령령으로 정하는 기간"이란 다음 각 호의 구분에 따른 기간을 말한다. 이 경우 소유자가 피상속인으로부터 주택을 상속받아 소유권을 취득한 경우에는 피상속인의 주택의 소유기간 및 거주기간을 합산한다.

1. 소유기간: 10년
2. 거주기간(「주민등록법」 제7조에 따른 주민등록표를 기준으로 하며, 소유자가 거주하지 아니하고 소유자의 배우자나 직계존비속이 해당 주택에 거주한 경우에는 그 기간을 합산한다): 5년

② 법 제39조 제2항 제6호에서 "대통령령으로 정하는 사업"이란 공공재개발사업 시행자가 상가를 임대하는 사업을 말한다. <신설 2021. 7. 13.>
③ 법 제39조 제2항 제7호에서 "대통령령으로 정하는 경우"란 다음 각 호의 어느 하나에 해당하는 경우를 말한다. <개정 2020. 6. 23., 2021. 7. 13.>
1. 조합설립인가일부터 3년 이상 사업시행인가 신청이 없는 재건축사업의 건축물을 3년 이상 계속하여 소유하고 있는 자(소유기간을 산정할 때 소유자가 피상속인으로부터 상속받아 소유권을 취득한 경우에는 피상속인의 소유기간을 합산한다. 이하 제2호 및 제3호에서 같다)가 사업시행인가 신청 전에 양도하는 경우
2. 사업시행계획인가일부터 3년 이내에 착공하지 못한 재건축사업의 토지 또는 건축물을 3년 이상 계속하여 소유하고 있는 자가 착공 전에 양도하는 경우
3. 착공일부터 3년 이상 준공되지 않은 재개발사업·재건축사업의 토지를 3년 이상 계속하여 소유하고 있는 경우
4. 법률 제7056호 도시및주거환경정비법 일부개정법률 부칙 제2항에 따른 토지등소유자로부터 상속·이혼으로 인하여 토지 또는 건축물을 소유한 자
5. 국가·지방자치단체 및 금융기관(「주택법 시행령」 제71조 제1호 각 목의 금융기관을 말한다)에 대한 채무를 이행하지 못하여 재개발사업·재건축사업의 토지 또는 건축물이 경매 또는 공매되는 경우
6. 「주택법」 제63조 제1항에 따른 투기과열지구(이하 "투기과열지구"라 한다)로 지정되기 전에 건축물 또는 토지를 양도하기 위한 계약(계약금 지급 내역 등으로 계약일을 확인할 수 있는 경우로 한정한다)을 체결하고, 투기과열지구로 지정된 날부터 60일 이내에 「부동산 거래신고 등에 관한 법률」 제3조에 따라 부동산 거래의 신고를 한 경우

나. 투기과열지구 정비구역에서 조합설립 후 일부 지분을 양도하였을 경우 조합원 지위 승계여부

투기과열지구의 정비구역에서 예외사유에 해당하지 않는 한 부동산 양수인은 조합원 지위를 취득하지 못한다. 그런데 만약 부동산 전체가 아니라 일부 지분만 양수한 경우, 그 지분 양수인은 조합원 지위를 취득할 수 있을까.

예를 들어 만약 갑이 소유한 A아파트가 투기과열지구 재건축구역에 속해 있고, 조합설립인가 후에 갑이 위 A아파트의 지분 99%를 자녀 을에게 증여했을 경우, 을은 과연 조합원 지위를 승계할 것인지 아니면 현금청산대상자가 되는 것인지 견해가 대립되어 있다.

1) **제1견해 (법제처의 유권해석)**: 99%지분권자 을은 현금청산대상이 아님. 1%지분권자인양도인 A를 통해 분양신청 등 조합원의 권리 행사 가능

양수인은 도시정비법 제39조 제3항에 따른 손실보상 대상에 해당하지 않는다. 투기과열지구에서 재건축사업의 조합설립인가 후 조합원으로부터 주택의 지분 일부를 양수한 자는 도시정비법 제39조 제2항에 따라 조합원 자격을 취득하지 못하는 것이 분명하나, 해당 주택을 공유하는 양도인은 여러 명의 토지등소유자를 대표하는 조합원으로서 그 주택

에 기반한 분양신청을 할 수 있고, 조합원이 아닌 토지등소유자인 양수인은 조합원인 양도인을 통해 분양신청 등 조합원의 권리를 행사하게 된다.

2) **제2견해 (서울고등법원)**: 99%지분권자 을은 현금청산대상임.

도시정비법 제39조 제2항은 투기과열지구에서 부동산 양도에 따른 조합원 지위 및 권리의 승계를 제한하기 위하여 도입된 규정으로, 1개 부동산 일부 지분양도의 경우라도 조합원의 지위를 승계할 수 없고 현금청산이 되어야 한다. 서울동부지방법원, 서울고등법원은 투기과열지구에서 지분 증여를 한 사건에서 양수한 부동산은 현금청산대상이다라고 판시하였다.

이에 대하여 아직 명확한 대법원 판시는 찾을 수 없다. 대법원에서 어떻게 판단할지 그 누구도 예측하기 어렵다. 따라서 투기과열지구 정비구역에서 지분 양도 양수는 가능한 자제하는 것을 추천한다. 만약 지분 거래를 해야 한다면, 서울고등법원이 매수인은 현금청산대상자라는 취지로 판시했다는 점을 유념하고 거래에 임해야 한다.

● **[법제처 유권해석] 민원인 - 투기과열지구에서 재건축사업의 조합설립인가 후 조합원으로부터 주택 지분의 일부를 양수한 경우 양수인의 손실보상 대상 여부(「도시 및 주거환경정비법」 제39조 제3항 등 관련) 안건번호20-0622 회신일자2021-03-19**

1. 질의요지

「주택법」 제63조 제1항에 따른 투기과열지구에서 시행하는 재건축사업의 조합설립인가 후, 「도시 및 주거환경정비법」(이하 "도시정비법"이라 함) 제39조 제1항에 따른 조합원이 단독으로 소유하던 주택의 지분 일부를 조합원이 아닌 자에게 양도하여(각주: 상속·이혼으로 인한 양도·양수의 경우를 제외하며, 도시정비법 제39조 제2항 각 호에 해당하지 않는 경우를 전제함.) 해당 주택을 양수인과 공유하게 된 경우, 양수인은 같은 법 제39조 제3항에 따라 손실보상 대상에 해당하는지?

☑ 질의배경

민원인은 위 질의요지에 대한 국토교통부의 회신 내용에 이견이 있어 법제처에 법령해석을 요청함.

2. 회답

이 사안의 경우 양수인은 도시정비법 제39조 제3항에 따른 손실보상 대상에 해당하지 않습니다.

3. 이유

도시정비법 제39조 제1항에서는 재건축사업의 조합원은 재건축사업에 동의한 토지등소유자로 하되, 토지의 소유권이 여러 명의 공유에 속하는 때에는 그 여러 명을 대표하는 1명을 조합원으로 본다(제1호)고 규정하고 있고, 같은 조 제2항 각 호 외의 부분 본문에서는 「주택법」 제63조 제1항에 따른 투기과열지구(이하 "투기과열지구"라 함)에서 재건축사업 조합설립인가 후 건축물 또는 토지를 양수한 자는 같은 조 제1항에도 불구하고 조합원이 될 수 없다고 규정하고 있습니다.

그리고 도시정비법 제39조 제3항에서는 같은 조 제2항에 따라 조합원의 자격을 취득할 수 없는 경우 정비사업의 토지, 건축물 또는 그 밖의 권리를 취득한 자에게 같은 법 제73조를 준용하여 손실보상을 하도록 규정하고 있는바, 이는 투기과열지구에서 재건축조합설립인가 후에 주택 등을 양수한 자에 대해 분양신청 권리를 행사할 수 있는 조합원 자격을 제한하여 투기수요를 차단하되(각주: 2003. 12. 31. 법률 제7056호로 개정된 도시정비법 개정이유 및 주요골자 참조) 재산권 행사가 제한되는 권리에 대해서는 손실보상을 하도록 하려는 취지입니다.

그런데 이 사안과 같이 투기과열지구에서 재건축사업의 조합설립인가 후 조합원으로부터 주택의 지분 일부를 양수한 자는 도시정비법 제39조 제2항에 따라 조합원 자격을 취득하지 못하는 것이 분명하나, 해당 주택을 공유하는 양도인은 여러 명의 토지등소유자를 대표하는 조합원으로서 그 주택에 기반한 분양신청을 할 수 있고, 조합원이 아닌 토지등소유자인 양수인은 조합원인 양도인을 통해 분양신청 등 조합원의 권리를 행사(각주: 법제처 2019. 3. 26. 회신 19-0118 해석례 참조)하게 된다는 점에 비추어 보면, 같은 조 제2항에 따라 조합원이 될 수 없다는 사정만으로 같은 조 제3항의 손실보상 규정의 전제가 되는 재산권 행사가 제한된다고 보는 것은 타당하지 않습니다.

또한 관리처분계획의 수립기준을 정한 도시정비법 제76조 제1항에서는 1세대 또는 1명이 하나 이상의 주택 또는 토지를 소유한 경우 1주택을 공급하고, 같은 세대에 속하지 아니하는 2명 이상이 1주택 또는 1토지를 공유한 경우에는 1주택만 공급(제6호)한다고 규정하고 있을 뿐, 1주택을 공유한 자의 일부가 손실보상을 받게 될 경우 나머지 공유자에 대한 주택공급의 기준에 대해서는 별도로 규정하고 있지 않은바, 이는 이 사안과 같이 1주택의 지분 일부만을 양수한 자는 도시정비법 제39조 제3항에 따른 손실보상 대상이 되지 않는다는 것을 전제한 것으로 보아야 합니다.

만약 이와 달리 1주택을 공유하게 된 자가 도시정비법 제39조 제2항에 따라 조합원 자격의 취득이 제한되어 같은 조 제3항에 따른 손실보상을 받을 수 있다고 본다면, 1주택의 일부 지분만을 소유한 양도인에게 온전한 1개의 분양신청권을 인정할 수 있는지 여부가 문제된다는 점도 이 사안을 해석할 때 고려해야 합니다.

● 서울고등법원 2016. 1. 29. 선고 2015나18888 판결 (제2심판결)
서울동부지방법원 2015. 6. 2. 선고 2014가합11350 판결 (제1심판결)

원고가 2003. 6. 12. 조합설립인가를 받은 사실, 피고와 J은 이 사건 부동산 중 각 1/2 지분을 2005. 1. 15. I으로부터 각 매수하여 2005. 3. 4. 그에 따른 소유지분권이전등기를 마친 사실, 피고는 2006. 10. 30. J으로부터 그 소유의 1/2 지분을 증여받아 같은 날 그에 따른 소유권이전등기를 마친 사실은 앞서 본 바와 같고, 갑 제26호증의 1의 기재와 변론 전체의 취지를 종합하면 구 건설교통부장관이 2002. 9. 6. 이 사건 재건축사업이 시행되는 지역을 포함하는 서울특별시 전 지역을 투기과열지구로 지정한 사실(뒤에서 보는 바와 같이 이 사건 재건축사업이 시행되는 지역인 서울특별시 송파구는 2011. 12. 22. 투기과열지구에서 해제되었다)을 인정할 수 있다. 그러므로 피고는 조합설립인가 후 당해 주택재건축사업의 건축물 및 토지를 양수한 자에 해당하여 구 도시정비법 제19조 제1항에 따라 원칙적으로 원고의 조합원이 될 수 없으나, 다만 앞서 본 바와 같이 피고에게 이 사건 부동산 중 1/2 지분을 양도한 I은 1996. 12. 16.부터 이 사건 부동산을 소유하였던 사람이므로, 피고는 이 사건 부칙조항에 따라 이 사건 부동산 중 I으로부터 양수한 1/2 지분에 관하여는 원고의 조합원 자격을 취득할 수 있다.

결국 피고는 이 사건 부동산 중 I으로부터 취득한 1/2 지분에 관하여는 이 사건 재건축사업에 동의한 토지등소유자로서 원고의 조합원 지위에 있으나, J으로부터 증여받은 1/2 지분에 관하여는 그 양도인인 J이 2003. 12. 31. 전에 건축물 또는 토지를 취득한 자에 해당하지 않아 이 사건 부칙조항이 적용되지 않으므로 원고의 조합원이 될 수 없고, 구 도시정비법 제19조 제3항에 따라 현금청산 대상자가 된다.

... <중간생략>...

서울특별시 송파구 지역이 2011. 12. 22. 투기과열지구에서 해제되었음은 당사자 사이에 다툼이 없다. 그러나 투기과열지구 내에서 진행되는 재건축사업의 경우 조합설립인가 후에 당해 재건축사업의 건축물 또는 토지를 양수한 자는 조합원이 될 수 없다고 규정한 구 도시정비법 제19조 제2항 본문의 입법 목적은 투기과열지구 안에서 재건축주택에 대한 투기수요를 차단하여 국민의 주거 안정을 확보하려는 데에 있고[헌법재판소 2008. 9. 25. 선고 2004헌마155, 237(병합) 전원재판부 결정 참조], 투기과열지구로 지정된 지역에서 조합설립인가 후 재건축대상 건축물 등을 양수한 자는 위 규정에 따라 정상적으로는 주택공급을 받지 못하리라는 것을 알면서도 건축물 등을 양수한 자인 점, 앞서 본 바와 같이 구 도시정비법 제19조 제2항, 제3항의 규정상 위와 같이 건축물 등을 양수한 때에 바로 조합의 현금청산 의무가 발생하는 것으로 해석되는 점, 그와 같은 지위에 있는 자가 아직 현금청산이 완료되지 않은 상황에서 투기과열지구 해제가 이루어지는 경우에는 조합원 자격을 회복한다고 보면 투기과열지구의 해제가 예상되는 지역의 재건축주택에 대한 투기가 발생할 우려가 있어 위 입법 목적에 어긋나는 결과가 초래되는 점 등에 비추어 볼 때, 도시정비법 제19조 제2항 본문, 제3항에 따라 조합원의 자격이 인정되지 아니하여 현금청산 대상자가 된 사람은 그 후 투기과열지구가 해제되었다고 하더라도 재건축조합의 조합원 자격을 취득한다고 할 수 없다. 따라서 피고의 위 주장은 이유 없다.

다. 투기과열지구 정비구역에서 조합설립 후 여러 명의 공유하고 있는 부동산을 매수하였을 경우, 조합원 지위 승계에 관한 예외 조항에 해당하는지 여부에 대해서 매도인 중 대표조합원만 해당하면 가능한지 여부

정비구역에서 부동산을 공유하고 있을 경우, 그 전원에 대하여 1명의 조합원 지위만 인정한다. 그리고 그 전원을 대표하는 대표조합원을 선임하고, 조합원으로서의 법률행위는 그 대표조합원이 행한다.

투기과열지구 재건축정비사업의 조합원 지위양도와 관련하여 조합원이 공유자인 경우 대표조합원만 이 요건을 만족할 수 있다면 조합원 지위 양도가 가능한지가 문제가 되고 견해가 나뉘어 있다.

1) **국토교통부**: 해당 건축물의 소유권이 수인의 공유에 속하는 때에 대표조합원이 예외 규정을 충족하는 경우 조합원 지위 양도가 가능함.

2) **서울고등법원**: 도시정비법 제39조 제2항의 예외사유에 있어 양도인 요건의 구비 여부는 대표조합원 1인만을 기준으로 할 것이 아니라 실제 양도인을 기준으로 하여야 하고, 양수인이 여러 명의 양도인으로부터 지분을 각각 양수한 경우에는 그 지분별로 해당 지분을 양도한 양도인이 양도인 요건을 구비하였는지를 따져보아야 함.

현재 위 서울고등법원 판결에 대하여 상고가 되어 대법원에 계류 중이다.

이 사건의 쟁점도 투기과열지구 정비사업구역 내 부동산 중개업무시 반드시 알고 있어야 하는 사항이다.

● **국토교통부 유권해석(2023년 8월 30일자 민원처리결과, 주택정비과-5525)**

(1) 민원요지
∘ 조합원 지위 양도(대표조합원, 1세대 1주택 관련)

(2) 답변내용
∘ 「도시 및 주거환경정비법」 제39조 제1항에서, 제25조에 따른 정비사업의 조합원 (사업시행자가 신탁업자인 경우에는 위탁자를 말한다. 이하 이 조에서 같다)은 토지등소유자(재건축사업의 경우에는 재건축사업에 동의한 자만 해당한다)로 하되, 다음 각 호의 어느 하나에 해당하는 때에는 그 여러 명을 대표하는 1명을 조합원으로 보며,

1. 토지 또는 건축물의 소유권과 지상권이 여러 명의 공유에 속하는 때

◦ 같은 법 제39조 제2항에서, 「주택법」 제63조 제1항에 따른 투기과열지구(이하 "투기과열지구"라 한다)로 지정된 지역에서 재건축사업을 시행하는 경우에는 조합설립인가 후, 재개발사업을 시행하는 경우에는 제74조에 따른 관리처분계획의 인가 후 해당 정비사업의 건축물 또는 토지를 양수(매매. 증여, 그 밖의 권리의 변동을 수반하는 모든 행위를 포함하되, 상속. 이혼으로 인한 양도·양수의 경우는 제외한다. 이하 이 조에서 같다) 한 자는 제1항에도 불구하고 조합원이 될 수 없다. 다만, 양도인이 다음 각 호의 어느 하나에 해당하는 경우 그 양도인으로부터 그 건축물 또는 토지를 양 수한 자는 그러하지 아니하며,

4. 1세대(제1항 제2호에 따라 1세대에 속하는 때를 말한다) 1주택자로서 양도하는 주택에 대한 소유기간 및 거주기간이 대통령령으로 정하는 기간 이상인 경우

◦ 같은 법 시행령 제37조 제1항에서, 법 제39조 제2항 제4호에서 "대통령령으로 정하는 기간"이란 다음 각 호의 구분에 따른 기간을 말한다. 이 경우 소유자가 피상속인으로부터 주택을 상속받아 소유권을 취득한 경우에는 피상속인의 주택의 소유기간 및 거주기간을 합산하는 것으로 규정하고 있습니다.

1. 소유기간: 10년
2. 거주기간(「주민등록법」 제7조에 따른 주민등록표를 기준으로 하며, 소유자가 거주하지 아니하고 소유자의 배우자나 직계존비속이 해당 주택에 거주한 경우에는 그 기간을 합산한다): 5년

◦ 따라서, 투기과열지구 내 재건축사업은 조합설립인가 후에는 해당 정비사업의 건 축물 또는 토지를 양수한 자는 조합원이 될 수 없으나, 양도인이 1세대 1주택자로서 양도하는 주택의 소유기간(10년) 및 거주기간(5년) 을 충족하는 경우에는 조합원 지위 양도가 가능하며,

◦ 이때, 양도하는 건축물의 소유권이 수인의 공유에 속하는 때에는, 대표조합원이 양도시점에 1세대 1주택자로서 상기 규정에 따른 소유기간 및 거주기간을 충족하는 경우 조합원 지위양도가 가능할 것으로 판단됩니다.

● 서울고등법원 2022. 3. 17. 선고 2021나2019406 판결(대법원 2022다228230 사건으로 상고심 심리중) 반포주공1단지주택재건축정비사업조합 사건

> 구 도시정비법 제39조 제1항 본문 중 여러 명의 공유자를 대표하는 1명을 조합원으로 본다는 부분은 조합원 자격이 있는 여러 명이 토지 등을 공유하는 경우에 여러 명의 공유자 사이의 법률관계나 그 공유자와 조합 사이의 법률관계에 관한 것이어서, 토지 등의 양수인의 조합원 자격과 관련하여 그 양도인이 여러 명의 공유자인 경우 이 사건 예외사유에 해당하기 위한 양도인 요건을 갖추었는지 여부를 판단함에 있어서는 적용된다고 보기 어렵다.
>
> ......<중간생략>......
>
> 결국 이 사건 예외사유에 있어 양도인 요건의 구비 여부는 대표조합원 1인만을 기준으로 할 것이 아니라 실제 양도인을 기준으로 하여야 하고, 양수인이 여러 명의 양도인으로부터 지분을 각각 양수한 경우에는 그 지분별로 해당 지분을 양도한 양도인이 양도인 요건을 구비하였는지를 따져보아야 한다. 이는 이 사건 본문 규정이 일부 지분의 양도를 그 적용대상에서 제외하지 않고 있는 이상, 이 사건 예외사유에 해당할 경우 일부 지분의 양수인이라고 해서 조합원 자격을 가지지 못한다고 볼 수 없기 때문이다. 또한 구 도시정비법 제39조 제1항 본문 제3호 역시 조합설립인가 후에도 토지 등 전부가 아니라 그 일부 지분의 양도가 허용됨을 전제로 하고 있다.
>
> 다만 그로 인하여 공유자 전원이 아니라 그중 일부만이 조합원 자격을 가지는 결과가 발생할 수 있기는 하나, 이 사건과 같이 양수인이 양도인 요건을 갖춘 양도인과 양도인 요건을 갖추지 못한 양도인으로부터 일부 지분씩을 양수한 경우에 양도인 요건을 갖춘 양도인으로부터 양수한 지분에 대해서도 일괄하여 이 사건 예외사유에 해당하지 않는 것으로 본다고 해서, 위와 같은 결과가 발생하는 것을 막을 수 있는 것도 아니다. 즉 이 사건 사안에서도 만일 C이 소유기간 10년 및 거주기간 5년이 되기 전에 F에게 이혼이 아닌 다른 원인으로 이 사건 부동산 중 1/2 지분을 양도하였다면, C은 조합원 자격이 있는 공유자이지만, F은 조합원 자격이 없는 공유자이므로, 공유자 전원이 아니라 그중 일부만이 조합원 자격을 가지는 경우에 해당하게 되었을 것이다. 따라서 양수인의 일부 지분에 관한 조합원 자격을 일률적으로 제한할 것이 아니라 위와 같은 결과가 발생하였을 경우에 관하여 의결권 산정과 주택 공급 등의 기준을 정함으로써 문제를 해결하여야 한다.

라. 투기과열지구 5년 재당첨제한 제도

투기과열지구의 각 정비구역에서 여러 부동산을 소유하고 있는 조합원들의 경우 재당첨제한 규정의 적용을 받을 수도 있으며 불가피하게 현금청산이 될 수도 있으니 주의할 필요가 있다. 또 위 규정의 해석을 놓고 법원에서도 엇갈리는 판결을 하고, 규정 자체에도 해석상 논란이 되는 부분도 있어서 각별히 주의할 필요가 있다.

도시정비법 제72조 제6항에 따르면 투기과열지구의 재건축, 재개발 정비사업에서 관리처분계획에 따라 조합원 분양 또는 일반분양을 받은 분양대상자 및 그 세대에 속한 자는 분양대상자 선정일(조합원 분양분의 분양대상자는 최초 관리처분계획 인가일을 말한다)부터 5년 이내에는 다른 투기과열지구에서 조합원 분양신청을 할 수 없고 현금청산이 된다. 다만 상속, 결혼, 이혼으로 조합원 자격을 취득한 경우에는 예외적으로 조합원 분양신청을 할 수 있다.

추가로 경과규정에 따른 예외가 있는데, 위 규정이 시행된 2017년 10월 24일 이전에 투기과열지구의 부동산을 취득한 사람의 경우에는 재당첨제한 규정이 적용되지 않으나, 만약 위 규정이 시행된 이후에 투기과열지구의 부동산을 취득하여 조합원 분양대상자가 되거나 또는 일반분양에 당첨이 될 경우에는 재당첨제한 규정이 적용이 된다.

투기과열지구 정비사업의 5년 재당첨제한 관련 규정은 공인중개사 실무상으로도 매우 중요한 내용이니 숙지할 필요가 있다.

● 도시정비법

제72조(분양공고 및 분양신청) ⑥ 제3항부터 제5항까지의 규정에도 불구하고 투기과열지구의 정비사업에서 제74조에 따른 관리처분계획에 따라 같은 조 제1항 제2호 또는 제1항 제4호 가목의 분양대상자 및 그 세대에 속한 자는 분양대상자 선정일(조합원 분양분의 분양대상자는 최초 관리처분계획 인가일을 말한다)부터 5년 이내에는 투기과열지구에서 제3항부터 제5항까지의 규정에 따른 분양신청을 할 수 없다. 다만, 상속, 결혼, 이혼으로 조합원 자격을 취득한 경우에는 분양신청을 할 수 있다. <신설 2017. 10. 24.>

부칙 <법률 제14567호, 2017. 2. 8.>

제37조의2(투기과열지구 내 분양신청 제한에 관한 경과조치) 법률 제14943호 도시 및 주거환경정비법 일부개정법률 시행 전에 투기과열지구의 토지등소유자는 제72조 제6항의 개정규정에도 불구하고 같은 개정법률 시행 전 종전의 규정을 적용한다. 다만, 다음 각 호의 어느 하나에 해당하는 경우에는 그러하지 아니하다.

1. 토지등소유자와 그 세대에 속하는 자가 법률 제14943호 도시 및 주거환경정비법 일부개정법률 시행 후 투기과열지구의 정비사업구역에 소재한 토지 또는 건축물을 취득하여 해당 정비사업의 관리처분계획에 따라 같은 개정법률 제48조 제1항 제3호가목의 분양대상자로 선정된 경우
2. 토지등소유자와 그 세대에 속하는 자가 법률 제14943호 도시 및 주거환경정비법 일부개정법률 시행 후 투기과열지구의 정비사업의 관리처분계획에 따라 같은 개정법률 제48조 제1항 제3호나목의 분양대상자로 선정된 경우

[본조신설 2017. 10. 24.]

● 실무상 문제점

1) '분양대상자 및 그 세대에 속한 자'의 해석상 문제점

분양대상자와 동일한 세대에 속한 자는 모두 5년 재당첨제한 규정의 적용을 받는다. 그런데, 도시정비법에 '세대'의 정의규정이 없을 뿐만 아니라, '동일한 세대'의 범위를 어떻게 해석해야 하는지에 관하여 명확한 규정이 없다보니 판사들 사이에서도 서로 다른 판단을 하였다. 수원지방법원은 '주민등록표 등재 사항을 기준'으로 형식적으로 결정해야 한다고 판시한 반면, 수원고등법원은 주민등록 등재 사항이 아니라 '현실적으로 주거 및 생계를 같이하는 사람'인지 여부에 따라서 결정해야 한다고 판시하였다. 동일한 규정에 대하여 법원 판사들도 서로 다른 판단을 하다 보니 정비사업 현장에서도 분양신청권 인정 여부에 대하여 혼란이 발생하고 있다.

주민등록상 같은 세대인지, 현실적으로 주거 및 생계를 같이 하고 있는 사람인지를 모두 살펴서 판단해야 할 것으로 보인다.

● 수원지방법원 2022. 8. 11. 선고 2021구합64796 판결

> 도시정비법 제72조 제6항은 '투기과열지구의 정비사업에서 관리처분계획에 따른 분양대상자와 같은 세대에 속한 자는 그 분양대상자 선정일부터 5년 이내에 투기과열지구에서 분양신청을 할 수 없다.'고 규정하고 있으나, 위 조항의 '세대'에 관하여 도시정비법은 별도의 정의규정을 두고 있지 않다.
>
> ...<중간생략>...
>
> 투기과열지구의 정비사업에서 주택을 공급받으려는 자의 입주자자격이나 재당첨 제한 등에 관해서는 주택법 제54조 제2항, 이 사건 규칙 제57조 제7항 및 도시정비법 제72조 제6항이 함께 적용된다. 즉 도시정비법은 제72조 제6항에서 분양대상자 선정일로부터 5년 이내 분양신청이 제한되는 자를 '분양대상자 및 그 세대에 속한 자'로 정하면서 '그 세대에 속한 자'의 범위에 관하여는 아무런 규정을 두고 있지 않으나, 이 사건 규칙 제57조 제7항은 당첨자와 그 세대에 속한 자 중에서 재당첨 제한 기간 내에 입주자로 선정된 자가 있는 경우 입주자선정대상에서 제외하도록 하고 있는데, 우선 '세대'에 관하여 이 사건 규칙 제2조 제2의3호 라목에 따르면 '주택공급신청자의 직계비속으로서 주택공급신청자의 배우자와 세대별주민등록표에 함께 등재되어 있는 사람'이 세대원에 포함되고, 여기에 더하여 이 사건 규칙 제57조 제7항은 당첨자의 세대에 속한 자에 관하여 '당첨자와 동일한 세대별 주민등록표상에 등재되어 있지 아니한 당첨자의 배우자 및 배우자와 동일한 세대를 이루고 있는 세대원을 포함한다'고 규정하고 있으므로, 위 도시정비법 제72조 제6항의 '그 세대에 속한 자'는 위 규칙 제2조 제2의3호 및 제57조 제7항에 따라 그 범위를 정할 수 있다.
>
> 이에 따르면 피고의 분양신청기간 종료일 당시 원고의 배우자인 G과 세대별 주민등록표에 함께 등재되어 있던 원고의 아들 H은 원고와 동일한 세대에 속한 자에 해당한다.

...<중간생략>...

주택 재개발 사업을 규율하는 도시정비법은 제한된 주택 공급 상황에 기인한 다수의 이해관계를 조정해야 하는 공법적인 특수성이 있고, 피고에게 주민등록표상에 기재된 세대원이 실제로는 따로 거주하는지 여부를 조사하고 심사할 권한이나 의무가 없는 이상 도시정비법 제72조 제6항에서 규정하는 '분양대상자와 같은 세대에 속한 자'에 해당하는지 여부는 이 사건 규칙 제2조 제2의3호, 제57조 제7항의 규정대로 주민등록표 등재 사항을 기준으로 결정할 수밖에 없다고 보인다. 따라서 주민등록표 등재 사항과 달리 실질적으로 분양대상자와 같은 세대를 이루어 거주하고 있는지 여부를 기준으로 판단할 수는 없다.

● **수원고등법원 2023. 6. 21. 선고 2022누13585 판결**

도시정비법 제72조 제6항에 규정된 "그 세대에 속한 자"는 분양대상자와 주거와 생계를 같이하는 사람을 의미한다고 봄이 타당하다.

...<중간생략>...

법률의 문언 자체가 비교적 명확한 개념으로 구성되어 있다면 원칙적으로 더 이상 다른 해석방법은 활용할 필요가 없거나 제한될 수밖에 없다(대법원 2022. 12. 15. 선고 2018두63143 판결 등 참조). 입법 목적 등을 달리하는 법률 조항들이 일정한 행위의 허용에 관한 요건을 따로따로 정하고 있는 경우, 어느 조항이 다른 조항에 우선하여 배타적으로 적용된다고 풀이되지 않는 한, 그 행위는 관련 각 조항의 규정에 따른 요건을 모두 충족해야 한다(대법원 2009. 4. 23. 선고 2008도6829 판결, 대법원 2018. 6. 19. 선고 2015두43117 판결 등 참조).

...<중간생략>...

주택공급규칙 제57조 제7항 제4호, 제8항의 입법취지는 그 공급주택을 1세대 1주택으로 제한하려는 것으로, 도시정비법 제72조 제6항의 입법취지와 비슷하다. 하지만 도시정비법이나 주택법 및 주택공급규칙(이하 '양법'이라 약칭한다)은 어디까지나 각각의 입법목적 범위 내에서 독자적으로 1세대 1주택의 행정목적을 달성하려는 것이므로, 분양신청자나 분양당첨자는 양법의 각각의 재당첨 제한 요건에 모두 해당하지 않은 때에 비로소 공급주택의 분양을 받을 수 있고, 그중 어느 하나의 재당첨 제한 요건에 해당하면 설령 다른 나머지 하나의 요건에는 해당하지 않더라도 주택의 분양을 받을 수 없다고 보는 것이 옳다. 따라서 양법 각 규정의 입법취지가 비슷하다는 사정만으로는 주택공급규칙 제57조 제7항 본문에 규정된 "세대"의 범위가 도시정비법 제72조 제6항에 규정된 "세대"에 준용 또는 유추적용 된다고 볼 수는 없다.

...<중간생략>...

도시정비법 제72조 제6항에 규정된 "그 세대에 속한 자"의 의미는 '세대'의 일반적인 의미에 따라 해석할 수밖에 없다. '세대'의 국어사전적 의미는 '현실적으로 주거 및 생계를 같이하는 사람의 집단'이다.

2) 동일한 세대의 기준시점이 불명확하여 발생하는 문제점

또 다른 문제점은 동일한 세대의 기준시점을 언제로 해야 하는지가 명확하지 않아서 분쟁이 생길 수 있다. 예를 들어보자. 홍길동은 서울에 있는 A재건축정비사업구역에서 투기와 무관하게 오랫동안 거주하고 있었는데, 결혼으로 한 세대를 이룬 며느리가 결혼하기 1년 전에 투기과열지구의 정비사업에서 일반분양에 당첨이 되었다. 며느리와 한 세대를 이루고 난 후 2년이 되지도 않아서 A재건축정비사업의 조합원 분양신청기간이 진행되었다. 이때 홍길동은 재당첨제한 규정의 적용을 받아 현금청산이 될까. 이에 대해서 명시적인 대법원 판결은 아직까지 찾을 수 없고, 법조인들 사이에서 논란이 있다.

다수의 견해는 위 사례에서 홍길동은 분양신청을 할 수 있다고 본다. 왜냐하면 '동일한 세대의 기준시점'에 대해서 분양대상자로 확정되거나 일반분양에 당첨되었을 당시에 동일한 세대원이라고 해석하는 것이 타당하기 때문이다. 만약 그렇지 않으면 위 사례와 같이 결혼이라는 우연한 사정에 의하여 동일한 세대가 된 홍길동의 분양신청권을 과도하게 제한하는 결과가 되기 때문이다.

3) 분양신청기간이 비슷한 시기에 진행될 경우, 재당첨제한 규정의 적용 배제 가능성

재당첨제한 규정이 적용될 경우, 최초 관리처분계획인가일로부터 5년 동안 다른 투기과열지구의 정비사업에서 조합원 분양신청이 불가능하다. 그런데 만약 투기과열지구의 정비사업에서 비슷한 시기에 분양신청기간이 진행될 경우 위 규정의 적용이 배제될 수도 있다. 예를 들어 투기과열지구 내 서로 다른 A구역, B구역, C구역에서 모두 재건축이 진행되고 있는데, 각 구역 모두 2024년 11월에 분양신청절차를 진행한다고 가정해 보자. 위 3개의 구역에 모두 부동산을 소유하고 있는 갑은 재당첨제한 기간이 진행되고 있지 않기 때문에, 현행 규정상 A구역, B구역, C구역에서 모두 분양신청이 가능할 것으로 보인다. 이 부분은 입법자가 고려하지 못한 부분으로 보인다.

4) 상속, 결혼, 이혼 등 예외규정의 문제점

도시정비법 제72조 제6항 단서는 재당첨제한의 예외로 '상속, 결혼, 이혼으로 조합원 자격을 취득한 경우에는 예외적으로 조합원 분양신청을 할 수 있다'고 규정하고 있다. 그런데 예외가 인정되는 상속, 결혼, 이혼의 시기가 언제인지가 명확하지 않다. 그러다보니 위 규정 본문에 따른 분양대상자 선정 시점을 기준으로 하여 그 전이나 그 이후에 언제든지 위 상속등의 사유가 발생하면 예외가 인정될 수 있다는 견해가 있는 반면, 예측가능성을 이유로 하여 위 본문에 따른 분양대상자 선정 시점 이후에 예외사유가 발생해야 분양신청권이 인정될 수 있다는 견해도 있다. 이 부분도 향후 분쟁이 될 수 있다.

10 관리처분계획인가와 임대차계약기간의 제한

도시정비법 제74조에 따라 관리처분계획의 인가를 받은 경우, 정비구역 내 지상권·전세권 설정계약 또는 임대차계약의 계약기간에 대해서는 「민법」 제280조·제281조 및 제312조 제2항, 「주택임대차보호법」 제4조 제1항, 「상가건물 임대차보호법」 제9조 제1항을 적용하지 아니한다. 즉, 관리처분계획의 인가를 받은 경우 임대차 기간이 남아 있어도 임차인의 사용, 수익이 정지되어 인도의무에는 변함이 없고, 주임법에서 정한 2년의 임대차기간 규정도 적용되지 않는다. 다만 임차인은 임대인 지위를 승계한 조합에 대해 임대차보증금반환청구권을 행사할 수 있을 뿐이다.

공인중개사는 정비구역 내 지상권·전세권설정계약 또는 임대차계약 등을 중개할 경우에도 이에 대하여 정확히 파악하고 설명해야 한다.

● 도시정비법

제70조(지상권 등 계약의 해지) ① 정비사업의 시행으로 지상권·전세권 또는 임차권의 설정 목적을 달성할 수 없는 때에는 그 권리자는 계약을 해지할 수 있다.
② 제1항에 따라 계약을 해지할 수 있는 자가 가지는 전세금·보증금, 그 밖의 계약상의 금전의 반환청구권은 사업시행자에게 행사할 수 있다.
③ 제2항에 따른 금전의 반환청구권의 행사로 해당 금전을 지급한 사업시행자는 해당 토지등소유자에게 구상할 수 있다.
④ 사업시행자는 제3항에 따른 구상이 되지 아니하는 때에는 해당 토지등소유자에게 귀속될 대지 또는 건축물을 압류할 수 있다. 이 경우 압류한 권리는 저당권과 동일한 효력을 가진다.
⑤ 제74조에 따라 관리처분계획의 인가를 받은 경우 지상권·전세권설정계약 또는 임대차계약의 계약기간은 「민법」 제280조·제281조 및 제312조 제2항, 「주택임대차보호법」 제4조 제1항, 「상가건물 임대차보호법」 제9조 제1항을 적용하지 아니한다.

11 분양신청의 의의 및 절차

조합원은 분양신청을 통해서 구체적인 분양권이 발생한다. 분양신청을 하지 않으면 조합원이라도 분양권이 없고, 현금청산대상자가 된다. 따라서 조합원은 반드시 정해진 기간 내에 분양신청을 하여야 한다. 분양신청절차의 하자 그 자체는 독자적인 소송대상이 되지 못한다. 관리처분계획 수립 과정의 절차적 하자에 해당하며, 분양 절차에 문제가 있을 경우 관리처분계획에 대한 항고소송을 제기해서 구제받아야 한다. 분양신청절차에 관해서는 도시정비법 제72조가 자세히 규정하고 있다.

● 도시정비법

제72조(분양공고 및 분양신청) ① 사업시행자는 제50조 제9항에 따른 사업시행계획인가의 고시가 있은 날(사업시행계획인가 이후 시공자를 선정한 경우에는 시공자와 계약을 체결한 날)부터 120일 이내에 다음 각 호의 사항을 토지등소유자에게 통지하고, 분양의 대상이 되는 대지 또는 건축물의 내역 등 대통령령으로 정하는 사항을 해당 지역에서 발간되는 일간신문에 공고하여야 한다. 다만, 토지등소유자 1인이 시행하는 재개발사업의 경우에는 그러하지 아니하다. <개정 2021. 3. 16.>

1. 분양대상자별 종전의 토지 또는 건축물의 명세 및 사업시행계획인가의 고시가 있은 날을 기준으로 한 가격(사업시행계획인가 전에 제81조 제3항에 따라 철거된 건축물은 시장·군수등에게 허가를 받은 날을 기준으로 한 가격)
2. 분양대상자별 분담금의 추산액
3. 분양신청기간
4. 그 밖에 대통령령으로 정하는 사항

② 제1항 제3호에 따른 분양신청기간은 통지한 날부터 30일 이상 60일 이내로 하여야 한다. 다만, 사업시행자는 제74조 제1항에 따른 관리처분계획의 수립에 지장이 없다고 판단하는 경우에는 분양신청기간을 20일의 범위에서 한 차례만 연장할 수 있다.

③ 대지 또는 건축물에 대한 분양을 받으려는 토지등소유자는 제2항에 따른 분양신청기간에 대통령령으로 정하는 방법 및 절차에 따라 사업시행자에게 대지 또는 건축물에 대한 분양신청을 하여야 한다.

④ 사업시행자는 제2항에 따른 분양신청기간 종료 후 제50조 제1항에 따른 사업시행계획인가의 변경(경미한 사항의 변경은 제외한다)으로 세대수 또는 주택규모가 달라지는 경우 제1항부터 제3항까지의 규정에 따라 분양공고 등의 절차를 다시 거칠 수 있다.

⑤ 사업시행자는 정관등으로 정하고 있거나 총회의 의결을 거친 경우 제4항에 따라 제73조 제1항 제1호 및 제2호에 해당하는 토지등소유자에게 분양신청을 다시 하게 할 수 있다

⑥ 제3항부터 제5항까지의 규정에도 불구하고 투기과열지구의 정비사업에서 제74조에 따른 관리처분계획에 따라 같은 조 제1항 제2호 또는 제1항 제4호가목의 분양대상자 및 그 세대에 속한 자는 분양대상자 선정일(조합원 분양분의 분양대상자는 최초 관리처분계획 인가일을 말한다)부터 5년 이내에는 투기과열지구에서 제3항부터 제5항까지의 규정에 따른 분양신청을 할 수 없다. 다만, 상속, 결혼, 이혼으로 조합원 자격을 취득한 경우에는 분양신청을 할 수 있다. <신설 2017. 10. 24.>

⑦ 공공재개발사업 시행자는 제39조 제2항 제6호에 따라 건축물 또는 토지를 양수하려는 경우 무분별한 분양신청을 방지하기 위하여 제1항 또는 제4항에 따른 분양공고 시 양수대상이 되는 건축물 또는 토지의 조건을 함께 공고하여야 한다. <신설 2021. 4. 13.>

● 도시정비법 시행령

제59조(분양신청의 절차 등) ① 법 제72조 제1항 각 호 외의 부분 본문에서 "분양의 대상이 되는 대지 또는 건축물의 내역 등 대통령령으로 정하는 사항"이란 다음 각 호의 사항을 말한다.

1. 사업시행인가의 내용
2. 정비사업의 종류·명칭 및 정비구역의 위치·면적
3. 분양신청기간 및 장소
4. 분양대상 대지 또는 건축물의 내역
5. 분양신청자격
6. 분양신청방법
7. 토지등소유자외의 권리자의 권리신고방법
8. 분양을 신청하지 아니한 자에 대한 조치
9. 그 밖에 시·도조례로 정하는 사항

② 법 제72조 제1항 제4호에서 "대통령령으로 정하는 사항"이란 다음 각 호의 사항을 말한다.

1. 제1항 제1호부터 제6호까지 및 제8호의 사항
2. 분양신청서
3. 그 밖에 시·도조례로 정하는 사항

③ 법 제72조 제3항에 따라 분양신청을 하려는 자는 제2항 제2호에 따른 분양신청서에 소유권의 내역을 분명하게 적고, 그 소유의 토지 및 건축물에 관한 등기부등본 또는 환지예정지증명원을 첨부하여 사업시행자에게 제출하여야 한다. 이 경우 우편의 방법으로 분양신청을 하는 때에는 제1항 제3호에 따른 분양신청기간 내에 발송된 것임을 증명할 수 있는 우편으로 하여야 한다.

④ 재개발사업의 경우 토지등소유자가 정비사업에 제공되는 종전의 토지 또는 건축물에 따라 분양받을 수 있는 것 외에 공사비 등 사업시행에 필요한 비용의 일부를 부담하고 그 대지 및 건축물(주택을 제외한다)을 분양받으려는 때에는 제3항에 따른 분양신청을 하는 때에 그 의사를 분명히 하고, 법 제72조 제1항 제1호에 따른 가격의 10퍼센트에 상당하는 금액을 사업시행자에게 납입하여야 한다. 이 경우 그 금액은 납입하였으나 제62조 제3호에 따라 정하여진 비용부담액을 정하여진 시기에 납입하지 아니한 자는 그 납입한 금액의 비율에 해당하는 만큼의 대지 및 건축물(주택을 제외한다)만 분양을 받을 수 있다.

⑤ 제3항에 따라 분양신청서를 받은 사업시행자는 「전자정부법」 제36조 제1항에 따른 행정정보의 공동이용을 통하여 첨부서류를 확인할 수 있는 경우에는 그 확인으로 첨부서류를 갈음하여야 한다.

12 재건축 조합설립 미동의자에 대한 매도청구

도시정비법상 재건축조합은 조합설립에 동의하지 않은 미동의자의 부동산을 강제로 취득할 수 있는데, 이를 '매도청구권'이라고 부른다. 매도청구권은 그 행사기간 내에 이를 행사하지 아니하면 소송을 제기한다고 하더라도 패소할 수 있기 때문에 그 법정 요건과 기한을 잘 파악해 놓아야 한다. 조합설립 미동의자에 대한 매도청구는 도시정비법 제64조가 규정하고 있다. 재건축 조합은 조합설립 미동의자에 대하여 시행계획인가의 고시가 있은 날부터 30일 이내에 조합설립 동의 여부를 회답할 것을 서면으로 촉구(구법상 '최고')하여야 한다. 미동의자는 위 촉구서를 받은 후 2개월 이내에 회답해야 하며, 회답하지 않을 경우 동의하지 않은 것으로 간주된다. 그러면 재건축 조합은 위 2개월의 회답기간이 만료된 때부터 2개월 이내에 미동의자를 상대로 매도청구 소송을 제기해야 한다.

미동의자에 대하여 매도청구권을 행사하기 위해서는 무엇보다도 조합설립에 관한 '촉구' 절차가 적법해야 하며 그 기간을 준수해야 한다. 만약 해당 부동산을 여러 사람이 공유를 하고 있는 경우, 촉구서는 공유자 전원에게 발송해야 한다. 또한 적법한 촉구 이후에도 회답기간 도과 후 반드시 2개월 이내에 매도청구권을 행사해야 한다. 매도청구권의 행사기간은 제척기간이며, 그 기간 내에 매도청구권을 행사하지 않으면 기간 도과로 소멸한다는 것이 대법원의 입장이다.

● 도시정비법

제64조(재건축사업에서의 매도청구) ① 재건축사업의 사업시행자는 사업시행계획인가의 고시가 있은 날부터 30일 이내에 다음 각 호의 자에게 조합설립 또는 사업시행자의 지정에 관한 동의 여부를 회답할 것을 서면으로 촉구하여야 한다.

1. 제35조 제3항부터 제5항까지에 따른 조합설립에 동의하지 아니한 자
2. 제26조 제1항 및 제27조 제1항에 따라 시장·군수등, 토지주택공사등 또는 신탁업자의 사업시행자 지정에 동의하지 아니한 자

② 제1항의 촉구를 받은 토지등소유자는 촉구를 받은 날부터 2개월 이내에 회답하여야 한다.
③ 제2항의 기간 내에 회답하지 아니한 경우 그 토지등소유자는 조합설립 또는 사업시행자의 지정에 동의하지 아니하겠다는 뜻을 회답한 것으로 본다.
④ 제2항의 기간이 지나면 사업시행자는 그 기간이 만료된 때부터 2개월 이내에 조합설립 또는 사업시행자 지정에 동의하지 아니하겠다는 뜻을 회답한 토지등소유자와 건축물 또는 토지만 소유한 자에게 건축물 또는 토지의 소유권과 그 밖의 권리를 매도할 것을 청구할 수 있다.

13 재개발, 재건축 현금청산의 의의와 절차

재개발, 재건축 구역에서 분양신청기간 내에 분양신청을 철회하거나 또는 분양신청을 하지 않을 경우 현금청산자가 된다. 도시정비법 제73조 제1항은 '사업시행자는 관리처분계획이 인가·고시된 다음 날부터 90일 이내' 손실보상에 관한 협의를 하여야 한다고 규정하고 있고, 제2항은 '사업시행자는 제1항에 따른 협의가 성립되지 아니하면 그 기간의 만료일 다음 날부터 60일 이내에 수용재결을 신청하거나 매도청구소송을 제기하여야 한다'라고 규정하고 있다. 즉 현금청산자가 되더라도 관리처분계획에 대한 인가 고시가 난 다음에 본격적인 현금청산절차를 진행하기 때문에 일단 관리처분인가 이후에 현금청산금을 받을 수 있다. 다만, 아직도 구 도시정비법이 적용되는 구역도 존재하는데, 이에 대해서는 경과규정을 잘 살펴봐야 한다.

현금청산절차는 크게 2가지로 나뉜다. 재개발구역의 경우「공익사업을 위한 토지 등의 취득 및 보상에 관한 법률(이하 '토지보상법')」에 따라서 수용재결 절차로 진행하고, 재건축구역의 경우 도시정비법 제73조 제2항에 따라서 매도청구 소송절차로 진행한다.

재개발구역의 수용재결절차는 통상적으로 1) 손실보상협의를 진행하고 협의 불성립시 2) 지방토지수용위원회 수용재결, 3) 중앙토지수용위원회 이의재결, 4) 손실보상금 행정소송 등으로 각 단계별로 순차적으로 진행한다. 이때 현금청산 부동산에 대하여 보상협의 단계부터 행정소송단계까지 총 7~8인의 감정평가사로부터 감정평가를 받을 수 있는 기회가 있다.

반면, 재건축구역의 매도청구 절차는 1) 손실보상협의를 진행하고 협의 불성립시, 2) 매도청구소송으로 진행한다. 재건축의 경우 재개발과는 달리 통상적으로 법원이 선정한 1인의 감정평가사로부터 현금청산 부동산에 관한 시가 감정을 받는 것으로 끝나는 경우가 많다. 재개발의 경우 수회에 걸쳐서 감정평가를 받는 것과 달리, 재건축의 경우 법원이 선정한 1인의 감정평가만으로 현금청산금이 결정되는 경우가 많아 객관성과 공정성을 담보할 수 없다는 비판이 있다. 따라서 법원에 재감정을 신청하여 복수의 감정을 받을 수 있도록 하는 것이 필요하다.

재개발의 경우 손실보상의 범위에는 부동산에 대한 현금청산금과 이주정착금, 주거이전비, 이사비 등이 있다. 이주정착금과 주거이전비, 이사비의 경우 법정 요건에 해당하는 사람에 한하여 지급받을 수 있다. 부동산에 대한 현금청산금은 통상 수용재결에 따라서 사업시행자가 법원에 해당 금액을 공탁을 한다. 위와 같이 주거이전비 등과 수용재결에 따른 현금청산금이 지급(공탁)이 되면 손실보상이 완료된 것이다. 설령 수용재결에 불복하여 이의재결을 신청하더라도 법원에서는 위 금액이 모두 지급된 이상 손실보상이 완료되었다고 본다. 따라서 이때 이주를 해야 한다.

재건축의 경우 매도청구소송이 확정되고 판결금이 공탁이 되면 이때 손실보상이 완료되었다고 본다. 한편, 재건축 현금청산자에 대해서는 이주정착금, 주거이전비, 이사비 등의 보상이 법으로 보장되지 않기 때문에, 원칙적으로 주거이전비 등에 대한 보상금은 지급되지 않는다.

현금청산절차와 손실보상금 등에 대해서는 도시정비법 제73조 이하 및 「공익사업을 위한 토지 등의 취득 및 보상에 관한 법률」 및 관련 법령 등에 자세히 규정되어 있으니, 해당 규정을 숙지할 필요가 있다.

● 도시정비법

제73조(분양신청을 하지 아니한 자 등에 대한 조치) ① 사업시행자는 관리처분계획이 인가·고시된 다음 날부터 90일 이내에 다음 각 호에서 정하는 자와 토지, 건축물 또는 그 밖의 권리의 손실보상에 관한 협의를 하여야 한다. 다만, 사업시행자는 분양신청기간 종료일의 다음 날부터 협의를 시작할 수 있다. <개정 2017. 10. 24.>

1. 분양신청을 하지 아니한 자
2. 분양신청기간 종료 이전에 분양신청을 철회한 자
3. 제72조 제6항 본문에 따라 분양신청을 할 수 없는 자
4. 제74조에 따라 인가된 관리처분계획에 따라 분양대상에서 제외된 자

② 사업시행자는 제1항에 따른 협의가 성립되지 아니하면 그 기간의 만료일 다음 날부터 60일 이내에 수용재결을 신청하거나 매도청구소송을 제기하여야 한다.
③ 사업시행자는 제2항에 따른 기간을 넘겨서 수용재결을 신청하거나 매도청구소송을 제기한 경우에는 해당 토지등소유자에게 지연일수(遲延日數)에 따른 이자를 지급하여야 한다. 이 경우 이자는 100분의 15 이하의 범위에서 대통령령으로 정하는 이율을 적용하여 산정한다.

● 도시정비법 시행령

제60조(분양신청을 하지 아니한 자 등에 대한 조치) ① 사업시행자가 법 제73조 제1항에 따라 토지등소유자의 토지, 건축물 또는 그 밖의 권리에 대하여 현금으로 청산하는 경우 청산금액은 사업시행자와 토지등소유자가 협의하여 산정한다. 이 경우 재개발사업의 손실보상액의 산정을 위한 감정평가법인등 선정에 관하여는 「공익사업을 위한 토지 등의 취득 및 보상에 관한 법률」 제68조 제1항에 따른다. <개정 2022. 1. 21.>
② 법 제73조 제3항 후단에서 "대통령으로 정하는 이율"이란 다음 각 호를 말한다.
1. 6개월 이내의 지연일수에 따른 이자의 이율: 100분의 5
2. 6개월 초과 12개월 이내의 지연일수에 따른 이자의 이율: 100분의 10
3. 12개월 초과의 지연일수에 따른 이자의 이율: 100분의 15

● 공익사업을 위한 토지 등의 취득 및 보상에 관한 법률 시행규칙

제53조(이주정착금 등) ② 영 제41조에 따른 이주정착금은 보상대상인 주거용 건축물에 대한 평가액의 30퍼센트에 해당하는 금액으로 하되, 그 금액이 1천2백만원 미만인 경우에는 1천2백만원으로 하고, 2천4백만원을 초과하는 경우에는 2천4백만원으로 한다. <개정 2012. 1. 2., 2020. 12. 11.>

제54조(주거이전비의 보상) ① 공익사업시행지구에 편입되는 주거용 건축물의 소유자에 대하여는 해당 건축물에 대한 보상을 하는 때에 가구원수에 따라 2개월분의 주거이전비를 보상하여야 한다. 다만, 건축물의 소유자가 해당 건축물 또는 공익사업시행지구 내 타인의 건축물에 실제 거주하고 있지 아니하거나 해당 건축물이 무허가건축물등인 경우에는 그러하지 아니하다. <개정 2016. 1. 6.>

②공익사업의 시행으로 인하여 이주하게 되는 주거용 건축물의 세입자(무상으로 사용하는 거주자를 포함하되, 법 제78조 제1항에 따른 이주대책대상자인 세입자는 제외한다)로서 사업인정고시일등 당시 또는 공익사업을 위한 관계 법령에 따른 고시 등이 있은 당시 해당 공익사업시행지구안에서 3개월 이상 거주한 자에 대해서는 가구원수에 따라 4개월분의 주거이전비를 보상해야 한다. 다만, 무허가건축물등에 입주한 세입자로서 사업인정고시일등 당시 또는 공익사업을 위한 관계 법령에 따른 고시 등이 있은 당시 그 공익사업지구 안에서 1년 이상 거주한 세입자에 대해서는 본문에 따라 주거이전비를 보상해야 한다. <개정 2007. 4. 12., 2016. 1. 6., 2020. 12. 11.>

③ 제1항 및 제2항에 따른 거주사실의 입증은 제15조 제1항 각 호의 방법으로 할 수 있다. <신설 2020. 12. 11.>

④ 제1항 및 제2항에 따른 주거이전비는 「통계법」 제3조 제3호에 따른 통계작성기관이 조사·발표하는 가계조사통계의 도시근로자가구의 가구원수별 월평균 명목 가계지출비(이하 이 항에서 "월평균 가계지출비"라 한다)를 기준으로 산정한다. 이 경우 가구원수가 5인 이상인 경우에는 다음 각 호의 구분에 따른 금액을 기준으로 산정한다. <개정 2023. 4. 17.>

1. 가구원수가 5인인 경우: 5인 이상 기준의 월평균 가계지출비에 해당하는 금액. 다만, 4인 기준의 월평균 가계지출비가 5인 이상 기준의 월평균 가계지출비를 초과하는 경우에는 4인 기준의 월평균 가계지출비에 해당하는 금액으로 한다.
2. 가구원수가 6인 이상인 경우: 다음 산식에 따라 산정한 금액

제1호에 따른 금액 + {5인을 초과하는 가구원수 × [(제1호에 따른 금액 - 2인 기준의 월평균 가계지출비) ÷ 3]}

제55조(동산의 이전비 보상 등) ①토지등의 취득 또는 사용에 따라 이전하여야 하는 동산(제2항에 따른 이사비의 보상대상인 동산을 제외한다)에 대하여는 이전에 소요되는 비용 및 그 이전에 따른 감손상당액을 보상하여야 한다. <개정 2007. 4. 12.>

②공익사업시행지구에 편입되는 주거용 건축물의 거주자가 해당 공익사업시행지구 밖으로 이사를 하거나 사업시행자가 지정하는 해당 공익사업시행지구 안의 장소로 이사를 하는 경우에는 별표 4의 기준에 의하여 산정한 이사비(가재도구 등 동산의 운반에 필요한 비용을 말한다. 이하 이 조에서 같다)를 보상하여야 한다. <개정 2012. 1. 2., 2023. 4. 17.>

③이사비의 보상을 받은 자가 당해 공익사업시행지구안의 지역으로 이사하는 경우에는 이사비를 보상하지 아니한다.

부 록

2024년 12월 3일 공포된 개정 도시정비법의 주요 내용(공포 후 6개월 또는 1년 뒤에 시행 예정)

1 패스트랙 관련 주요 개정 사항

가. '안전진단'의 명칭을 '재건축진단'으로 변경 및 실시 기한 연장 등

재건축 안전진단의 명칭을 재건축진단으로 변경하고, 시장·군수등은 사업시행계획인가 전까지 재건축진단을 실시하도록 함. 재건축진단의 실시 결과는 '정비계획의 입안 여부의 고려사항'이 아닌 '사업시행계획인가 여부의 고려사항'으로 변경함으로써, 사업시행계획인가 전까지만 재건축진단을 실시하면 되도록 규제를 완화하려는 것임. 재건축진단의 실시 사유를 확대함.

나. 추진위원회의 정비계획 입안 요청, 입안 제안 등

추진위원회의 구성·승인이 정비구역 지정 전에도 가능하게 됨. 이에 따라서, 추진위원회의 조기 구성에 따른 효과를 실질적으로 확보하기 위해서 추진위원회도 정비계획의 입안 요청 또는 입안 제안을 할 수 있도록 권한을 부여. 기본계획이 수립되지 않은 지역에 대해서 정비계획 입안 요청 가능.

다. 정비구역 지정·고시 전의 추진위원회 구성 허용 등

정비구역 지정 전에도 조합설립을 위한 추진위원회를 구성할 수있도록 하고, 추진위원회를 통해 정비계획 입안요청이나 정비계획의 입안 제안을 할 수 있도록 함.

라. 조합설립인가의 시기를 정비구역 지정·고시 후로 명시

개정법은 추진위원회를 정비구역 지정·고시 전에도 구성할 수 있도록 하는 내용을 담고 있으므로(제31조 제1항), 조합설립인가를 정비구역 지정·고시 전에 할 수 있는 것으로 해석될 여지가 있음. 이에 개정법 제35조 제2항 및 제3항은 시장·군수등이 조합설립인가를 정비구역 지정·고시 후에만 할 수 있도록 명시함.

마. 토지등소유자의 동의 인정에 관한 특례

정비계획의 입안과 추진위원회 구성은 모두 재건축사업의 진행을 위한 초기 절차로서 토지등소유자의 동의를 얻기 위하여 상당한 시간이 소요되는바, 어느 하나의 항목에 대한 동의를 다른 항목에 대한 동의로 상호 인정할 수 있는 특례를 신설(①정비계획 입안요청, ②입안제안, ③추진위원회 구성).

바. 안전진단 재실시 제도 폐지

안전진단 재실시 제도(제131조)를 폐지함.

2 기타 개정사항

가. 정비구역등의 해제 관련 조문 정비

정비구역 지정 이전에 추진위원회 구성승인이 될 경우에 관한 정비구역 해제규정 조문 정비.

나. 토지주택공사등과 협약등을 체결할 경우 토지등소유자의 동의절차 명시

토지주택공사등과 재개발사업 또는 재건축사업의 준비·추진에 필요한 사항에 대하여 협약 또는 계약 등을 체결하려는 자는 대통령령으로 정하는 비율 이상의 토지등소유자의 동의를 받아 사업시행자 지정 이전에 협약 또는 계약 등을 체결할 수 있도록 함. 토지등소유자의 동의 절차를 법률에 명시함으로써 동의 미비로 인하여 발생할 수 있는 분쟁을 예방 목적.

다. 신탁업자와 협약등을 체결할 경우 토지등소유자의 동의절차 명시

신탁업자와 재개발사업 또는 재건축사업의 준비·추진에 필요한 사항에 대하여 협약 또는 계약 등을 체결하려는 자는 대통령령으로 정하는 비율 이상의 토지등소유자의 동의를 받아 사업시행자 지정 이전에 협약 또는 계약 등을 체결할 수 있도록 함. 토지등소유자의 동의 절차를 법률에 명시함으로써 동의 미비로 인하여 발생할 수 있는 분쟁을 예방 목적.

라. 전자서명동의서 제도 도입

개정법은 토지등소유자가 동의 등을 할 때 현행법에 따른 서면동의서 외에 「전자문서 및 전자거래 기본법」 제2조 제1호2)에 따른 전자문서에 「전자서명법」 제2조 제2호3)에 따른 전자서명을 한 동의서(이하 "전자서면동의서"라 함)를 제출할 수 있도록 함.

마. 전자적 방법에 의한 의결권 행사

개정법은 '전자적 방법'을 서면이나 대리인을 통한 의결권 행사와 마찬가지로 조합원이 일반적으로 선택할 수 있는 의결권 행사 방식의 하나로 확대하려는 것임. 서면 또는 대리인에 의한 의결권 행사를 배제하지 않으면서 전자적 방법의 의결권 행사도 현행법의 제한 없이 허용함으로써 의사결정의 편의성과 효율성을 제고할 수 있다는 점과 「공동주택관리법」 제22조 등의 입법례를 고려할 때, 개정안에 대하여 긍정적으로 평가.

바. 온라인총회 제도 도입

개정법은 정보통신망을 이용한 총회(이하 "온라인총회"라 함)를 일정한 장소에서 개최되는 총회와 병행하여 실시할 수 있도록 하되, 재난 등 일정한 사유가 발생하여 시장·군수등이 조합원의 직접 출석이 어렵다고 인정하는 경우에는 단독 개최를 허용하고, 정족수 산정 시에 직접 출석한 것으로 간주.

사. 토지등소유자 전체회의의 온라인 개최 및 전자적 의결권 행사

토지등소유자 전체회의도 온라인 개최 및 전자적 의결권 행사 가능하도록 개정.

아. 정비구역 지정·고시 전의 주민대표회의 구성 허용

토지등소유자로 구성된 자가 사업시행자 지정 이전에 토지주택공사등과 정비구역 지정 및 정비계획 수립과 관련된 업무에 대하여 협약 또는 계약을 체결한 경우에는 토지등소유자를 대표하여 향후 정비구역 지정 및 정비계획 수립 절차에 대비할 수 있는 단체가 필요함. 이에 '정비구역 지정·고시 이전에' 주민대표회의를 구성할 수 있도록 개정.

3 부칙

제1조(시행일) 이 법은 공포 후 6개월이 경과한 날부터 시행한다. 다만, 제36조, 제44조의2, 제48조 제3항(온라인총회에 관한 부분에 한정 한다), 제135조 및 제136조의 개정규정은 공포 후 1년이 경과한 날부터 시행한다.

제2조(협약등의 체결에 관한 적용례) ① 제26조 제4항의 개정규정은 이법 시행 후 토지주택공사등과 협약등을 체결하는 경우부터 적용한다.

② 제27조 제7항의 개정규정은 이 법 시행 후 신탁업자를 공개모집하는 경우부터 적용한다.

제3조(전자서명 등을 통한 동의 방법에 관한 적용례) 제36조의 개정규정은 같은 개정규정 시행 이후 제36조 제1항 각 호의 어느 하나에 해당하여 서면동의서 또는 전자서명동의서를 제출하는 경우부터 적용한다.

제4조(총회 의결 등에 관한 적용례) 제44조 제4항 및 제45조의 개정규정은 이 법 시행 이후 총회를 소집하는 경우부터 적용한다.

제5조(토지등소유자 전체회의 의결 등에 관한 적용례) 제48조의 개정 규정은 이 법 시행 이후 토지등소유자 전체회의를 소집하는 경우부터 적용한다. 다만, 제44조의2의 개정규정에 따른 온라인총회에 관한 부분은 같은 개정규정 시행 이후 토지등소유자 전체회의를 소집 하는 경우부터 적용한다.

제6조(다른 법률의 개정) ① 노후계획도시 정비 및 지원에 관한 특별법 일부를 다음과 같이 개정한다.

제26조 제2항 및 제3항 중 "안전진단"을 각각 "재건축진단"으로 한다.

② 재해위험 개선사업 및 이주대책에 관한 특별법 일부를 다음과 같이 개정한다.

제21조 제2항 중 "안전진단"을 "재건축진단"으로 한다.

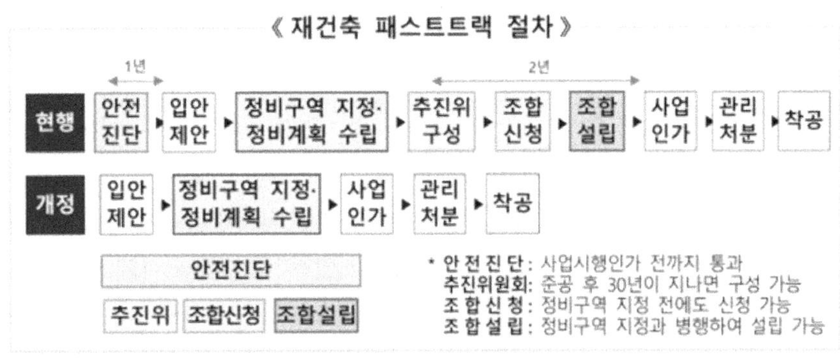

자료: 국토교통부

신구조문대비표

「도시 및 주거환경정비법」

도시 및 주거환경정비법 [법률 제20174호, 2024. 1. 30., 일부개정]	도시 및 주거환경정비법 [법률 제20549호, 2024. 12. 3., 일부개정]
제12조(재건축사업 정비계획 입안을 위한 안전진단) ① 정비계획의 입안권자는 재건축사업 정비계획의 입안을 위하여 제5조 제1항 제10호에 따른 정비예정구역별 정비계획의 수립시기가 도래한 때에 안전진단을 실시하여야 한다.	제12조(재건축사업을 위한 재건축진단) ① 시장·군수등은 제5조 제1항 제10호에 따른 정비예정구역별 정비계획의 수립시기가 도래한 때부터 제50조에 따른 사업시행계획인가(이하 "사업시행계획인가"라 한다) 전까지 재건축진단을 실시하여야 한다.
② 정비계획의 입안권자는 제1항에도 불구하고 다음 각 호의 어느 하나에 해당하는 경우에는 안전진단을 실시하여야 한다. 이 경우 정비계획의 입안권자는 안전진단에 드는 비용을 해당 안전진단의 실시를 요청하는 자에게 부담하게 할 수 있다.	② 시장·군수등은 제1항에도 불구하고 다음 각 호의 어느 하나에 해당하는 경우에는 재건축진단을 실시하여야 한다. 이 경우 시장·군수등은 재건축진단에 드는 비용을 해당 재건축진단의 실시를 요청하는 자에게 부담하게 할 수 있다.
1. 제14조에 따라 정비계획의 입안을 제안하려는 자가 입안을 제안하기 전에 해당 정비예정구역에 위치한 건축물 및 그 부속토지의 소유자 10분의 1 이상의 동의를 받아 안전진단의 실시를 요청하는 경우	1. 제13조의2에 따라 정비계획의 입안을 요청하려는 자가 입안을 요청하기 전에 해당 정비예정구역 또는 사업예정구역에 위치한 건축물 및 그 부속토지의 소유자 10분의 1 이상의 동의를 받아 재건축진단의 실시를 요청하는 경우
2. 제5조 제2항에 따라 정비예정구역을 지정하지 아니한 지역에서 재건축사업을 하려는 자가 사업예정구역에 있는 건축물 및 그 부속토지의 소유자 10분의 1 이상의 동의를 받아 안전진단의 실시를 요청하는 경우	2. 제14조에 따라 정비계획의 입안을 제안하려는 자가 입안을 제안하기 전에 해당 정비예정구역에 위치한 건축물 및 그 부속토지의 소유자 10분의 1 이상의 동의를 받아 재건축진단의 실시를 요청하는 경우
3. 제2조 제3호나목에 해당하는 건축물의 소유자로서 재건축사업을 시행하려는 자가 해당 사업예정구역에 위치한 건축물 및 그 부속토지의 소유자 10분의 1 이상의 동의를 받아 안전진단의 실시를 요청하는 경우	3. 제5조 제2항에 따라 정비예정구역을 지정하지 아니한 지역에서 재건축사업을 하려는 자가 사업예정구역에 있는 건축물 및 그 부속토지의 소유자 10분의 1 이상의 동의를 받아 재건축진단의 실시를 요청하는 경우
<신 설>	4. 제2조 제3호나목에 해당하는 건축물의 소유자로서 재건축사업을 시행하려는 자가 해당 사업예정구역에 위치한 건축물 및 그 부속토지의 소유자 10분의 1 이상의 동의를 받아 재건축진단의 실시를 요청하는 경우

<신 설>	5. 제15조에 따라 정비계획을 입안하여 주민에게 공람한 지역 또는 제16조에 따라 정비구역으로 지정된 지역에서 재건축사업을 시행하려는 자가 해당 구역에 위치한 건축물 및 그 부속토지의 소유자 10분의 1 이상의 동의를 받아 재건축진단의 실시를 요청하는 경우
<신 설>	6. 제31조에 따라 시장·군수등의 승인을 받은 조합설립추진위원회(이하 "추진위원회"라 한다) 또는 사업시행자가 재건축진단의 실시를 요청하는 경우
③ 제1항에 따른 재건축사업의 안전진단은 주택단지의 건축물을 대상으로 한다. 다만, 대통령령으로 정하는 주택단지의 건축물인 경우에는 안전진단 대상에서 제외할 수 있다.	③ 제1항에 따른 재건축사업의 재건축진단은 주택단지(연접한 단지를 포함한다)의 건축물을 대상으로 한다. 다만, 대통령령으로 정하는 주택단지의 건축물인 경우에는 재건축진단 대상에서 제외할 수 있다.
④ 정비계획의 입안권자는 현지조사 등을 통하여 해당 건축물의 구조안전성, 건축마감, 설비노후도 및 주거환경 적합성 등을 심사하여 안전진단의 실시 여부를 결정하여야 하며, 안전진단의 실시가 필요하다고 결정한 경우에는 대통령령으로 정하는 안전진단기관에 안전진단을 의뢰하여야 한다.	④ 시장·군수등은 대통령령으로 정하는 재건축진단기관에 의뢰하여 주거환경 적합성, 해당 건축물의 구조안전성, 건축마감, 설비노후도 등에 관한 재건축진단을 실시하여야 한다.
⑤ 제4항에 따라 안전진단을 의뢰받은 안전진단기관은 국토교통부장관이 정하여 고시하는 기준(건축물의 내진성능 확보를 위한 비용을 포함한다)에 따라 안전진단을 실시하여야 하며, 국토교통부령으로 정하는 방법 및 절차에 따라 안전진단 결과보고서를 작성하여 정비계획의 입안권자 및 제2항에 따라 안전진단의 실시를 요청한 자에게 제출하여야 한다.	⑤ 제4항에 따라 재건축진단을 의뢰받은 재건축진단기관은 국토교통부장관이 정하여 고시하는 기준(건축물의 내진성능 확보를 위한 비용을 포함한다)에 따라 재건축진단을 실시하여야 하며, 국토교통부령으로 정하는 방법 및 절차에 따라 재건축진단 결과보고서를 작성하여 시장·군수등 및 제2항에 따라 재건축진단의 실시를 요청한 자에게 제출하여야 한다.
⑥ 정비계획의 입안권자는 제5항에 따른 안전진단의 결과와 도시계획 및 지역여건 등을 종합적으로 검토하여 정비계획의 입안 여부를 결정하여야 한다.	⑥ 시장·군수등은 재건축진단의 결과와 도시계획 및 지역여건 등을 종합적으로 검토하여 사업시행계획인가 여부(제75조에 따른 시기 조정을 포함한다)를 결정하여야 한다.
⑦ 제1항부터 제6항까지의 규정에 따른 안전진단의 대상·기준·실시기관·지정절차 및 수수료 등에 필요한 사항은 대통령령으로 정한다.	⑦ 제1항부터 제6항까지의 규정에 따른 재건축진단의 대상·기준·실시기관·지정절차·수수료 및 결과에 대한 조치 등에 필요한 사항은 대통령령으로 정한다.

제13조(안전진단 결과의 적정성 검토) ① 정비계획의 입안권자(특별자치시장 및 특별자치도지사는 제외한다. 이하 이 조에서 같다)는 제12조 제6항에 따라 정비계획의 입안 여부를 결정한 경우에는 지체 없이 특별시장·광역시장·도지사에게 결정내용과 해당 안전진단 결과보고서를 제출하여야 한다.	제13조(재건축진단 결과의 적정성 검토) ① 시장·군수등(특별자치시장 및 특별자치도지사는 제외한다. 이하 이 조에서 같다)은 제12조 제5항에 따라 재건축진단 결과보고서를 제출받은 경우에는 지체 없이 특별시장·광역시장·도지사에게 결정내용과 해당 재건축진단 결과보고서를 제출하여야 한다.
② 특별시장·광역시장·특별자치시장·도지사·특별자치도지사(이하 "시·도지사"라 한다)는 필요한 경우 「국토안전관리원법」에 따른 국토안전관리원 또는 「과학기술분야 정부출연연구기관 등의 설립·운영 및 육성에 관한 법률」에 따른 한국건설기술연구원에 안전진단 결과의 적정성에 대한 검토를 의뢰할 수 있다.	② 특별시장·광역시장·특별자치시장·도지사·특별자치도지사(이하 "시·도지사"라 한다)는 필요한 경우 「국토안전관리원법」에 따른 국토안전관리원 또는 「과학기술분야 정부출연연구기관 등의 설립·운영 및 육성에 관한 법률」에 따른 한국건설기술연구원에 재건축진단 결과의 적정성에 대한 검토를 의뢰할 수 있다.
③ 국토교통부장관은 시·도지사에게 안전진단 결과보고서의 제출을 요청할 수 있으며, 필요한 경우 시·도지사에게 안전진단 결과의 적정성에 대한 검토를 요청할 수 있다.	③ 국토교통부장관은 시·도지사에게 재건축진단 결과보고서의 제출을 요청할 수 있으며, 필요한 경우 시·도지사에게 재건축진단 결과의 적정성에 대한 검토를 요청할 수 있다.
④ 시·도지사는 제2항 및 제3항에 따른 검토결과에 따라 정비계획의 입안권자에게 정비계획 입안결정의 취소 등 필요한 조치를 요청할 수 있으며, 정비계획의 입안권자는 특별한 사유가 없으면 그 요청에 따라야 한다. 다만, 특별자치시장 및 특별자치도지사는 직접 정비계획의 입안결정의 취소 등 필요한 조치를 할 수 있다.	④ 특별시장·광역시장·도지사는 제2항 및 제3항에 따른 검토결과에 따라 필요한 경우 시장·군수등에게 재건축진단에 대한 시정요구 등 대통령령으로 정하는 조치를 요청할 수 있으며, 시장·군수등은 특별한 사유가 없으면 그 요청에 따라야 한다. <단서 삭제>
⑤ 제1항부터 제4항까지의 규정에 따른 안전진단 결과의 평가 등에 필요한 사항은 대통령령으로 정한다.	⑤ 제1항부터 제4항까지의 규정에 따른 재건축진단 결과의 평가 등에 필요한 사항은 대통령령으로 정한다.
제13조의2(정비구역의 지정을 위한 정비계획의 입안 요청 등) ① 토지등소유자는 다음 각 호의 어느 하나에 해당하는 경우에는 정비계획의 입안권자에게 정비구역의 지정을 위한 정비계획의 입안을 요청할 수 있다.	제13조의2(정비구역의 지정을 위한 정비계획의 입안 요청 등) ① 토지등소유자 또는 추진위원회는 다음 각 호의 어느 하나에 해당하는 경우에는 정비계획의 입안권자에게 정비구역의 지정을 위한 정비계획의 입안을 요청할 수 있다.
1. 제5조 제1항 제10호에 따른 단계별 정비사업 추진계획상 정비예정구역별 정비계획의 입안시기가 지났음에도 불구하고 정비계획이 입안되지 아니한 경우	1. 제4조 제1항 단서에 따라 기본계획을 수립하지 아니한 지역으로서 대통령령으로 정하는 경우

2. 제5조 제2항에 따라 기본계획에 같은 조 제1항 제9호 및 제10호에 따른 사항을 생략한 경우	2. 제5조 제1항 제10호에 따른 단계별 정비사업 추진계획상 정비예정구역별 정비계획의 입안시기가 지났음에도 불구하고 정비계획이 입안되지 아니한 경우
3. 천재지변 등 대통령령으로 정하는 불가피한 사유로 긴급하게 정비사업을 시행할 필요가 있다고 판단되는 경우	3. 제5조 제2항에 따라 기본계획에 같은 조 제1항 제9호 및 제10호에 따른 사항을 생략한 경우
<신 설>	4. 천재지변 등 대통령령으로 정하는 불가피한 사유로 긴급하게 정비사업을 시행할 필요가 있다고 판단되는 경우
② ~ ④ (생 략)	② ~ ④ (현행과 같음)
제14조(정비계획의 입안 제안) ① 토지등소유자(제5호의 경우에는 제26조 제1항 제1호 및 제27조 제1항 제1호에 따라 사업시행자가 되려는 자를 말한다)는 다음 각 호의 어느 하나에 해당하는 경우에는 정비계획의 입안권자에게 정비계획의 입안을 제안할 수 있다.	제14조(정비계획의 입안 제안) ① 토지등소유자(제5호의 경우에는 제26조 제1항 제1호 및 제27조 제1항 제1호에 따라 사업시행자가 되려는 자를 말한다) 또는 추진위원회는 다음 각 호의 어느 하나에 해당하는 경우에는 정비계획의 입안권자에게 정비계획의 입안을 제안할 수 있다.
1. ~ 7. (생 략)	1. ~ 7. (현행과 같음)
② (생 략)	② (현행과 같음)
제20조(정비구역등의 해제) ① 정비구역의 지정권자는 다음 각 호의 어느 하나에 해당하는 경우에는 정비구역등을 해제하여야 한다.	제20조(정비구역등의 해제) ① 정비구역의 지정권자는 다음 각 호의 어느 하나에 해당하는 경우에는 정비구역등을 해제하여야 한다.
1. (생 략)	1. (현행과 같음)
2. 재개발사업·재건축사업[제35조에 따른 조합(이하 "조합"이라 한다)이 시행하는 경우로 한정한다]이 다음 각 목의 어느 하나에 해당하는 경우	2. 재개발사업·재건축사업[제35조에 따른 조합(이하 "조합"이라 한다)이 시행하는 경우로 한정한다]이 다음 각 목의 어느 하나에 해당하는 경우
가. 토지등소유자가 정비구역으로 지정·고시된 날부터 2년이 되는 날까지 제31조에 따른 조합설립추진위원회(이하 "추진위원회"라 한다)의 승인을 신청하지 아니하는 경우	가. 토지등소유자가 정비구역으로 지정·고시된 날부터 2년이 되는 날까지 추진위원회의 승인을 신청하지 아니하는 경우(제31조 제2항 제1호에 따라 추진위원회를 구성하는 경우로 한정한다)
나. 토지등소유자가 정비구역으로 지정·고시된 날부터 3년이 되는 날까지 제35조에 따른 조합설립인가(이하 "조합설립인가"라 한다)를 신청하지 아니하는 경우(제31조 제4항에 따라 추진위원회를	나. 토지등소유자가 정비구역으로 지정·고시된 날부터 3년이 되는 날까지 제35조에 따른 조합설립인가(이하 "조합설립인가"라 한다)를 신청하지 아니하는 경우(제31조 제7항에 따라 추진위원회를

구성하지 아니하는 경우로 한정한다)	구성하지 아니하는 경우로 한정한다)
다. 추진위원회가 추진위원회 승인일부터 2년이 되는 날까지 조합설립인가를 신청하지 아니하는 경우	다. 추진위원회가 추진위원회 승인일(제31조 제2항 제2호에 따라 추진위원회를 구성하는 경우에는 제16조에 따른 정비구역 지정·고시일로 본다)부터 2년이 되는 날까지 조합설립인가를 신청하지 아니하는 경우
라. 조합이 조합설립인가를 받은 날부터 3년이 되는 날까지 제50조에 따른 사업시행계획인가(이하 "사업시행계획인가"라 한다)를 신청하지 아니하는 경우	라. 조합이 조합설립인가를 받은 날부터 3년이 되는 날까지 사업시행계획인가를 신청하지 아니하는 경우
3. (생 략)	3. (현행과 같음)
② ~ ⑦ (생 략)	② ~ ⑦ (현행과 같음)
제26조(재개발사업·재건축사업의 공공시행자) ① 시장·군수등은 재개발사업 및 재건축사업이 다음 각 호의 어느 하나에 해당하는 때에는 제25조에도 불구하고 직접 정비사업을 시행하거나 토지주택공사등(토지주택공사등이 건설업자 또는 등록사업자와 공동으로 시행하는 경우를 포함한다)을 사업시행자로 지정하여 정비사업을 시행하게 할 수 있다.	제26조(재개발사업·재건축사업의 공공시행자) ① 시장·군수등은 재개발사업 및 재건축사업이 다음 각 호의 어느 하나에 해당하는 때에는 제25조에도 불구하고 직접 정비사업을 시행하거나 토지주택공사등(토지주택공사등이 건설업자 또는 등록사업자와 공동으로 시행하는 경우를 포함한다. 이하 이 항부터 제4항까지에서 같다)을 사업시행자로 지정하여 정비사업을 시행하게 할 수 있다.
1. ~ 8. (생 략)	1. ~ 8. (현행과 같음)
②·③ (생 략)	②·③ (현행과 같음)
<신 설>	④ 토지주택공사등과 재개발사업 또는 재건축사업의 준비·추진에 필요한 사항에 대하여 협약 또는 계약 등(이하 "협약등"이라 한다)을 체결하려는 자(토지등소유자로 구성된 자를 말한다)는 대통령령으로 정하는 절차를 거친 사실을 시장·군수등에게 확인받은 후 대통령령으로 정하는 비율 이상의 토지등소유자의 동의를 받아 제1항에 따른 사업시행자 지정 이전에 협약등을 체결할 수 있다.
<신 설>	⑤ 제4항에 따른 협약등의 체결에 필요한 사항은 대통령령으로 정한다.
제27조(재개발사업·재건축사업의 지정개발자) ① ~ ⑥ (생 략)	제27조(재개발사업·재건축사업의 지정개발자) ① ~ ⑥ (현행과 같음)
<신 설>	⑦ 신탁업자와 재개발사업 또는 재건축사업의

	준비·추진에 필요한 사항에 대하여 협약등을 체결하려는 자(토지등소유자로 구성된 자를 말한다)는 대통령령으로 정하는 절차를 거친 사실을 시장·군수등에게 확인받은 후 대통령령으로 정하는 비율 이상의 토지등소유자의 동의를 받아 신탁업자를 공개모집한 후 사업시행자 지정 전에 협약등을 체결할 수 있다.
<신 설>	⑧ 제7항에 따른 공개모집 및 협약등의 체결에 필요한 사항은 대통령령으로 정한다.
제31조(조합설립추진위원회의 구성·승인) ① 조합을 설립하려는 경우에는 제16조에 따른 정비구역 지정·고시 후 다음 각 호의 사항에 대하여 토지등소유자 과반수의 동의를 받아 조합설립을 위한 추진위원회를 구성하여 국토교통부령으로 정하는 방법과 절차에 따라 시장·군수등의 승인을 받아야 한다. <후단 신설>	제31조(조합설립추진위원회의 구성·승인) ① 조합을 설립하려는 경우에는 다음 각 호의 사항에 대하여 토지등소유자 과반수의 동의를 받아 조합설립을 위한 추진위원회를 구성하여 국토교통부령으로 정하는 방법과 절차에 따라 시장·군수등의 승인을 받아야 한다. 이 경우 시장·군수등은 승인 이후 구역경계, 토지등소유자의 수 등 국토교통부령으로 정하는 사항을 해당 지방자치단체 공보에 고시하여야 한다.
1.·2. (생 략)	1.·2. (현행과 같음)
② 제1항에 따라 추진위원회의 구성에 동의한 토지등소유자(이하 이 조에서 "추진위원회 동의자"라 한다)는 제35조 제1항부터 제5항까지의 규정에 따른 조합의 설립에 동의한 것으로 본다. 다만, 조합설립인가를 신청하기 전에 시장·군수등 및 추진위원회에 조합설립에 대한 반대의 의사표시를 한 추진위원회 동의자의 경우에는 그러하지 아니하다.	② 추진위원회는 다음 각 호의 어느 하나에 해당하는 지역을 대상으로 구성한다. 1. 제16조에 따라 정비구역으로 지정·고시된 지역 2. 제16조에 따라 정비구역으로 지정·고시되지 아니한 지역으로서 다음 각 목의 어느 하나에 해당하는 지역 가. 제4조 제1항 단서에 따라 기본계획을 수립하지 아니한 지역 또는 제5조 제2항에 따라 기본계획에 같은 조 제1항 제9호 및 제10호의 사항을 생략한 지역으로서 대통령령으로 정하는 지역 나. 기본계획에 제5조 제1항 제9호에 따른 정비예정구역이 설정된 지역 다. 제13조의2에 따른 입안 요청 및 제14조에 따른 입안 제안에 따라 정비계획의 입안을 결정한 지역 라. 제15조에 따라 정비계획의 입안을 위하여 주민에게 공람한 지역

③ 제1항에 따른 토지등소유자의 동의를 받으려는 자는 대통령령으로 정하는 방법 및 절차에 따라야 한다. 이 경우 동의를 받기 전에 제2항의 내용을 설명·고지하여야 한다.	③ 제1항에 따라 추진위원회의 구성에 동의한 토지등소유자(이하 이 조에서 “추진위원회 동의자”라 한다)는 제35조 제1항부터 제5항까지의 규정에 따른 조합의 설립에 동의한 것으로 본다. 다만, 조합설립인가를 신청하기 전에 시장·군수등 및 추진위원회에 조합설립에 대한 반대의 의사표시를 한 추진위원회 동의자의 경우에는 그러하지 아니하다.
④ 정비사업에 대하여 제118조에 따른 공공지원을 하려는 경우에는 추진위원회를 구성하지 아니할 수 있다. 이 경우 조합설립 방법 및 절차 등에 필요한 사항은 대통령령으로 정한다.	④ 제2항 제2호에 따라 추진위원회를 구성하여 승인받은 경우로서 승인 당시의 구역과 제16조에 따라 지정·고시된 정비구역의 면적 차이가 대통령령으로 정하는 기준 이상인 경우 추진위원회는 제1항 각 호의 사항에 대하여 토지등소유자 과반수의 동의를 받아 시장·군수등에게 다시 승인을 받아야 한다. 이 경우 제1항의 추진위원회 구성에 동의한 자는 정비구역 지정·고시 이후 1개월 이내에 동의를 철회하지 아니하는 경우 동의한 것으로 본다.
<신 설>	⑤ 제4항에 따른 승인이 있는 경우 기존의 추진위원회의 업무와 관련된 권리·의무는 승인받은 추진위원회가 포괄승계한 것으로 본다.
<신 설>	⑥ 제1항 및 제4항에 따른 토지등소유자의 동의를 받으려는 자는 대통령령으로 정하는 방법 및 절차에 따라야 한다. 이 경우 동의를 받기 전에 제3항의 내용을 설명·고지하여야 한다.
<신 설>	⑦ 정비사업에 대하여 제118조에 따른 공공지원을 하려는 경우에는 추진위원회를 구성하지 아니할 수 있다. 이 경우 조합설립 방법 및 절차 등에 필요한 사항은 대통령령으로 정한다.
제35조(조합설립인가 등) ① (생 략)	제35조(조합설립인가 등) ① (현행과 같음)
② 재개발사업의 추진위원회(제31조 제4항에 따라 추진위원회를 구성하지 아니하는 경우에는 토지등소유자를 말한다)가 조합을 설립하려면 토지등소유자의 4분의 3 이상 및 토지면적의 2분의 1 이상의 토지소유자의 동의를 받아 다음 각 호의 사항을 첨부하여 시장·군수등의 인가를 받아야 한다.	② 재개발사업의 추진위원회(제31조 제7항에 따라 추진위원회를 구성하지 아니하는 경우에는 토지등소유자를 말한다)가 조합을 설립하려면 토지등소유자의 4분의 3 이상 및 토지면적의 2분의 1 이상의 토지소유자의 동의를 받아 다음 각 호의 사항을 첨부하여 제16조에 따른 정비구역 지정·고시 후 시장·군수등의 인

	가를 받아야 한다.
1. ~ 3. (생 략)	1. ~ 3. (현행과 같음)
③ 재건축사업의 추진위원회(제31조 제4항에 따라 추진위원회를 구성하지 아니하는 경우에는 토지등소유자를 말한다)가 조합을 설립하려는 때에는 주택단지의 공동주택의 각 동(복리시설의 경우에는 주택단지의 복리시설 전체를 하나의 동으로 본다)별 구분소유자의 과반수 동의(공동주택의 각 동별 구분소유자가 5 이하인 경우는 제외한다)와 주택단지의 전체 구분소유자의 4분의 3 이상 및 토지면적의 4분의 3 이상의 토지소유자의 동의를 받아 제2항 각 호의 사항을 첨부하여 시장·군수등의 인가를 받아야 한다.	③ 재건축사업의 추진위원회(제31조 제7항에 따라 추진위원회를 구성하지 아니하는 경우에는 토지등소유자를 말한다)가 조합을 설립하려는 때에는 주택단지의 공동주택의 각 동(복리시설의 경우에는 주택단지의 복리시설 전체를 하나의 동으로 본다)별 구분소유자의 과반수 동의(공동주택의 각 동별 구분소유자가 5 이하인 경우는 제외한다)와 주택단지의 전체 구분소유자의 4분의 3 이상 및 토지면적의 4분의 3 이상의 토지소유자의 동의를 받아 제2항 각 호의 사항을 첨부하여 제16조에 따른 정비구역 지정·고시 후 시장·군수등의 인가를 받아야 한다.
④ ~ ⑩ (생 략)	④ ~ ⑩ (현행과 같음)
제36조(토지등소유자의 동의방법 등) ① 다음 각 호에 대한 동의(동의한 사항의 철회 또는 제26조 제1항 제8호 단서, 제31조 제2항 단서 및 제47조 제4항 단서에 따른 반대의 의사표시를 포함한다)는 서면동의서에 토지등소유자가 성명을 적고 지장(指章)을 날인하는 방법으로 하며, 주민등록증, 여권 등 신원을 확인할 수 있는 신분증명서의 사본을 첨부하여야 한다. <후단 신설>	제36조(토지등소유자의 동의방법 등) ① 다음 각 호에 대한 동의(동의한 사항의 철회 또는 제26조 제1항 제8호 단서, 제31조 제3항 단서 및 제47조 제4항 단서에 따른 반대의 의사표시를 포함한다)는 서면동의서 또는 전자서명동의서(「전자문서 및 전자거래 기본법」 제2조 제1호에 따른 전자문서에 「전자서명법」 제2조 제2호에 따른 전자서명을 한 동의서를 말한다. 이하 같다)를 제출하는 방법으로 한다. 이 경우 서면동의서는 토지등소유자가 성명을 적고 지장(指章)을 날인하는 방법으로 하며, 주민등록증, 여권 등 신원을 확인할 수 있는 신분증명서의 사본을 첨부하여야 한다.
1. ~ 11. (생 략)	1. ~ 11. (현행과 같음)
② (생 략)	② (현행과 같음)
③ 제1항 및 제2항에 따라 서면동의서를 작성하는 경우 제31조 제1항 및 제35조 제2항부터 제4항까지의 규정에 해당하는 때에는 시장·군수등이 대통령령으로 정하는 방법에 따라 검인(檢印)한 서면동의서를 사용하여야 하며, 검인을 받지 아니한 서면동의서는 그 효력이 발생하지 아니한다.	③ 제1항 및 제2항에 따라 서면동의서 또는 전자서명동의서(이하 이 항에서 "동의서"라 한다)를 작성하는 경우 제31조 제1항 및 제35조 제2항부터 제4항까지의 규정에 해당하는 때에는 시장·군수등이 대통령령으로 정하는 방법에 따라 검인(檢印) 또는 확인한 동의서를 사용하여야 하며, 검인 또는 확인을 받지 아니한

	서면동의서 또는 전자서명동의서(이하 이 항에서 "동의서"라 한다)는 그 효력이 발생하지 아니한다.
④ 제1항, 제2항 및 제12조에 따른 토지등소유자의 동의자 수 산정 방법 및 절차 등에 필요한 사항은 대통령령으로 정한다.	④ 제1항, 제2항 및 제12조에 따른 토지등소유자의 동의자 수 산정 방법·절차 및 제1항에 따른 전자서명동의서의 본인확인 방법 등에 필요한 사항은 대통령령으로 정한다.
<신 설>	제36조의3(토지등소유자의 동의 인정에 관한 특례) ① 토지등소유자가 다음 각 호의 어느 하나에 해당하는 사항에 대하여 동의를 하는 경우, 제2항의 요건을 모두 충족한 경우에 한정하여 다음 각 호의 사항 중 동의하지 아니한 다른 사항에 대하여도 동의를 한 것으로 본다. 1. 제13조의2에 따른 정비계획의 입안 요청을 위한 동의 2. 제14조에 따른 입안의 제안을 위한 동의 3. 제31조 제1항에 따른 추진위원회 구성에 대한 동의 ② 제1항에 따라 동의를 인정받기 위한 요건은 다음 각 호와 같다. 1. 제1항 각 호의 동의를 받을 때 같은 항 각 호의 다른 동의에 관하여 대통령령으로 정하는 사항을 포함하여 동의를 받을 것 2. 제1항 각 호의 동의를 받을 때 같은 항 각 호의 다른 동의로도 인정될 수 있음을 고지받고, 고지받은 날부터 대통령령으로 정하는 기간 내에 동의를 철회하지 아니할 것 3. 그 밖에 대통령령으로 정하는 기준과 방법을 충족할 것
제44조(총회의 소집) ① ~ ③ (생 략)	제44조(총회의 소집) ① ~ ③ (현행과 같음)
④ 제2항 및 제3항에 따라 총회를 소집하려는 자는 총회가 개최되기 7일 전까지 회의 목적·안건·일시 및 장소와 제45조 제5항에 따른 서면의결권의 행사기간 및 장소 등 서면의결권 행사에 필요한 사항을 정하여 조합원에게 통지하여야 한다.	④ 제2항 및 제3항에 따라 총회를 소집하려는 자는 총회가 개최되기 7일 전까지 회의 목적·안건·일시 및 장소와 제45조 제5항, 제6항 및 제8항에 따른 의결권의 행사기간 및 장소 등 의결권 행사에 필요한 사항을 정하여 조합원에게 통지하여야 한다.
⑤ (생 략)	⑤ (현행과 같음)

<신 설>	제44조의2(온라인총회) ① 조합은 총회의 의결을 거쳐 제44조에 따른 총회와 병행하여 「정보통신망 이용촉진 및 정보보호 등에 관한 법률」 제2조 제1항 제1호에 따른 정보통신망을 이용한 총회(이하 "온라인총회"라 한다)를 개최하여 조합원이 참석하게 할 수 있다. 다만, 「재난 및 안전관리 기본법」 제3조 제1호에 따른 재난의 발생 등 대통령령으로 정하는 사유가 발생하여 시장·군수등이 조합원의 직접 출석이 어렵다고 인정하는 경우에는 온라인총회를 단독으로 개최할 수 있다. ② 제1항에 따른 온라인총회는 다음 각 호의 요건을 모두 갖추어 개최하여야 한다. 이 경우 정족수를 산정할 때에는 직접 출석한 것으로 본다. 1. 온라인총회에 참석한 조합원이 본인인지 여부를 확인할 수 있을 것 2. 온라인총회에 참석한 조합원의 접속 기록 등이 보관되어 실제 참석 여부를 확인·관리할 수 있을 것 3. 그 밖에 원활한 의견의 청취·제시 등을 위하여 대통령령으로 정하는 기준에 부합할 것 ③ 그 밖에 온라인총회의 개최 방법 및 절차에 관하여 필요한 사항은 대통령령으로 정한다.
제45조(총회의 의결) ① ~ ⑤ (생 략)	제45조(총회의 의결) ① ~ ⑤ (현행과 같음)
⑥ 조합은 제5항에 따른 서면의결권을 행사하는 자가 본인인지를 확인하여야 한다.	⑥ 제5항에도 불구하고 조합원은 다음 각 호의 요건을 모두 충족한 경우에는 전자적 방법(「전자문서 및 전자거래 기본법」 제2조 제2호에 따른 정보처리시스템을 사용하거나 그 밖의 정보통신기술을 이용하는 방법을 말한다. 이하 같다)으로 의결권을 행사할 수 있다. 이 경우 정족수를 산정할 때에 출석한 것으로 본다. 1. 조합원이 전자적 방법 외에 제5항에 따른 방법으로도 의결권을 행사할 수 있게 할 것 2. 의결권의 행사 방법에 따른 결과가 각각 구분되어 확인·관리할 수 있을 것

	3. 그 밖에 전자적 방법을 통한 의결권의 투명한 행사 등을 위하여 대통령령으로 정하는 기준에 부합할 것
⑦ 총회의 의결은 조합원의 100분의 10 이상이 직접 출석(제5항 각 호의 어느 하나에 해당하여 대리인을 통하여 의결권을 행사하는 경우 직접 출석한 것으로 본다. 이하 이 조에서 같다)하여야 한다. 다만, 시공자의 선정을 의결하는 총회의 경우에는 조합원의 과반수가 직접 출석하여야 하고, 창립총회, 시공자 선정 취소를 위한 총회, 사업시행계획서의 작성 및 변경, 관리처분계획의 수립 및 변경을 의결하는 총회 등 대통령령으로 정하는 총회의 경우에는 조합원의 100분의 20 이상이 직접 출석하여야 한다.	⑦ 조합은 조합원의 참여를 확대하기 위하여 조합원이 전자적 방법을 우선적으로 이용하도록 노력하여야 한다.
⑧ 제5항에도 불구하고 「재난 및 안전관리 기본법」 제3조 제1호에 따른 재난의 발생 등 대통령령으로 정하는 사유가 발생하여 시장·군수등이 조합원의 직접 출석이 어렵다고 인정하는 경우에는 전자적 방법(「전자문서 및 전자거래 기본법」 제2조 제2호에 따른 정보처리시스템을 사용하거나 그 밖의 정보통신기술을 이용하는 방법을 말한다)으로 의결권을 행사할 수 있다. 이 경우 정족수를 산정할 때에는 직접 출석한 것으로 본다.	⑧ 제6항 제1호에도 불구하고 제44조의2제1항 단서에 해당하는 경우에는 전자적 방법만으로 의결권을 행사할 수 있다.
⑨ 총회의 의결방법, 서면의결권 행사 및 본인확인방법 등에 필요한 사항은 정관으로 정한다.	⑨ 조합은 제5항, 제6항 및 제8항에 따라 서면 또는 전자적 방법으로 의결권을 행사하는 자가 본인인지를 확인하여야 한다.
<신 설>	⑩ 총회의 의결은 조합원의 100분의 10 이상이 직접 출석(제5항에 따라 대리인을 통하거나 제6항 또는 제8항에 따라 전자적 방법으로 의결권을 행사하는 경우 직접 출석한 것으로 본다. 이하 이 조에서 같다)하여야 한다. 다만, 시공자의 선정을 의결하는 총회의 경우에는 조합원의 과반수가 직접 출석하여야 하고, 창립총회, 시공자 선정 취소를 위한 총회, 사업시행계획서의 작성 및 변경, 관리처분계획의 수립 및 변경을 의결하는 총회 등 대통령령으

	로 정하는 총회의 경우에는 조합원의 100분의 20 이상이 직접 출석하여야 한다.
<신 설>	⑪ 총회의 의결방법, 서면 또는 전자적 방법에 따른 의결권 행사 및 본인확인방법 등에 필요한 사항은 정관으로 정한다.
제47조(주민대표회의) ① 토지등소유자가 시장·군수등 또는 토지주택공사등의 사업시행을 원하는 경우에는 정비구역 지정·고시 후 주민대표기구(이하 "주민대표회의"라 한다)를 구성하여야 한다. <단서 신설>	제47조(주민대표회의) ① 토지등소유자가 시장·군수등 또는 토지주택공사등의 사업시행을 원하는 경우에는 정비구역 지정·고시 후 주민대표기구(이하 "주민대표회의"라 한다)를 구성하여야 한다. 다만, 제26조 제4항에 따라 협약 등이 체결된 경우에는 정비구역 지정·고시 이전에 주민대표회의를 구성할 수 있다.
② ~ ⑥ (생 략)	② ~ ⑥ (현행과 같음)
제48조(토지등소유자 전체회의) ①·② (생 략)	제48조(토지등소유자 전체회의) ①·② (현행과 같음)
③ 토지등소유자 전체회의의 소집 절차·시기 및 의결방법 등에 관하여는 제44조 제5항, 제45조 제3항·제4항·제7항 및 제9항을 준용한다. 이 경우 "총회"는 "토지등소유자 전체회의"로, "정관"은 "시행규정"으로, "조합원"은 "토지등소유자"로 본다.	③ 토지등소유자 전체회의의 소집 절차·시기 및 의결방법 등에 관하여는 제44조 제5항, 제44조의2 및 제45조 제3항부터 제11항까지를 준용한다. 이 경우 "총회"는 "토지등소유자 전체회의"로, "조합"은 "사업시행자"로, "정관"은 "시행규정"으로, "조합원"은 "토지등소유자"로 본다.
제126조(도시·주거환경정비기금의 설치 등) ①·② (생 략)	제126조(도시·주거환경정비기금의 설치 등) ①·② (현행과 같음)
③ 정비기금은 다음 각 호의 어느 하나의 용도 이외의 목적으로 사용하여서는 아니 된다.	③ 정비기금은 다음 각 호의 어느 하나의 용도 이외의 목적으로 사용하여서는 아니 된다.
1. 이 법에 따른 정비사업으로서 다음 각 목의 어느 하나에 해당하는 사항	1. 이 법에 따른 정비사업으로서 다음 각 목의 어느 하나에 해당하는 사항
가. (생 략)	가. (현행과 같음)
나. 안전진단 및 정비계획의 수립	나. 재건축진단 및 정비계획의 수립
다.·라. (생 략)	다.·라. (현행과 같음)
2. ~ 9. (생 략)	2. ~ 9. (현행과 같음)
④ (생 략)	④ (현행과 같음)
제131조(재건축사업의 안전진단 재실시) 시장·군수등은 제16조 제2항 전단에 따라 정비구역이 지정·고시된 날부터 10년이 되는 날까지 제50조에 따른 사업시행계획인가를 받지 아니	<삭 제>

하고 다음 각 호의 어느 하나에 해당하는 경우에는 안전진단을 다시 실시하여야 한다. 1. 「재난 및 안전관리 기본법」 제27조 제1항에 따라 재난이 발생할 위험이 높거나 재난예방을 위하여 계속적으로 관리할 필요가 있다고 인정하여 특정관리대상지역으로 지정하는 경우 2. 「시설물의 안전 및 유지관리에 관한 특별법」 제12조 제2항에 따라 재해 및 재난 예방과 시설물의 안전성 확보 등을 위하여 정밀안전진단을 실시하는 경우 3. 「공동주택관리법」 제37조 제3항에 따라 공동주택의 구조안전에 중대한 하자가 있다고 인정하여 안전진단을 실시하는 경우	
제135조(벌칙) 다음 각 호의 어느 하나에 해당하는 자는 5년 이하의 징역 또는 5천만원 이하의 벌금에 처한다.	제135조(벌칙) 다음 각 호의 어느 하나에 해당하는 자는 5년 이하의 징역 또는 5천만원 이하의 벌금에 처한다.
1. 제36조에 따른 토지등소유자의 서면동의서를 위조한 자	1. 제36조에 따른 토지등소유자의 서면동의서 또는 전자서명동의서를 위조한 자
2. (생　략)	2. (현행과 같음)
제136조(벌칙) 다음 각 호의 어느 하나에 해당하는 자는 3년 이하의 징역 또는 3천만원 이하의 벌금에 처한다.	제136조(벌칙) 다음 각 호의 어느 하나에 해당하는 자는 3년 이하의 징역 또는 3천만원 이하의 벌금에 처한다.
1. ~ 4. (생　략)	1. ~ 4. (현행과 같음)
5. 제36조에 따른 토지등소유자의 서면동의서를 매도하거나 매수한 자	5. 제36조에 따른 토지등소유자의 서면동의서 또는 전자서명동의서를 매도하거나 매수한 자
6. ~ 8. (생　략)	6. ~ 8. (현행과 같음)
제137조(벌칙) 다음 각 호의 어느 하나에 해당하는 자는 2년 이하의 징역 또는 2천만원 이하의 벌금에 처한다.	제137조(벌칙) 다음 각 호의 어느 하나에 해당하는 자는 2년 이하의 징역 또는 2천만원 이하의 벌금에 처한다.
1. 제12조 제5항에 따른 안전진단 결과보고서를 거짓으로 작성한 자	1. 제12조 제5항에 따른 재건축진단 결과보고서를 거짓으로 작성한 자
2. ~ 13. (생　략)	2. ~ 13. (현행과 같음)

MEMO

이 책의 메모

저자 **박종철**

저자 약력

한양대학교 법과대학 법학과 졸업
한양대학교 행정대학원졸업

<현>

세종사이버대학교 부동산자산경영학과 겸임교수
호서대 대학원 부동산자산관리학과 겸임교수
한국산업단지공단 산업단지선정위원, 구도고도화사업 심의위원
한국철도공사 감사자문위원
한국생산성본부 한국사회능력개발원 부동산실무 지도교수
EBS 공인중개사 부동산공법 담당교수
(재)건설산업교육원 교수
(사)한국부동산자산관리사협회 토지자산관리 담당교수
대한민국 국회 전문가(국토교통위원회)
골든리얼티 부동산연구소 대표 (주)토크뷰
에듀앤컬처 사회적협동조합 이사장

<전>

한국토지주택공사 토지주택대학 교수
영화진흥위원회 자문위원
명지대부동산대학원 공인중개사 실무교육 담당 교수
매경부동산자산관리사시험 출제위원
한국법학교육원 올에듀넷 대표이사
한국공인중개사협회 공인중개사 실무교육 담당 교수
신성대학교 세무부동산과 외래교수

방송출연 등

sbscnbc 부동산삼국지, MBC 비하인드 스토리, KBS 모닝와이드, MBN M머니 생방송부동산, tvn 백지연의 피플인사이드, TV조선 돌아온 저격수다, EBS 등 다수 방송출연

주요저서

아무도 알려주지 않는 실전토지투자(올에듀넷,2016)
토지자산관리(한국부동산자산관리협회,2022)
실무자·투자자를 위한 부동산개발 인허가 실무(올에듀넷, 2014)
국토의 계획 및 이용에 관한 법률 실무(올에듀넷,2014)
EBS 부동산공법(에스티엔북스,2021)
부동산공법(공인단기,2014)
실전부동산투자실무(2014,한국부동산전문교육원)

포상

매경머니닥터 100인(매일경제신문사선정) 선정
2011 대한민국 자랑스러운 혁신 한국인(스포츠조선선정) 선정

Part

02

토지중개실무

제 1 강 토지중개 개관

제1절 토지중개의 특성

1. 전매차익을 얻기를 원하는 고객이 많다.

토지투자를 목적으로 하는 투자자의 경우에는 전매차익을 얻을 수 있는 토지를 중개해주기를 원한다. 전매차익을 얻을 수 있는 토지를 찾는 일은 상당한 노력을 요구하며 경우에 따라서는 경매 및 공매물건 중에서 찾아야 하는 경우도 있으며, 최근에는 NPL로 전매차익을 얻을 수 있는 토지를 확보하는 기법이 개발되고 있다.

2. 전문적인 지식이 필요하다.

전문적인 토지중개를 위하여는 118개 부동산관련법률 중에서 토지와 관련된 내용을 정확하게 알고 있어야 하므로 초보 공인중개사에게는 쉽지 않을 수 있으나, 토지중개만큼 많은 수익을 얻을 수 있는 분야도 드물다.

3. 계약서 작성에 특수성이 존재한다.

아파트 매매계약서 작성과는 달리 토지의 특성을 반영하는 다양한 내용이 계약서에 추가되는 것이 일반적이다. 단서 조항을 많이 활용하게 되며 필요에 따라 사진을 첨부하는 것도 바람직하다.

4. 고객의 목적에 따라 다양한 종류의 토지를 확보해야 한다.

토지매수인의 경우에는 자신이 전원주택용지 또는 공장용지 등 이용목적을 가지고 매수하는 경우도 있으나, 막연히 전매차익을 위한 투자의 목적으로 토지매수를 원하는 경우도 있다. 고객의 목적에 맞는 토지를 분류해서 정리해 놓은 것이 필요하다.

제2절 토지시세 평가와 종상향

1 토지시세에 영향을 미치는 요인

1. 용도지역 등

용도지역을 비롯한 각종 지역.지구.구역의 지정으로 인하여 토지의 기본적인 가치가 결정된다. 법령의 규정 뿐만아니라 각 지방자치단체 조례로 정하는 경우도 다수 존재하므로 이에 대한 확인은 필수이다.

2. 행정계획

부동산관련 각종 행정계획으로 인한 개발예정지는 토지시세가 폭등하기도 한다. 각종 행정계획의 수정여부를 확인하고 변화에 대처하는 노력이 필요하다. 국토종합계획, 도종합계획, 광역도시계획, 도시기본계획 등 수많은 행정계획이 존재하므로 이에 대한 체계적인 정리가 필요하다.

2 종상향이 일어나는 경우

1. 국가 또는 지방자치단체 개발사업

일반적으로 개발사업이 진행되는 경우에는 용도지역의 변경이 수반된다. 물론 용도지역 변경이 일어날 수 없는 경우도 상당수 존재하므로 이에 대한 확인이 필요하다.

2. 종전부동산

공공기관 이전으로 인한 종전부동산은 종상향이 이루어지는 경우가 많다. 종전부동산 목록을 확인하고 주변지역의 토지를 중개하는 경우에는 종상향 가능성을 확인해야 한다.

제3절 토지이용계획확인서

1. 토지이용계획확인서의 분석

① 토지이용계획확인서는 토지의 가치를 알 수 있게 해주는 자료로서, 토지의 고유한 성격과 관련된 기본적인 정보들을 포함한다.

② 미래시점에서 해당 토지의 경제적 가치를 예측할 수 있는 기본적인 정보들을 포함한다.

③ 해당 토지의 도시관리계획사항과 기타 토지에 적용되고 있는 규제의 내용을 알 수 있다.

④ 토지의 권리관계를 표시하는 것이 등기부라면, 토지의 규제상황을 통하여 토지의 가치를 알 수 있는 것이 토지이용계획확인서이다.

2. 토지이용계획확인서를 통하여 분석할 수 있는 규제사항

① 용도지역.용도지구.용도구역의 지정상황을 알 수 있다.

② 농업진흥지역, 보전산지, 군사시설보호구역, 특별대책지역 등 다른 법령에 의한 지역·지구·구역 등을 알 수 있다.

③ 토지거래허가구역의 지정여부를 알 수 있다.

④ 지번·지목·면적 등의 기본적인 사항을 알 수 있다.

⑤ 지적임야도를 확인할 수 있다.

3. 토지이용계획확인서의 한계

(1) 모든 규제를 다 표시하지 못한다.

① 토지이용계획확인서에 기재된 규제는 그 토지에 대한 전체 규제가 다 포함된 것이 아니다.

② 부동산 관련 법률에는 약 400여개의 지역.지구.구역이 존재하나 그 중 일부만 토지이용계획확인서로 확인할 수 있다.

③ 토지이용계획인서에 나타난 규제사항 이외의 사항은 해당 지방자치단체 등에게 문의하여야 한다.

(2) 연접개발제한을 알 수 없다.

① 개발행위를 하고자 할 때 가장 먼저 확인하여야할 사항이 연접개발제한의 저촉여부이다.

② 토지이용계획확인서로는 연접개발제한을 알 수 없으므로 해당 지방자치단체 등에게 문의하여야 한다.

[별지 제2호서식] <개정 2009.8.13>

발급번호: 발행매수: 0/0 발급일: 0000/00/00 (앞쪽)

<table>
<tr><td colspan="5" rowspan="2">토지이용계획확인서</td><td>처리기간</td></tr>
<tr><td>1일</td></tr>
<tr><td rowspan="2">신청인</td><td rowspan="2">성명</td><td rowspan="2"></td><td>주소</td><td colspan="2"></td></tr>
<tr><td>전화번호</td><td colspan="2"></td></tr>
<tr><td rowspan="2">신청 토지</td><td colspan="2">소재지</td><td>지번</td><td>지목</td><td>면적(㎡)</td></tr>
<tr><td colspan="2"></td><td></td><td></td><td></td></tr>
<tr><td rowspan="2">지역·지구등의 지정 여부</td><td>「국토의 계획 및 이용에 관한 법률」에 따른 지역·지구등</td><td colspan="4"></td></tr>
<tr><td>다른 법령 등에 따른 지역·지구등</td><td colspan="4"></td></tr>
<tr><td colspan="2">「토지이용규제 기본법 시행령」 제9조제4항 각 호에 해당되는 사항</td><td colspan="4"></td></tr>
<tr><td rowspan="2">확인도면</td><td colspan="4" rowspan="2"></td><td>범례</td></tr>
<tr><td>축척 /</td></tr>
<tr><td colspan="5" rowspan="2">「토지이용규제 기본법」제10조제1항에 따라 귀하의 신청토지에 대한 현재의 토지이용계획을 위와 같이 확인합니다.

년 월 일

특별자치도지사
시장·군수·구청장 [직인]</td><td>수입증지 붙이는 곳</td></tr>
<tr><td>수입증지 금액
(지방자치단체의 조례로 정함)</td></tr>
</table>

210㎜×297㎜(보존용지(2종) 70g/㎡)

발급번호: 발행매수: 0/0 발급일: 0000/00/00 (뒤쪽)

유의사항	1. 토지이용계획확인서는 「토지이용규제 기본법」 제5조 각 호에 따른 지역·지구등의 지정 내용과 그 지역·지구등에서의 행위제한 내용, 그리고 같은 법 시행령 제9조제4항에서 정하는 사항을 확인해 드리는 것으로서 지역·지구·구역 등의 명칭을 쓰는 모든 것을 확인해 드리는 것은 아닙니다. 2. 「토지이용규제 기본법」 제8조제2항 단서에 따라 지형도면을 작성·고시하지 않는 경우로서 「철도안전법」 제45조에 따른 철도보호지구, 「학교보건법」 제5조에 따른 학교환경위생 정화구역 등과 같이 별도의 지정 절차 없이 법령 또는 자치법규에 따라 지역·지구등의 범위가 직접 지정되는 경우에는 그 지역·지구등의 지정 여부를 확인해 드리지 못할 수 있습니다. 3. 「토지이용규제 기본법」 제8조제3항 단서에 따라 지역·지구등의 지정 시 지형도면등의 고시가 곤란한 경우로서 「토지이용규제 기본법 시행령」 제7조제4항 각 호에 해당되는 경우에는 그 지형도면등의 고시 전에 해당 지역·지구등의 지정 여부를 확인해 드리지 못합니다. 4. "확인도면"은 해당 필지에 지정된 지역·지구등의 지정 여부를 확인하기 위한 참고 도면으로서 법적 효력이 없고, 측량이나 그 밖의 목적으로 사용할 수 없습니다. 5. 지역·지구등에서의 행위제한 내용은 신청인의 편의를 도모하기 위하여 관계 법령 및 자치법규에 규정된 내용을 그대로 제공해 드리는 것으로서 신청인이 신청한 경우에만 제공되며, 신청 토지에 대하여 제공된 행위제한 내용 외의 모든 개발행위가 법적으로 보장되는 것은 아닙니다.
지역·지구등에서의 행위제한 내용	※ 지역·지구등에서의 행위제한 내용은 신청인이 확인을 신청한 경우에만 기재되며, 「국토의 계획 및 이용에 관한 법률」에 따른 지구단위계획구역에 해당하는 경우에는 담당 과를 방문하여 토지이용과 관련한 계획을 별도로 확인하셔야 합니다.

제4절 토지거래업무처리규정

토지거래허가제에서는 실무에서는 토지거래업무처리규정이 적용이 되므로 이에 대한 이해가 선행되어야 토지거래허가를 수반하는 토지중개를 원활하게 수행할 수 있다.

제1장 총칙

제1조(목적) 이 규정은 「부동산 거래신고 등에 관한 법률」제4장, 같은 법 시행령 제4장 및 같은 법 시행규칙 제8조부터 제20조의2까지 규정에 따른 토지거래의 허가 등의 시행에 필요한 세부사항을 규정함으로써 토지거래계약허가 및 사후관리 업무의 효율적인 처리를 목적으로 한다.

제2장 허가구역의 지정

제1조의2(허가구역의 지정) ① 「부동산 거래신고 등에 관한 법률」(이하 "법"이라 한다) 제10조에 따라 시·도지사는 관할 시·도 안의 지역이 다음 각 호의 어느 하나에 해당하는 경우에는 즉시 당해 지역에 대하여 토지거래계약에 관한 허가구역(이하 "허가구역"이라 한다) 지정을 검토하여야 한다.

1. 특정 지역의 토지시장에 영향을 미칠 수 있는 개발계획의 수립(계획의 입안단계를 말한다) 또는 도시계획(도시기본계획 및 도시관리계획을 말한다)의 변경 등이 있는 경우
2. 국토의 계획 및 이용에 관한 법률 등 토지이용에 관한 법률에 따라 지정된 용도구역(군사시설보호구역, 상수원보호구역, 수산자원보호구역, 공원구역, 개발제한구역, 시가화조정구역 등)의 변경이나 해제 등 토지이용에 관한 규제가 완화되는 계획이 수립(계획의 입안단계를 말한다)되는 경우
3. 당해 시·군·구의 토지거래량 또는 지가가 급등하는 등 토지의 투기적 거래가 성행하거나 그러한 우려가 있는 경우

② 제1항 각 호의 어느 하나에 해당하는 지역이 1개 시·도 전체에 해당하는 경우에 해당 시·도지사는 의견을 첨부하여 국토교통부장관에게 허가구역 지정 검토를 요청하여야 한다.

③ 제1항 각 호의 어느 하나에 해당함에도 불구하고 허가구역의 지정이 없는 경우에 해당 시·도지사는 그 사유를 국토교통부장관에게 제출하여야 한다.

④ 시장·군수·구청장은 당해 시·군·구가 제1항 각 호의 어느 하나에 해당하는 경우에는 제1항제1호의 계획 등에 대한 내용과 그 영향 및 같은 법 시행규칙(이하 "규칙"이라 한다) 제20조제3호에 따른 조사결과를 시·도지사 및 국토교통부장관에게 제출하여야 한다.

제1조의3(용도지역 변경에 따른 허가구역의 추가 지정) ① 허가구역 지정기간 동안에 도시계획상 용도지역이 허가제의 적용 대상이 되는 용도지역으로 변경되는 경우에는 다음 각 호의 규정에 따라 즉시 허가구역으로 지정하여야 한다.

1. 용도지역 지정권자가 시·도지사인 경우에는 용도지역 변경과 동시에 허가구역으로 지정하여야 한다.
2. 용도지역 지정권자가 시장·군수·구청장인 경우에는 용도지역 변경과 동시에 시·도지사에게 허가구역 지정을 요청하여야 한다.

② 시·도지사가 제1항의 사유가 있음에도 불구하고 허가구역으로 지정하지 아니한 때에는 그 사유를 국토교통부장관에게 제출하여야 한다.

제3장 토지거래계약허가

제1절 허가대상

제2조(허가대상 거래계약) ① 법 제11조제1항의 규정에서 "대가를 받고 이전하거나 설정하는 경우"의 대가에는 금전에 한하지 아니하고, 물물교환·현물출자 등 금전으로 환산할 수 있는 대물적 변제, 채무인수, 채무면제, 무체재산권 및 영업권 등도 포함되며, 다음 각 호의 어느 하나에 해당하는 거래는 같은 항의 규정에 따른 허가대상이 된다.

1. 개인기업을 법인으로 전환함에 따라 개인기업의 토지를 법인에게 현물출자하는 경우
2. 「가등기담보 등에 관한 법률」에 따라 가등기담보를 목적으로 하는 매매예약 또는 채권담보를 목적으로 하는 대물변제 예약 등을 체결하는 경우
3. 매매예약 불이행으로 처분금지가처분결정과 소유권이전등기청구소송이 진행중인 토지를 선의의 제3자인 현재의 소유권자가 다른 사람에게 매도하고자 하는 경우
4. 집행력 있는 판결을 원인으로 하여 소유권이전등기를 하고자 하는 경우로서, 재판의 원인이 된 당초의 계약이 허가구역 지정 이후에 체결된 경우. 이 경우 매도인이 허가신청을 거부한 때에는 매수인(등기권리자) 단독으로 허가신청을 할 수 있다.
5. 환지방식으로 도시개발사업이 시행되는 도시개발구역(종전의 토지구획정리사업법에 따른 토지구획정리사업지구를 포함한다. 이하 같다) 안의 체비지를 공매입찰의 방법으로 낙찰받아 취득한 토지를 환지처분되기 전에 미등기상태에서 토지거래를 하는 경우
6. 법령에 따른 공공사업으로 인한 보상으로 토지에 관한 소유권 또는 지상권을 취득한 자가 그 권리를 이전하고자 하는 경우. 이 경우 그 권리의 등기 여부는 고려하지 아니한다.
7. 같은 법 시행령(이하 "영"이라 한다) 제11조제3항제4호부터 제9호까지 규정에 따라 허가제에 관한 규정을 적용받지 아니하고 토지 등을 공급받은 자가 그 권리를 타인에게 이전 하고자 하는 경우. 이 경우 그 권리의 등기여부는 고려하지 아니한다.
8. 삭제
9. 그 밖에 부담부 증여 등 사실상의 대가가 수반되는 경우

② 다음 각 호의 어느 하나에 해당하는 경우에는 법 제11조제1항의 규정에 따른 허가대상이 되지 아니한다.

1. 상속 등 대가가 없는 거래인 경우
2. 집행력 있는 판결에 의한 명의신탁 해지를 원인으로 소유권을 이전하는 경우
3. 점유로 인한 시효취득을 원인으로 민법상 화해조서에 의한 판결을 받아 소유권을 이전하는 경우
4. 매매예약의 가등기를 경료하고 본계약의 성립으로 볼 수 있는 예약완결의 의사표시일이 허가구역으로 지정되기 이전인 경우로서, 허가구역으로 지정된 이후에 당해 토지에 대한 본등기를 하는 경우

제3조(허가대상면적 등) ① 법 제11조제2항 및 제7항의 규정에 따른 토지거래계약허가대상면적은 다음 각 호의 기준에 따라 산정한다.

1. 도시지역안의 토지에 대하여는 용도지역을 기준으로 하고, 도시지역 밖의 토지에 대하여

는 지목을 기준으로 하되 지적공부상 지목과 현실지목이 다른 경우에는 현실지목을 기준으로 하여 산정한다. 이 경우 현실지목의 판단은 불법 형질변경 등 불법사항이 없는 정당한 이용상황에 따른다.

2. 허가구역으로 지정된 지역의 용도지역이 변경된 경우에는 허가구역 지정당시 공고내용 등에 특별한 규정이 없는 한 현재의 변경된 용도지역을 기준으로 허가대상면적을 산정한다.
3. 1필지의 토지가 도시지역 안에서 2 이상의 용도지역에 속하여 있거나 도시지역 밖에서 2 이상의 현실지목으로 되어 있을 때에는 각각 가장 큰 면적을 기준으로 허가대상인지의 여부를 판단하되, 작은 면적이라도 그 면적이 허가대상인 경우에는 1필지 전체를 허가대상으로 한다.
4. 도시개발사업 중 환지방식에 의한 사업(종전의 토지구획정리사업법에 의한 토지구획정리사업을 포함한다)이 시행중인 토지를 거래하는 경우로서 당해 토지의 환지예정지가 지정된 때에는 그 면적을 기준으로 하고, 환지예정지가 지정되지 아니한 때에는 종전의 토지면적을 기준으로 허가대상 여부를 판단한다.
5. 허가구역에서 「집합건물의 소유 및 관리에 관한 법률」의 규정에 따라 건물의 구분소유를 위한 대지사용권을 이전하고자 할 때의 허가대상 여부는 영 제9조제3항의 규정에 따르되, 그 지분(대지사용권) 면적은 토지의 공유지분으로 보아 산정한다.

제4조(일단의 토지거래) ① 영 제9조제2항에서 "일단(一團)의 토지"란 동일인의 소유로서 서로 인접하여 하나의 용도에 이용될 수 있는 토지를 말한다.

② 영 제9조제2항의 규정에 따른 "일단의 토지"의 거래에 해당하는지 여부는 다음 각 호의 기준에 따라 판단한다.

1. 여러 필지의 토지소유자가 각각의 필지를 각각 다른 사람과 거래하는 경우에는 각각의 필지별로 허가대상면적 여부를 판단한다.
2. 공유지의 거래는 지분으로 허가대상면적 여부를 판단하되, 공유자 2인 이상이 그 지분토지를 동일인과 거래하는 경우에는 거래지분 면적을 합산하여 허가대상면적 여부를 판단한다.
3. 부부·가족 등 세대 구성원이 토지를 취득하는 경우에는 동일인이 일단의 토지를 거래하는 경우와 동일한 방법으로 허가대상면적 여부를 판단하되, 세대가 분리되었으나 독립하여 생계를 유지하지 못하는 경우에는 현실적으로 생계를 같이하는 세대주를 기준으로 판단한다.

제5조(토지의 분할거래) ① 영 제9조제3항에서 "분할된 토지"란 허가구역 지정 후 허가면적 이하로 분할되거나 공유지분이 형성된 각각의 토지를 말하며, 공유지분별 면적은 전체토지면적에 지분의 비율을 곱하여 계산한다. 이 경우 2인 이상이 공동으로 토지를 취득하는 경우에는 각자가 동일 공유지분으로 토지를 취득하는 것으로 본다.

② 영 제9조제3항에서 "분할 후 최초의 거래"란 분할한 토지들을 각각 다른 사람과 거래하는 경우를 말한다.

③ 허가대상면적의 토지가 허가구역인 당시에 허가대상면적 미만으로 분할되거나 공유지분이 형성되어 증여된 경우로서 그 토지를 증여받은 자가 최초에 거래하는 때에는 제2항의 규정에 따라 허가를 받아야 하며, 증여 후 남은 토지가 허가대상면적이 아니라 하더라도 최초에 거래하는 경우에는 각각 허가대상이 된다.

제2절 허가기준

제6조(자기의 거주용 주택용지) ① 다음 각 호의 어느 하나에 해당하는 경우(예시)에는 법 제12조제1호가목의 규정에 따른 자기의 거주용 주택용지의 취득 허가기준에 적합한 것으로 보며, "자기의 거주용 주택용지"는 자기와 가족의 생활근거인 건축물로서 건축법령의 규정에 따른 주택을 소유하기 위한 토지를 말한다.

1. 허가구역이 속한 시(특별시 및 광역시를 포함한다. 이하 같다)·군과 그와 연접한 시·군에 거주하는 무주택 세대주로서 자기의 거주용 주택용지를 취득하는 경우
2. 허가구역이 속한 시·군과 그와 연접한 시·군에 거주하지 아니하는 매수자로서 무주택 세대주인 경우 또는 이미 주택을 소유하고 있는 경우에는 당해 지역에 거주하여야 할 사유 또는 자기거주용 토지 또는 주택을 추가적으로 취득하여야 하는 사유를 구체적이고 객관적으로 소명한 경우
3. 허가구역이 속한 시·군과 그와 연접한 시·군에 거주하는 매수자로서 이미 주택을 소유하고 있는 경우에는 제2호의 소명외에 기존 주택의 처리(매매·임대 등)계획서를 제출하는 경우

② 자기거주용이 아닌 경우 등 실수요가 아닌 것이 분명한 경우에는 허가기준에 적합하지 아니한 것으로 본다.

제7조(복지 또는 편익을 위한 시설의 설치) ① 법 제12조제1호나목에서 "허가구역을 포함한 지역의 주민을 위한 복지시설 또는 편익시설"이란 건축법령 등 관련규정에서 정한 근린생활시설·의료시설·교육연구 및 복지시설·운동시설·문화 및 집회시설 그 밖에 이와 유사한 시설을 말한다.

② 다음 각 호의 어느 하나에 해당하는 경우(예시)에는 "복지시설 또는 편익시설"의 설치를 위한 토지취득허가기준에 적합한 것으로 본다.

1. 근린생활시설을 설치하고자 하는 경우 당해 근린생활시설이 허가구역을 포함한 지역의 주민을 위한 복지시설 또는 편익시설로서 관할 시장·군수 또는 구청장이 확인한 경우. 이 경우 매수자의 거주지를 제한하지 아니한다.
2. 종중이 종원의 친목이나 종중 본래의 조직을 유지하기 위하여 건축물을 소유하거나 신축할 목적으로 토지를 취득하고자 하는 경우로서 관할 시장·군수 또는 구청장이 당해 건축물 등을 근린생활시설로 확인한 경우
3. 종교단체가 포교 등 단체 본래의 목적에 이용하기 위한 시설물의 소유나 설치를 위하여 토지를 취득하는 경우로서 관할 시장·군수 또는 구청장이 당해 시설을 허가구역을 포함한 지역의 주민을 위한 복지시설 또는 편익시설로 확인한 경우
4. 제1호부터 제3호까지의 시설 등을 설치하고자 하는 경우 당해 시설이 허가구역을 포함한 지역의 주민을 위한 복지시설 또는 편익시설이고 관계법령상 토지이용개발행위가 가능하며 당해 토지이용계획상 적합한 것으로 인정되는 경우. 이 경우 개발행위허가 등의 선행 여부를 불문한다.

제8조(농업·축산업·임업 등의 영위) ① 법 제12조제1호다목의 규정에서 "농업·축산업·임업 또는 어업을 경영하기 위하여 필요한 것"이란 직접 농업·축산업·임업 또는 어업목적에 이용되는 토지와 축사·우마사·퇴비사·잠실·싸이로·창고·관리용 건축물·담배건조실·양어장 및 그 부대시설·임시가설건축물 그 밖에 이와 유사한 시설용 토지로서 관계법령 및 토지이용

계획 등에 따라 당해 토지의 이용 및 시설물의 설치가 가능한 토지를 말한다.
② 법 제20조제1항의 규정에 따른 토지거래계약허가시 농지취득자격증명 확인절차는 다음 각 호에 따른다.
1. 당해 토지가 농지인 경우 토지거래계약허가신청서에 규칙 제9조제2항제1호의 규정에 따른 농업경영계획서가 첨부되어 있는지를 확인하고, 농지관리부서(농지취득자격증명발급부서: 토지소재지 시·구·읍·면)에 당해 계획서 사본을 첨부하여 농지취득자격증명 발급요건 적합 여부의 확인을 요청한다.
2. 농지취득자격증명 발급요건에 적합한지 여부에 대한 결과를 통보받은 토지거래계약허가부서는 토지거래계약허가 또는 불허가처분을 한 후 지체없이 그 처분결과를 농지관리부서에 통보한다.
3. 농지취득자격증명 발급요건 심사는 「농지취득자격증명발급심사요령(농림축산식품부 예규)」에 따르되, 농지법 제2조제5호의 규정에 따른 "자경"을 기준으로 심사한다.
③ 주말농장이나 체험영농, 휴경을 위한 토지는 규칙 제13조의 규정에 따른 "농업의 영위"를 위한 토지이용목적에 부적합한 것으로 본다.
④ 영 제10조제1항제2호 및 제3호에서 "30킬로미터" 및 "80킬로미터"란 직선거리를 말한다.
⑤ 학교·연구기관 등이 실험·실습·연구용으로 농지를 취득하고자 하는 경우에는 「농지법」 등 관계법령에 따른 관계행정기관의 승인·확인 등을 얻은 경우에 토지이용목적이 적합한 것으로 본다.
⑥ 규칙 제11조제1항제3호에 따른 산림경영계획은 별지 제1호 서식에 따르며, 산림경영관련부서의 협조를 받아 자영요건 충족여부와 그 현실성 및 타당성을 심사하고 그러한 요건을 충족한 경우 토지이용목적에 적합한 것으로 본다. 다만, 산림경영관련법령에서 정한 별도의 서식이 있고, 허가신청자가 필요에 따라 이를 발급받은 경우에는 산림경영계획서에 갈음할 수 있다.
⑦ 삭제
⑧ 규칙 제13조제1항제1호 및 제2호의 거주요건은 당해 행정구역에 주민등록이 되어 있을 뿐만 아니라 실제로 당해지역에 거주하는 경우를 의미하므로, 실거주요건 판단 시 주민등록 외에 다음 각 호의 어느 하나와 같이 실제 거주를 위한 여건이 갖추어져 있는지를 확인하여야 한다.
1. 자기거주용 주택의 매매계약서
2. 전세권 등 주택사용권의 등기 여부
3. 「주택임대차보호법」에 따른 확정일자를 부여받은 임대차계약서
4. 그 밖에 허가권자가 실제 거주여부를 확인할 수 있는 증명서
⑨ 농업·임업·축산업 경영을 위하여 토지를 공동 취득하거나 공유지분으로 취득하는 경우에는 다음 각 호의 사유를 제외하고는 취득목적에 부적합한 것으로 본다.
1. 규칙 제13조에 따른 농업법인을 구성하여 이용하는 경우
2. 규칙 제13조의 자격을 갖춘 개인들이 실질적 공동경영을 위하여 공유지분을 취득하는 경우
3. 허가구역 지정 이전부터 지분 구성된 공유토지 전체를 경영하던 자가 그 지분과 함께 전체 토지 이용에 관한 권리를 이전하는 경우

⑩ 영 제10조제1항제1호의 "농업인등"이 각각 취득할 수 있는 토지는 농업인의 경우는 농업경영용, 임업인의 경우는 임업경영용, 어업인의 경우는 어업경영용 토지에 한한다.

⑪ 영 제10조제1항에서 명시하고 있는 농업인은 다음 각 호 중 어느 하나에 해당하여야 한다.

1. 1천제곱미터 이상의 농지(「농어촌정비법」제98조에 따라 비농업인이 분양받거나 임대받은 농어촌 주택 등에 부속된 농지는 제외한다)를 경영하거나 경작하는 자
2. 농업경영을 통한 농산물의 연간판매액이 120만원 이상인 자
3. 토지거래 허가신청일을 기점으로 지나간 12개월중 90일 이상 농업에 종사한 자

⑫ 종중 등이 법 제12조제1호다목에 따른 영림목적으로 임야를 취득하고자 할 때에는 그 토지의 이용목적에 부적합한 것으로 본다.

제9조(토지이용상 적합한 사업 등) ① 다음 각 호의 어느 하나에 해당하는 경우(예시)에는 법 제12조제1호마목에 따른 "관계 법률에 따라 지정된 지역·지구·구역 등의 지정목적에 적합하다고 인정되는 사업"을 위한 토지취득허가기준에 적합한 것으로 본다.

1. 대지조성·주택건설·산업용지조성 또는 공장건설을 위하여 토지를 취득하는 경우에는 관계법령에 따라 그 사업의 시행이나 입지 등에 관하여 관계 행정기관의 장이 허가·승인·지정·확인·추천 등을 하거나 시행하고자 하는 사업이 그 지역의 건전한 발전을 위하여 필요하고 관계 법령이나 토지이용계획상 적절하다고 인정하는 경우
2. 제1호에 규정된 목적외의 목적으로 토지를 취득하는 경우에는 관계법령에 따라 그 사업시행에 관하여 일정한 자격을 가진 자가 매입하는 경우 또는 사업의 시행이나 입지 등에 관하여 관계 행정기관의 장이 허가·승인·지정·확인·추천 등을 하거나 시행하고자 하는 사업이 그 지역의 건전한 발전을 위하여 필요하고 관계 법령이나 토지이용계획상 적절하다고 인정하는 경우
3. 허가구역을 포함한 지역의 건전한 발전을 위하여 필요하고 당해 허가구역의 토지이용상 적절하다고 인정되는 사업을 시행하거나 시행하고자 하는 자가 그 사업에 이용하기 위하여 토지를 취득하는 경우. 이 경우 사업시행자의 거주지는 허가심사요건에 포함되지 아니하며, 당해 지역에 택지개발사업 또는 산업단지개발사업 등의 시행자가 따로 있는 경우에는 그 사업과 관계있는 행정기관의 장과 사업시행자의 의견을 들어 허가여부를 결정하여야 한다.

② 기반시설이 정비되지 아니한 지역에서의 토지거래는 다음 각 호에 따라 처리한다.

1. 도로, 상·하수도 등 기반시설이 정비되어 있지 아니한 지역에서 공동주택이나 다중이용시설로서 관계법령이나 규정 등에 따라 도로, 상·하수도 등 기반시설의 설치가 필요한 시설물·건축물의 건설을 목적으로 토지를 취득하고자 하는 경우에는 사실상 당해 시설물·건축물의 설치가 불가능하므로 그 토지의 이용목적에 부적합한 것으로 본다. 다만, 당해 시설물·건축물을 건설하고자 하는 자가 건설과 병행하여 기반시설을 설치하여 기부채납하는 경우에는 그 토지의 이용목적에 적합한 것으로 본다.
2. 도시관리계획상 유원지시설로 결정고시된 지역에서 사업을 시행할 수 있는 자가 관계 행정기관의 유원지조성계획 그 밖의 도시계획시설계획에 부합되게 유원지 시설물을 설치하기 위하여 사업부지를 취득하고자 하는 경우에는 그 토지의 이용목적에 적합한 것으로 본다.

3. 제1호 및 제2호의 경우 관계 행정기관의 장이 당해 사업이 그 지역의 건전한 발전을 위하여 필요하고 관계 법령이나 토지이용계획상 적절하다고 인정하는 경우에는 사업계획 승인·개발행위 허가 등이 선행되지 않더라도 그 토지의 이용목적에 적합한 것으로 본다. 다만, 농지 또는 임야의 경우에는 「농지법」 또는 「산지관리법」 등 관계법령에 따른 전용허가 또는 전용 신고를 완료하거나 전용허가 또는 전용신고 요건에 적합한 것으로 확인된 경우로서 관계법령의 규정에 따라 취득자가 당해 토지를 전용하여 이용할 수 있는 경우가 아니면 그 토지의 이용목적이 토지의 이용 및 관리에 관한 계획에 부적합한 것으로 본다.

③ 묘지이장 또는 묘지설치의 목적으로 임야 등을 취득하고자 하는 경우에는 「산지관리법」 및 「장사 등에 관한 법률」 등에서 허용하는 범위 안에서 그 토지의 이용목적에 적합한 것으로 볼 수 있다. 이 경우 당해 토지취득자의 거주지는 허가심사요건에 포함되지 아니한다.

④ 삭제

제10조(기존의 사업시행자) 법 제12조제1호바목 전단에서 "그 구역"이란 허가구역이 속한 시·군과 그와 연접한 시·군을 말하며, "사업과 밀접한 관련이 있는 사업"이라 함은 원료의 제공, 제품의 사용·판매시설, 연구시설 및 그 부대시설 등의 사업을 말한다.

제11조(일상생활 및 통상적인 경제활동) ① 법 제12조제1호사목에 따른 "허가구역이 속한 특별시·광역시·특별자치시·시 또는 군에 거주하고 있는 자"란 협의 또는 수용당시 그 토지가 소재하는 시·군에 거주하는 자를 말한다.

② 영 제10조제2항제1호에서 "그 허가구역"이란 그 토지가 소재한 시·군과 그와 연접한 시·군을 말한다.

③ 영 제10조제2항제2호에서 "현상보존"이란 취득 당시의 토지현상대로 계속하여 보존·유지하는 것을 말하며, 개발행위나 물건의 적치·보관 또는 토석·오물 등의 투기를 목적으로 이용하고자 하는 경우를 제외한다.

④ 영 제10조제2항제2호에 따라 농지 또는 임야를 현상보존의 목적으로 취득하는 경우에는 결과적으로 영농이나 영림으로 보아야 할 것이므로 농업 또는 임업목적의 토지거래계약허가기준에 적합하여야 한다.

⑤ 공공시설에 편입된 토지가 도시개발구역·정비구역 또는 택지개발예정지구 등 관계법령에 따른 공공개발 예정지구내에 위치하고 당해 사업의 개발계획이 확정 고시된 토지는 규칙 제13조제2항제3호에 따른 사용·수익이 제한되는 토지로 보지 아니한다.

⑥ 종중이 법 제12조제1호사목 및 영 제10조제2항제1호에 따라 대체되는 임야를 취득하고자 할 때에는 그 토지의 이용목적에 적합한 것으로 본다.

제12조(토지의 이용 및 관리에 관한 계획에 적합하지 아니한 경우) ① 법 제12조제2호가목에서 "토지의 이용 및 관리에 관한 계획"이란 관계법령에서 정한 절차에 따라 수립되어 일정지역의 토지이용을 촉진하거나 규제하고 있는 계획을 말하며, 명칭 여하에 불구하고 그 실질적 내용에 따라 판단한다.

② 법 제12조제2호가목에서 "토지의 이용 및 관리에 관한 계획에 맞지 아니한 경우"란 토지의 이용목적이 각종 토지의 이용 및 관리에 관한 계획상 지정된 용도지역 등의 행위허가 기준이나 이용촉진 또는 규제하는 내용에 어긋나는 경우를 말한다.

③ 법 제12조제2호가목의 규정에 해당하는지 여부는 다음 각 호의 기준에 따라 판단한다.

1. 무허가건물이 위치한 토지를 취득하고자 하는 경우에는 그 토지의 이용상황을 적법한 상태로 전환할 수 있고 토지이용목적이 토지의 이용 및 관리에 관한 계획에 적합할 때에는 이를 허가할 수 있다.
2. 취득하고자 하는 토지의 이용목적이 토지의 이용 및 관리에 관한 계획에 적합한 경우에는 토지거래계약허가신청 전에 개발행위허가·토지전용허가 등 관계법령에 따른 허가 등이 반드시 전제되어야 하는 것은 아니다. 다만, 농지 또는 임야의 경우에는 「농지법」 또는 「산지관리법」 등 관계법령에 따른 전용허가 또는 전용신고를 완료하거나 전용허가 또는 전용신고 요건에 적합한 것으로 확인된 경우로서 관계법령의 규정에 따라 취득자가 당해 토지를 전용하여 이용할 수 있는 경우가 아니면 그 토지의 이용목적이 토지의 이용 및 관리에 관한 계획에 부적합한 것으로 본다.
3. 도시계획시설결정이 고시된 학교용지를 취득하고자 하는 경우 법상 학교시설결정시 교육과정별(초등학교·중학교·고등학교 등)로 결정고시하므로 당초 결정고시된 학교와 교육과정이 다른 학교를 설립할 목적으로 학교시설용지를 취득하기 위하여는 도시관리계획변경이 선행되어야 하며, 도시관리계획이 변경되지 아니한 상태에서 교육과정이 다른 학교를 설립하기 위하여 당해 학교시설용지를 취득하고자 할 때에는 그 토지의 이용 및 관리에 관한 계획에 부적합한 것으로 본다.

제13조(자연환경보전 등에 적합하지 아니한 경우) 법 제12조제2호나목에서 "생태계의 보전과 주민의 건전한 생활환경 보호에 중대한 위해(危害)를 끼칠 우려가 있는 경우"란 다음 각 호의 어느 하나에 해당하는 경우를 말한다. 이 경우 주변지역의 면적·인구 및 자연상태, 토지의 용도, 자연환경에 대한 영향의 정도 등을 충분히 고려하여 합리적으로 판단하여야 한다.

1. 토지의 이용목적·면적으로 보아 주변의 자연환경을 훼손하거나 장래 훼손할 우려가 있는 경우
2. 주변지역의 토지이용현황, 주위환경, 도로, 교통현황 및 지세 등 제반 여건상 적정하고 합리적인 토지이용을 도모하는데 현저히 지장이 있는 경우

제14조(면적) ① 법 제12조제3호에서 "그 면적이 그 토지의 이용목적으로 보아 적합하지 아니하다고 인정되는 경우"란 다음 각 호의 어느 하나에 해당하는 경우를 말한다.

1. 삭제
2. 공장건축물 부속토지는 「지방세법시행규칙」 별표 3에 규정된 공장입지기준면적을 초과하는 경우
3. 공장 외의 건축물 또는 공작물 부속토지는 관계법령에 따라 허가·승인·등록 등을 얻었거나 얻을 수 있다고 판단되는 범위를 초과하는 경우
4. 그 밖에 임야 등의 토지는 시행하고자 하는 사업에 적합하다고 판단되는 면적을 초과하는 경우

② 제1항의 규정에 따른 면적을 산정함에 있어 관계법령에 따라 사업 계획승인 등을 받은 경우에는 그 승인된 면적을 적정면적으로 볼 수 있으며, 1필지의 토지 중 일부만이 사업부지로 편입되고 잔여지가 남는 경우 잔여부분만으로는 종래의 목적대로 이용하기 곤란하고 이를 구분하여 거래 하는 것이 관행상 곤란한 경우에는 사업시행자가 당해 1필지의 토지 전체를 취득하는 경우에는 전체면적을 적정면적으로 본다.

제3절 토지의 이용의무

제14조의2(이용의무) ① 토지의 이용의무는 원칙적으로 토지를 취득한 날부터 발생한다.

② 법 제17조에 따라 허가받은 목적대로의 이용은 허가받은 자가 직접 이용하는 것을 의미한다.

③ 토지의 개발·이용계획 중 착수일은 가급적 토지취득일에 근접하여야 하며, 불가피한 경우에는 그 사유를 구체적으로 개발·이용계획에 명시하여 당해 사유가 소멸되는 즉시 착수하도록 착수일을 정하여야 한다.

④ 규칙 제11조제2항에서 "2년"이란 제3항의 규정에 따른 불가피한 사유로 인하여 토지이용계획의 착수일을 연기할 수 있는 최대 기한을 말하며, 토지이용의무자가 2년의 범위내에서 착수일을 자유로이 정하거나 2년내에만 착수하면 이용계획에 적합하다는 의미는 아니다.

⑤ 착수일이 관계법령에 따른 허가·인가·승인 등의 기간을 제외하고 토지취득일부터 2년을 경과하거나 구체적으로 특정할 수 없다고 판단되는 경우에는 토지이용계획이 부적합한 것으로 본다.

⑥ 토지이용목적을 이행할 수 없는 불가피한 사유를 구체적·객관적으로 소명하지 못하고 허가받은 목적과 다르게 당해 토지를 이용하거나 이용에 착수하지 아니하고 방치하는 경우에는 당초부터 당해 토지를 이용할 목적이 없이 전매 등을 목적으로 사위 그 밖의 부정한 방법으로 토지거래허가를 받았는지 여부를 검토하고, 그 결과에 따라 필요한 조치를 취하여야 한다.

⑦ 영 제14조제2항제2호 단서에서 "분양"은 「건축물의 분양에 관한 법률」제2조제2호의 정의를 따른다. 그 외에, 분양의 시기나 방법에 관하여 관계법령에서 정한 바가 있다면 그에 따르도록 하며, 지상물이 건축물이 아닌 경우에는 건축물의 경우에 준하여 처리한다.

⑧ 영 제14조제1항제8호에서 "허가받은 목적대로 이용하는 것이 불가능한 경우"란 다음 각 호의 어느 하나에 해당하는 경우를 말한다.

1. 「공익사업을 위한 토지 등의 취득 및 보상에 관한 법률」그 밖의 법령에 따른 공익사업에 편입된 경우
2. 법 제12조제1호가목의 목적으로 허가를 받았으나, 본인을 포함한 세대원 전원이 이주하여 시(특별시·광역시 포함) 또는 군(광역시의 군 포함)을 달리하는 지역으로 근무지 이전 또는 사업장 이전 등을 통해 생활의 근거를 달리하게 되는 경우
3. 법 제12조제1호다목의 목적으로 허가를 받았으나, 사고 또는 질병으로 인하여 계속하여 3월 이상의 입원치료가 필요한 경우
4. 영 제10조제2항제1호에 따라 대체토지를 취득하기 위하여 허가를 받았으나, 제1호부터 제3호까지에 준하는 사유로 목적에 따른 이용이 불가능한 경우
5. 지적도와 불일치하는 부분의 토지를 교환하는 경우
6. 이혼으로 인한 재산분할로 인하여 이용의무 이행이 불가능한 경우
7. 상속을 받은 자가 직업형편 등의 사유로 이용의무 이행이 불가능한 경우

⑨ 영 제14조제1항제11호에서 "시·군·구 도시계획위원회에서 인정한 경우"란 다음 각 호의 어느 하나에 해당하는 경우를 말한다.

1. 법 제12조제1호 각목의 목적으로 허가를 받았으나 과다 채무로 파산위기에 몰린 기업 또는 개인으로서 그 사유를 구체적이고 객관적으로 소명한 경우. 이 경우 시·군·구 도시계획위원회는 필요한 범위에서 변호사·회계사 등 전문가에게 자문할 수 있고, 소명자에게 필요한 서류의 제출을 요청할 수 있다.
2. 천재지변 또는 재난으로 인하여 토지를 허가목적대로 이용할 수 없는 경우
3. 그 밖에 제1호 및 제2호에 준하는 사유로 불가피하게 이용의무를 다하지 못하는 경우

제15조(이용목적 변경) ① 영 제14조제1항제3호에 따라 당초의 이용목적을 변경하는 경우에는 규칙 제11조제1항 각 호의 사항이 기재된 토지이용계획서를 다시 제출받고 허가기준 충족 여부를 판단하여야 한다. 이 경우 농지 또는 임야를 농업 또는 임업경영이 아닌 다른 목적으로 변경하고자 하는 때에는 「농지법」 또는 「산지관리법」에 따른 전용허가 또는 전용신고를 완료하거나 전용허가 또는 전용신고 요건에 적합한 것으로 확인된 경우로서 관계법령의 규정에 따라 취득자가 당해 토지를 전용하여 이용할 수 있는 경우여야 한다.

② 제1항의 토지이용계획서에 포함될 토지의 개발·이용계획 중 착수일은 목적변경 승인일이 아니라 당초 토지를 취득한 날부터 2년을 초과하여서는 아니된다. 다만, 토지소유자가 당초 이용목적을 위반하여 법 제18조제2항에 따라 이행강제금을 납부한 자로서 이용목적 변경 승인을 얻은 경우에는 신규 이용목적에 따른 착수일은 이행강제금을 납부한 날부터 2년을 초과하지 아니하는 범위 안에서 정한다.

③ 허가를 받아 취득한 토지에 대하여는 이용목적변경을 위한 절차가 완료되지 아니하면 당초의 이용목적·이용계획과 다른 개발·전용행위의 인·허가 등이 불가능하므로, 개발·전용행위와 관련된 인·허가신청 등이 있는 경우에는 당해 토지의 이용목적변경 가능 여부를 사전에 검토하여야 한다.

④ 영 제14조제1항의 토지이용목적의 변경 승인은 토지를 취득한 이후에 가능하다. 다만, 취득 후 상당 기간이 경과하지 아니한 때 이용목적을 변경하고자 하는 경우에는 당초 이용목적의 허위여부, 이용목적변경 사유의 적정성 등에 대한 검토가 선행되어야 하며, 영 제16조제1항에 따른 이행명령을 받은 경우에는 본인의 귀책사유가 아닌 사유로 이행명령을 이행할 수 없는 경우에만 이용목적변경을 승인할 수 있다.

⑤ 영 제14조제1항제3호에 따라 시·군·구에서 당초 허가목적과 다른 개발·전용 행위 등과 관련된 인·허가 사항을 처리함에 있어 허가권자에게 토지거래계약허가의 이용목적 변경승인에 대한 협의를 해올 경우 다음 각 호에 따라 처리한다.
1. 법 제12조에 따른 허가기준을 준용하여 처리하여야 한다.
2. 사업부서 등에서 협의가 있을 경우에는 민원인의 편의증진을 위한 원스톱서비스 차원에서 허가권자는 즉시 의견을 회신하여야 한다.

제 2 강 농지 및 산지 중개실무 등

Part 02

제1절 농지법의 주요내용

1 용어의 정의

1. 농지

(1) 농지의 개념

농지란 다음의 어느 하나에 해당하는 토지를 말한다.

1) 전·답, 과수원 그 밖에 법적 지목을 불문하고 실제로 농작물 경작지 또는 다음의 다년생식물 재배지로 이용되는 토지. 다만, 「초지법」에 따라 조성된 초지 등 대통령령으로 정하는 토지는 제외한다.
   ① 목초·종묘·인삼·약초·잔디 및 조림용 묘목
   ② 과수·뽕나무·유실수 그 밖의 생육기간이 2년 이상인 식용 또는 약용으로 이용되는 식물
   ③ 조경 또는 관상용 수목과 그 묘목(조경목적으로 식재한 것을 제외한다)

2) 위 ㉠의 토지의 개량시설과 1)의 토지에 설치하는 농축산물 생산시설로서 아래에 정하는 시설의 부지
   ① 토지의 개량시설로서 다음의 어느 하나에 해당하는 시설
      ㉠ 유지(웅덩이), 양·배수시설, 수로, 농로, 제방
      ㉡ 그 밖의 농지의 보전이나 이용에 필요한 시설로서 농림축산식품부령으로 정하는 시설
   ② 토지에 설치하는 농축산물 생산시설로서 농작물 경작지 또는 다년생식물의 재배지에 설치한 다음의 어느 하나에 해당하는 시설
      ㉠ 고정식온실·버섯재배사 및 비닐하우스와 농림축산식품부령으로 정하는 그 부속시설
      ㉡ 축사·곤충사육사와 농림축산식품부령으로 정하는 그 부속시설
      ㉢ 간이퇴비장
      ㉣ 농막·간이저온저장고 및 간이액비저장조 중 농림축산식품부령으로 정하는 시설

(2) 농지에서 제외

① 「공간정보의 구축 및 관리 등에 관한 법률」에 따른 지목이 전·답, 과수원이 아닌 토지(지목이 임야인 토지는 제외한다)로서 농작물 경작지 또는 다년생식물 재배지로 계속하여 이용되는 기간이 3년 미만인 토지

② 「공간정보의 구축 및 관리 등에 관한 법률「에 따른 지목이 임야인 토지로서 「산지관리법」에 따른 산지전용허가(다른 법률에 따라 산지전용허가가 의제되는 인가·허가·

승인 등을 포함한다)를 거치지 아니하고 농작물의 경작 또는 다년생식물의 재배에 이용되는 토지

③ 「초지법」에 따라 조성된 초지

2. 농업인

농업에 종사하는 개인으로서 다음에 해당하는 자를 말한다.

① 1, 000㎡ 이상의 농지에서 농작물 또는 다년생식물을 경작 또는 재배하거나 1년 중 90일 이상 농업에 종사하는 자

② 농지에 330㎡ 이상의 고정식온실·버섯재배사·비닐하우스 그 밖의 농림축산식품부령으로 정하는 농업생산에 필요한 시설을 설치하여 농작물 또는 다년생식물을 경작 또는 재배하는 자

③ 대가축 2두, 중가축 10두, 소가축 100두, 가금(집에서 기르는 날짐승) 1천 수 또는 꿀벌 10군 이상을 사육하거나 1년 중 120일 이상 축산업에 종사하는 자

④ 농업경영을 통한 농산물의 연간 판매액이 120만원 이상인 자

3. 농업법인

「농어업경영체 육성 및 지원에 관한 법률」에 따라 설립된 영농조합법인과 같은 법에 따라 설립되고 업무집행권을 가진 자 중 3분의 1 이상이 농업인인 농업회사법인을 말한다.

4. 농업경영

농업인이나 농업법인이 자기의 계산과 책임으로 농업을 영위하는 것을 말한다.

5. 자경

농업인이 그 소유농지에서 농작물 경작 또는 다년생식물 재배에 상시 종사하거나 농작업의 2분의 1 이상을 자기의 노동력으로 경작 또는 재배하는 것과 농업법인이 그 소유농지에서 농작물을 경작하거나 다년생식물을 재배하는 것을 말한다.

6. 위탁경영

농지소유자가 타인에게 일정한 보수를 지급하기로 약정하고 농작업의 전부 또는 일부를 위탁하여 행하는 농업경영을 말한다.

7. 농지의 전용

농지를 농작물의 경작이나 다년생식물의 재배 등 농업생산 또는 농지개량 외의 용도로 사용하는 것을 말한다. 다만, 위 1. (1) 1)에서 정한 용도로 사용하는 경우에는 전용으로 보지 아니한다.

8. 주말·체험영농

농업인이 아닌 개인이 주말 등을 이용하여 취미생활이나 여가활동으로 농작물을 경작하거나 다년생식물을 재배하는 것을 말한다.

2 농지취득자격증명

1. 농지취득자격증명의 발급

① 농지를 취득하려는 자는 농지 소재지를 관할하는 시장(구를 두지 아니한 시의 시장을 말하며, 도농 복합 형태의 시는 농지 소재지가 동지역인 경우만을 말한다), 구청장(도농 복합 형태의 시의 구에서는 농지 소재지가 동지역인 경우만을 말한다), 읍장 또는 면장(이하 "시·구·읍·면의 장"이라 한다)에게서 농지취득자격증명을 발급받아야 한다. 다만, 다음 각 호의 어느 하나에 해당하면 농지취득자격증명을 발급받지 아니하고 농지를 취득할 수 있다.

1. 국가나 지방자치단체가 농지를 소유하는 경우
2. 상속[상속인에게 한 유증(遺贈)을 포함한다]으로 농지를 취득하여 소유하는 경우
3. 담보농지를 취득하여 소유하는 경우(「자산유동화에 관한 법률」에 따른 유동화전문회사 등이 저당권자로부터 농지를 취득하는 경우를 포함한다)
4. 농지전용협의를 마친 농지를 소유하는 경우
5. 다음의 어느 하나에 해당하는 경우
   ① 「한국농어촌공사 및 농지관리기금법」에 따라 한국농어촌공사가 농지를 취득하여 소유하는 경우
   ② 「농어촌정비법」 규정에 따라 농지를 취득하여 소유하는 경우
   ③ 「공유수면 매립법」에 따라 매립농지를 취득하여 소유하는 경우
   ④ 토지수용으로 농지를 취득하여 소유하는 경우
   ⑤ 농림축산식품부장관과 협의를 마치고 「공익사업을 위한 토지 등의 취득 및 보상에 관한 법률」에 따라 농지를 취득하여 소유하는 경우
6. 농업법인의 합병으로 농지를 취득하는 경우
7. 공유농지의 분할이나 그 밖에 대통령령으로 정하는 원인으로 농지를 취득하는 경우

② 제1항에 따른 농지취득자격증명을 발급받으려는 자는 다음 각 호의 사항이 모두 포함된 농업경영계획서 또는 주말·체험영농계획서를 작성하고 농림축산식품부령으로 정하는 서류를 첨부하여 농지 소재지를 관할하는 시·구·읍·면의 장에게 발급신청을 하여야 한다. 다만, 제6조제2항제2호·제7호·제9호·제9호의2 또는 제10호바목에 따라 농지를 취득하는 자는 농업경영계획서를 작성하지 아니하고 발급신청을 할 수 있다. <개정 2021. 8. 17.시행 2022.5.18.>

1. 취득 대상 농지의 면적(공유로 취득하려는 경우 공유 지분의 비율 및 각자가 취득하려는 농지의 위치도 함께 표시한다)
2. 취득 대상 농지에서 농업경영을 하는 데에 필요한 노동력 및 농업 기계·장비·시설의 확보 방안
3. 소유 농지의 이용 실태(농지 소유자에게만 해당한다)
4. 농지취득자격증명을 발급받으려는 자의 직업·영농경력·영농거리

2. 농업경영계획서 작성의무 면제

1. 「초·중등교육법」 및 「고등교육법」에 따른 학교, 농림축산식품부령으로 정하는 공공단체·농업연구기관·농업생산자단체 또는 종묘나 그 밖의 농업 기자재 생산자가 그 목적사업을 수행하기 위하여 필요한 시험지·연구지·실습지·종묘생산지 또는 과수 인공수분용 꽃가루 생산지로 쓰기 위하여 농림축산식품부령으로 정하는 바에 따라 농지를 취득하여 소유하는 경우
2. 농지전용허가[다른 법률에 따라 농지전용허가가 의제(擬制)되는 인가·허가·승인 등을 포함한다]를 받거나 농지전용신고를 한 자가 그 농지를 소유하는 경우
3. 「한국농어촌공사 및 농지관리기금법」 제24조제2항에 따른 농지의 개발사업지구에 있는 농지로서 대통령령으로 정하는 1천500제곱미터 미만의 농지나 「농어촌정비법」 제98조제3항에 따른 농지를 취득하여 소유하는 경우
4. 농업진흥지역 밖의 농지 중 최상단부부터 최하단부까지의 평균경사율이 15퍼센트 이상인 농지로서 대통령령으로 정하는 농지를 소유하는 경우
5. 「공공토지의 비축에 관한 법률」제2조제1호가목에 해당하는 토지 중 같은 법 제7조제1항에 따른 공공토지비축심의위원회가 비축이 필요하다고 인정하는 토지로서 「국토의 계획 및 이용에 관한 법률」 제36조에 따른 계획관리지역과 자연녹지지역 안의 농지를 한국토지주택공사가 취득하여 소유하는 경우. 이 경우 그 취득한 농지를 전용하기 전까지는 한국농어촌공사에 지체 없이 위탁하여 임대하거나 무상사용하게 하여야 한다.

3. 농지위원회의 심의

시·구·읍·면의 장은 농지 투기가 성행하거나 성행할 우려가 있는 지역의 농지를 취득하려는 자 등 농림축산식품부령으로 정하는 자가 농지취득자격증명 발급을 신청한 경우 제44조에 따른 농지위원회의 심의를 거쳐야 한다. <신설 2021. 8. 17, 시행 2022.8.18.>

4. 발급기간 등

① 시·구·읍·면의 장은농지취득자격증명의 발급 신청을 받은 때에는 그 신청을 받은 날부터 7일(농업경영계획서를 작성하지 아니하고 농지취득자격증명의 발급신청을 할 수 있는 경우에는 4일, 농지위원회의 심의 대상의 경우에는 14일) 이내에 신청인에게 농지취득자격증명을 발급하여야 한다. <신설 2021. 8. 17, 시행 2022.5.18>

② 제1항 본문과 제2항에 따른 신청 및 발급 절차 등에 필요한 사항은 대통령령으로 정한다. <개정 2021. 8. 17.>

③ 제1항 본문과 제2항에 따라 농지취득자격증명을 발급받아 농지를 취득하는 자가 그 소유권에 관한 등기를 신청할 때에는 농지취득자격증명을 첨부하여야 한다. <개정 2021. 8. 17.>

④ 농지취득자격증명의 발급에 관한 민원의 처리에 관하여 이 조에서 규정한 사항을 제외하고 「민원 처리에 관한 법률」이 정하는 바에 따른다. <신설 2021. 8. 17.>

5. 발급제한

① 시·구·읍·면의 장은 농지취득자격증명을 발급받으려는 자가 제8조제2항에 따라 농업경영계획서 또는 주말·체험영농계획서에 포함하여야 할 사항을 기재하지 아니하거나 첨부하여야 할 서류를 제출하지 아니한 경우 농지취득자격증명을 발급하여서는 아니 된다. <신설 2021. 8. 17, 시행 2022.5.18>

② 시·구·읍·면의 장은 1필지를 공유로 취득하려는 자가 제22조제3항에 따른 시·군·구의 조례로 정한 수를 초과한 경우에는 농지취득자격증명을 발급하지 아니할 수 있다. <신설 2021. 8. 17, 2022.5.18>

③ 시·구·읍·면의 장은 「농어업경영체 육성 및 지원에 관한 법률」 제20조의2에 따른 실태조사 등에 따라 영농조합법인 또는 농업회사법인이 같은 법 제20조의3제2항에 따른 해산명령 청구 요건에 해당하는 것으로 인정하는 경우에는 농지취득자격증명을 발급하지 아니할 수 있다. <신설 2021. 8. 17.>

3 농업진흥지역

1. 농업진흥지역의 지정

(1) 지정권자

시·도지사는 농지를 효율적으로 이용하고 보전하기 위하여 농업진흥지역을 지정한다.

(2) 농업진흥지역의 구분

농업진흥지역은 다음의 용도구역으로 구분하여 지정할 수 있다.

구 분	내 용
농업진흥구역	농업의 진흥을 도모하여야 하는 다음의 어느 하나에 해당하는 지역으로서 농림축산식품부장관이 정하는 규모로 농지가 집단화되어 농업목적으로 이용할 필요가 있는 지역 ① 농지조성사업 또는 농업기반정비사업이 시행되었거나 시행 중인 지역으로서 농업용으로 이용하고 있거나 이용할 토지가 집단화되어 있는 지역 ② 위 ①에 해당하는 지역 외의 지역으로서 농업용으로 이용하고 있는 토지가 집단화되어 있는 지역
농업보호구역	농업진흥구역의 용수원 확보, 수질보전 등 농업환경을 보호하기 위하여 필요한 지역

2. 농업진흥지역의 지정대상

농업진흥지역 지정은 「국토의 계획 및 이용에 관한 법률」에 따른 녹지지역·관리지역·농림지역 및 자연환경보전지역을 대상으로 한다. 다만, 특별시의 녹지지역은 제외한다.

3. 농업진흥지역의 지정절차

시·도지사는 시·도 농업·농촌및식품산업정책심의회를 거쳐 농림축산식품부장관의 승인을 얻어 농업진흥지역을 지정한다. 지정한 때에는 지체 없이 이 사실을 고시하고 관계기관에 통보하여야 하며 시장·군수 또는 자치구 구청장으로 하여금 일반인에게 열람하게 하여야 한다.

4. 국토교통부장관과의 협의

농림축산식품부장관은 「국토의 계획 및 이용에 관한 법률」에 따른 녹지지역이나 계획관리지역이 농업진흥지역에 포함되면 농업진흥지역 지정을 승인하기 전에 국토교통부장관과 협의하여야 한다.

5. 농업진흥지역의 변경과 해제

(1) 원칙

시·도지사는 다음의 사유가 있으면 농업진흥지역 또는 용도구역을 변경하거나 해제할 수 있다. 다만, 그 사유가 없어진 경우에는 원래의 농업진흥지역 또는 용도구역으로 환원하여야 한다.

① 다음에 해당하는 경우로서 농업진흥지역을 해제하는 경우

1. 「국토의 계획 및 이용에 관한 법률」에 따른 용도지역을 변경하는 경우(농지의 전용을 수반하는 경우에 한한다)
2. 미리 농지의 전용에 관한 협의를 하는 경우
3. 해당 지역의 여건변화로 농업진흥지역의 지정요건에 적합하지 않게 된 경우. 이 경우 그 농업진흥지역 안의 부지의 면적이 3만제곱미터 이하인 경우로 한정한다.

② 해당 지역의 여건변화로 농업진흥지역 밖의 지역을 농업진흥지역으로 편입하는 경우

③ 다음의 어느 하나에 해당하는 경우로서 용도구역을 변경하는 경우

1. 해당 지역의 여건변화로 농업보호구역의 전부 또는 일부를 농업진흥구역으로 변경하는 경우
2. 해당 지역의 여건변화로 농업진흥구역 안의 3만제곱미터 이하의 토지를 농업보호구역으로 변경하는 경우
3. 다음의 어느 하나에 해당하는 농업진흥구역 안의 토지를 농업보호구역으로 변경하는 경우
   ① 계획홍수위선(計劃洪水位線)으로부터 상류 반경 500미터 이내의 지역으로서 「농어촌정비법」에 따른 농업생산기반 정비사업이 시행되지 않은 지역
   ② 저수지 부지

(2) 예외

농업진흥지역 또는 용도구역의 변경 절차, 해제 절차 또는 환원 절차 등에 관하여는 제30조를 준용한다. 다만, 제1항 단서에 따라 원래의 농업진흥지역 또는 용도구역으로 환원하거나 농업보호구역을 농업진흥구역으로 변경하는 경우 등 대통령령으로 정하는 사항의 변경은 대통령령으로 정하는 바에 따라 시·도 농업·농촌및식품산업정책심의회의 심의나 농림축산식품부장관의 승인 없이 할 수 있다.

(3) 주민의견청취

시·도지사는 농업진흥지역을 지정·변경 및 해제하려는 때에는 대통령령으로 정하는 바에 따라 미리 해당 토지의 소유자에게 그 내용을 개별통지하고 해당 지역 주민의 의견을 청취하여야 한다. 다만, 다음의 어느 하나에 해당하는 경우에는 그러하지 아니하다.

① 다른 법률에 따라 토지소유자에게 개별 통지한 경우

② 통지를 받을 자를 알 수 없거나 그 주소·거소, 그 밖에 통지할 장소를 알 수 없는 경우

(4) 실태조사

① 농림축산식품부장관은 효율적인 농업진흥지역 관리를 위하여 매년 농업진흥지역에 대한 실태조사를 하여야 한다.

② 농림축산식품부장관이 제1항에 따른 실태조사 결과 농업진흥지역 등의 변경 및 해제 사유가 발생했다고 인정하는 경우 시·도지사는 해당 농업진흥지역 또는 용도구역을 변경하거나 해제할 수 있다.

③ 그 밖에 실태조사의 범위와 방법 등에 필요한 사항은 대통령령으로 정한다.

6. 농업진흥지역 안에서의 행위제한

(1) 농업진흥구역 안에서의 행위제한

1) 원칙

농업진흥구역 안에서는 농업생산 또는 농지개량과 직접적으로 관련되지 아니한 토지이용행위를 할 수 없다. 직접 관련되는 토지이용행위는 다음과 같다.

1. 농작물의 경작
2. 다년생식물의 재배
3. 고정식온실·버섯재배사 및 비닐하우스와 농림축산식품부령으로 정하는 그 부속시설의 설치
4. 축사·곤충사육사와 농림축산식품부령으로 정하는 그 부속시설의 설치
5. 간이퇴비장의 설치
6. 농지개량사업 또는 농업용수개발사업의 시행
7. 농막·간이저온저장고 및 간이액비저장조 중에서 농림축산식품부령으로 정하는 시설의 설치

2) 예외

다만, 다음의 토지이용행위는 할 수 있다.

1. 대통령령으로 정하는 농수산물(농산물·임산물·축산물·수산물을 말한다. 이하 같다)의 가공·처리시설의 설치 및 농수산업(농업·임업·축산업·수산업을 말한다. 이하 같다) 관련 시험·연구 시설의 설치
2. 어린이놀이터, 마을회관, 그 밖에 대통령령으로 정하는 농업인의 공동생활에 필요한 편의 시설 및 이용 시설의 설치

3. 농업인 주택, 어업인 주택, 농업용 시설, 축산업용 시설 또는 어업용 시설의 설치
4. 국방·군사시설의 설치
5. 하천, 제방, 그 밖에 이에 준하는 국토 보존 시설의 설치
6. 문화재의 보수·복원·이전, 매장 문화재의 발굴, 비석이나 기념탑, 그 밖에 이와 비슷한 공작물의 설치
7. 도로, 철도, 그 밖에 대통령령으로 정하는 공공시설의 설치
8. 지하자원 개발을 위한 탐사 또는 지하광물 채광(採鑛)과 광석의 선별 및 적치(積置)를 위한 장소로 사용하는 행위
9. 농어촌 소득원 개발 등 농어촌 발전에 필요한 시설로서 대통령령으로 정하는 시설의 설치

(2) 농업보호구역 안에서의 행위제한

농업보호구역 안에서는 다음 외의 토지이용행위를 할 수 없다.

1. 위 (1) 2) 각 호의 규정에 따른 토지이용행위
2. 농업인의 소득증대를 위하여 필요한 시설로서 대통령령으로 정하는 다음의 건축물·공작물 그 밖의 시설의 설치
   ① 「농어촌정비법」 제2조제16호나목에 따른 관광농원사업으로 설치하는 시설로서 농업보호구역 안의 부지 면적이 2만㎡ 미만인 것
   ② 「농어촌정비법」 제2조제16호다목에 따른 주말농원사업으로 설치하는 시설로서 농업보호구역 안의 부지 면적이 3천㎡ 미만인 것
   ③ 태양에너지 발전설비로서 농업보호구역 안의 부지 면적이 1만제곱미터 미만인 것
   ④ 그 밖에 농촌지역 경제활성화를 통하여 농업인 소득증대에 기여하는 농수산업 관련 시설로서 농림축산식품부령으로 정하는 시설
3. 농업인의 생활여건 개선을 위하여 필요한 시설로서 대통령령으로 정하는 다음의 건축물·공작물 그 밖의 시설의 설치
   ① 다음에 해당하는 시설로서 그 부지가 1천㎡ 미만인 것
      ㉠ 단독주택
      ㉡ 슈퍼마켓·일용품점, 의원·치과의원·한의원·침술원·접골원 및 조산원, 탁구장 및 체육도장, 지역자치센터·파출소·지구대·소방서·우체국·방송국·보건소·공공도서관·건강보험공단 사무소, 마을회관·마을공동작업소·마을공동구판장, 지역아동센터 등
      ㉢ 서점으로서 제1종 근린생활시설에 해당하지 아니하는 것, 테니스장·체력단련장·에어로빅장·볼링장·당구장·실내낚시터·골프연습장, 종교집회장·공연장이나 비디오물감상실·비디오물소극장, 금융업소, 사무소, 부동산중개업소, 결혼상담소 등 소개업소, 출판사, 청소년게임제공업소·복합유통게임제공업소·인터넷컴퓨터게임시설제공업소·사진관·표구점·학원·직업훈련소·장의사·동물병원·동물미용실·기원·독서실·총포판매소 등
   ② 양수장, 정수장, 대피소, 공중화장실, 그 밖에 이와 비슷한 것으로서 그 부지가 3천㎡ 미만인 것

(3) 적용제외규정

① 농업진흥지역의 지정 당시 관계법령의 규정에 의하여 인가·허가 또는 승인 등을 얻거나 신고하고 설치한 기존의 건축물·공작물과 그 밖의 시설에 대하여는 (1) 및 (2)의 행위제한 규정을 적용하지 아니한다.

② 농업진흥지역 지정 당시 관계법령에 따라 다음의 행위에 대하여 인가·허가·승인 등을 받거나 신고하고 공사 또는 사업을 시행 중인 자(관계법령에 따라 인가·허가·승인 등을 받거나 신고할 필요가 없는 경우에는 시행 중인 공사 또는 사업에 착수한 자를 말한다)는 그 공사 또는 사업에 대하여만 위 (1)과 (2)의 행위제한규정을 적용하지 아니한다.

1. 건축물의 건축
2. 공작물이나 그 밖의 시설의 설치
3. 토지의 형질 변경
4. 그 밖에 위 1.부터 3.까지의 행위에 준하는 행위

(4) 농업진흥구역과 농업보호구역에 걸치는 토지에 대한 행위제한 특례

구 분	적용규정
1필지의 토지가 농업진흥구역과 농업보호구역에 걸치는 경우	한 필지의 토지가 농업진흥구역과 농업보호구역에 걸쳐 있으면서 농업진흥구역에 속하는 토지부분이 330㎡ 이하이면 그 토지부분에 대하여는 제32조에 따른 행위제한을 적용할 때 농업보호구역에 관한 규정을 적용한다(법 제53조제1항).
1필지의 토지 중 일부가 농업진흥지역에 걸치는 경우	한 필지의 토지 일부가 농업진흥지역에 걸쳐 있으면서 농업진흥지역에 속하는 토지부분의 면적이 330㎡ 이하이면 그 토지부분에 대하여는 제32조제1항 및 제2항을 적용하지 아니한다(법 제53조제2항).

7. 농업진흥지역에 대한 개발투자의 확대 및 우선 지원

① 국가와 지방자치단체는 농업진흥지역에 대하여 대통령령으로 정하는 바에 따라 농지 및 농업시설의 개량·정비, 농어촌도로·농산물유통시설의 확충 그 밖에 농업발전을 위한 사업에 우선적으로 투자하여야 한다.

② 국가와 지방자치단체는 농업진흥지역의 농지에 농작물을 경작하거나 다년생식물을 재배하는 농업인 또는 농업법인에게 자금지원이나 「조세특례제한법」에 따른 조세경감 등 필요한 지원을 우선 실시하여야 한다.

8. 농업진흥지역의 농지매수청구

① 농업진흥지역의 농지를 소유하고 있는 농업인 또는 농업법인은 「한국농어촌공사 및 농지관리기금법」에 따른 한국농어촌공사에 그 농지의 매수를 청구할 수 있다.

② 한국농어촌공사는 매수 청구를 받으면 「감정평가 및 감정평가사에 관한 법률」에 따른 감정평가업자가 평가한 금액을 기준으로 해당 농지를 매수할 수 있다.

③ 한국농어촌공사가 농지를 매수하는 데에 필요한 자금은 농지관리기금에서 융자한다.

4 농지전용

1. 농지전용허가

(1) 농지전용허가의 대상

농지를 전용하려는 자는 다음의 어느 하나에 해당하는 경우 외에는 대통령령으로 정하는 바에 따라 농림축산식품부장관의 허가를 받아야 한다. 허가받은 농지의 면적 또는 경계 등 대동령령으로 정하는 중요사항을 변경하려는 경우에도 또한 같다.

1. 다른 법률에 따라 농지전용허가가 의제되는 협의를 거쳐 농지를 전용하는 경우
2. 「국토의 계획 및 이용에 관한 법률」에 따른 도시지역 또는 계획관리지역에 있는 농지로서 제2항에 따른 협의를 거친 농지나 제2항제1호 단서에 따라 협의대상에서 제외되는 농지를 전용하는 경우
3. 농지전용신고를 하고 농지를 전용하는 경우
4. 「산지관리법」에 따른 산지전용허가를 받지 아니하거나 같은 법 제15조에 따른 산지전용신고를 하지 아니하고 불법으로 개간한 농지를 산림으로 복구하는 경우
5. 「하천법」에 따라 하천관리청의 허가를 받고 농지의 형질을 변경하거나 공작물을 설치하기 위하여 농지를 전용하는 경우

(2) 농지전용허가권의 위임

① 이 법에 따른 농림축산식품부장관의 권한은 대통령령으로 정하는 바에 따라 그 일부를 시·도지사, 시장·군수 또는 구청장에게 위임할 수 있다.

② 농림축산식품부장관은 이 법에 따른 업무의 일부를 대통령령으로 정하는 바에 따라 그 일부를 한국농어촌공사, 농업 관련 기관 또는 농업 관련 단체에 위탁할 수 있다.

③ 농림축산식품부장관은 대통령령으로 정하는 바에 따라 「한국농어촌공사 및 농지관리기금법」 제35조에 따라 농지관리기금의 운용·관리업무를 위탁받은 자에게 제38조제1항 및 제40조제2항에 따른 농지보전부담금 수납 업무를 대행하게 할 수 있다.

2. 농지전용협의

농지를 전용하고자 하는 주무부장관 또는 지방자치단체의 장은 다음에 해당하는 경우에는 농림축산식품부장관과 미리 농지의 전용에 관한 협의를 하여야 한다.

① 「국토의 계획 및 이용에 관한 법률」에 따른 도시지역에 주거지역·상업지역 또는 공업지역을 지정하거나 도시·군계획시설을 결정할 때에 해당 지역 예정지 또는 시설 예정지에 농지가 포함되어 있는 경우. 다만, 이미 지정된 주거지역·상업지역·공업지역을 다른 지역으로 변경하거나 이미 지정된 주거지역·상업지역·공업지역에 도시·군계획시설을 결정하는 경우는 제외한다.

② 「국토의 계획 및 이용에 관한 법률」에 따른 계획관리지역에 지구단위계획구역을 지정할 때에 해당 구역 예정지에 농지가 포함되어 있는 경우

③ 「국토의 계획 및 이용에 관한 법률」에 따른 도시지역의 녹지지역 및 개발제한구역의 농지에 대하여 같은 법 제56조에 따라 개발행위를 허가하거나 「개발제한구역의 지정

및 관리에 관한 특별조치법」 제12조제1항 각 호 외의 부분 단서에 따라 토지의 형질변경허가를 하는 경우

3. 농지전용신고

농지를 다음의 어느 하나에 해당하는 시설의 부지로 전용하려는 자는 대통령령으로 정하는 바에 따라 시장·군수 또는 자치구 구청장에게 신고하여야 한다. 신고한 사항을 변경하려는 경우에도 또한 같다.

1. 농업인 주택, 어업인 주택, 농축산업용 시설(개량시설과 농축산물 생산시설은 제외한다), 농수산물 유통·가공 시설 2. 어린이놀이터·마을회관 등 농업인의 공동생활 편의 시설 3. 농수산 관련 연구시설과 양어장·양식장 등 어업용 시설

Part 02

4. 농지의 타 용도 일시사용허가 등

① 농지를 다음의 어느 하나에 해당하는 용도로 일시사용하려는 자는 대통령령으로 정하는 바에 따라 일정 기간 사용한 후 농지로 복구한다는 조건으로 시장·군수 또는 자치구 구청장의 허가를 받아야 한다. 허가받은 사항을 변경하려는 경우에도 또한 같다. 다만, 국가나 지방자치단체의 경우에는 시장·군수 또는 자치구 구청장과 협의하여야 한다.

㉠ 「건축법」에 따른 건축허가 또는 건축신고 대상시설이 아닌 간이 농수축산업용 시설(개량시설과 농축산물 생산시설은 제외한다)과 농수산물의 간이처리시설을 설치하는 경우

㉡ 주(主)목적사업(해당 농지에서 허용되는 사업만 해당한다)을 위하여 현장 사무소나 부대시설, 그 밖에 이에 준하는 시설을 설치하거나 물건을 적치하거나 매설하는 경우

㉢ 다음의 대통령령으로 정하는 토석과 광물을 채굴하는 경우

1. 「골재채취법」에 따른 골재 2. 「광업법」에 따른 광물 3. 적조방제·농지개량 또는 토목공사용으로 사용하거나 공업용 원료로 사용하기 위한 토석

㉣ 「전기사업법」의 전기사업을 영위하기 위한 목적으로 설치하는 「신에너지 및 재생에너지 개발·이용·보급 촉진법」에 따른 태양에너지 발전설비로서 다음의 요건을 모두 갖춘 경우

> 1. 「공유수면 관리 및 매립에 관한 법률」 제2조에 따른 공유수면매립을 통하여 조성한 토지 중 토양 염도가 일정 수준 이상인 지역 등 농림축산식품부령으로 정하는 지역에 설치하는 시설일 것
> 2. 설치 규모, 염도 측정방법 등 농림축산식품부장관이 별도로 정한 요건에 적합하게 설치하는 시설일 것

② 시장·군수 또는 자치구 구청장은 주무부장관이나 지방자치단체의 장이 다른 법률에 따른 사업 또는 사업계획 등의 인가·허가 또는 승인 등과 관련하여 농지의 타 용도 일시사용 협의를 요청하면, 그 인가·허가 또는 승인 등을 할 때에 해당 사업을 시행하려는 자에게 일정 기간 그 농지를 사용한 후 농지로 복구한다는 조건을 붙일 것을 전제로 협의할 수 있다.

③ 시장·군수 또는 자치구 구청장은 허가를 하거나 협의를 할 때에는 대통령령으로 정하는 바에 따라 사업을 시행하려는 자에게 농지로의 복구계획을 제출하게 하고 복구비용을 예치하게 할 수 있다. 이 경우 예치된 복구비용은 사업시행자가 사업이 종료된 후 농지로의 복구계획을 이행하지 않는 경우 복구대행비로 사용할 수 있다.

④ 시장·군수·자치구구청장은 제1항 및 제2항에 따라 최초 농지의 타용도 일시사용 후 목적사업을 완료하지 못하여 그 기간을 연장하려는 경우에는 대통령령으로 정하는 바에 따라 복구비용을 재산정하여 제3항에 따라 예치한 복구비용이 재산정한 복구비용보다 적은 경우에는 그 차액을 추가로 예치하게 하여야 한다.

5. 농지의 타용도 일시사용신고 등

① 농지를 다음의 어느 하나에 해당하는 용도로 일시사용하려는 자는 대통령령으로 정하는 바에 따라 지력을 훼손하지 아니하는 범위에서 일정 기간 사용한 후 농지로 원상복구한다는 조건으로 시장·군수 또는 자치구구청장에게 신고하여야 한다. 신고한 사항을 변경하려는 경우에도 또한 같다. 다만, 국가나 지방자치단체의 경우에는 시장·군수 또는 자치구구청장과 협의하여야 한다.

> 1. 썰매장, 지역축제장 등으로 일시적으로 사용하는 경우
> 2. 제36조제1항제1호 또는 제2호에 해당하는 시설을 일시적으로 설치하는 경우

② 시장·군수 또는 자치구구청장은 주무부장관이나 지방자치단체의 장이 다른 법률에 따른 사업 또는 사업계획 등의 인가·허가 또는 승인 등과 관련하여 농지의 타용도 일시사용 협의를 요청하면, 그 인가·허가 또는 승인 등을 할 때에 해당 사업을 시행하려는 자에게 일정 기간 그 농지를 사용한 후 농지로 복구한다는 조건을 붙일 것을 전제로 협의할 수 있다.

③ 시장·군수 또는 자치구구청장은 신고를 수리하거나 협의를 할 때에는 대통령령으로 정하는 바에 따라 사업을 시행하려는 자에게 농지로의 복구계획을 제출하게 하고 복구비용을 예치하게 할 수 있다. 이 경우 예치된 복구비용은 사업시행자가 사업이 종료된 후 농지로의 복구계획을 이행하지 않는 경우 복구대행비로 사용할 수 있다.

④ 시장·군수 또는 자치구구청장은 신고를 받은 날부터 10일 이내에 신고수리 여부를 신고인에게 통지하여야 한다.

⑤ 시장·군수 또는 자치구구청장이 위 ④에서 정한 기간 내에 신고수리 여부 또는 민원 처리 관련 법령에 따른 처리기간의 연장을 신고인에게 통지하지 아니하면 그 기간(민원 처리 관련 법령에 따라 처리기간이 연장 또는 재연장된 경우에는 해당 처리기간을 말한다)이 끝난 날의 다음 날에 신고를 수리한 것으로 본다.

⑥ 신고 대상 농지의 범위와 규모, 일시사용 기간, 복구비용의 산출 기준, 복구비용 납부 시기와 절차, 그 밖에 필요한 사항은 대통령령으로 정한다.

6. 농지전용허가 등의 제한

(1) 농지전용허가의 제한

농림축산식품부장관은 농지전용허가를 결정할 경우 다음의 어느 하나에 해당하는 시설의 부지로 사용하려는 농지는 전용을 허가할 수 없다. 다만, 「국토의 계획 및 이용에 관한 법률」에 따른 도시지역·계획관리지역 및 개발진흥지구에 있는 농지는 다음의 어느 하나에 해당하는 시설의 부지로 사용하더라도 전용을 허가할 수 있다.

1. 「대기환경보전법」 제2조제9호에 따른 대기오염배출시설로서 대통령령으로 정하는 시설 2. 「물환경보전법」 제2조제10호에 따른 폐수배출시설로서 대통령령으로 정하는 시설 3. 농업의 진흥이나 농지의 보전을 해칠 우려가 있는 시설로서 대통령령으로 정하는 시설

(2) 농림축산식품부장관 등의 제한

농림축산식품부장관, 시장·군수 또는 자치구 구청장은 농지전용허가 및 협의(다른 법률에 따라 농지전용허가가 의제되는 협의를 포함한다)를 하거나 농지의 타 용도 일시사용허가 및 협의를 할 때 그 농지가 다음의 어느 하나에 해당하면 전용을 제한하거나 타 용도 일시사용을 제한할 수 있다.

① 전용하려는 농지가 농업생산기반이 정비되어 있거나 농업생산기반 정비사업 시행예정지역으로 편입되어 우량농지로 보전할 필요가 있는 경우

② 해당 농지를 전용하거나 다른 용도로 일시사용하면 일조·통풍·통작(通作)에 매우 크게 지장을 주거나 농지개량시설의 폐지를 수반하여 인근 농지의 농업경영에 매우 큰 영향을 미치는 경우

③ 해당 농지를 전용하거나 타 용도로 일시사용하면 토사가 유출되는 등 인근 농지 또는 농지개량시설을 훼손할 우려가 있는 경우

④ 전용 목적을 실현하기 위한 사업계획 및 자금조달계획이 불확실한 경우

⑤ 전용하려는 농지의 면적이 전용목적 실현에 필요한 면적보다 지나치게 넓은 경우

(3) 농지전용허가 등의 취소

① 농림축산식품부장관, 시장·군수 또는 자치구구청장은 농지전용허가 또는 제농지의 타용도 일시사용허가를 받았거나 농지전용신고 또는 농지의 타용도 일시사용신고를 한 자가 다음의 어느 하나에 해당하면 농림축산식품부령으로 정하는 바에 따라 허가

를 취소하거나 관계 공사의 중지, 조업의 정지, 사업규모의 축소 또는 사업계획의 변경, 그 밖에 필요한 조치를 명할 수 있다. 다만, 7.에 해당하면 그 허가를 취소하여야 한다.

1. 거짓이나 그 밖의 부정한 방법으로 허가를 받거나 신고한 것이 판명된 경우
2. 허가목적이나 허가조건을 위반하는 경우
3. 허가를 받지 아니하거나 신고하지 아니하고 사업계획 또는 사업규모를 변경하는 경우
4. 허가를 받거나 신고를 한 후 농지전용 목적사업과 관련된 사업계획의 변경 등 대통령령으로 정하는 정당한 사유 없이 2년 이상 대지의 조성, 시설물의 설치 등 농지전용 목적사업에 착수하지 아니하거나 농지전용 목적사업에 착수한 후 1년 이상 공사를 중단한 경우
5. 농지보전부담금을 내지 아니한 경우
6. 허가를 받은 자나 신고를 한 자가 허가취소를 신청하거나 신고를 철회하는 경우
7. 허가를 받은 자가 관계 공사의 중지 등 이 조 본문에 따른 조치명령을 위반한 경우

② 농림축산식품부장관은 다른 법률에 따라 농지의 전용이 의제되는 협의를 거쳐 농지를 전용하려는 자가 농지보전부담금 부과 후 농지보전부담금을 납부하지 아니하고 2년 이내에 농지전용의 원인이 된 목적사업에 착수하지 아니하는 경우 관계기관의 장에게 그 목적사업에 관련된 승인·허가 등의 취소를 요청할 수 있다. 이 경우 취소를 요청받은 관계기관의 장은 특별한 사유가 없으면 이에 따라야 한다.

(4) 농지전용허가의 특례

농지전용허가를 받아야 하는 자가 제6조제2항제9호의2에 해당하는 농지를 전용하려면 제34조제1항 또는 제37조제1항에도 불구하고 대통령령으로 정하는 바에 따라 시장·군수 또는 자치구 구청장에게 신고하고 농지를 전용할 수 있다.

7. 농지보전부담금의 납입

(1) 농지보전부담금의 납입의무

다음의 어느 하나에 해당하는 자는 농지의 보전·관리 및 조성을 위한 부담금(농지보전부담금)을 농지관리기금을 운용·관리하는 자에게 내야 한다.

1. 농지전용허가를 받는 자
2. 농지전용협의를 거친 지역 예정지 또는 시설 예정지에 있는 농지(협의대상에서 제외되는 농지를 포함한다)를 전용하려는 자

2의2. 농지전용에 관한 협의를 거친 구역 예정지에 있는 농지를 전용하려는 자

3. 농지전용협의를 거친 농지를 전용하려는 자
4. 다른 법률에 따라 농지전용허가가 의제되는 협의를 거친 농지를 전용하려는 자
5. 농지전용신고를 하고 농지를 전용하려는 자

(2) 분할납입

① 농림축산식품부장관은 다음의 어느 하나에 해당하는 사유로 농지보전부담금을 한꺼번에 내기 어렵다고 인정되는 경우에는 대통령령으로 정하는 바에 따라 농지보전부담금을 나누어 내게 할 수 있다.

> 1. 「공공기관의 운영에 관한 법률」에 따른 공공기관과 「지방공기업법」에 따른 지방공기업이 산업단지의 시설용지로 농지를 전용하는 경우 등 대통령령으로 정하는 농지의 전용
> 2. 농지보전부담금이 농림축산식품부령으로 정하는 금액 이상인 경우

② 농림축산식품부장관은 농지보전부담금을 나누어 내게 하려면 대통령령으로 정하는 바에 따라 농지보전부담금을 나누어 내려는 자에게 나누어 낼 농지보전부담금에 대한 납입보증보험증서 등을 미리 예치하게 하여야 한다. 다만, 농지보전부담금을 나누어 내려는 자가 국가나 지방자치단체 그 밖에 대통령령으로 정하는 자인 경우에는 그러하지 아니하다(법 제38조제3항).

③ 농지를 전용하려는 자는 농지보전부담금의 전부 또는 일부를 농지전용허가·농지전용신고(다른 법률에 따라 농지전용허가 또는 농지전용신고가 의제되는 인가·허가·승인 등을 포함한다) 전까지 납부하여야 한다.

(3) 납입의 조건

① 농림축산식품부장관이나 시장·군수 또는 자치구 구청장은 농지전용의 허가 또는 농지전용의 신고수리를 하려는 때에는 농지보전부담금의 전부 또는 일부를 미리 납부하게 하여야 한다.

② 농지보전부담금의 납입대상이 되는 농지의 전용이 수반되는 인가·허가·승인·신고 수리 등을 하려는 관계 행정기관의 장은 농지보전부담금이 납부되었는지 확인한 후 인가 등을 하여야 한다.

(4) 수납업무의 대행 등

농림축산식품부장관은 대통령령으로 정하는 바에 따라 「한국농어촌공사 및 농지관리기금법」 제35조에 따라 농지관리기금의 운용·관리업무를 위탁받은 자에게 농지보전부담금 수납 업무를 대행하게 할 수 있다.

(5) 농지보전부담금의 환급

1) 환급사유

농지관리기금을 운용·관리하는 자는 다음의 어느 하나에 해당하는 경우 대통령령으로 정하는 바에 따라 그에 해당하는 농지보전부담금을 환급하여야 한다.

> 1. 농지보전부담금을 낸 자의 허가가 제39조에 따라 취소된 경우
> 2. 농지보전부담금을 낸 자의 사업계획이 변경된 경우
> 2의2. 위 (2) ③에 따라 농지보전부담금을 납부하고 허가를 받지 못한 경우
> 3. 그 밖에 이에 준하는 사유로 전용하려는 농지의 면적이 당초보다 줄어든 경우

2) 결정·통지

농림축산식품부장관은 납부의무자가 농지보전부담금으로 납부한 금액 중 과오납입한 금액이 있거나 법 제38조제5항에 따라 환급하여야 할 금액이 있으면 지체 없이 그 과오납액 또는 환급금액을 농지보전부담금환급금으로 결정하고 이를 농지보전부담금납부자와 한국농어촌공사에 각각 통지하여야 한다. 다만, 법 제42조제1항제3호 또는 제4호에 따라 농지의 원상회복을 명한 경우에는 농지의 원상회복 여부를 확인한 후에 통지하여야 한다.

(6) 농지보전부담금의 감면 등

농림축산식품부장관은 다음의 어느 하나에 해당하면 대통령령으로 정하는 바에 따라 농지보전부담금을 감면할 수 있다.

1. 국가나 지방자치단체가 공용목적이나 공공용목적으로 농지를 전용하는 경우
2. 대통령령으로 정하는 중요 산업시설을 설치하기 위하여 농지를 전용하는 경우
3. 제35조제1항 각 호에 따른 시설이나 그 밖에 대통령령으로 정하는 시설을 설치하기 위하여 농지를 전용하는 경우

(7) 농지보전부담금의 부과기준

① 농지보전부담금은 「부동산 가격공시에 관한 법률」에 따른 해당 농지의 개별공시지가의 범위에서 대통령령으로 정하는 부과기준을 적용하여 산정한 금액으로 하되, 농업진흥지역과 농업진흥지역 밖의 농지를 차등하여 부과기준을 적용할 수 있으며, 부과기준일은 다음 각 호의 구분에 따른다.

1. 농지전용허가를 받는 경우: 허가를 신청한 날
2. 농지를 전용하려는 경우: 대통령령으로 정하는 날
3. 다른 법률에 따라 농지전용허가가 의제되는 협의를 거친 농지를 전용하려는 경우: 대통령령으로 정하는 날
4. 농지전용신고를 하고 농지를 전용하려는 경우: 신고를 접수한 날

② 농지보전부담금의 ㎡당 금액은 「부동산가격공시에 관한 법률」에 따른 해당 농지의 개별공시지가의 100분의 30으로 한다. 산정한 농지보전부담금의 제곱미터당 금액이 농림축산식품부령으로 정하는 금액을 초과하는 경우에는 농림축산식품부령으로 정하는 금액을 농지보전부담금의 제곱미터당 금액으로 한다.

8. 용도변경

① 다음의 어느 하나에 해당하는 절차를 거쳐 농지전용 목적사업에 사용되고 있거나 사용된 토지를 5년 이내에 다른 목적으로 사용하려는 경우에는 농림축산식품부령으로 정하는 바에 따라 시장·군수 또는 자치구 구청장의 승인을 받아야 한다.

> 1. 제34조제1항에 따른 농지전용허가
> 2. 제34조제2항제2호에 따른 농지전용협의
> 3. 제35조 또는 제43조에 따른 농지전용신고

② 승인을 받아야 하는 자 중 농지보전부담금이 감면되는 시설의 부지로 전용된 토지를 농지보전부담금 감면비율이 다른 시설의 부지로 사용하려는 자는 대통령령으로 정하는 바에 따라 그에 해당하는 농지보전부담금을 내야 한다.

제2절 산지관리법의 주요내용

1 용어의 정의

이 법에서 사용하는 용어의 뜻은 다음과 같다(법 제2조).

> 1. "산지"란 다음 각 목의 어느 하나에 해당하는 토지를 말한다. 다만, 주택지[주택지조성사업이 완료되어 지목이 대(垈)로 변경된 토지를 말한다] 및 대통령령으로 정하는 농지, 초지(草地), 도로, 그 밖의 토지는 제외한다.
> 가. 「공간정보의 구축 및 관리 등에 관한 법률」 제67조제1항에 따른 지목이 임야인 토지
> 나. 입목(立木)·대나무가 집단적으로 생육(生育)하고 있는 토지
> 다. 집단적으로 생육한 입목·대나무가 일시 상실된 토지
> 라. 입목·대나무의 집단적 생육에 사용하게 된 토지
> 마. 임도(林道), 작업로 등 산길
> 바. 나목부터 라목까지의 토지에 있는 암석지(巖石地) 및 소택지(沼澤地)
>
> ☑ <산지에서 제외되는 것>
> 1. 지목이 전(田), 답(畓), 과수원 또는 목장용지(축산업 및 낙농업을 하기 위하여 초지를 조성한 토지에 한정한다)인 토지
> 2. 지목이 도로인 토지. 다만, 입목·죽이 집단적으로 생육하고 있는 토지로서 도로로서의 기능이 상실된 토지는 제외한다.
> 3. 지목이 제방(堤防)·구거(溝渠) 또는 유지(溜池)인 토지
> 4. 「하천법」에 따른 하천

5. 지목이 임야가 아닌 다음의 토지

가. 차밭, 꺾꽂이순 또는 접순의 채취원(採取園)

나. 건물 담장 안의 토지

다. 논두렁 또는 밭두렁

6. 지목이 임야인 토지 중 산지전용허가를 받거나 산지전용신고를 한 후(다른 법률에 따라 산지전용허가 또는 산지전용신고가 의제되는 행정처분을 받은 경우를 포함한다) 복구의무를 면제받거나 복구준공검사를 받아 산지 외의 용지로 사용되고 있는 토지

2. "산지전용"(山地轉用)이란 산지를 다음 각 목의 어느 하나에 해당하는 용도 외로 사용하거나 이를 위하여 산지의 형질을 변경하는 것을 말한다.

가. 조림(造林), 숲 가꾸기, 입목의 벌채·굴취

나. 토석 등 임산물의 채취

다. 대통령령으로 정하는 임산물의 재배[성토(흙쌓기) 또는 절토(땅깎기) 등을 통하여 지표면으로부터 높이 또는 깊이 50센티미터 이상 형질변경을 수반하는 경우와 시설물의 설치를 수반하는 경우는 제외한다]

라. 산지일시사용

3. "산지일시사용"이란 다음 각 목의 어느 하나에 해당하는 것을 말한다.

가. 산지로 복구할 것을 조건으로 산지를 제2호가목부터 다목까지의 어느 하나에 해당하는 용도 외의 용도로 일정 기간 동안 사용하거나 이를 위하여 산지의 형질을 변경하는 것

나. 산지를 임도, 작업로, 임산물 운반로, 등산로·탐방로 등 숲길, 그 밖에 이와 유사한 산길로 사용하기 위하여 산지의 형질을 변경하는 것

4. "석재"란 산지의 토석 중 건축용, 공예용, 조경용, 쇄골재용(碎骨材用) 및 토목용으로 사용하기 위한 암석을 말한다.

5. "토사"란 산지의 토석 중 제4호에 따른 석재를 제외한 것을 말한다.

6. "산지경관"이란 산세 및 산줄기 등의 지형적 특징과 산지에 부속된 자연 및 인공 요소가 어우러져 심미적·생태적 가치를 지니며, 자연과 인공의 조화를 통하여 형성되는 경치를 말한다.

2 산지의 구분 등

1. 산지의 종류

산지를 합리적으로 보전하고 이용하기 위하여 전국의 산지를 다음 각 호와 같이 구분한다.

(1) 보전산지(保全山地)

① 임업용산지(林業用山地): 산림자원의 조성과 임업경영기반의 구축 등 임업생산 기능의 증진을 위하여 필요한 산지로서 다음의 산지를 대상으로 산림청장이 지정하는 산지

> 1) 「산림자원의 조성 및 관리에 관한 법률」에 따른 채종림(採種林) 및 시험림의 산지
> 2) 「국유림의 경영 및 관리에 관한 법률」에 따른 보전국유림의 산지
> 3) 「임업 및 산촌 진흥촉진에 관한 법률」에 따른 임업진흥권역의 산지
> 4) 그 밖에 임업생산 기능의 증진을 위하여 필요한 산지로서 대통령령으로 정하는 산지
> ① 형질이 우량한 천연림 또는 인공조림지로서 집단화되어 있는 산지
> ② 토양이 비옥하여 입목의 생육에 적합한 산지
> ③ 「국유림의 경영 및 관리에 관한 법률」에 의한 보전국유림외의 국유림으로서 산림이 집단화되어 있는 산지
> ④ 지방자치단체의 장이 산림경영 목적으로 사용하고자 하는 산지
> ⑤ 그 밖에 임업의 생산기반조성 및 임산물의 효율적 생산을 위한 산지

② 공익용산지: 임업생산과 함께 재해 방지, 수원 보호, 자연생태계 보전, 산지경관 보전, 국민보건휴양 증진 등의 공익 기능을 위하여 필요한 산지로서 다음의 산지를 대상으로 산림청장이 지정하는 산지

> 1) 「산림문화·휴양에 관한 법률」에 따른 자연휴양림의 산지
> 2) 사찰림(寺刹林)의 산지
> 3) 제9조에 따른 산지전용·일시사용제한지역
> 4) 「야생생물 보호 및 관리에 관한 법률」 제27조에 따른 야생생물 특별보호구역 및 같은 법 제33조에 따른 야생생물 보호구역의 산지
> 5) 「자연공원법」에 따른 공원구역의 산지
> 6) 「문화재보호법」에 따른 문화재보호구역의 산지
> 7) 「수도법」에 따른 상수원보호구역의 산지
> 8) 「개발제한구역의 지정 및 관리에 관한 특별조치법」에 따른 개발제한구역의 산지
> 9) 「국토의 계획 및 이용에 관한 법률」에 따른 녹지지역 중 대통령령으로 정하는 녹지지역의 산지
> 10) 「자연환경보전법」에 따른 생태·경관보전지역의 산지
> 11) 「습지보전법」에 따른 습지보호지역의 산지
> 12) 「독도 등 도서지역의 생태계보전에 관한 특별법」에 따른 특정도서의 산지
> 13) 「백두대간 보호에 관한 법률」에 따른 백두대간보호지역의 산지
> 14) 「산림보호법」에 따른 산림보호구역의 산지

15) 그 밖에 공익 기능을 증진하기 위하여 필요한 산지로서 대통령령으로 정하는 산지
① 「국토의 계획 및 이용에 관한 법률」에 따른 자연환경보전지역의 산지
② 「국토의 계획 및 이용에 관한 법률」에 따른 방재지구의 산지
③ 「국토의 계획 및 이용에 관한 법률」에 따른 도시자연공원구역의 산지
④ 「국토의 계획 및 이용에 관한 법률」에 따른 수산자원보호구역의 산지
⑤ 「국토의 계획 및 이용에 관한 법률 시행령」에 따른 자연경관지구, 역사문화환경보호지구 및 생태계보호지구의 산지
⑥ 산림생태계·산지경관·해안경관·해안사구(海岸砂丘) 또는 생활환경의 보호를 위하여 필요한 산지
⑦ 중앙행정기관의 장 또는 지방자치단체의 장이 공익용산지의 용도로 사용하려는 산지

(2) 준보전산지: 보전산지 외의 산지

① 산림청장은 제1항에 따른 산지의 구분에 따라 전국의 산지에 대하여 지형도면에 그 구분을 명시한 도면[이하 "산지구분도"(山地區分圖)라 한다]을 작성하여야 한다.
② 산지구분도의 작성방법 및 절차 등에 관한 사항은 농림축산식품부령으로 정한다.

2. 보전산지의 지정절차

① 산림청장은 제4조제1항제1호에 따른 보전산지(이하 "보전산지"라 한다)를 지정하려면 그 산지가 표시된 산지구분도를 작성하여 농림축산식품부령으로 정하는 바에 따라 산지소유자의 의견을 듣고, 관계 행정기관의 장과 협의한 후 중앙산지관리위원회의 심의를 거쳐야 한다. 다만, 다른 법률에 따라 관계 행정기관의 장 간에 협의를 거쳐 산지가 보전산지의 지정대상으로 된 경우에는 중앙산지관리위원회의 심의를 거치지 아니한다
② 산림청장은 제1항에 따라 보전산지를 지정한 경우에는 대통령령으로 정하는 바에 따라 그 지정사실을 고시하고 관계 행정기관의 장에게 통보하여야 하며, 그 지정에 관한 관계 서류를 일반에게 공람하여야 한다.
③ 산림청장은 제2항에도 불구하고 시장·군수·구청장으로 하여금 보전산지의 지정에 관한 관계 서류를 일반에게 공람하게 할 수 있다.

3. 보전산지의 변경·해제

① 산림청장은 제5조제1항에 따라 지정된 보전산지 중 제4조제1항제1호가목에 따른 임업용산지(이하 "임업용산지"라 한다)가 제4조제1항제1호나목에 따른 공익용산지(이하 "공익용산지"라 한다)의 지정대상 산지에 해당하게 되는 경우에는 그 산지를 공익용산지로 변경·지정할 수 있다.
② 산림청장은 제5조제1항에 따라 지정된 보전산지 중 공익용산지가 공익용산지의 지정대상 산지에 해당되지 아니하고 임업용산지의 지정대상 산지에 해당하게 되는 경우에는 그 산지를 임업용산지로 변경·지정할 수 있다.

③ 산림청장은 다음 각 호의 어느 하나에 해당하는 경우에는 보전산지의 지정을 해제할 수 있다. 이 경우 산림청장은 제1호·제2호 또는 제4호에 해당하는지를 판단하기 위하여 필요하면 해당 산지의 입지여건, 산지경관 및 산림생태계 등 산지의 특성에 관한 평가(이하 "산지특성평가"라 한다)를 실시할 수 있다.

1. 보전산지가 임업용산지 또는 공익용산지의 지정요건에 해당하지 아니하게 되는 경우
2. 제8조에 따른 협의를 한 경우로서 보전산지의 지정을 해제할 필요가 있는 경우
3. 제14조에 따른 산지전용허가 또는 제15조에 따른 산지전용신고(다른 법률에 따라 산지전용허가 또는 산지전용신고가 의제되거나 배제되는 행정처분을 포함한다)에 의하여 산지를 다른 용지로 변경하려는 경우로서 해당 산지전용의 목적사업을 완료한 후 제39조제3항에 따라 복구의무를 면제받거나 제42조에 따라 복구준공검사를 받은 경우
4. 그 밖에 보전산지의 지정이 적합하지 아니하다고 인정되는 경우

④ 산림청장은 제1항부터 제3항까지의 규정에 따라 보전산지의 변경이나 지정해제를 하려면 그 산지가 표시된 산지구분도를 작성하여 관계 행정기관의 장과 협의한 후 중앙산지관리위원회의 심의를 거쳐 대통령령으로 정하는 바에 따라 이를 고시하여야 한다. 다만, 다음 각 호의 어느 하나에 해당하는 경우에는 관계 중앙행정기관의 장과의 협의 및 중앙산지관리위원회의 심의를 거치지 아니할 수 있다.

1. 이 법 또는 다른 법률에 따라 관계 행정기관의 장과 협의를 거쳐 산지가 제1항 또는 제2항에 따른 보전산지의 변경대상이 되어 변경하는 경우
2. 이 법 또는 다른 법률에 따라 관계 행정기관의 장과 협의를 거쳐 산지가 제3항제1호 및 제2호에 따른 보전산지의 지정해제 대상이 되어 지정을 해제하는 경우
3. 제3항제3호 및 제4호에 따라 보전산지의 지정을 해제하는 경우

⑤ 제3항에 따른 보전산지의 지정해제 대상에 관한 세부사항 및 산지특성평가의 방법·절차 등에 관한 사항은 농림축산식품부령으로 정한다.

3 보전산지에서의 행위제한

1. 산지전용·일시사용제한지역의 지정

① 산림청장은 다음 각 호의 어느 하나에 해당하는 산지로서 공공의 이익증진을 위하여 보전이 특히 필요하다고 인정되는 산지를 산지전용 또는 산지일시사용이 제한되는 지역(이하 "산지전용·일시사용제한지역"이라 한다)으로 지정할 수 있다.

1. 대통령령으로 정하는 주요 산줄기의 능선부로서 산지경관 및 산림생태계의 보전을 위하여 필요하다고 인정되는 산지

☑ <주요 산줄기>

1. 강원도 고성군·양양군·인제군 소재의 향로봉부터 지리산으로 이어지는 태백산맥과 소백산맥에 속하는 산줄기
2. 강원도 태백시 소재의 삼수령부터 부산광역시 사하구 소재의 몰운대로 이어지는 태백산맥(제1호의 규정에 의한 태백산맥을 제외한다)에 속하는 산줄기
3. 강원도 강릉시·평창군·홍천군 소재의 오대산부터 충청남도 보령시·청양군·홍성군 소재의 오서산으로 이어지는 차령산맥에 속하는 산줄기

☑ <산지경관 및 산림생태계의 보전에 필요한 산지>

당해 산줄기의 능선 중심선으로부터 좌우 수평거리 1킬로미터안에 위치하는 산지로 한다. 다만, 다음의 어느 하나에 해당하는 산지를 제외한다.

1. 지형 또는 인근의 토지이용 상태 등을 고려할 때 산지전용·일시사용제한지역으로 지정하는 것이 부적합하다고 인정되는 산지
2. 다른 법령의 규정에 따라 인가·허가·승인 등을 얻어 다른 용도로 개발중이거나 개발계획이 확정된 산지
3. 「백두대간보호에 관한 법률」 제6조의 규정에 의한 백두대간보호지역의 산지

2. 명승지, 유적지, 그 밖에 역사적·문화적으로 보전할 가치가 있다고 인정되는 산지로서 대통령령으로 정하는 산지
   ① 학술적·예술적 가치 및 산지경관으로서의 가치가 높은 산지
   ② 역사적 사실 또는 역사상의 인물과 관계된 산지
   ③ 전통사찰·기념비 등 문화재의 보호를 위하여 필요한 산지
   ④ 국민보건향상 및 휴양·치유를 위하여 보전이 필요한 산지

3. 산사태 등 재해 발생이 특히 우려되는 산지로서 대통령령으로 정하는 산지
   ① 산지의 경사도, 모암(母巖), 산림상태 등 농림축산식품부령으로 정하는 산사태위험지판정기준표상의 위험요인에 따라 산사태가 발생할 가능성이 높은 것으로 판정된 산지
   ② 집중강우 등으로 인하여 토사유출의 우려가 높은 산지

② 산림청장은 제1항에 따라 산지전용·일시사용제한지역을 지정하려면 대통령령으로 정하는 바에 따라 해당 산지소유자, 지역주민 및 지방자치단체의 장의 의견을 듣고 관계 행정기관의 장과 협의한 후 중앙산지관리위원회의 심의를 거쳐야 한다.

③ 산림청장은 제1항에 따라 산지전용·일시사용제한지역을 지정한 경우에는 대통령령으로 정하는 바에 따라 그 지정사실을 고시하고 관계 행정기관의 장에게 통보하여야 하며, 그 지정에 관한 관계 서류를 일반에게 공람하여야 한다.

④ 산림청장은 제3항에도 불구하고 시장·군수·구청장으로 하여금 산지전용·일시사용제한지역의 지정에 관한 관계 서류를 일반에게 공람하게 할 수 있다.

2. 산지전용·일시사용제한지역에서의 행위제한

산지전용·일시사용제한지역에서는 다음 각 호의 어느 하나에 해당하는 행위를 하기 위하여 산지전용 또는 산지일시사용을 하는 경우를 제외하고는 산지전용 또는 산지일시사용을 할 수 없다.

1. 국방·군사시설의 설치
2. 사방시설, 하천, 제방, 저수지, 그 밖에 이에 준하는 국토보전시설의 설치
3. 도로, 철도, 석유 및 가스의 공급시설, 그 밖에 대통령령으로 정하는 공용·공공용 시설의 설치
4. 산림보호, 산림자원의 보전 및 증식을 위한 시설로서 대통령령으로 정하는 시설의 설치
5. 임업시험연구를 위한 시설로서 대통령령으로 정하는 시설의 설치
6. 매장문화재의 발굴(지표조사를 포함한다), 문화재와 전통사찰의 복원·보수·이전 및 그 보존관리를 위한 시설의 설치, 문화재·전통사찰과 관련된 비석, 기념탑, 그 밖에 이와 유사한 시설의 설치
7. 다음 각 목의 어느 하나에 해당하는 시설 중 대통령령으로 정하는 시설의 설치
   가. 발전·송전시설 등 전력시설
   나. 「신에너지 및 재생에너지 개발·이용·보급 촉진법」에 따른 신·재생에너지 설비. 다만, 태양에너지 설비는 제외한다.
8. 「광업법」에 따른 광물의 탐사·시추시설의 설치 및 대통령령으로 정하는 갱내채굴
9. 「광산피해의 방지 및 복구에 관한 법률」에 따른 광해방지시설의 설치

9의2. 공공의 안전을 방해하는 위험시설이나 물건의 제거

9의3. 「6·25 전사자유해의 발굴 등에 관한 법률」에 따른 전사자의 유해 등 대통령령으로 정하는 유해의 조사·발굴

10. 제1호부터 제9호까지, 제9호의2 및 제9호의3에 따른 행위를 하기 위하여 대통령령으로 정하는 기간 동안 임시로 설치하는 다음 각 목의 어느 하나에 해당하는 부대시설의 설치
    가. 진입로
    나. 현장사무소
    다. 지질·토양의 조사·탐사시설
    라. 그 밖에 주차장 등 농림축산식품부령으로 정하는 부대시설
11. 제1호부터 제9호까지, 제9호의2 및 제9호의3에 따라 설치되는 시설 중 「건축법」에 따른 건축물과 도로(「건축법」 제2조제1항제11호의 도로를 말한다)를 연결하기 위한 대통령령으로 정하는 규모 이하의 진입로의 설치

3. 산지전용·일시사용제한지역 지정의 해제

① 산림청장은 산지전용·일시사용제한지역의 지정목적이 상실되었거나 산지전용·일시사용제한지역으로 계속 둘 필요가 없다고 인정되는 경우로서 다음 각 호의 어느 하나에 해당하는 경우에는 산지전용·일시사용제한지역의 지정을 해제할 수 있다.

> 1. 제10조 각 호에 해당하는 행위를 하기 위하여 산지전용허가를 받아 산지를 전용한 경우
> 2. 천재지변 등으로 인하여 산지전용·일시사용제한지역으로서의 가치를 상실한 경우
> 3. 재해방지시설을 설치하여 산사태 발생 위험이 없어지는 등 산지전용·일시사용제한 지역의 지정목적이 상실된 경우
> 4. 그 밖에 자연적·사회적·경제적·지역적 여건변화나 지역발전을 위한 사유 등 대통령령으로 정하는 경우

② 제1항에 따른 산지전용·일시사용제한지역 지정의 해제절차 등에 관하여는 제9조제2항 및 제3항을 준용한다. 다만, 다음 각 호의 어느 하나에 해당하는 경우에는 중앙산지관리위원회의 심의를 거치지 아니할 수 있다.

> 1. 제1항제1호 또는 제2호에 해당하는 경우
> 2. 제1항제3호 또는 제4호에 해당하는 경우로서 1만제곱미터 미만을 해제하는 경우

4. 보전산지에서의 행위제한

① 임업용산지에서는 다음 각 호의 어느 하나에 해당하는 행위를 하기 위하여 산지전용 또는 산지일시사용을 하는 경우를 제외하고는 산지전용 또는 산지일시사용을 할 수 없다.

> 1. 제10조제1호부터 제9호까지, 제9호의2 및 제9호의3에 따른 시설의 설치 등
> 2. 임도·산림경영관리사(山林經營管理舍) 등 산림경영과 관련된 시설 및 산촌산업개발시설 등 산촌개발사업과 관련된 시설로서 대통령령으로 정하는 시설의 설치
> 3. 수목원, 산림생태원, 자연휴양림, 수목장림(樹木葬林), 그 밖에 대통령령으로 정하는 산림공익시설의 설치
> 4. 농림어업인의 주택 및 그 부대시설로서 대통령령으로 정하는 주택 및 시설의 설치
> 5. 농림어업용 생산·이용·가공시설 및 농어촌휴양시설로서 대통령령으로 정하는 시설의 설치
> 6. 광물, 지하수, 그 밖에 대통령령으로 정하는 지하자원 또는 석재의 탐사·시추 및 개발과 이를 위한 시설의 설치
> 7. 산사태 예방을 위한 지질·토양의 조사와 이에 따른 시설의 설치
> 8. 석유비축 및 저장시설·방송통신설비, 그 밖에 대통령령으로 정하는 공용·공공용 시설의 설치
> 9. 「장사 등에 관한 법률」에 따라 허가를 받거나 신고를 한 묘지·화장시설·봉안시설·자연장지 시설의 설치
> 10. 대통령령으로 정하는 종교시설의 설치
> 11. 병원, 사회복지시설, 청소년수련시설, 근로자복지시설, 공공직업훈련시설 등 공익시설로서 대통령령으로 정하는 시설의 설치

12. 교육·연구 및 기술개발과 관련된 시설로서 대통령령으로 정하는 시설의 설치
13. 제1호부터 제12호까지의 시설을 제외한 시설로서 대통령령으로 정하는 지역사회개발 및 산업발전에 필요한 시설의 설치
14. 제1호부터 제13호까지의 규정에 따른 시설을 설치하기 위하여 대통령령으로 정하는 기간 동안 임시로 설치하는 다음 각 목의 어느 하나에 해당하는 부대시설의 설치
    가. 진입로
    나. 현장사무소
    다. 지질·토양의 조사·탐사시설
    라. 그 밖에 주차장 등 농림축산식품부령으로 정하는 부대시설
15. 제1호부터 제13호까지의 시설 중 「건축법」에 따른 건축물과 도로(「건축법」 제2조제1항제11호의 도로를 말한다)를 연결하기 위한 대통령령으로 정하는 규모 이하의 진입로의 설치
16. 그 밖에 가축의 방목, 산나물·야생화·관상수의 재배(성토 또는 절토 등을 통하여 지표면으로부터 높이 또는 깊이 50센티미터 이상 형질변경을 수반하는 경우에 한정한다), 물건의 적치(積置), 농도(農道)의 설치 등 임업용산지의 목적 달성에 지장을 주지 아니하는 범위에서 대통령령으로 정하는 행위

② 공익용산지(산지전용·일시사용제한지역은 제외한다)에서는 다음 각 호의 어느 하나에 해당하는 행위를 하기 위하여 산지전용 또는 산지일시사용을 하는 경우를 제외하고는 산지전용 또는 산지일시사용을 할 수 없다.

1. 제10조제1호부터 제9호까지, 제9호의2 및 제9호의3에 따른 시설의 설치 등
2. 제1항제2호, 제3호, 제6호 및 제7호의 시설의 설치
3. 제1항제12호의 시설 중 대통령령으로 정하는 시설의 설치
4. 대통령령으로 정하는 규모 미만으로서 다음 각 목의 어느 하나에 해당하는 행위
    가. 농림어업인 주택의 신축, 증축 또는 개축. 다만, 신축의 경우에는 대통령령으로 정하는 주택 및 시설에 한정한다.
    나. 종교시설의 증축 또는 개축
    다. 제4조제1항제1호나목2)에 해당하는 사유로 공익용산지로 지정된 사찰림의 산지에서의 사찰 신축, 제1항제9호의 시설 중 봉안시설 설치 또는 제1항제11호에 따른 시설 중 병원, 사회복지시설, 청소년수련시설의 설치
5. 제1호부터 제4호까지의 시설을 제외한 시설로서 대통령령으로 정하는 공용·공공용 사업을 위하여 필요한 시설의 설치
6. 제1호부터 제5호까지에 따른 시설을 설치하기 위하여 대통령령으로 정하는 기간 동안 임시로 설치하는 다음 각 목의 어느 하나에 해당하는 부대시설의 설치
    가. 진입로
    나. 현장사무소
    다. 지질·토양의 조사·탐사시설
    라. 그 밖에 주차장 등 농림축산식품부령으로 정하는 부대시설

7. 제1호부터 제5호까지의 시설 중 「건축법」에 따른 건축물과 도로(「건축법」 제2조제1항제11호의 도로를 말한다)를 연결하기 위한 대통령령으로 정하는 규모 이하의 진입로의 설치
8. 그 밖에 산나물·야생화·관상수의 재배(성토 또는 절토 등을 통하여 지표면으로부터 높이 또는 깊이 50센티미터 이상 형질변경을 수반하는 경우에 한정한다), 농도의 설치 등 공익용산지의 목적 달성에 지장을 주지 아니하는 범위에서 대통령령으로 정하는 행위

③ 제2항에도 불구하고 공익용산지(산지전용·일시사용제한지역은 제외한다) 중 다음 각 호의 어느 하나에 해당하는 산지에서의 행위제한에 대하여는 해당 법률을 각각 적용한다.

1. 「야생생물 보호 및 관리에 관한 법률」 에 따른 야생생물 특별보호구역 및 야생생물 보호구역의 산지
2. 「자연공원법」에 따른 공원구역의 산지
3. 「문화재보호법」에 따른 문화재보호구역의 산지
4. 「수도법」에 따른 상수원보호구역의 산지
5. 「개발제한구역의 지정 및 관리에 관한 특별조치법」에 따른 개발제한구역의 산지
6. 「국토의 계획 및 이용에 관한 법률」에 따른 보전녹지지역
7. 「자연환경보전법」에 따른 생태·경관보전지역의 산지
8. 「습지보전법」에 따른 습지보호지역의 산지
9. 「독도 등 도서지역의 생태계보전에 관한 특별법」에 따른 특정도서의 산지
10. 「백두대간 보호에 관한 법률」에 따른 백두대간보호지역의 산지
11. 「산림보호법」에 따른 산림보호구역의 산지
12. 「국토의 계획 및 이용에 관한 법률」에 따라 지역·지구 및 구역 등으로 지정된 산지로서 대통령령으로 정하는 산지
   ① 「국토의 계획 및 이용에 관한 법률」 의 자연환경보전지역으로 지정된 산지
   ② 「국토의 계획 및 이용에 관한 법률」 의 방재지구로 지정된 산지
   ③ 「국토의 계획 및 이용에 관한 법률」 에 따른 도시자연공원구역으로 지정된 산지
   ④ 「국토의 계획 및 이용에 관한 법률」 에 따른 수산자원보호구역으로 지정된 산지
   ⑤ 「국토의 계획 및 이용에 관한 법률 시행령」 에 따른 자연경관지구, 역사문화환경보호지구 및 생태계보호지구로 지정된 산지

4 산지전용허가 등

1. 산지전용허가

① 산지전용을 하려는 자는 그 용도를 정하여 대통령령으로 정하는 산지의 종류 및 면적 등의 구분에 따라 산림청장등의 허가를 받아야 하며, 허가받은 사항을 변경하려는 경우에도 같다. 다만, 농림축산식품부령으로 정하는 사항으로서 경미한 사항을 변경하

려는 경우에는 산림청장등에게 신고로 갈음할 수 있다(법 제14조).

② 산림청장등은 제1항 단서에 따른 변경신고를 받은 날부터 25일 이내에 신고수리 여부를 신고인에게 통지하여야 한다.

③ 산림청장등이 제2항에서 정한 기간 내에 신고수리 여부 또는 민원 처리 관련 법령에 따른 처리기간의 연장을 신고인에게 통지하지 아니하면 그 기간(민원 처리 관련 법령에 따라 처리기간이 연장 또는 재연장된 경우에는 해당 처리기간을 말한다)이 끝난 날의 다음 날에 신고를 수리한 것으로 본다.

④ 관계 행정기관의 장이 다른 법률에 따라 산지전용허가가 의제되는 행정처분을 하기 위하여 산림청장등에게 협의를 요청하는 경우에는 대통령령으로 정하는 바에 따라 제18조에 따른 산지전용허가기준에 맞는지를 검토하는 데에 필요한 서류를 산림청장등에게 제출하여야 한다.

⑤ 관계 행정기관의 장은 제4항에 따른 협의를 한 후 산지전용허가가 의제되는 행정처분을 하였을 때에는 지체 없이 산림청장등에게 통보하여야 한다.

2. 산지전용신고

① 다음 각 호의 어느 하나에 해당하는 용도로 산지전용을 하려는 자는 제14조제1항에도 불구하고 국유림(「국유림의 경영 및 관리에 관한 법률」 제4조제1항에 따라 산림청장이 경영하고 관리하는 국유림을 말한다. 이하 같다)의 산지에 대하여는 산림청장에게, 국유림이 아닌 산림의 산지에 대하여는 시장·군수·구청장에게 신고하여야 한다. 신고한 사항 중 농림축산식품부령으로 정하는 사항을 변경하려는 경우에도 같다(법 제15조).

> 1. 산림경영·산촌개발·임업시험연구를 위한 시설 및 수목원·산림생태원·자연휴양림 등 대통령령으로 정하는 산림공익시설과 그 부대시설의 설치
> 2. 농림어업인의 주택시설과 그 부대시설의 설치
> 3. 「건축법」에 따른 건축허가 또는 건축신고 대상이 되는 농림수산물의 창고·집하장·가공시설 등 대통령령으로 정하는 시설의 설치

② 제1항에 따른 산지전용신고의 절차, 신고대상 시설 및 행위의 범위, 설치지역, 설치조건 등에 관한 사항은 대통령령으로 정한다.

③ 제1항에 따른 산지전용신고 또는 변경신고를 받은 산림청장 또는 시장·군수·구청장은 그 신고내용이 제2항에 따른 신고대상 시설 및 행위의 범위, 설치지역, 설치조건 등을 충족하는 경우에는 농림축산식품부령으로 정하는 바에 따라 제1항에 따른 산지전용신고 또는 변경신고를 받은 날부터 10일 이내에 신고를 수리하여야 한다.

④ 산림청장 또는 시장·군수·구청장이 제3항에서 정한 기간 내에 신고수리 여부 또는 민원 처리 관련 법령에 따른 처리기간의 연장을 신고인에게 통지하지 아니하면 그 기간(민원 처리 관련 법령에 따라 처리기간이 연장 또는 재연장된 경우에는 해당 처리기간을 말한다)이 끝난 날의 다음 날에 신고를 수리한 것으로 본다.

⑤ 관계 행정기관의 장이 다른 법률에 따라 산지전용신고가 의제되는 행정처분을 하기 위한 산림청장 또는 시장·군수·구청장과의 협의 및 그 처분의 통보에 관하여는 제14조제4항 및 제5항을 준용한다.

3. 산지일시사용허가·신고

① 「광업법」에 따른 광물의 채굴, 「광산피해의 방지 및 복구에 관한 법률」에 따른 광해방지사업, 그 밖에 대통령령으로 정하는 용도로 산지일시사용을 하려는 자는 대통령령으로 정하는 산지의 종류 및 면적 등의 구분에 따라 산림청장등의 허가를 받아야 하며, 허가받은 사항을 변경하려는 경우에도 또한 같다. 다만, 농림축산식품부령으로 정하는 경미한 사항을 변경하려는 경우에는 산림청장등에게 신고로 갈음할 수 있다.

② 산림청장등은 제1항 단서에 따른 변경신고를 받은 날부터 25일 이내에 신고수리 여부를 신고인에게 통지하여야 한다.

③ 산림청장등이 제2항에서 정한 기간 내에 신고수리 여부 또는 민원 처리 관련 법령에 따른 처리기간의 연장을 신고인에게 통지하지 아니하면 그 기간(민원 처리 관련 법령에 따라 처리기간이 연장 또는 재연장된 경우에는 해당 처리기간을 말한다)이 끝난 날의 다음 날에 신고를 수리한 것으로 본다.

④ 다음 각 호의 어느 하나에 해당하는 용도로 산지일시사용을 하려는 자는 국유림의 산지에 대하여는 산림청장에게, 국유림이 아닌 산림의 산지에 대하여는 시장·군수·구청장에게 신고하여야 한다. 신고한 사항 중 농림축산식품부령으로 정하는 사항을 변경하려는 경우에도 같다.

1. 「건축법」에 따른 건축허가 또는 건축신고 대상이 아닌 간이 농림어업용 시설과 농림수산물 간이처리시설의 설치
2. 석재·지하자원의 탐사시설 또는 시추시설의 설치(지질조사를 위한 시설의 설치를 포함한다)
3. 제10조제10호, 제12조제1항제14호 및 제12조제2항제6호에 따른 부대시설의 설치 및 물건의 적치
4. 산나물, 약초, 약용수종, 조경수·야생화 등 관상산림식물의 재배(성토 또는 절토 등을 통하여 지표면으로부터 높이 또는 깊이 50센티미터 이상 형질변경을 수반하는 경우에 한정한다)
5. 가축의 방목 및 해당 방목지에서 가축의 방목을 위하여 필요한 목초(牧草) 종자의 파종
6. 「매장문화재 보호 및 조사에 관한 법률」에 따른 매장문화재 지표조사
7. 임도, 작업로, 임산물 운반로, 등산로·탐방로 등 숲길, 그 밖에 이와 유사한 산길의 조성
8. 「장사 등에 관한 법률」에 따른 수목장림의 설치
9. 「사방사업법」에 따른 사방시설의 설치
10. 산불의 예방 및 진화 등 대통령령으로 정하는 재해응급대책과 관련된 시설의 설치

> 11. 「전기통신사업법」 제2조제8호에 따른 전기통신사업자가 설치하는 대통령령으로 정하는 규모 이하의 무선전기통신 송수신시설
> 12. 그 밖에 농림축산식품부령으로 정하는 경미한 시설의 설치

⑤ 산지일시사용허가·신고의 절차, 기준, 조건, 기간·기간연장, 대상시설, 행위의 범위, 설치지역 및 설치조건 등에 필요한 사항은 대통령령으로 정한다.

⑥ 산지일시사용신고 또는 변경신고를 받은 산림청장 또는 시장·군수·구청장은 그 신고내용이 제5항에 따른 산지일시사용신고의 기준, 조건, 대상시설, 행위의 범위, 설치지역 등을 충족하는 경우에는 농림축산식품부령으로 정하는 바에 따라 제4항에 따른 산지일시사용신고 또는 변경신고를 받은 날부터 10일 이내에 신고를 수리하여야 한다.

⑦ 산림청장 또는 시장·군수·구청장이 제6항에서 정한 기간 내에 신고수리 여부 또는 민원 처리 관련 법령에 따른 처리기간의 연장을 신고인에게 통지하지 아니하면 그 기간(민원 처리 관련 법령에 따라 처리기간이 연장 또는 재연장된 경우에는 해당 처리기간을 말한다)이 끝난 날의 다음 날에 신고를 수리한 것으로 본다.

Part 02

4. 산지전용허가 등의 기간

① 산지전용허가 또는 산지전용신고에 의하여 대상 시설물을 설치하는 기간 등 산지전용기간은 다음 각 호와 같다. 다만, 산지전용허가를 받거나 산지전용신고를 하려는 자가 산지 소유자가 아닌 경우의 산지전용기간은 그 산지를 사용·수익할 수 있는 기간을 초과할 수 없다(법 제17조).

> 1. 산지전용허가의 경우: 산지전용면적 및 전용을 하려는 목적사업을 고려하여 10년의 범위에서 농림축산식품부령으로 정하는 기준에 따라 산림청장등이 허가하는 기간. 다만, 다른 법령에서 목적사업의 시행에 필요한 기간을 정한 경우에는 그 기간을 허가기간으로 할 수 있다.
> 2. 산지전용신고의 경우: 산지전용면적 및 전용을 하려는 목적사업을 고려하여 10년의 범위에서 농림축산식품부령으로 정하는 기준에 따라 신고하는 기간. 다만, 다른 법령에서 목적사업의 시행에 필요한 기간을 정한 경우에는 그 기간을 산지전용기간으로 신고할 수 있다.

② 산지전용허가를 받거나 산지전용신고를 한 자가 산지전용기간 이내에 전용하려는 목적사업을 완료하지 못하여 그 기간을 연장할 필요가 있으면 대통령령으로 정하는 바에 따라 산림청장등으로부터 산지전용기간의 연장 허가를 받거나 산림청장 또는 시장·군수·구청장에게 산지전용기간의 변경신고를 하여야 한다.

③ 산림청장 또는 시장·군수·구청장은 변경신고를 받은 날부터 5일 이내에 신고수리 여부를 신고인에게 통지하여야 한다.

④ 산림청장 또는 시장·군수·구청장이 제3항에서 정한 기간 내에 신고수리 여부 또는 민원 처리 관련 법령에 따른 처리기간의 연장을 신고인에게 통지하지 아니하면 그

기간(민원 처리 관련 법령에 따라 처리기간이 연장 또는 재연장된 경우에는 해당 처리기간을 말한다)이 끝난 날의 다음 날에 신고를 수리한 것으로 본다.

5. 산지전용허가기준 등

① 산지전용허가 신청을 받은 산림청장등은 그 신청내용이 다음 각 호의 기준에 맞는 경우에만 산지전용허가를 하여야 한다(법 제18조).

> 1. 제10조와 제12조에 따른 행위제한사항에 해당하지 아니할 것
> 2. 인근 산림의 경영·관리에 큰 지장을 주지 아니할 것
> 3. 집단적인 조림 성공지 등 우량한 산림이 많이 포함되지 아니할 것
> 4. 희귀 야생 동·식물의 보전 등 산림의 자연생태적 기능유지에 현저한 장애가 발생하지 아니할 것
> 5. 토사의 유출·붕괴 등 재해가 발생할 우려가 없을 것
> 6. 산림의 수원 함양 및 수질보전 기능을 크게 해치지 아니할 것
> 7. 산지의 형태 및 임목(林木)의 구성 등의 특성으로 인하여 보호할 가치가 있는 산림에 해당되지 아니할 것
> 8. 사업계획 및 산지전용면적이 적정하고 산지전용방법이 산지경관 및 산림 훼손을 최소화하며 산지전용 후의 복구에 지장을 줄 우려가 없을 것

② 제1항에도 불구하고 준보전산지의 경우 또는 다음 각 호의 요건을 모두 충족하는 경우에는 제1항제1호부터 제4호까지의 기준을 적용하지 아니한다.

> 1. 전용하려는 산지 중 임업용산지의 비율이 100분의 20 미만으로서 대통령령으로 정하는 비율 이내일 것
> 2. 전용하려는 산지에 대통령령으로 정하는 집단화된 임업용산지가 포함되지 아니할 것
> 3. 전용하려는 산지 중 제1호의 임업용산지를 제외한 나머지가 준보전산지일 것

③ 산림청장등은 산지전용허가를 할 때 산림기능의 유지, 재해 방지, 산지경관 보전 등을 위하여 필요할 때에는 재해방지시설의 설치 등 필요한 조건을 붙일 수 있다.

④ 산림청장등은 산지전용허가 중 대통령령으로 정하는 면적 이상의 산지(보전산지가 대통령령으로 정하는 면적 이상으로 포함되는 경우로 한정한다)에 대한 산지전용허가를 할 때에는 미리 그 산지전용타당성에 관하여 중앙산지관리위원회 또는 지방산지관리위원회의 심의를 거쳐야 한다. 다만, 해당 산지에 대하여 중앙산지관리위원회 또는 지방산지관리위원회의 심의를 거친 경우에는 그러하지 아니하다.

⑤ 제1항에 따른 산지전용허가기준의 적용 범위와 산지의 면적에 관한 허가기준, 그 밖의 사업별·규모별 세부 기준 등에 관한 사항은 대통령령으로 정한다. 다만, 지역여건상 산지의 이용 및 보전을 위하여 필요하다고 인정되면 대통령령으로 정하는 범위에서 산지의 면적에 관한 허가기준이나 그 밖의 사업별·규모별 세부 기준을 해당 지방자치단체의 조례로 정할 수 있다.

6. 대체산림자원조성비

① 다음 각 호의 어느 하나에 해당하는 자는 산지전용과 산지일시사용에 따른 대체산림자원 조성에 드는 비용(이하 "대체산림자원조성비"라 한다)을 미리 내야 한다(법 제19조).

> 1. 산지전용허가를 받으려는 자
> 2. 산지일시사용허가를 받으려는 자(「광산피해의 방지 및 복구에 관한 법률」에 따른 광해방지사업을 하려는 자는 제외한다)
> 3. 다른 법률에 따라 산지전용허가 또는 산지일시사용허가가 의제되거나 배제되는 행정처분을 받으려는 자

② 대체산림자원조성비를 내야 하는 자가 다음 각 호의 어느 하나에 해당하는 경우에는 제1항 각 호에 따른 산지전용허가, 산지일시사용허가 또는 행정처분을 받은 후에 대체산림자원조성비를 낼 수 있다. 다만, 제2호의 경우에는 제1항 각 호에 따른 산지전용허가, 산지일시사용허가 또는 행정처분을 받은 후 그 목적사업을 시작하기 전에 대체산림자원조성비의 100분의 50의 범위에서 농림축산식품부령으로 정하는 금액을 미리 내야 한다.

> 1. 대통령령으로 정하는 납부금액의 구분에 따라 일정한 기한까지 대체산림자원조성비를 낼 것을 조건으로 하는 경우. 이 경우 대체산림자원조성비를 내지 아니하면 산지전용 또는 산지일시사용을 할 수 없다.
> 2. 국가나 지방자치단체가 산지전용허가 등을 받는 경우, 대체산림자원조성비 총 납부금액이 일정 금액 이상인 경우 등 대통령령으로 정하는 경우에 해당하여 일정한 기한까지 대체산림자원조성비를 분할하여 납부할 것을 조건으로 하는 경우. 이 경우 분할 납부하려는 자는 농림축산식품부령으로 정하는 바에 따라 그 이행을 담보할 수 있는 이행보증금을 예치하여야 한다.

③ 대체산림자원조성비는 산림청장등이 부과·징수하며, 그 징수금액은 「농어촌구조개선특별회계법」에 따른 임업진흥사업계정의 세입으로 한다. 다만, 시·도지사 또는 시장·군수·구청장이 부과·징수하는 경우에는 그 징수금액의 10퍼센트를 해당 지방자치단체의 수입으로 한다.

④ 산림청장등은 다음 각 호의 어느 하나에 해당하는 경우에는 감면기간을 정하여 대체산림자원조성비를 감면할 수 있다.

> 1. 국가나 지방자치단체가 공용 또는 공공용의 목적으로 산지전용 또는 산지일시사용을 하는 경우
> 2. 대통령령으로 정하는 중요 산업시설을 설치하기 위하여 산지전용 또는 산지일시사용을 하는 경우
> 3. 광물의 채굴 또는 그 밖에 대통령령으로 정하는 시설을 설치하거나 대통령령으로 정하는 용도로 사용하기 위하여 산지전용 또는 산지일시사용을 하는 경우

⑤ 산림청장등은 대체산림자원조성비를 감면(감면기간 연장을 포함한다)하려는 경우에는 감면의 타당성 등에 대하여 중앙산지관리위원회의 심의를 거쳐야 한다.

⑥ 대체산림자원조성비의 감면 대상·비율 및 감면기간 등에 필요한 사항은 대통령령으로 정한다.

⑦ 대체산림자원조성비는 산지전용 또는 산지일시사용되는 산지의 면적에 부과시점의 단위면적당 금액을 곱한 금액으로 하되, 단위면적당 금액은 산림청장이 결정·고시한다. 이 경우 산림청장은 제4조에 따라 구분된 산지별 또는 지역별로 단위면적당 금액을 달리할 수 있다.

⑧ 대체산림자원조성비(제2항 각 호 외의 부분 단서에 따라 미리 내는 대체산림자원조성비는 제외한다)를 내야 하는 자가 납부기한까지 내지 아니하면 국세 체납처분의 예 또는 「지방행정제재·부과금의 징수 등에 관한 법률」에 따라 징수할 수 있다.

⑨ 대체산림자원조성비의 납부 기한, 대체산림자원조성비의 단위면적당 금액의 세부 산정기준(「부동산 가격공시에 관한 법률」에 따른 해당 산지의 개별공시지가를 일부 포함한다) 등에 관한 사항은 대통령령으로 정한다.

⑩ 대체산림자원조성비는 현금 또는 대통령령으로 정하는 납부대행기관을 통하여 신용카드·직불카드 등(이하 "신용카드 등"이라 한다)으로 납부할 수 있다. 신용카드로 대체산림자원조성비를 납부하는 경우에는 대체산림자원조성비 납부대행기관의 승인일을 납부일로 본다.

⑪ 대체산림자원조성비 납부대행기관의 지정, 납부대행 수수료 등에 관하여 필요한 사항은 대통령령으로 정한다.

7. 대체산림자원조성비의 환급

① 산림청장등은 대체산림자원조성비를 낸 자가 다음 각 호의 어느 하나에 해당하는 경우에는 대통령령으로 정하는 바에 따라 대체산림자원조성비의 전부 또는 일부를 되돌려주어야 한다. 다만, 형질이 변경된 면적의 비율에 따라 대체산림자원조성비를 차감하여 되돌려줄 수 있으며, 제38조제1항에 따른 복구비를 예치하지 아니한 자의 경우에는 대통령령으로 정하는 바에 따라 산지 복구에 필요한 비용을 미리 상계(相計)한 후 되돌려줄 수 있다(법 제19조의2).

1. 제14조에 따른 산지전용허가를 받지 못한 경우
2. 제15조의2제1항에 따른 산지일시사용허가를 받지 못한 경우
3. 제16조제2항에 따라 산지전용허가 또는 산지일시사용허가가 취소된 것으로 보게 되는 경우
4. 제15조의2제5항에 따른 산지일시사용기간 또는 제17조제1항 및 제2항에 따른 산지전용기간 이내에 목적사업을 완료하지 못하고 그 기간이 만료된 경우
5. 제20조제1항에 따라 산지전용허가 또는 산지일시사용허가가 취소된 경우
6. 다른 법률에 따라 제14조에 따른 산지전용허가, 제15조의2제1항에 따른 산지일시사용허가를 받지 아니한 것으로 보게 되는 경우

7. 사업계획의 변경이나 그 밖에 대통령령으로 정하는 사유로 대체산림자원조성비의 부과 대상 산지의 면적이 감소된 경우
8. 대체산림자원조성비를 낸 후 그 부과의 정정 등 대통령령으로 정하는 사유가 발생한 경우

② 제1항에도 불구하고 제42조에 따라 복구준공검사를 받은 경우에는 대체산림자원조성비를 되돌려주지 아니한다. 다만, 다음 각 호의 어느 하나에 해당하는 경우에는 그러하지 아니하다.

1. 대체산림자원조성비를 잘못 산정하였거나 그 부과금액이 잘못 기재된 경우
2. 대체산림자원조성비의 부과대상이 아닌 것에 대하여 부과된 경우

⊗ 참고 (2024년도 대체산림자원조성비)

2024년도 대체산림자원조성비 부과기준은 다음과 같습니다:

산지 구분	단위면적당 산출금액 (원/㎡)
준보전산지	8,090
보전산지	10,510
산지전용·일시사용 제한지역	16,180

부과금액 계산 방법:

부과금액 = 산지전용허가 또는 산지일시사용허가 면적 × 단위면적당 금액

단위면적당 금액 = 산지별·지역별 단위면적당 산출금액 + 해당 산지 개별공시지가의 1/1,000

단, 개별공시지가의 1/1,000에 해당하는 금액은 최대 8,090원/㎡으로 한정

예를 들어, 준보전산지에서 전용하려는 면적이 100㎡이고, 해당 산지의 개별공시지가가 10,000원/㎡인 경우:

◦ 단위면적당 금액: 8,090원 + (10,000원 × 0.001) = 8,090원 + 10원 = 8,100원/㎡
◦ 부과금액: 100㎡ × 8,100원/㎡ = 810,000원

이 기준은 2024년 1월 30일부터 시행

8. 산지전용허가의 취소 등

① 산림청장등은 산지전용허가 또는 산지일시사용허가를 받거나 산지전용신고 또는 산지일시사용신고를 한 자가 다음 각 호의 어느 하나에 해당하는 경우에는 농림축산식품부령으로 정하는 바에 따라 허가를 취소하거나 목적사업의 중지, 시설물의 철거, 산지로의 복구, 그 밖에 필요한 조치를 명할 수 있다. 다만, 제1호에 해당하는 경우에는 그 허가를 취소하거나 목적사업의 중지 등을 명하여야 한다(법 제20조).

> 1. 거짓이나 그 밖의 부정한 방법으로 허가를 받거나 신고를 한 경우
> 2. 허가의 목적 또는 조건을 위반하거나 허가 또는 신고 없이 사업계획이나 사업규모를 변경하는 경우
> 3. 대체산림자원조성비를 내지 아니하였거나 제38조에 따른 복구비를 예치하지 아니한 경우(제37조제8항에 따른 줄어든 복구비 예치금을 다시 예치하지 아니한 경우를 포함한다)
> 4. 제37조제6항 각 호의 어느 하나에 해당하는 필요한 조치 명령에 따른 재해 방지 또는 복구를 위한 명령을 이행하지 아니한 경우
> 5. 허가를 받은 자가 각 호 외의 부분 본문·단서에 따른 목적사업의 중지 등의 조치명령을 위반한 경우
> 6. 허가를 받은 자가 허가취소를 요청하거나 신고를 한 자가 신고를 철회하는 경우

② 산림청장등은 다른 법률에 따라 산지전용허가·산지일시사용허가 또는 산지전용신고·산지일시사용신고가 의제되는 행정처분을 받은 자가 제1항 각 호의 어느 하나에 해당하는 경우에는 산지전용 또는 산지일시사용의 중지를 명할 수 있다.

③ 산림청장등은 제2항에도 불구하고 다른 법률에 따라 산지전용허가·산지일시사용허가 또는 산지전용신고·산지일시사용신고가 의제되는 행정처분을 받은 자가 제1항제3호에 해당하는 경우에는 관계 행정기관의 장에게 그 목적사업에 관련된 승인·허가 등의 취소를 요청할 수 있다.

제3절 개발제한구역의 지정 및 관리에 관한 특별조치법 주요내용

1 개발제한구역의 지정 및 해제의 기준

① 국토교통부장관이 「개발제한구역의 지정 및 관리에 관한 특별조치법」(이하 "법"이라 한다)에 따라 개발제한구역을 지정할 때에는 다음 각 호의 어느 하나에 해당하는 지역을 대상으로 한다.

> 1. 도시가 무질서하게 확산되는 것 또는 서로 인접한 도시가 시가지로 연결되는 것을 방지하기 위하여 개발을 제한할 필요가 있는 지역
> 2. 도시주변의 자연환경 및 생태계를 보전하고 도시민의 건전한 생활환경을 확보하기 위하여 개발을 제한할 필요가 있는 지역

> 3. 국가보안상 개발을 제한할 필요가 있는 지역
> 4. 도시의 정체성 확보 및 적정한 성장 관리를 위하여 개발을 제한할 필요가 있는 지역

② 개발제한구역은 지정 목적을 달성하기 위하여 공간적으로 연속성을 갖도록 지정하되, 도시의 자족성 확보, 합리적인 토지이용 및 적정한 성장 관리 등을 고려하여야 한다.

③ 개발제한구역이 다음 각 호의 어느 하나에 해당하는 경우에는 국토교통부장관이 정하는 바에 따라 개발제한구역을 조정하거나 해제할 수 있다.

> 1. 개발제한구역에 대한 환경평가 결과 보존가치가 낮게 나타나는 곳으로서 도시용지의 적절한 공급을 위하여 필요한 지역. 이 경우 도시의 기능이 쇠퇴하여 활성화할 필요가 있는 지역과 연계하여 개발할 수 있는 지역을 우선적으로 고려하여야 한다.
> 2. 주민이 집단적으로 거주하는 취락으로서 주거환경 개선 및 취락 정비가 필요한 지역
> 3. 도시의 균형적 성장을 위하여 기반시설의 설치 및 시가화(市街化) 면적의 조정 등 토지이용의 합리화를 위하여 필요한 지역
> 4. 지정 목적이 달성되어 개발제한구역으로 유지할 필요가 없게 된 지역
> 5. 도로(국토교통부장관이 정하는 규모의 도로만 해당한다)·철도 또는 하천 개수로(開水路)로 인하여 단절된 3만제곱미터 미만의 토지. 다만, 개발제한구역의 조정 또는 해제로 인하여 그 지역과 주변지역에 무질서한 개발 또는 부동산 투기행위가 발생하거나 그 밖에 도시의 적정한 관리에 지장을 줄 우려가 큰 때에는 그러하지 아니하다.
> 6. 개발제한구역 경계선이 관통하는 대지(垈地: 「공간정보의 구축 및 관리 등에 관한 법률」에 따라 각 필지로 구획된 토지를 말한다)로서 다음 각 목의 요건을 모두 갖춘 지역
>   가. 개발제한구역의 지정 당시 또는 해제 당시부터 대지의 면적이 1천제곱미터 이하로서 개발제한구역 경계선이 그 대지를 관통하도록 설정되었을 것
>   나. 대지 중 개발제한구역인 부분의 면적이 기준 면적 이하일 것. 이 경우 기준 면적은 특별시·광역시·특별자치시·도 또는 특별자치도(이하 "시·도"라 한다)의 관할구역 중 개발제한구역 경계선이 관통하는 대지의 수, 그 대지 중 개발제한구역인 부분의 규모와 그 분포 상황, 토지이용 실태 및 지형·지세 등 지역 특성을 고려하여 시·도의 조례로 정한다.
> 7. 제6호의 지역이 개발제한구역에서 해제되는 경우 개발제한구역의 공간적 연속성이 상실되는 1천제곱미터 미만의 소규모 토지

④ 제3항제2호 또는 제5호에 해당하는 지역을 개발제한구역에서 해제하려는 경우에는 「국토의 계획 및 이용에 관한 법률」 제51조에 따라 지구단위계획구역으로 지정하고 지구단위계획을 수립하여야 한다. 다만, 제3항제5호에 해당하는 지역은 그 면적이 1만제곱미터를 초과하는 경우만 해당한다.

⑤ 제3항제5호에 해당되어 개발제한구역에서 해제하는 토지에 대하여 「국토의 계획 및 이용에 관한 법률」 제36조에 따라 용도지역을 지정할 경우에는 같은 법 시행령 제30조제4호에 따른 녹지지역으로 지정하여야 한다. 다만, 다음 각 호의 요건을 모두 갖춘 경우에는 다른 용도지역으로 지정할 수 있다.

1. 도시발전을 위하여 다른 용도지역으로 지정할 필요가 있고 「국토의 계획 및 이용에 관한 법률」 제2조제1호에 따른 광역도시계획 및 같은 조 제3호에 따른 도시·군기본계획에 부합할 것
2. 제3항제2호에 따라 개발제한구역에서 해제된 인근의 집단 취락 또는 인근의 개발제한구역이 아닌 지역의 용도지역과 조화되게 정할 필요가 있을 것
3. 다른 용도지역으로 지정되더라도 기반시설을 추가적으로 설치할 필요가 없을 것

⑥ 중앙행정기관의 장, 특별시장, 광역시장, 특별자치시장, 특별자치도지사, 시장, 군수 또는 구청장은 개발제한구역에 법 제11조제1항제4호에 따른 도시·군계획시설을 설치하는 계획을 수립하거나 이를 설치하려는 경우에는 제3항제5호의 소규모 단절 토지가 발생되지 않도록 하여야 하며, 부득이 소규모 단절 토지의 발생을 피할 수 없는 경우에는 그 사유·규모와 발생시기 등에 관하여 국토교통부장관 및 해당 지역을 관할하는 시장, 군수 또는 구청장(자치구의 구청장을 말한다. 이하 같다)과 미리 협의하여야 한다.

2 토지소유자 등의 훼손지 정비사업

① 다음 각 호의 어느 하나에 해당하는 자는 대통령령으로 정하는 바에 따라 축사 등 동물·식물 관련 시설이 밀집된 훼손지의 정비사업(이하 "정비사업"이라 한다)을 시행할 수 있다.

1. 국유지·공유지를 제외한 해당 훼손지의 토지소유자
2. 제1호에 따른 토지소유자가 정비사업을 위하여 설립하는 조합
3. 지방자치단체
4. 「공공기관의 운영에 관한 법률」에 따른 공공기관
5. 「지방공기업법」에 따른 지방공기업

② 제1항에 따라 정비사업을 시행하는 자는 해당 정비사업 구역 면적의 100분의 30 이상에 해당하는 정비사업 부지에 「도시공원 및 녹지 등에 관한 법률」 제2조에 따른 도시공원 또는 녹지를 조성하여 같은 법 제20조에 따른 공원관리청(이하 "공원관리청"이라 한다)에 기부채납(寄附採納)하여야 한다. 다만, 정비사업 시행을 위하여 「국토의 계획 및 이용에 관한 법률」 제30조에 따라 도시·군관리계획으로 결정된 도로의 개설이 필요한 경우, 정비사업 구역 면적의 100분의 5 이내에서 공원·녹지로 조성하여 기부채납해야 하는 면적을 도로의 면적으로 대체할 수 있다.

③ 제2항에도 불구하고 정비사업 구역 내에 도시공원 또는 녹지를 조성하기 어려운 경우 정비사업 구역 내 도시공원 또는 녹지 대신 「국토의 계획 및 이용에 관한 법률」 제30조에 따라 도시·군관리계획으로 결정된 개발제한구역 내 도시공원 부지로 정비사업 구역에 포함되는 토지의 총 가액(감정평가업자 2인 이상이 평가한 평가액의 산술평가액을 말한다)의 70분의 30(제2항 단서에 따라 도로 면적이 포함되는 경우에는 그 비

율만큼을 제외한다)에 해당하는 금액과 국토교통부장관이 정하는 공원조성비용을 합한 금액 이상에 해당하는 도시공원 부지를 기부채납하여야 한다.

④ 제1항에 따라 정비사업을 시행하려는 자는 대통령령으로 정하는 서류를 갖추어 관할 시장·군수·구청장(자치구의 구청장을 말한다. 이하 이 조에서 같다)에게 신청하여야 한다.

⑤ 제4항에 따른 신청을 받은 시장·군수·구청장은 정비사업 요건에 적합하다고 인정하는 경우 시·도지사와 협의하여야 한다.

⑥ 시·도지사는 정비사업의 시행이 필요하다고 인정하는 경우 국토교통부장관과 협의하여야 한다. 이 경우 시·도지사는 국토교통부장관과의 협의 결과를 시장·군수·구청장에게 통보하여야 한다.

⑦ 시장·군수·구청장은 제5항에 따라 정비사업 요건을 검토한 결과 및 제5항 또는 제6항에 따라 시·도지사로부터 통보받은 협의 결과를 제4항에 따라 신청한 자에게 통보하여야 한다.

⑧ 정비사업의 내용·방법, 제1항에 따른 훼손지의 구체적인 범위, 같은 항 제2호에 따른 조합의 설립요건·절차 등 필요한 사항은 대통령령으로 정한다.

Part 02

3 개발제한구역에서의 행위제한(제12조)

① 개발제한구역에서는 건축물의 건축 및 용도변경, 공작물의 설치, 토지의 형질변경, 죽목(竹木)의 벌채, 토지의 분할, 물건을 쌓아놓는 행위 또는 「국토의 계획 및 이용에 관한 법률」 제2조제11호에 따른 도시·군계획사업(이하 "도시·군계획사업"이라 한다)의 시행을 할 수 없다. 다만, 다음 각 호의 어느 하나에 해당하는 행위를 하려는 자는 특별자치시장·특별자치도지사·시장·군수 또는 구청장(이하 "시장·군수·구청장"이라 한다)의 허가를 받아 그 행위를 할 수 있다.

1. 다음 각 목의 어느 하나에 해당하는 건축물이나 공작물로서 대통령령으로 정하는 건축물의 건축 또는 공작물의 설치와 이에 따르는 토지의 형질변경
   가. 공원, 녹지, 실외체육시설, 시장·군수·구청장이 설치하는 노인의 여가활용을 위한 소규모 실내 생활체육시설 등 개발제한구역의 존치 및 보전관리에 도움이 될 수 있는 시설
   나. 도로, 철도 등 개발제한구역을 통과하는 선형(線形)시설과 이에 필수적으로 수반되는 시설
   다. 개발제한구역이 아닌 지역에 입지가 곤란하여 개발제한구역 내에 입지하여야만 그 기능과 목적이 달성되는 시설
   라. 국방·군사에 관한 시설 및 교정시설
   마. 개발제한구역 주민과 「공익사업을 위한 토지 등의 취득 및 보상에 관한 법률」 제4조에 따른 공익사업의 추진으로 인하여 개발제한구역이 해제된 지역 주민의 주거·생활편익·생업을 위한 시설

1의2. 도시공원, 물류창고 등 정비사업을 위하여 필요한 시설로서 대통령령으로 정하는 시설을 정비사업 구역에 설치하는 행위와 이에 따르는 토지의 형질변경
2. 개발제한구역의 건축물로서 제15조에 따라 지정된 취락지구로의 이축(移築)
3. 「공익사업을 위한 토지 등의 취득 및 보상에 관한 법률」 제4조에 따른 공익사업(개발제한구역에서 시행하는 공익사업만 해당한다. 이하 이 항에서 같다)의 시행에 따라 철거된 건축물을 이축하기 위한 이주단지의 조성
3의2. 「공익사업을 위한 토지 등의 취득 및 보상에 관한 법률」 제4조에 따른 공익사업의 시행에 따라 철거되는 건축물 중 취락지구로 이축이 곤란한 건축물로서 개발제한구역 지정 당시부터 있던 주택, 공장 또는 종교시설을 취락지구가 아닌 지역으로 이축하는 행위
4. 건축물의 건축을 수반하지 아니하는 토지의 형질변경으로서 영농을 위한 경우 등 대통령령으로 정하는 토지의 형질변경
5. 벌채 면적 및 수량(樹量), 그 밖에 대통령령으로 정하는 규모 이상의 죽목(竹木) 벌채
6. 대통령령으로 정하는 범위의 토지 분할
7. 모래·자갈·토석 등 대통령령으로 정하는 물건을 대통령령으로 정하는 기간까지 쌓아 놓는 행위
8. 제1호 또는 제13조에 따른 건축물 중 대통령령으로 정하는 건축물을 근린생활시설 등 대통령령으로 정하는 용도로 용도변경하는 행위
9. 개발제한구역 지정 당시 지목(地目)이 대(垈)인 토지가 개발제한구역 지정 이후 지목이 변경된 경우로서 제1호마목의 시설 중 대통령령으로 정하는 건축물의 건축과 이에 따르는 토지의 형질변경

② 시장·군수·구청장은 제1항 단서에 따라 허가를 하는 경우 허가 대상 행위가 제11조에 따라 관리계획을 수립하여야만 할 수 있는 행위인 경우에는 미리 관리계획이 수립되어 있는 경우에만 그 행위를 허가할 수 있다.

③ 제1항 단서에도 불구하고 주택 및 근린생활시설의 대수선 등 대통령령으로 정하는 행위는 시장·군수·구청장에게 신고하고 할 수 있다.

③의2 시장·군수·구청장은 제3항에 따른 신고를 받은 경우 그 내용을 검토하여 이 법에 적합하면 신고를 수리하여야 한다.

④ 제1항 단서와 제3항에도 불구하고 국토교통부령으로 정하는 경미한 행위는 허가를 받지 아니하거나 신고를 하지 아니하고 할 수 있다.

⑤ 시장·군수·구청장이 제1항 각 호의 행위 중 대통령령으로 정하는 규모 이상으로 건축물을 건축하거나 토지의 형질을 변경하는 행위 등을 허가하려면 대통령령으로 정하는 바에 따라 주민의 의견을 듣고 관계 행정기관의 장과 협의한 후 특별자치시·특별자치도·시·군·구 도시계획위원회의 심의를 거쳐야 한다. 다만, 도시·군계획시설 또는 제1항제1호 라목의 시설 중 국방·군사에 관한 시설의 설치와 그 시설의 설치를 위하여 토지의 형질을 변경하는 경우에는 그러하지 아니하다.

⑥ 제1항 단서에 따라 허가를 하는 경우에는 「국토의 계획 및 이용에 관한 법률」 제60조, 제64조제3항 및 제4항의 이행보증금·원상회복에 관한 규정과 같은 법 제62조의 준공검사에 관한 규정을 준용한다.

⑦ 제1항 각 호와 제3항에 따른 행위에 대하여 개발제한구역 지정 당시 이미 관계 법령에 따라 허가 등(관계 법령에 따라 허가 등을 받을 필요가 없는 경우를 포함한다)을 받아 공사나 사업에 착수한 자는 대통령령으로 정하는 바에 따라 이를 계속 시행할 수 있다.

⑧ 제1항 단서에 따른 허가 또는 신고의 대상이 되는 건축물이나 공작물의 규모·높이·입지기준, 대지 안의 조경, 건폐율, 용적률, 토지의 분할, 토지의 형질변경의 범위 등 허가나 신고의 세부 기준은 대통령령으로 정한다.

⑨ 국토교통부장관이나 시·도지사가 제1항제1호 각 목의 시설 중 「국토의 계획 및 이용에 관한 법률」 제2조제13호에 따른 공공시설을 설치하기 위하여 같은 법 제91조에 따라 실시계획을 고시하면 그 도시·군계획시설사업은 제1항 단서에 따른 허가를 받은 것으로 본다.

⑩ 제9항에 따라 허가를 의제받으려는 자는 실시계획 인가를 신청하는 때에 허가에 필요한 관련 서류를 함께 제출하여야 하며, 국토교통부장관이나 시·도지사가 실시계획을 작성하거나 인가할 때에는 미리 관할 시장·군수·구청장과 협의하여야 한다.

◈ <참고> 시행령 제13조(허가 대상 건축물 또는 공작물의 종류 등)

① 법 제12조제1항제1호에 따른 건축물 또는 공작물의 종류, 건축 또는 설치의 범위는 별표 1과 같다.

② 개발제한구역의 토지가 다음 각 호의 어느 하나에 해당하는 경우에는 인접한 용도지역에서 허용되는 건축물 또는 공작물을 건축하거나 설치할 수 있다.

1. 개발제한구역 지정 당시부터 개발제한구역의 경계선이 건축물 또는 공작물(법 제12조제7항에 따라 개발제한구역 지정 당시 이미 관계 법령에 따라 허가 등을 받아 공사 또는 사업에 착수한 건축물 또는 공작물을 포함한다)을 관통하는 경우 그 건축물 또는 공작물의 부지(개발제한구역 지정 당시부터 담장 등으로 구획되어 있어 기능상 일체가 되는 토지를 말한다)
2. 개발제한구역 지정 당시부터 해당 필지의 2분의 1 미만이 개발제한구역에 편입된 토지로서 지목(地目)이 대(垈)인 토지(개발제한구역 지정 후에 개발제한구역 경계선을 기준으로 분할된 토지를 포함한다)

③ 법 제12조제1항제1호의2에서 "대통령령으로 정하는 시설"이란 다음 각 호의 시설을 말한다.

1. 「도시공원 및 녹지 등에 관한 법률」 제2조에 따른 도시공원 또는 녹지
2. 다음 각 목의 요건을 모두 갖춘 물류창고(「물류시설의 개발 및 운영에 관한 법률」 제2조제5호의2에 따른 물류창고를 말한다)

가. 저장물질이 「고압가스 안전관리법」에 따른 고압가스, 「위험물안전관리법」 제2조제1호에 따른 위험물 또는 「화학물질관리법」 제2조제2호에 따른 유독물질이 아닐 것
나. 높이가 8미터 이하일 것
다. 용적률이 120퍼센트 이하일 것
3. 정비사업 구역 내의 법 제13조에 따른 건축물을 철거하고 종전과 같은 용도로 신축하는 건축물

⊗ **<참고> 시행령 제14조(건축물의 건축을 수반하지 아니하는 토지의 형질변경의 범위)**

법 제12조제1항제4호에서 "영농을 위한 경우 등 대통령령으로 정하는 토지의 형질변경"이란 다음 각 호를 말한다.

1. 농림수산업을 위한 개간 또는 초지 조성. 이 경우 개간 예정지는 경사도가 21도 이하, 초지 조성 예정지는 경사도가 36도 이하이어야 한다.
2. 경작 중인 논·밭을 환토(換土)하거나 객토(客土)하기 위한 토석의 채취, 논·밭의 환토·개답(開畓)·개간(개간의 경우에는 경사도가 5도 이하로서 나무가 없는 토지만 해당한다)에 수반되는 골재의 채취
3. 농로(農路), 임도(林道), 사도(私道)를 설치하기 위한 토지의 형질변경
4. 삭제
5. 「공익사업을 위한 토지 등의 취득 및 보상에 관한 법률」 제2조제2호에 따른 공익사업의 시행이나 재해로 인하여 인접지보다 지면이 낮아진 논밭의 영농을 위하여 50센티미터 이상 성토(盛土)하는 행위
6. 삭제
7. 기존의 공동묘지를 그 묘역의 범위에서 공설묘지로 정비하기 위한 토지의 형질변경
8. 농업용 늪지와 농업용수 공급시설을 설치하기 위한 토지의 형질변경
9. 다음 각 목의 어느 하나에 해당하는 시설의 진입로 설치를 위한 토지의 형질변경
가. 주택 또는 근린생활시설[개발제한구역 지정 당시 건축되었거나 별표 1 제5호다목가) 또는 같은 호 라목나)에 따라 신축하려는 것만 해당한다]
나. 별표 1 제5호마목에 따른 주민 공동이용시설 중 개발제한구역 지정 당시 건축되었거나 설치된 마을공동작업장·마을공동회관·공동구판장·공판장 또는 목욕장
9의2. 「전통사찰의 보존 및 지원에 관한 법률」에 따른 전통사찰의 진입로 설치를 위한 토지의 형질변경. 이 경우 그 진입로의 너비는 4미터 이내로 하되, 차량의 교행(交行)이나 대피 등 안전확보를 위한 곳에서는 그 너비를 8미터까지로 할 수 있다.
10. 개발제한구역의 지정 이전부터 방치된 광업폐기물·폐석(廢石) 및 광물찌꺼기를 제거하기 위한 토지의 형질변경
11. 법 제15조제1항에 따라 지정된 취락지구를 정비하기 위한 사업의 시행에 필요한 토지의 형질변경

12. 건축물이 철거된 토지 및 그 인접 토지를 녹지 등으로 조성하기 위한 토지의 형질변경
13. 「공익사업을 위한 토지 등의 취득 및 보상에 관한 법률」 제4조제1호 및 제2호에 따른 공익사업을 시행하기 위한 토석의 채취
14. 하천구역에서의 토석 및 모래·자갈의 채취와 저수지 및 수원지의 준설(浚渫)에 따른 골재의 채취
15. 국토교통부령으로 정하는 지하자원의 조사 및 개발(이를 위한 공작물의 설치를 포함한다)
16. 대지화되어 있는 토지(관계 법령에 따른 허가 등 적법한 절차에 따라 조성된 토지의 지목이 대·공장용지·철도용지·도로용지·학교용지·수도용지·잡종지로서 건축물이나 공작물이 건축 또는 설치되어 있지 아니한 나무가 없는 토지를 말한다. 이하 같다)에 노외주차장을 설치(주차 관리를 위한 연면적 20제곱미터 이하의 가설건축물의 설치를 포함한다)하기 위한 토지의 형질변경
17. 「주차장법」에 따른 건축물 부설주차장을 설치하기 위한 토지의 형질변경(기존의 대지에 설치할 수 없는 경우만 해당한다)
18. 「농어촌정비법」에 따른 주말농원에 노외주차장을 설치하기 위한 토지의 형질변경(노외주차장의 면적이 600제곱미터 이하인 경우만 해당한다)

<참고> 시행령 제15조(죽목의 벌채 면적 및 수량)

법 제12조제1항제5호에서 "대통령령으로 정하는 규모"란 벌채 면적 500제곱미터 또는 벌채 수량 5세제곱미터를 말한다.

<참고> 시행령 제16조(토지의 분할)

법 제12조제1항제6호에서 "대통령령으로 정하는 범위"란 분할된 후 각 필지의 면적이 200제곱미터 이상(지목이 대인 토지를 주택 또는 근린생활시설을 건축하기 위하여 분할하는 경우에는 330제곱미터 이상)인 경우를 말한다. 다만, 다음 각 호의 어느 하나에 해당하는 경우에는 그 미만으로도 분할할 수 있다.

1. 「공익사업을 위한 토지 등의 취득 및 보상에 관한 법률」 제4조제1호 및 제2호에 따른 공익사업을 시행하기 위한 경우
2. 인접 토지와 합병하기 위한 경우
3. 「사도법」에 따른 사도(私道), 농로, 임도, 그 밖에 건축물 부지의 진입로를 설치하기 위한 경우
4. 별표 2 제3호가목에 따른 토지의 형질변경을 위한 경우. 다만, 분할 후 형질변경을 하지 아니하는 다른 필지의 면적이 60제곱미터 미만인 경우는 제외한다.

⊗ <참고> 시행령 제17조(물건의 적치)

① 법 제12조제1항제7호에서 "대통령령으로 정하는 물건"이란 모래, 자갈, 토석, 석재, 목재, 철재, 폴리비닐클로라이드(PVC), 컨테이너, 콘크리트제품, 드럼통, 병, 그 밖에 「폐기물관리법」 제2조제1호에 따른 폐기물이 아닌 물건으로서 물건의 중량이 50톤을 초과하거나 부피가 50세제곱미터를 초과하는 것을 말한다.
② 법 제12조제1항제7호에서 "대통령령으로 정하는 기간"이란 1개월 이상 12개월 이하를 말한다.

⊗ <참고> 시행령 제18조(용도변경)

① 법 제12조제1항제8호에서 "대통령령으로 정하는 건축물을 근린생활시설 등 대통령령으로 정하는 용도로 용도변경하는 행위"란 다음 각 호의 행위를 말한다.
1. 주택을 다음 각 목의 시설로 용도변경하는 행위. 다만, 「수도법」 제3조제2호에 따른 상수원의 상류 하천(「하천법」에 따른 국가하천 및 지방하천을 말한다)의 양안(兩岸) 중 그 하천의 경계로부터 직선거리 1킬로미터 이내의 지역(「하수도법」 제2조제15호에 따른 하수처리구역은 제외한다)에서 1999년 6월 24일 이후에 신축된 주택을 근린생활시설로 용도변경하는 경우에는 「한강수계 상수원수질개선 및 주민지원 등에 관한 법률」 제5조에 따라 설치할 수 없는 시설을 제외한 근린생활시설만 해당한다.
가. 「건축법 시행령」 별표 1 제3호에 따른 제1종 근린생활시설(안마원은 제외한다)
나. 「건축법 시행령」 별표 1 제4호에 따른 제2종 근린생활시설(단란주점, 안마시술소, 노래연습장은 제외한다)
다. 「건축법 시행령」 별표 1 제6호에 따른 종교시설
라. 「건축법 시행령」 별표 1 제11호에 따른 노유자시설
마. 「박물관 및 미술관 진흥법」 제2조에 따른 박물관 및 미술관
2. 별표 1 제5호 라목에 따른 근린생활시설(주택에서 용도변경되었거나 1999년 6월 24일 이후에 신축된 경우만 해당한다)을 다음 각 목의 시설로 용도변경하는 행위
가. 주택
나. 「건축법 시행령」 별표 1 제3호에 따른 제1종 근린생활시설(안마원은 제외한다)
다. 「건축법 시행령」 별표 1 제4호에 따른 제2종 근린생활시설(단란주점, 안마시술소, 노래연습장은 제외한다)
라. 「건축법 시행령」 별표 1 제6호에 따른 종교시설
마. 「건축법 시행령」 별표 1 제11호에 따른 노유자시설
바. 「박물관 및 미술관 진흥법」 제2조에 따른 박물관 및 미술관
3. 주택을 다른 용도로 변경한 건축물을 다시 주택으로 용도변경하는 행위
4. 개발제한구역에서 공장 등 신축이 금지된 건축물을 다음 각 목의 시설로 용도변경(용도변경된 건축물을 다시 다음 각 목의 시설로 용도변경하는 경우를 포함한다)하는 행위. 다만, 라목 및 사목의 시설로의 용도변경은 공장을 용도변경하는 경우로 한정한다.

가. 「건축법 시행령」 별표 1 제3호에 따른 제1종 근린생활시설(안마원은 제외한다)
나. 「건축법 시행령」 별표 1 제4호에 따른 제2종 근린생활시설(단란주점, 안마시술소, 노래연습장은 제외한다)
다. 「건축법 시행령」 별표 1 제6호에 따른 종교시설
라. 「건축법 시행령」 별표 1 제10호나목 및 마목에 따른 교육원 및 연구소
마. 「건축법 시행령」 별표 1 제11호에 따른 노유자시설
바. 「박물관 및 미술관 진흥법」 제2조에 따른 박물관 및 미술관
사. 「물류시설의 개발 및 운영에 관한 법률」 제2조제5호의2에 따른 물류창고(「고압가스 안전관리법」에 따른 고압가스, 「위험물안전관리법」 제2조제1호에 따른 위험물 및 「화학물질관리법」 제2조제2호에 따른 유독물질이 아닌 물품을 저장하는 창고를 말한다)

5. 삭제
6. 폐교된 학교시설을 기존 시설의 연면적의 범위에서 자연학습시설, 청소년수련시설(청소년수련관·청소년수련원 및 청소년야영장만 해당한다), 연구소, 교육원, 연수원, 도서관, 박물관, 미술관 또는 종교시설로 용도변경하는 행위
7. 「가축분뇨의 관리 및 이용에 관한 법률」 제8조에 따라 가축의 사육이 제한된 지역에 있는 기존 축사를 기존 시설의 연면적의 범위에서 그 지역에서 생산되는 농수산물 보관용 창고로 용도변경하는 행위
8. 기존 공항·비행장의 여유시설을 활용하기 위하여 「공항시설법」 제7조제1항에 따른 개발사업 실시계획에 따라 기존 건축물을 연면적의 범위에서 용도변경하는 행위
9. 삭제
10. 별표 1에 따른 건축 또는 설치의 범위에서 시설 상호 간에 용도변경을 하는 행위. 이 경우 기존 건축물의 규모·위치 등이 새로운 용도에 적합하여 기존 시설의 확장이 필요하지 아니하여야 하며, 주택이나 근린생활시설로 용도변경하는 것은 개발제한구역 지정 당시부터 지목이 대인 토지에 개발제한구역 지정 이후에 건축물이 건축되거나 공작물이 설치된 경우만 해당한다.
11. 기존 공공업무시설[「공공기관 지방이전에 따른 혁신도시 건설 및 지원에 관한 특별법」에 따라 이전하는 중앙행정기관(소속기관을 포함한다)의 청사를 말한다. 이하 이 호에서 같다]을 일반업무시설[「공공기관의 운영에 관한 법률」에 따른 공공기관(「민법」 제32조 또는 다른 법률에 따라 설립한 비영리법인으로서 「수도권정비계획법」 제21조에 따른 수도권정비위원회의 심의를 거쳐 기존 공공업무시설 대지의 이용이 허용된 법인을 포함한다)의 업무용 시설을 말한다]로 용도변경하는 행위

② 제1항제1호, 제2호 및 제4호에 따라 휴게음식점, 제과점 또는 일반음식점으로 용도변경을 할 수 있는 자는 다음 각 호의 어느 하나에 해당하는 자이어야 하며, 용도변경하려는 건축물의 연면적은 300제곱미터 이하이어야 한다.

1. 허가신청일 현재 해당 개발제한구역에서 5년 이상 계속 거주하고 있는 자(이하 “5년이상거주자”라 한다)
2. 허가신청일 현재 해당 개발제한구역에서 해당 시설을 5년 이상 계속 직접 소유하면서 경영하고 있는 자

3. 개발제한구역 지정 당시부터 해당 개발제한구역에 거주하고 있는자(개발제한구역 지정 당시 해당 개발제한구역에 거주하고 있던 자로서 개발제한구역에 주택이나 토지를 소유하고, 생업을 위하여 3년 이하의 기간 동안 개발제한구역 밖에 거주하였던 자를 포함하되, 세대주 또는 직계비속 등의 취학을 위하여 개발제한구역 밖에 거주한 기간은 개발제한구역에 거주한 기간으로 본다. 이하 "지정당시거주자"라 한다)

③ 제2항에 따라 용도변경을 하는 휴게음식점, 제과점 또는 일반음식점에는 인접한 토지를 이용하여 300제곱미터 이내의 주차장을 설치할 수 있으며, 주차장을 다른 용도로 변경하는 경우에는 주차장 부지를 원래의 지목으로 되돌려야 한다.

⊗ <참고> 시행령 제18조의2(지목 변경된 토지에 건축할 수 있는 건축물의 종류)

법 제12조제1항제9호에서 "대통령령으로 정하는 건축물"이란 별표 1 제5호다목 및 라목에 따른 주택 및 근린생활시설을 말한다.

⊗ <참고> 시행령 제19조(신고의 대상)

법 제12조제3항에 따른 신고의 대상은 다음 각 호와 같다.

1. 주택 및 근린생활시설로서 다음 각 목의 어느 하나에 해당하는 증축·개축 및 대수선(大修繕)
   가. 기존 면적을 포함한 연면적의 합계가 100제곱미터 이하인 경우
   나. 증축·개축 및 대수선되는 연면적의 합계가 85제곱미터 이하인 경우
2. 농림수산업용 건축물(관리용 건축물은 제외한다) 또는 공작물로서 다음 각 목의 어느 하나에 해당하는 경우의 증축·개축 및 대수선
   가. 증축·개축 및 대수선되는 건축면적 또는 바닥면적의 합계가 50제곱미터 이하인 경우
   나. 축사, 동물 사육장, 작물 재배사(栽培舍), 퇴비사(발효퇴비장을 포함한다) 및 온실의 기존 면적을 포함한 연면적의 합계가 200제곱미터 미만인 경우
   다. 창고의 기존 면적을 포함한 연면적의 합계가 100제곱미터 미만인 경우

2의2. 「농어촌정비법」 제2조제16호다목에 따른 주말농원사업 중 주말영농을 위하여 토지를 임대하는 이용객이 50명 이상인 주말농원사업에 이용되는 10제곱미터 초과 20제곱미터 이하의 농업용 원두막(벽이 없고 지붕과 기둥으로 설치한 것을 말한다)을 설치하는 행위. 다만, 주말농원을 운영하지 아니하는 경우에는 지체 없이 철거하고 원상복구하여야 한다.

3. 근린생활시설 상호 간의 용도변경. 다만, 휴게음식점·제과점 또는 일반음식점으로 용도변경하는 경우는 제외한다.
4. 벌채 면적이 500제곱미터 미만이거나 벌채 수량이 5세제곱미터 미만인 죽목의 벌채
5. 다음 각 목의 어느 하나에 해당하는 물건을 쌓아두는 행위
   가. 제17조제1항에 따른 물건을 1개월 미만 동안 쌓아두는 행위
   나. 중량이 50톤 이하이거나 부피가 50세제곱미터 이하로서 제17조제1항에 따른 물건을 15일 이상 쌓아두는 행위

6. 「매장유산 보호 및 조사에 관한 법률」에 따른 매장유산의 조사·발굴을 위한 토지의 형질변경
7. 생산품의 보관을 위한 임시 가설 천막(벽 또는 지붕이 합성수지 재질로 된 것을 포함한다)의 설치(기존의 공장 및 제조업소의 부지에 설치하는 경우만 해당한다)
7의2. 「농업 · 농촌 및 식품산업 기본법」 제3조 제2호에 따른 농업인이 개발제한구역의 토지 또는 그 토지와 일체가 되는 토지에서 생산되는 농산물을 보관 · 저장하려는 목적으로 농산물 저온저장고토교통부령으로 정하는 것으로서 기초를 위한 콘크리트 타설을 하지 않는 경우로 한정한다) 또는 해당 저온저장고의 외벽으로부터 수평거리 50센티미터 이내의 범위에서 비가림시설을 설치하는 행위
7의3. 「농업 · 농촌 및 식품산업 기본법」 제3조 제2호에 따른 농업인이 개발제한구역에 위치한 농지(「농어촌정비법」 제2조 제5호의 농업생산기반 정비사업이 시행되었거나 시행 중인 경우는 제외한다)에 이동식 간이화장실(바닥 면적은 5제곱미터 이하이고 콘크리트 타설 및 정화조 설치를 하지 않은 경우로 한정한다)을 설치하는 행위
8. 지반의 붕괴 또는 그 밖의 재해를 예방하거나 복구하기 위한 축대·옹벽·사방시설 등의 설치
9. 삭제
10. 논을 밭으로 변경하기 위한 토지의 형질변경
11. 논이나 밭을 과수원으로 변경하기 위한 토지의 형질변경
12. 대지화되어 있는 토지를 논·밭·과수원 또는 초지로 변경하기 위한 토지의 형질변경
13. 개발제한구역 지정 당시부터 있던 기존 주택 대지 안에서의 지하수의 개발·이용시설의 설치(상수도가 설치되어 있지 아니한 경우로 한정한다)

⊗ <참고> 시행령 제20조(주민의 의견청취 등의 대상 및 절차)

① 법 제12조제5항 본문에서 “대통령령으로 정하는 규모 이상으로 건축물을 건축하거나 토지의 형질을 변경하는 행위”란 다음 각 호의 건축 또는 형질변경을 말한다. 다만, 법 제11조제1항제5호 본문에 따른 건축물의 건축 또는 토지의 형질변경은 제외한다.
  1. 연면적(하나의 필지를 분할하여 각각의 필지에 건축물을 건축하는 경우에는 각 필지에 건축하는 건축물의 연면적을 합한 총면적을 말한다)이 1천500제곱미터 이상인 건축물의 건축
  2. 면적(하나의 필지를 분할하여 토지의 형질을 변경하는 경우에는 각 필지의 형질변경면적을 합한 총면적을 말한다)이 5천제곱미터 이상인 토지의 형질변경. 다만 경작을 위한 경우에는 1만제곱미터 이상으로 한다.

② 특별자치시장·특별자치도지사·시장·군수 또는 구청장(이하 “시장·군수·구청장”이라 한다)이 법 제12조제5항 본문에 따라 주민의 의견을 들으려면 다음 각 호의 사항을 특별자치시·특별자치도·시·군 또는 구(이하 “시·군·구”라 한다)와 읍·면·동의 게시판에 14일 이상 게시하고, 일반인이 열람할 수 있게 하여야 한다.
  1. 사업 목적

2. 사업규모(건축물의 높이, 건축 면적, 건축 연면적 및 토지의 형질변경 면적)
3. 사업시행자
4. 열람 장소
5. 그 밖에 주민이 알아야 할 사항으로서 시장·군수·구청장이 필요하다고 인정하는 사항

③ 제2항에 따라 게시된 내용에 관하여 의견이 있는 자는 제2항에 따른 열람 기간에 시장·군수·구청장에게 의견서를 제출할 수 있다.

④ 시장·군수·구청장은 제3항에 따라 제출된 의견이 타당하다고 인정되는 경우에는 그 의견을 반영하여야 한다.

4 시·도지사의 행위허가 제한 등

① 시·도지사는 개발제한구역의 보전 및 관리를 위하여 특히 필요하다고 인정되는 경우에는 제12조제1항 단서 및 같은 항 각 호에 따른 시장·군수·구청장의 행위허가를 제한할 수 있다.

② 시·도지사는 제1항에 따라 행위허가를 제한하는 경우에는 제7조에 따라 주민의견을 청취한 후 「국토의 계획 및 이용에 관한 법률」 제113조제1항에 따른 시·도도시계획위원회의 심의를 거쳐야 한다.

③ 제1항에 따른 제한기간은 2년 이내로 한다. 다만, 한 차례만 1년의 범위에서 제한기간을 연장할 수 있다.

④ 시·도지사는 제1항에 따라 행위허가를 제한하는 경우에는 제한 목적·기간·대상과 행위허가 제한구역의 위치·면적·경계 등을 상세하게 정하여 관할 시장·군수·구청장에게 통보하여야 하며, 시장·군수·구청장은 지체 없이 이를 공고하여야 한다.

⑤ 시·도지사는 제1항에 따라 행위허가를 제한하는 경우에는 지체 없이 국토교통부장관에게 보고하여야 하며, 국토교통부장관은 제한 내용이 지나치다고 인정하면 해제를 명할 수 있다.

5 토지매수의 청구

① 개발제한구역의 지정에 따라 개발제한구역의 토지를 종래의 용도로 사용할 수 없어 그 효용이 현저히 감소된 토지나 그 토지의 사용 및 수익이 사실상 불가능하게 된 토지(이하 "매수대상토지"라 한다)의 소유자로서 다음 각 호의 어느 하나에 해당하는 자는 국토교통부장관에게 그 토지의 매수를 청구할 수 있다.

1. 개발제한구역으로 지정될 당시부터 계속하여 해당 토지를 소유한 자
2. 토지의 사용·수익이 사실상 불가능하게 되기 전에 해당 토지를 취득하여 계속 소유한 자
3. 제1호나 제2호에 해당하는 자로부터 해당 토지를 상속받아 계속하여 소유한 자

② 국토교통부장관은 제1항에 따라 매수청구를 받은 토지가 제3항에 따른 기준에 해당되면 그 토지를 매수하여야 한다.

③ 매수대상토지의 구체적인 판정기준은 대통령령으로 정한다.

6 개발제한구역 보전 부담금

① 국토교통부장관은 개발제한구역의 보전과 관리를 위한 재원을 확보하기 위하여 다음 각 호의 어느 하나에 해당하는 자에게 개발제한구역 보전부담금(이하 "부담금"이라 한다)을 부과·징수한다.

1. 해제대상지역 개발사업자 중 제4조제6항에 따라 복구계획을 제시하지 아니하거나 복구를 하지 아니하기로 한 자
2. 제12조제1항 단서 또는 제13조에 따른 허가(토지의 형질변경 허가나 건축물의 건축허가에 해당하며, 다른 법령에 따라 제12조제1항 단서 또는 제13조에 따른 허가가 의제되는 협의를 거친 경우를 포함한다)를 받은 자

② 부담금을 내야 할 자(이하 "납부의무자"라 한다)가 대통령령으로 정하는 조합으로서 다음 각 호의 어느 하나에 해당하면 그 조합원(조합이 해산된 경우에는 해산 당시의 조합원을 말한다)이 부담금을 내야 한다.

1. 조합이 해산된 경우
2. 조합의 재산으로 그 조합에 부과되거나 그 조합이 내야 할 부담금·가산금 등을 충당하여도 부족한 경우

제 3 강 도로와 중개실무

제1절 도로의 종류

1. 도로법상의 도로

(1) 도로의 의의

① 도로란 일반인의 교통을 위하여 제공되는 도로를 말한다.
② 도로는 고속국도, 일반국도, 특별시도·광역시도, 지방도, 시도, 군도, 구도로 구분된다.

(2) 도로의 종류 및 등급

① 고속국도
고속국도에 관하여는 도로법으로 규정한 것 외에 그 노선의 지정, 구조관리, 보전 등에 관하여 필요한 사항을 따로 법률로 정한다.

② 일반국도
일반국도는 중요 도시, 지정항만, 중요 비행장, 국가산업단지 또는 관광지 등을 연결하며 고속국도와 함께 국가 기간도로망을 이루는 도로로서 대통령령으로 그 노선이 지정된 것을 말한다.

③ 특별시도·광역시도
특별시도·광역시도는 특별시 또는 광역시 구역에 있는 다음의 어느 하나에 해당하는 도로로서 특별시장 또는 광역시장이 그 노선을 인정한 것을 말한다.
㉠ 자동차 전용도로
㉡ 간선 또는 보조간선 기능 등을 수행하는 도로
㉢ 도시의 주요 지역 간이나 인근 도시와 주요 지방 간을 연결하는 도로
㉣ 위의 규정에 따른 도로 외에 도시의 기능 유지를 위하여 특히 중요한 도로

④ 지방도
지방도는 지방의 간선도로망을 이루는 다음의 어느 하나에 해당하는 도로로서 관할 도지사 또는 특별자치도지사가 그 노선을 인정한 것을 말한다.
㉠ 도청 소재지에서 시청 또는 군청 소재지에 이르는 도로
㉡ 시청 또는 군청 소재지를 서로 연결하는 도로
㉢ 도(道) 또는 특별자치도에 있는 비행장·항만·역 또는 이들과 밀접한 관계가 있는 비행장·항만·역을 서로 연결하는 도로
㉣ 도 또는 특별자치도에 있는 비행장·항만 또는 역에서 이들과 밀접한 관계가 있는 고속국도·국도 또는 지방도를 연결하는 도로
㉤ 위의 규정에 따른 도로 외의 도로로서 지방의 개발을 위하여 특히 중요한 도로

⑤ 시도(市道)

시도는 시 또는 행정시에 있는 도로로서 관할 시장(행정시의 경우 특별자치도지사)이 그 노선을 인정한 것을 말한다.

⑥ 군도(郡道)

군도는 군(郡)에 있는 다음의 어느 하나에 해당하는 도로로서 관할 군수가 그 노선을 인정한 것을 말한다.

㉠ 군청 소재지에서 읍사무소 또는 면사무소 소재지에 이르는 도로

㉡ 읍사무소 또는 면사무소 소재지 상호 간을 연결하는 도로

㉢ 위에 따른 도로 외의 도로로서 군의 개발을 위하여 특히 중요한 도로

⑦ 구도(區道)

구도는 특별시나 광역시 구역에 있는 도로 중 특별시도와 광역시도를 제외한 구(자치구에 해당) 안에서 동(洞) 사이를 연결하는 도로로서 관할 구청장이 그 노선을 인정한 것을 말한다.

⊗ <알아두기>

1. 국도대체우회도로: 특별자치도 또는 시(市)의 관할 구역을 지나가는 기존의 일반국도를 대체하기 위하여 설치하는 우회 구간의 도로
2. 국가지원지방도: 지방도(地方道) 중 중요 도시, 공항, 항만, 산업단지, 주요 도서(島嶼), 관광지 등 주요 교통유발시설 지역을 연결하며 고속국도와 일반국도로 이루어진 국가 기간도로망을 보조하는 도로(교통연결의 일관성을 유지하기 위하여 필요한 경우 특별시도·광역시도·시도·군도 또는 신설구간을 포함)로서 대통령령으로 그 노선이 지정된 도로

2. 건축법상의 도로

① 원칙상 도로

도로란 보행과 자동차 통행이 가능한 너비 4m 이상의 도로(지형적으로 자동차 통행이 불가능한 경우와 막다른 도로의 경우 대통령령으로 정하는 구조와 너비의 도로)로서 다음의 어느 하나에 해당하는 도로나 그 예정도로를 말한다.

㉠ 국토의 계획 및 이용에 관한 법률, 도로법, 사도법, 그 밖의 관계법령에 따라 신설 또는 변경에 관한 고시가 된 도로

㉡ 건축허가 또는 신고시에 특별시장·광역시장·도지사·특별자치도지사 또는 시장·군수·구청장이 위치를 지정하여 공고한 도로

② 차량통행불가능 도로

특별자치도지사 또는 시장·군수·구청장이 지형적 조건으로 인하여 차량통행을 위한 도로의 설치가 곤란하다고 인정하여 그 위치를 지정·공고하는 구간의 너비 3m 이상(길이가 10m 미만인 막다른 도로인 경우에는 너비 2m 이상)인 도로

③ 막다른 도로

막다른 도로의 길이	도로의 너비
10m 미만	2m 이상
10m 이상 35m 미만	3m 이상
35m 이상	6m(도시지역이 아닌 읍·면 지역에서는 4m) 이상

④ 도로의 지정·폐지 또는 변경

㉠ 도로의 지정

허가권자는 도로의 위치를 지정·공고하려면 국토교통부령으로 정하는 바에 따라 그 도로에 대한 이해관계인의 동의를 받아야 한다. 다만, 다음의 어느 하나에 해당하면 이해관계인의 동의를 받지 아니하고 건축위원회의 심의를 거쳐 도로를 지정할 수 있다.

1. 허가권자가 이해관계인이 해외에 거주하는 등의 사유로 이해관계인의 동의를 받기가 곤란하다고 인정하는 경우
2. 주민이 오랫동안 통행로로 이용하고 있는 사실상의 통로로서 해당 지방자치단체의 조례로 정하는 것인 경우

㉡ 도로의 폐지 또는 변경

허가권자는 지정한 도로를 폐지하거나 변경하려면 그 도로에 대한 이해관계인의 동의를 받아야 한다. 그 도로에 편입된 토지의 소유자, 건축주 등이 허가권자에게 지정된 도로의 폐지나 변경을 신청하는 경우에도 또한 같다.

㉢ 도로관리대장

허가권자는 도로를 지정하거나 변경하면 국토교통부령으로 정하는 바에 따라 도로관리대장에 이를 적어서 관리하여야 한다.

⑤ 대지와 도로의 관계

㉠ 원칙상 관계

건축물의 대지는 2m 이상이 도로(자동차만의 통행에 사용되는 도로 제외)에 접하여야 한다.

㉡ 예외

1. 해당 건축물의 출입에 지장이 없다고 인정되는 경우
2. 건축물의 주변에 광장, 공원, 유원지, 그 밖에 관계법령에 따라 건축이 금지되고 공중의 통행에 지장이 없는 공지로서 허가권자가 인정한 것이 있는 경우
3. 농지법상 농막

㉢ 대규모 건축물의 경우

연면적의 합계가 2, 000㎡(공장의 경우 3, 000㎡) 이상인 건축물(축사, 작물재배사, 그 밖에 이와 비슷한 건축물로서 건축조례로 정하는 규모의 건축물 제외)의 대지는 너비 6m 이상의 도로에 4m 이상 접하여야 한다.

3. 도시계획시설의 결정·구조 및 설치기준에 관한 규칙상의 도로

① 사용 및 형태별 구분

일반도로	폭 4m 이상의 도로로서 통상의 교통소통을 위하여 설치되는 도로
자동차전용도로	특별시·광역시·시 또는 군 내 주요지역간이나 시·군 상호간에 발생하는 대량교통량을 처리하기 위한 도로로서 자동차만 통행할 수 있도록 하기 위하여 설치하는 도로
보행자전용도로	폭 1.5m 이상의 도로로서 보행자의 안전하고 편리한 통행을 위하여 설치하는 도로
자전거전용도로	폭 1.1m(길이가 100m 미만인 터널 및 교량의 경우 0.9m) 이상의 도로로서 자전거의 통행을 위하여 설치하는 도로
고가도로	시·군 내 주요지역을 연결하거나 시·군 상호간을 연결하는 도로로서 지상교통의 원활한 소통을 위하여 공중에 설치하는 도로
지하도로	시·군 내 주요지역을 연결하거나 시·군 상호간을 연결하는 도로로서 지상교통의 원활한 소통을 위하여 지하에 설치하는 도로(도로·광장 등의 지하에 설치된 지하공공보도시설 포함, 입체교차를 목적으로 지하에 도로를 설치하는 경우 제외)

② 규모별 구분

광로	1류	폭 70m 이상인 도로
	2류	폭 50m 이상 70m 미만인 도로
	3류	폭 40m 이상 50m 미만인 도로
대로	1류	폭 35m 이상 40m 미만인 도로
	2류	폭 30m 이상 35m 미만인 도로
	3류	폭 25m 이상 30m 미만인 도로
중로	1류	폭 20m 이상 25m 미만인 도로
	2류	폭 15m 이상 20m 미만인 도로
	3류	폭 12m 이상 15m 미만인 도로
소로	1류	폭 10m 이상 12m 미만인 도로
	2류	폭 8m 이상 10m 미만인 도로
	3류	폭 8m 미만인 도로

③ 기능별 구분

주간선도로	시·군내 주요지역을 연결하거나 시·군 상호간을 연결하여 대량통과교통을 처리하는 도로로서 시·군의 골격을 형성하는 도로
보조간선도로	주간선도로를 집산도로 또는 주요 교통발생원과 연결하여 시·군 교통의 집산기능을 하는 도로로서 근린주거구역의 외곽을 형성하는 도로
집산도로	근린주거구역의 교통을 보조간선도로에 연결하여 근린주거구역 내 교통의 집산기능을 하는 도로로서 근린주거구역의 내부를 구획하는 도로
국지도로	가구(도로로 둘러싸인 일단의 지역)를 구획하는 도로
특수도로	보행자전용도로·자전거전용도로 등 자동차 외의 교통에 전용되는 도로

4. 도로의 구조·시설 기준에 관한 규칙상의 도로

고속도로	도로법에 따른 고속국도로서 중앙분리대에 의하여 양 방향이 분리되고 입체교차를 원칙으로 하는 도로
일반도로	도로법에 따른 도로(고속도로 제외)로서 그 기능에 따라 주간선도로, 보조간선도로, 집산도로 및 국지도로로 구분되는 도로
자동차 전용도로	간선도로로서 도로법에 따라 지정된 도로
소형차도로	설계기준자동차가 소형자동차인 도로

5. 농어촌도로 정비법상의 도로

면도	도로법에 따른 군도 및 그 상위 등급의 도로와 연결되는 읍·면 지역의 기간도로
이도	군도 이상의 도로 및 면도와 갈라져 마을 간이나 주요 산업단지 등과 연결되는 도로
농도	경작지 등과 연결되어 농어민의 생산활동에 직접 공용되는 도로

6. 사도법상의 사도

① 사도의 의의

사도라 함은 도로법의 규정에 의한 도로나 도로법의 준용을 받는 도로가 아닌 것으로서 그 도로에 연결되는 길을 말한다.

② 사도의 개설허가 및 통행의 제한·금지

㉠ 사도를 개설·개축·증축·변경하고자 하는 자는 미리 관할시장 또는 군수의 허가를 받아야 한다.

㉡ 사도를 설치한 자는 사도의 구조보전 또는 통행상의 위험방지 등 대통령령이 정하는 경우에는 사도의 통행을 제한 또는 금지할 수 있다.

㉢ 사도를 설치한 자는 당해 사도를 이용하는 자를 대상으로 사용료를 징수할 수 있다.

㉣ 사도를 설치한 자는 사도의 통행을 제한 또는 금지하거나 사용료를 징수하고자 하는 때에는 관할시장 또는 군수의 허가를 받아야 한다.

제2절 현황도로와 지적상 도로

1. 현황도로

지목이 '도로'로 되어 있지 않고 전·답·잡종지·구거 등으로 지적도에는 나타나지 않으나 현재 사실상 도로로 사용되는 것을 말한다.

2. 지적상 도로

지적도상에는 도로가 표시되어 있으나 현재는 논·밭·임야상태로 되어있는 경우를 말한다. 지적상 도로는 국가 또는 지자체 소유의 공(公)도로와 개인소유의 사(私)도로로 나누어 볼 수 있는데, 공도로는 인·허가를 받는데 별다른 문제가 없으나, 사도로인 경우에는 토지소유자로부터 도로부지를 구입하거나 또는 토지소유자에게 토지사용승낙서를 받아야 건축허가를 받을 수 있다.

제 4 강 수질규제 등

제1절 상수원보호구역

1 상수원의 특성

① “상수원”이란 음용·공업용 등으로 제공하기 위하여 취수시설(取水施設)을 설치한 지역의 하천·호소(湖沼)·지하수·해수(海水) 등을 말한다.
② 환경부장관은 상수원의 확보와 수질 보전을 위하여 필요하다고 인정되는 지역을 상수원 보호구역으로 지정하거나 변경할 수 있다.
③ 상수원보호구역은 수도법과 상수원 관리규칙에 그 근거를 둔다.
④ 전국적으로 강이 있는 곳이라면 어느 곳이든 고르게 분포되어 규제하고 있다.
⑤ 수도권에서는 하남시, 남양주시.광주시.양평군 등이 이에 해당된다.

2 상수원보호구역에서의 금지행위

1. 「물환경보전법」에 따른 수질오염물질·특정수질유해물질, 「화학물질관리법」에 따른 유해화학물질, 「농약관리법」에 따른 농약, 「폐기물관리법」에 따른 폐기물, 「하수도법」에 따른 오수·분뇨 또는 「가축분뇨의 관리 및 이용에 관한 법률」에 따른 가축분뇨를 사용하거나 버리는 행위

2. **그 밖에 상수원을 오염시킬 명백한 위험이 있는 행위로서 대통령령으로 정하는 금지행위**

① 가축을 놓아기르는 행위
② 수영·목욕·세탁·선박운항(수질정화활동, 수질 및 수생태계 조사 등 환경부령으로 정하는 바에 따라 선박을 운항하는 경우는 제외한다) 또는 수면을 이용한 레저행위
③ 행락·야영 또는 야외 취사행위
④ 어패류를 잡거나 양식하는 행위. 다만, 환경부령으로 정하는 자가 하는 환경부령으로 정하는 어로행위는 제외한다.
⑤ 자동차를 세차하는 행위
⑥ 「하천법」에 따른 하천구역에 해당하는 지역에서 농작물을 경작하는 행위. 다만, 「친환경농어업 육성 및 유기식품 등의 관리·지원에 관한 법률」에 따른 친환경농수산물(수산물은 제외한다)을 인증기준에 따라 경작하는 행위는 제외한다.

3 허가사항(특별자치시장·특별자치도지사·시장·군수·구청장)

1. 건축물, 그 밖의 공작물의 신축·증축·개축·재축(再築)·이전·용도변경 또는 제거
2. 입목(立木) 및 대나무의 재배 또는 벌채
3. 토지의 굴착·성토(盛土), 그 밖에 토지의 형질변경

4 신고사항(특별자치시장·특별자치도지사·시장·군수·구청장)

1. 상하수도시설·환경오염방지시설 및 상수원보호구역관리시설을 제외한 건축물이나 그 밖의 공작물의 제거
2. 주택지에서의 나무의 재배·벌채
3. 농업개량시설의 보수나 농지개량 등을 위한 복토(覆土) 등 토지의 형질변경
4. 수해 등 천재지변으로 손괴된 건축물과 공작물의 원상복구
5. 공장(「산업집적활성화 및 공장설립에 관한 법률」 제2조제1호에 따른 공장을 말한다)·숙박시설·일반음식점의 주택·창고시설로의 용도변경

5 상수원보호구역에서의 행위허가기준(특별자치시장·특별자치도지사·시장·군수·구청장)

상수원보호구역에서 허가할 때에는 다음의 어느 하나에 해당하는 것으로서 상수원보호구역의 지정목적에 지장이 없다고 인정되는 경우에만 허가할 수 있다.

1. 다음에 해당하는 건축물이나 그 밖의 공작물의 건축 및 설치

가. 공익상 필요한 건축물이나 그 밖의 공작물의 건축 및 설치
나. 상수원보호구역에 거주하는 주민의 생활환경 개선 및 소득 향상에 필요한 환경부령으로 정하는 건축물이나 그 밖의 공작물의 건축 및 설치
다. 상수원보호구역에 거주하는 주민이 공동으로 이용하거나 필요로 하는 환경부령으로 정하는 건축물이나 그 밖의 공작물의 건축 및 설치
라. 오염물질의 발생 정도가 종전의 경우보다 높지 아니한 범위에서의 환경부령으로 정하는 용도 및 규모의 건축물이나 그 밖의 공작물의 개축·재축
마. 상수원보호구역에서 환경부령으로 정하는 부락공동시설·공익시설·공동시설 및 공공시설의 설치로 철거된 건축물이나 그 밖의 공작물의 이전
바. 빈발하는 수해 등 재해로 그 이전이 불가피한 경우의 건축물의 이전 및 고속도로·철도변의 소음권에 있는 주택 등 주거환경이 심히 불량한 지역에 있는 주택의 인근 토지나 부락으로의 이전. 이 경우 이전한 후의 종전 토지는 농지나 녹지로 환원하여야 한다.

사. 상수원보호구역 지정 전부터 타인 소유의 토지에 건축되어 있는 주택으로서 토지소유자의 동의를 받지 못하여 증축·개축할 수 없는 경우에 그 기존 주택의 철거 및 인근 부락으로의 이전

아. 취락에 있는 주택으로서 영농의 편의를 위하여 그 주택 소유자가 소유하는 농장이나 과수원으로의 주택의 이전. 이 경우 이전된 후의 종전 토지는 농지나 녹지로 환원하여야 한다.

2. 오염물질의 발생 정도가 종전의 경우보다 높지 아니한 범위에서의 건축물이나 그 밖의 공작물의 용도변경
3. 상수원보호구역의 유지·보호에 지장이 없다고 인정되는 경우로서 상하수도시설·환경오염방지시설 또는 보호구역관리시설의 제거
4. 상수원의 보호를 위한 수원림(水源林)의 조성·관리를 위하여 필요한 나무의 재배·벌채와 공공사업의 시행 등으로 불가피한 대나무 및 입목의 벌채
5. 경지정리만을 목적으로 하거나 상수원보호구역의 지정목적에 지장이 없다고 인정되는 토지의 형질변경행위

6 상수원관리규칙

상수원관리규칙상의 허가할 수 있는 건축물이나 그 밖의 공작물의 종류와 규모는 다음과 같다.

1. 공익상 필요한 건축물이나 그 밖의 공작물

가. 문화재 복원과 문화재관리용 건축물

나. 보호구역에서 발생하는 대기·수질오염을 방지하기 위한 시설. 이 경우 특별한 사정이 없으면 그 방류구는 취수구의 하류쪽에 위치하도록 하여야 한다.

다. 양수시설, 취수시설, 정수시설, 그 밖의 이와 유사한 시설

라. 그 밖의 공공목적으로 보호구역에 설치하여야 할 불가피한 사정이 있는 건축물이나 그 밖의 공작물

2. 생활기반시설

가. 농가주택의 신축

1) 보호구역에 거주하는 주민이 지목상(지목상) 대지인 토지에 신축하는 경우로서 연면적 100제곱미터 이하의 농가주택(지하층이 농가용 부대창고이면 100제곱미터 이하로 하되, 연면적에 포함하지 아니한다)과 연면적 66제곱미터 이하의 부속건축물

2) 보호구역지정 당시부터 계속하여 무주택자인 원거주민으로서 혼인으로 인하여 세대주가 된 자가 농가주택을 신축하는 경우에는 연면적 132제곱미터 이하(지하층이 농가용 부대창고이면 연면적 132제곱미터 이하로 하되, 연면적에 포함하지 아니한다)와 연면적 66제곱미터 이하의 부속건축물. 이 경우 지하층이 없는 농가주택의 신축은 연면적 154제곱미터 이하로 한다.

나. 주택의 증축

1) 보호구역에 거주하는 주민이 증축하는 경우로서 기존 주택의 면적을 포함하여 100제곱미터 이하(지하층이 농가용 부대창고이면 기존의 지하층 면적을 포함하여 100제곱미터 이하로 하되, 연면적에 포함하지 아니한다) 및 기존 부속건축물의 면적을 포함하여 66제곱미터 이하

2) 원거주민이 주택을 증축하는 경우에는 기존 주택의 면적을 포함하여 연면적 132제곱미터 이하(지하층이 농가용 부대창고이면 기존의 지하층 면적을 포함하여 132제곱미터 이하로 하되, 연면적에 포함하지 아니한다) 및 기존 부속건축물의 면적을 포함하여 연면적 66제곱미터 이하. 이 경우 지하층이 없는 주택의 증축은 기존 면적을 포함하여 연면적 154제곱미터 이하로 한다.

3. 소득기반시설: 보호구역에서 농림업이나 수산업에 종사하는 자가 건축하거나 설치하는 다음 각 목의 건축물이나 그 밖의 공작물

가. 잠실: 기존의 잠실면적을 포함하여 뽕나무밭 조성면적의 1천 분의 50 이하

나. 버섯재배사: 1가구당 기존의 버섯재배사면적을 포함하여 500제곱미터 이하

다. 생산물저장창고: 보호구역의 토지 또는 그 토지와 일체가 되는 토지에서 생산되는 생산물의 저장에 필요한 것으로서 기존의 창고면적을 포함하여 해당 토지면적의 1천 분의 10 이하. 다만, 버섯저장창고의 경우에는 기존의 창고면적을 포함하여 토지면적의 10분의 1 이하로 하되, 50제곱미터를 초과할 수 없다.

라. 담배건조실: 기존의 담배건조실의 면적을 포함하여 잎담배 재배면적의 1천 분의 10 이하

마. 퇴비사 및 발효퇴비장: 1가구당 기존 면적을 포함하여 각각 200제곱미터 이하

바. 기자재보관창고: 1가구당 농림업이나 수산업에 필요한 기자재의 보관을 위한 건축물로서 100제곱미터 이하. 다만, 가구별로 기자재보관창고를 설치하지 아니한 3가구 이상이 공동으로 설치하는 경우에는 200제곱미터 이하

사. 관리용 건축물: 과수원, 유실수단지, 원예단지, 버섯재배사에 설치하되, 생산에 직접 제공되는 토지면적의 1천 분의 10 이하로서 기존 관리용 건축물의 면적을 포함하여 66제곱미터 이하. 다만, 버섯재배사의 경우에는 토지면적의 10분의 1 이하로 하되, 기존 관리용 건축물의 면적을 포함하여 50제곱미터를 초과할 수 없다.

아. 온실: 수경재배, 시설원예 등 작물재배를 위하여 보호구역에서 3년 이상 계속하여 거주하고 있는 자가 유리, 플라스틱 등의 재료를 사용하여 설치하는 온실로서 순환식 양액재배방식으로 작물을 재배하는 경우에만 가구당 3, 000제곱미터 이하

자. 소 운동장의 비가림시설: 기존 축사면적의 3배 이내

차. 가목부터 아목까지의 규정 외에 보호구역에 거주하거나 보호구역의 토지를 소유한 자가 농림업 등을 영위하기 위한 시설(축사는 제외한다)로서 지방자치단체(특별시·광역시와 도를 말한다. 이하 같다)의 조례로 정하는 건축물이나 그 밖의 공작물. 이 경우 보호구역이 제26조 각 호의 어느 하나에 해당하면 관계 지방자치단체의 의견을 들어야 한다.

4. 주민공동이용시설

가. 마을 공동으로 축조하는 농로, 제방, 사방시설 등의 시설
나. 유치원, 경로당 등 노유자시설
다. 마을회관
라. 도정공장과 방앗간(증축의 경우로 한정한다)
마. 「농업협동조합법」에 따른 농업협동조합·축산업협동조합, 「산림조합법」에 따른 산림조합, 「농업·농촌기본법」에 따른 영농조합법인·농업회사법인이 설치하거나 마을 공동으로 설치하는 사무실, 공동구판장, 하치장, 창고, 농기계수리소, 유류취급시설(「석유 및 석유대체연료 사업법 시행령」에 따른 일반판매소의 시설로서 별표 3의 기준에 맞는 유류유출방지시설을 갖추는 경우로 한정한다)
바. 종교집회장(기도원은 제외한다): 기존의 건축물을 증축하려면 기존의 면적을 포함하여 연면적 300제곱미터 이하
사. 효열비, 사당, 그 밖에 이와 유사한 시설
아. 그 밖에 해당 지역주민이 공동으로 필요로 하는 시설 중 지방자치단체의 조례로 정하는 건축물이나 그 밖의 공작물. 이 경우 보호구역이 제26조 각 호의 어느 하나에 해당하는 경우에는 관계 지방자치단체의 의견을 들어야 한다.

5. 건축물이나 그 밖의 공작물의 개축, 재축

기존의 건축물이나 그 밖의 공작물의 용도와 규모의 범위에서의 개축·재축. 다만, 기존의 건축물이나 그 밖의 공작물의 용도가 주택이면 제2호나목에 따른 증축규모의 범위에서 개축·재축할 수 있다.

6. 건축물이나 그 밖의 공작물(이미 철거된 건축물이나 그 밖의 공작물을 포함한다. 이하 이 호에서 같다)의 이전(이전)

다음 각 목의 시설의 설치로 인하여 철거되는 건축물이나 그 밖의 공작물을 이전하는 경우와 제14조제5항에 따른 환경정비구역(이하 "환경정비구역"이라 한다) 인근지역에 거주하는 주민이 농가를 철거하여 해당 토지를 농지나 녹지로 환원하고 환경정비구역으로 이전하는 경우로서 종전의 용도와 규모의 범위에서의 이전. 다만, 철거되는 건축물이나 그 밖의 공작물의 용도가 주택으로서 규모가 제2호에 따른 증축규모 이하이면 이전규모를 같은 호에 따른 증축규모까지로 한다.

가. 마을공동시설
  1) 마을 공동으로 축조하는 농로, 제방, 사방시설 등의 시설
  2) 마을회관, 경로당
  3) 공동작업장, 공동창고
나. 공익시설·공동시설과 공공시설
  1) 도로, 철도, 댐, 제방 등
  2) 보건소, 경찰관서, 우체국(별정우체국을 포함한다), 읍·면·동사무소, 보건진료소 및 예비군의 운영에 필요한 건축물

7. 다음의 어느 하나에 설치하는 「신에너지 및 재생에너지 개발·이용·보급 촉진법 시행규칙」 따른 태양에너지 설비

가. 건축물이나 그 밖의 공작물의 옥상

나. 「국토의 계획 및 이용에 관한 법률」 따른 도시·군계획시설의 부지(토지의 형질 변경을 수반하는 경우는 제외한다)

8. 「장사 등에 관한 법률」 에 따라 설치하거나 조성하는 봉안시설 또는 자연장지

제2절 수변구역

1 수변구역의 의의

① "수변구역(水邊區域)"이란 오염물질이 상수원에 직접 유입되는 것을 차단하여 상수원의 수질을 개선하고 생태계를 보전하기 위해 하천인접지역에 설정하는 일종의 완충지대를 말한다.

② 수변구역은 한강수계 상수원수질개선 및 주민지원 등에 관한 법률을 비롯한 4개법률에 그 근거를 둔다.

③ 보통 강 중류지역의 수질을 보호하기 위하여 지정하며, 토지이용계획확인서를 통하여 그 지정사실을 확인할 수 있다. 수변구역은 한강 외에도 낙동강, 금강, 영산강 및 섬진강등 4대강에 해당 법률이 마련되어있다.

2 수변구역의 지정

환경부장관은 한강수계의 수질 보전을 위하여 팔당호, 한강(팔당댐부터 충주 조정지댐까지의 구간으로 한정한다), 북한강(팔당댐부터 의암댐까지의 구간으로 한정한다) 및 경안천(「하천법」에 따라 지정된 구간으로 한정한다)의 양안(兩岸) 중 다음에 해당되는 지역으로서 필요하다고 인정하는 지역을 수변구역으로 지정·고시한다.

수계	수변구역의 범위
한강	◦ 팔당호, 한강(팔당댐부터 충주 조정지댐까지의 구간으로 한정함), 북한강(팔당댐부터 의암댐까지의 구간으로 한정함) 및 경안천(「하천법」에 따라 지정된 구간으로 한정함)의 양안(兩岸) 중 다음의 하나에 해당되는 지역으로서 필요하다고 인정하는 지역 ☑ 특별대책지역은 그 하천·호소(湖沼)의 경계로부터 1킬로미터 이내의 지역 ☑ 그 밖의 지역은 그 하천·호소의 경계로부터 500미터 이내의 지역

낙동강	◦ 상수원으로 이용되는 댐 ◦ 상수원으로 이용되는 댐의 상류지역 중 해당 댐으로부터 다음의 거리 이내의 지역으로서 수질에 미치는 영향이 크다고 인정되는 지역 ☑ 저수(貯水)를 「수도법」 제3조제3호에 따른 광역상수원으로 이용하는 댐의 경우: 댐으로부터 20킬로미터 ☑ 저수를 「수도법」 제3조제8호에 따른 지방상수도로 이용하는 댐의 경우: 댐으로부터 10킬로미터 ◦ 댐 및 그 댐으로 유입되는 하천(해당 하천으로 유입되는 지천(支川)은 제외)의 경계로부터 500미터 이내의 지역
영산강, 섬진강	◦ 주암호·동복호·상사호·수어호 및 장흥댐의 경계로부터 500미터 이내의 지역으로서 필요하다고 인정하는 지역 ◦ 위 지역의 상류지역 중 해당 댐으로 유입되는 하천 및 이에 직접 유입되는 지류의 경계로부터 500미터 이내의 지역으로서 필요하다고 인정하는 지역
금강	◦ 상수원으로 이용되는 댐과 특별대책지역의 금강 본류(本流)인 경우에는 해당 댐과 하천의 경계로부터 1킬로미터 이내의 지역 ◦ 금강 본류인 경우에는 해당 하천의 경계로부터 500미터 이내의 지역 ◦ 금강 본류에 직접 유입되는 하천인 경우에는 그 하천의 경계로부터 300미터 이내의 지역

3 수변지역에서 제외되는 지역

환경부장관은 수변구역을 지정·고시하려면 다음의 어느 하나에 해당하는 지역은 수변구역에서 제외하여야 한다.

① 상수원보호구역, 개발제한구역, 군사시설보호구역: 해당 개별법에 따라 시설설치 등에 대한 행위제한을 받음

② 하수처리구역으로서 하수종말처리시설을 설치·운영 중인 지역: 수질오염의 정도가 약하므로 수변구역에서 제외됨

③ 도시지역과 지구단위계획구역(주거형으로 한정함)과 자연부락이 형성되어 있는 지역: 기존 주민의 재산권 보호가 필요하므로 수변구역에서 제외됨

4 수변지역에서의 행위제한 등

누구든지 수변구역에서는 다음의 어느 하나에 해당하는 시설을 새로 설치(용도변경을 포함한다)하여서는 아니 된다.

1. 「수질 및 수생태계 보전에 관한 법률」 제2조제10호에 따른 폐수배출시설
2. 「가축분뇨의 관리 및 이용에 관한 법률」 제2조제3호에 따른 배출시설
3. 다음의 어느 하나에 해당하는 업(業)을 영위하는 시설
   가. 「식품위생법」 제36조제1항제3호에 따른 식품접객업

나. 「공중위생관리법」 제2조제1항제2호 및 제3호에 따른 숙박업·목욕장업
다. 「관광진흥법」 제3조제1항제2호에 따른 관광숙박업
4. 「주택법」 제2조제2호에 따른 공동주택

제3절 수질보전특별대책지역

1 수질보전특별대책지역의 개념

① 팔당·대청호 상수원 수질보전 특별대책지역 지정 및 특별종합대책은 환경정책기본법 제22조 및 동법시행령 제5조의 규정에 의하여 팔당·대청호상수원수질보전특별대책지역(특별대책지역)을 지정하고, 동 지역내의 수질보전을 위한 특별종합대책(특별대책)을 규정함을 목적으로 한다.

② 특별대책은 현재의 Ⅱ등급 수질을 Ⅰ등급 수질로 개선·유지하는 것을 목표로 한다.

③ 상수원수질에 영향을 크게 미치는 시설은 상수원보전의 측면에서 특별관리하며, 재산권 행사의 제한을 최소화한다.

④ 특별대책지역에서는 취수원으로부터 1km 내에서는 건축이 제한되고, 농지전용 등에 있어서도 6개월 이상 거주요건이 요구된다.

⑤ 팔당·대청호 상수원수질보전 특별종합대책 고시에는 특별대책을 상수원 오염유형에 따라 달리 정하고 있다. 폐수배출시설, 오수배출시설, 축산폐수배출시설, 골프장 및 골프연습장, 내수면 어업, 유.도선사업, 광물채굴 및 채석, 집단묘지 등으로 구분하여 금지 또는 허가기준을 정하고 있다.

⑥ 팔당·대청호 상수원수질보전 특별종합대책 고시에서 특별대책지역은 팔당·대청호의 수질에 미치는 영향을 고려하여 Ⅰ권역과 Ⅱ권역으로 구분하며, 1권역이 더 강력한 규제를 받는다. 단독주택의 신축, 공장신설, 음식점, 숙박시설의 설치 등에 있어 강한 규제를 받는다.

2 행위제한

① 건축연면적 400㎡ 이상의 숙박업·식품접객업 및 건축연면적 800㎡ 이상의 오수배출시설은 Ⅰ권역에의 입지를 허용하지 아니한다.

② 다만, 발생되는 오수를 하수종말처리시설에 전량 유입·처리하는 건축물이거나 지역주민의 공공복리시설로서 생물화학적산소요구량(BOD) 및 부유물질(SS)을 각각 20㎎/L(수변구역은 10㎎/L) 이하로 처리하여 방류하는 경우에는 그러하지 아니하다.

③ 특별대책지역에는 1일 폐수배출량이 200㎥ 이상인 폐수배출시설의 입지를 허용하지 아니한다.

④ 다만, Ⅱ권역에는 발생폐수를 생물화학적산소요구량(BOD) 30㎎/L 이하로 처리한 후 방류하거나 하수종말처리시설에 유입시켜 처리하는 경우에 한하여 입지를 허용한다.

3 팔당호 상수원 수질 보전을 위한 특별대책지역

(1) 특별대책지역 1권역

① 남양주시: 화도읍(가곡리를 제외한 전역), 조안면
② 여주군: 능서면(구양리, 번도리, 내양리, 백석리, 왕대리), 홍천면, 금사면, 대신면, 산북면
③ 광주시: 경안동, 송정동, 광남동, 오포읍, 초월면, 퇴촌면, 남종면, 중부면, 실촌면, 도척면(방도2리를 제외한 전역)
④ 가평군: 설악면(천안1리, 방일리, 가일리), 외서면(하천리, 청평리, 대성리, 삼회리)
⑤ 양평군: 양평읍, 강상면, 강하면, 양서면, 옥천면, 서종면, 개군면
⑥ 용인시: 모현면

(2) 특별대책지역 2권역

① 남양주시: 화도읍(가곡리), 수동면
② 여주군: 능서면(구양리, 번도리, 내양리, 백석리, 왕대리를 제외한 전역)
③ 광주시: 도척면(방도2리)
④ 가평군: 설악면(사룡리, 선촌리, 신천리, 회곡리, 천안2리, 이천리), 외서면(호명리, 고성리), 하면(대보2리), 상면(항사리, 덕현리, 임초1리)
⑤ 양평군: 용문면, 청운면(여물리, 비룡리) 단월면(행소리, 부안리, 덕수리, 보룡리, 봉상리, 삼가리), 지제면(송현리, 월산리, 지평리, 망미리, 대평리, 곡수리, 수곡리, 옥현리)
⑥ 용인시: 동부동, 중앙동, 유림동, 역삼동, 양지면, 포곡면
⑦ 이천시: 창전동, 중리동, 관고동, 안흥동, 갈산동, 증포동, 송정동, 증일동, 율현동, 진리동, 사음동, 단월동, 장록동, 고담동, 대포동, 부발읍(가좌리, 신하리, 마암리, 무촌리, 신원리, 대관리, 죽당리, 산촌리, 아미리, 고백리), 신둔면, 호법면, 마장면, 백사면, 모가면(신갈리)

4 대청호 상수원 수질보전 특별대책지역

(1) 특별대책지역 1권역

① 대전시: 동구(추동, 비룡동, 주산동, 용계동, 마산동, 효평동, 직동, 신하동, 신상동, 사성동, 오동, 세천동, 내탑동, 신촌동, 주촌동)
② 청원군: 문의면(남계리, 등동리 일부를 제외한 전역)
③ 보은군: 회남면, 회북면(갈치리를 제외한 전역)
④ 옥천군: 안남면, 안내면(오덕리를 제외한 전역), 군북면(이백리, 자모리, 증약리를 제외한 전역)

(2) 특별대책지역 2권역

옥천군: 옥천읍, 군서면, 이원면, 동이면, 청성면(능월리, 도장리를 제외한 전역), 군북면(이백리, 자모리, 증약리)

제4절 토지매매계약서 작성기법

계약서는 계약이 계약서대로 지켜지지 않을 때를 대비해서 쓴다는 점을 꼭 기억해야 한다.

계약이 잘 지켜지는 경우에는 계약서의 내용에 상세한 조항이 필요가 없을 수도 있지만, 실제로 부동산계약서는 계약위반시를 대비하여 중요한 분쟁예상사항에 대하여 자세히 정하는 것이 바람직 하다.

토지매매계약서는 계약서의 기본양식을 따르되 단서조항을 자신이 만들 수 있는 능력을 갖춰야 한다.

Part 02

1. 계약서 작성의 기본은 계약내용이 실현되지 않는 경우를 가정해서 작성해야 한다.

그 대상 부동산거래에서 흔히 일어나는 계약의 위반사항을 조사하여 계약서에 명기하는 것이 좋다.

2. 계약서의 단서조항은 미리 작성해서 준비한다.

계약서에 넣을 단서조항은 시간을 가지고, 관련 전문가의 자문을 받아서 미리 준비하는 것이 바람직 하다. 필요한 경우에는 사진도 첨부할 필요가 있다. 단서조항은 쉬운문장과 전문법학용어를 경우에 따라 선정하여 작성한다. 중개업자가 대신 작성해주는 단서조항을 신뢰해서는 곤란하다.

3. 계약당사자 확인은 필수

계약상대방이 대리인인 경우는 위임장과 인감증명서 확인은 필수이다. 주민등록증으로 본인확인이 필요하며, 대리인이 배우자라고 할지라도 이런 확인은 필수로 하여야 한다.

4. 세금문제가 해결되었는지를 확인해야 한다.

대상 부동산에 대한 세금문제 특히, 국세완납증명을 확인해야 한다.

5. 계약금 액수와 잔금지불 기일을 정한다.

계약금의 액수는 불황기와 호황기에 따라 다르게 정하는 것이 좋다. 계약금은 계약 당사자에게 지급해야하며, 영수증 반드시 받아야 한다. 중도금 지급시에도 등기사항증명서 확인은 필수로 해야 한다.

6. 당사자간의 직접 거래는 피하는 것이 안전하다.

공인중개사를 활용하여 계약을 체결하는 것이 계약사고 발생시에 처리가 용이하므로 중개수수료를 아낄려고 당사자간의 직거래는 피하는 것이 좋다. 이때 기존 임차인이 있는 부동산은 필요비.유익비상환청구권이 발생하는지를 확인해야 한다.

7. 토지계약시 평당금액을 명기해야 한다.

토지는 필지매매인 경우에는 필지의 전체면적과 매매대금을 기재하고, 수량매매인 경우에는 전체면적과 평당금액도 함께 기재하여야 한다.

8. 산림보호구역여부를 확인한다.

종전의 보안림과 산림유전지원보호림을 통합하여 산림보호구역을 만들었다. 규세가 강한 만큼 계약서 작성에 유의해야 한다.

9. 산지의 수목의 상태를 확인한다.

전용하고자 하는 산지 안에 생육하고 있는 50년생 이상인 활엽수림의 비율이 50%이하에 해당해야 전용허가가 가능하다.

10. 국고보조조림지 여부를 확인한다.

국고보조조림지는 5년이 지나야 매매가 가능하고, 그 이전인 경우에는 보조금의 10% 내야 한다.

제5절 토지의 특수문제

1 분묘기지권(墳墓基地權)

1. 분묘기지권의 개념

(1) 의의

분묘기지권은 분묘를 수호하고 봉제사하는 목적을 달성하는 데 필요한 범위 내에서 타인의 토지를 사용할 수 있는 권리를 말한다. 관습에 의하여 인정되는 지상권 유사한 물권으로 이해된다.

(2) 분묘기지권의 성립요건

① 토지소유자의 승낙이 없는 경우

타인 소유의 토지에 그 소유자의 승낙 없이 분묘를 설치한 자가 20년간 평온·공연하게 그 분묘의 기지를 점유한 때에 그 점유자는 그 토지 위에 지상권 유사의 관습상의 물권인 분묘기지권을 시효로 취득한다.

분묘기지에 대해서는 성질상 타주점유 이므로 소유권을 취득할 수는 없으며 지상권 유사의 권리를 취득할 뿐이며, 분묘기지권을 시효취득하는 경우에는 지료를 지급할 필요는 없다.

② 토지소유자의 승낙이 있는 경우
토지소유자가 분묘소유자에 대하여 분묘의 설치를 승낙한 때에는 그 분묘의 기지에 대하여 분묘소유자를 위한 지상권 유사의 물권을 설정한 것으로 본다. 당사자 간에 특별한 약정이 없으면 무상사용할 수 있다.

③ 자기 소유의 토지에 분묘를 설치하고 이를 타에 양도한 경우 양도인은 분묘소유를 위하여 양수인의 토지에 대해 지상권 유사의 물권을 취득한다. 이 경우에는 지료를 지급하는 것이 원칙이다.

④ 내부에 시신이 안장되어 있는 무덤을 말하고, 가묘(假墓)의 경우에는 성립하지 않는다.

⑤ 분묘기지권은 봉분 등 외부에서 분묘의 존재를 인식할 수 있는 형태를 갖추고 있는 경우에 한해 인정되고 평장(平葬)되어 있거나 암장(暗葬)되어 있어 객관적으로 인식할 수 있는 외형을 갖추고 있지 않은 경우에는 인정되지 않는다.

⑥ 분묘 설치자가 처벌받는다고 하여 그 분묘기지에 대한 지상권 유사의 물권을 취득함에 아무 영향이 없다.

⑦ 분묘기지권의 특성상 분묘기지권은 등기 없이 취득 한다. 취득시효에 의한 취득의 경우에도 민법 제245조의 예외를 인정하여 등기를 요하지 않는다.

2. 분묘기지권의 내용

(1) 분묘기지권의 범위

분묘기지권은 분묘의 기지 자체뿐만 아니라 그 분묘의 수호 및 제사에 필요한 범위 내에서 분묘의 기지 주위의 공지를 포함한 지역에까지 미친다.

(2) 분묘기지권의 존속기간

분묘기지권의 존속기간에 관하여는 당사자 사이에 약정이 있는 등 특별한 사정이 없는 경우에는 권리자가 분묘의 수호와 봉사를 계속하며 그 분묘가 존속하고 있는 동안은 분묘기지권은 존속한다.

(3) 분묘기지권의 소멸

분묘의 기지에 대한 지상권유사의 물권인 관습상의 법정지상권은 그 권리자가 그 의무자에 대하여 권리를 포기하겠다는 의사표시를 함으로 인하여 소멸되고, 점유까지 포기할 필요는 없다.

2 종중토지

종중토지는 민법상 공동소유의 형태가 총유에 해당하므로 종중원 일부의 의사로는 처분이 불가능하다. 종중토지는 실무상 거래가격이 낮게 형성되어있으나, 매수에는 신중을 기하여야 한다. 종중원간의 분쟁으로 인하여 토지 매수자의 권리가 불안정해지는 단점이 있다. 종중토지는 신중하게 중개하여야 법률적 분쟁을 피할 수 있으며 경우에 따라서는 형사상 처벌을 받게 되는 경우도 있다.

저자 김명식

초보 개업공인중개사도 쉽게 이해하는 상가중개실무

필자가 " 상가중개실무 " 교본을 만들면서 가장 중요하게 생각한 점은 초보 개업공인중개사 눈높이에 최대한 맞춰서 이론보다는 현장실무 위주로 설명을 하고자 합니다.

실제 처음으로 부동산 사무실을 창업해서 도대체 무엇부터 해야 할지 모르고 안 해도 될 시행착오를 겪는 시간을 줄여드리고 제가 안내해 드린 현장실무 FLOW 로 따라만해도 바로 현업에서 효과를 볼 수 있게끔 쉽게 안내를 해드리겠습니다.

배우지 않고 어떠한 결과를 기대하는 것은 도둑놈 심보입니다.

노력하는 개업공인중개사만이 치열한 부동산 중개시장에서 살아남을 수 있습니다.

다른 개업공인중개사보다 제가 뛰어나서 " 상가중개실무 " 강의를 한다기보다는 10년 이상 중개업 현장에서 보다 더 많은 상가 매매, 임대, 임차. 점포양도양수 계약과 프랜차이즈 창업컨설팅을 진행해 본 경험치 때문일 겁니다.

그리고 1995년도 상가분양시장에 입문해서 벌써 20년 이상 중개업과 또 다른 분양시장에서의 신규상가분양, 기존상가분양 등의 경험치를 종합해서 주저리주저리 중개업에 입문하는 후배님들에게 " 상가중개실무 "의 바이블이 되었으면 하는 바램입니다.

그리고 동료 및 선배님들 중에도 아파트나 도시형생활주택, 오피스텔만 장기간 중개를 해 오신 분들이 이 책을 읽고서 " 나도 이제 쫄지 말고 당당하게 상가중개 할 수 있겠구나." 라는 자신감을 가진다면 저는 스스로 이 교본에 만족스러운 듯합니다.

이 교본은 그동안 필자에게 다년간 교육을 받으신 분들의 수강후기의 부족한 부분들을 최대한 보완해서 올린 내용이고 교육 받으신 분들이 현재 실무현장에서 너무나 잘 하고 계시는 모습이 필자가 돈을 버는 게 아닌데도 제가 배가 부릅니다.

아무쪼록 이 교본이 개업공인중개사 및 현업에 종사하시는 소속공인중개사, 중개보조원 분들에게 도움이 되어서 행복한 중개업을 하시길 기원합니다.

김명식 배

Part

03

상가중개실무

제 1 강 상가중개실무 입문편

1 부동산 창업 전 사업계획서 작성하지요?

공인중개사 분들이 가장 많이 놓치는 부분이 있습니다.
바로 부동산 사무실 창업 전 " 사업계획서 " 작성입니다.
대다수의 창업을 준비하는 공인중개사 분들이 사업계획서도 작성하지 않고 창업을 너무나 쉽게 안일하게 한다는 점입니다.

사업계획서를 작성하고 창업을 해도 생존 할 확률이 불과 30% 미만이라고 필자는 생각이 드는데 가장 중요한 기본중의 기본인 사업계획서를 작성하지 않고 창업을 한다는 그 자체가 백전백패(百戰百敗)라고 자신 있게 말씀을 드립니다.

한 통계자료에 사업계획서를 서면으로 디테일하게 작성하고 창업을 하는 분이 불과 3% 미만 이라는 리서치 결과가 나왔습니다.

그리고 중요한 건 이 3%에 속하는 사업계획서를 작성한 사람들이 대부분 성공의 길을 걷고 있다고 보시면 됩니다.

사업계획서를 작성한다고 100% 성공을 보장하는 것은 아니지만 그래도 애기치 못한 상황에 대처가 가능하다는 점과 GPS역할을 할 수 있다는 점이 가장 큰 강점입니다.

자~ 이제부터 부동산 창업 전에 반드시 작성해야 할 부동산 창업 사업계획서에 대해서 언급을 해 보고자 합니다.
예를 들어 나는 상가중개를 전문으로 부동산을 하겠다고 생각하고 그에 적합한 부동산 자리를 선정했다면 사업계획서에 반드시 포함 될 필수항목 7가지가 중요합니다.

나의 경쟁 부동산은? 주요 고객층과 고객 요구사항은? 나의 차별화, 경쟁우위. 제공 가능 서비스는? 직원 세팅은? 매출 목표설정은? 이 7가지가 중요한 키워드입니다.
하나씩 언급해 봅니다.

(1) 나의 경쟁 부동산은?

첫째, 내 부동산 주변에 상가를 전문으로 하는 부동산이 몇 개인지 체크해야 합니다.
같은 상권 내에 상가를 전문으로 하는 부동산이 몇 개가 있는지?
이웃 상권에서 내 상권에 영향이 미칠 수 있는 상가를 전문으로 하는 부동산이
몇 개인지를 체크를 해야 합니다.

둘째, 내 부동산 주변에 상가를 전문으로 하는 부동산 업력(業力)을 체크해야 합니다.

만약에 업력이 많은(多) 부동산이 많다면(多) 그 만큼 진입장벽이 높다는 의미이며 엄청난 노력이 필요할 것이고 나의 경쟁 부동산 중에서 Top 3를 선정해서 해당업소를 디테일하게 분석하는 작업의 시간이 필요합니다.

현재 경쟁 부동산들의 개략적인 매출을 분석해 보아야 하고 경쟁 부동산들의 직원은 몇 명이나 두고 있는지를 체크해야 하는데 직원 수가 많다면(多) 나름 그 상권 내에서 상당한 매출을 하고 있다고 보시면 됩니다.

결코 직원 분들은 돈이 안 되면 그 사무실에서 근무를 안 한다고 보시면 정답입니다.

직원이 많던 사무실도 매출이 떨어지면 급격히 조직이 망(亡)가지는 모습을 참으로 많이 보았고 필자도 역시 많은 경험을 했습니다.

(2) 나의 주요 고객층과 고객 요구사항은?

내 부동산에 방문하거나 전화상으로 문의 하는 고객이 주로 매매 고객인지 아니면 임대 고객인지를 파악하거나 추정해서 고객의 수준에 맞게 부동산전문가로 거듭나야지만 성공한다고 보시면 됩니다.

매매 고객이 많은(多) 지역에서는 내가 부동산전문가 포스의 계약서 작성은 기본이고 전반적인 세금 상담도 전문가 수준급의 세무컨설팅 보고서 정도는 제공해 줄 수 있는 실력을 쌓고 대출상담사 조력자 작업을 통해서 고객에게 이왕이면 많은 금액의 대출과 저(低)금리로 알선을 해 드려야합니다.

여기에 기본적인 상권분석, 입지분석과 컨설팅, 공실상가나 건물에 어떠한 업종이 적합한지에 관한 상품디자인(MD)까지 제공한다면 주변 경쟁부동산을 초토화 시킬 수 있는 강력한 무기를 탑재했다고 생각하고 어려워 보이지만 충분히 본인의 노력으로 가능하다고 생각합니다.

그리고 임대 고객이 많은(多) 지역에서는 내 상권에 어떠한 업종의 업소들이 입점해 있는지를 100% 파악은 기본이고 흥(興)하는 업종과 망(亡)하는 업종 파악을 해서 고객을 내 가족처럼 생각하고 적당한 조언도 필요합니다.

공실 상가라면 이 상가에 적합한 MD을 생각해서 거기에 해당하는 각종 프랜차이즈 담당자에게 입점을 제안도 하고 담당자와 연결고리를 만드시고 인테리어, 철거, 전기, 간판업체 등도 조력자를 만들어서 고객 분이 필요시 원스톱으로 일처리를 하게 되면 고객 만족도도 높아지고 이에 따르는 부수적인 추가 수익도 따라옵니다.

마지막으로 지역 내 인허가 담당자와 화재, 재난보험 담당자까지 키맨을 만든다면 더 이상 말 할 여지가 없습니다.

(3) 나의 차별화, 경쟁우위, 제공가능 서비스는?

일단 내 부동산 주변에 상가를 전문으로 하는 부동산이 제공하는 서비스가 무엇인지를 수단과 방법을 가리지 말고 파악하고 나도 최소한 이 정도 서비스는 기본으로 제공하고 여기에 경쟁 부동산에서 제공하지 않는 프리미엄 서비스를 개발해야 합니다.

상가를 전문으로 하는 부동산에서 제공할 수 있는 서비스는 두 번째에서 언급한 내용과 같다고 보시면 됩니다.

수준급 세금관련 서비스, 대출관련 서비스, 상권, 입지분석 서비스, 보험관련 서비스, 프랜차이즈 연계 서비스, 컨설팅 서비스, 인테리어 등 알선 서비스, 온-오프라인 광고 컨설팅 서비스, 해당 업소 홍보 서비스 등이 있습니다.

한 가지 당부의 말씀은 중개보수 반값 광고나 임대인(임차인) 중개보수 안 받기 등으로 고객을 유인하는 행위는 결국 공인중개사 모두 자멸하는 길이라는 점을 부디 명심하시길 바랍니다.

현재 너무나 안타까운 상황들이 중개시장에서 벌어지고 있습니다.

(4) 직원 세팅은?

우선 내 사무실을 어느 정도의 사이즈로 창업을 할 건지를 고민을 해 보시라입니다.
1인(人) 창업이냐 5인(人) 이하 창업이냐 아니면 10인(人)이상 대형 창업이냐. 입니다.

판단하기가 힘들다면 이렇게 기준을 잡아서 고민을 해 보십시오.

내 주변 상권만 전문적으로 한다면 1~5인 이하 창업을 권장하고 이 경우는 매출이 한정적이다 보니 직원도 먹거리가 있어야 하므로 소수 인원이 적당합니다.

혹시 5인(人) 이상 충원되면 기존 직원이 수입이 줄기 때문에 대부분 퇴사를 한다고 보면 됩니다.

그리고 한 지역 전체를 취급한다면 10인(人) 이상 창업을 권장하고 이 경우는 매출 크기가 커서 다수의 직원도 가능하고 한 지역을 관리하려면 최소한의 직원이 충족되어야 매물 작업 및 매물 관리가 가능하고 대표자가 기본적으로 상가 매매 임대차 등을 능수능란하게 다룰 수 있을 정도의 능력이 우선입니다.

10인(人) 이상의 경우는 설령 1층 부동산에서 창업 안 해도 기본 매출은 나옵니다.

직원채용 비율은 경력(經歷)과 신입(新入)의 적당한 비율의 유지가 중요한 데 경험상 2: 3 또는 3: 2를 추천합니다.

(5) 매출 목표설정은?

상가를 전문으로 하는 부동산이라면 매출 구성 비율을 만들어야 한다.

상가 전체 매출 목표 중 매매 매출과 임대 매출 비율을 설정해야 하는데 아무래도 초보는 경험치 부족과 DB(Data Base) 부족으로 임대시장 비율을 높게 설정하고 점점 상가 매매시장도 두드려보라고 조언합니다.

그리고 여기에 프랜차이즈 가맹개설 업무도 매출에 포함시켜서 영업을 해 보시고 프랜차이즈 개설 담당자와 지속적인 연결 고리로 신규 입점 가능 점포개발과 예비 가맹점주 연결도 하면 됩니다.

목표는 현실적인 실현 가능한 매출 목표를 설정하시고 창업 후 월(月) 단위 디테일 한 미시적인 목표 설정하고 1년(年) 뒤 3년(年) 뒤 5년(年) 뒤 10년(年) 뒤의 거시적인 목표 설정도 필요합니다.

이상 부동산 창업 전 사업계획서 작성에 대해서 언급했는데 정말로 중요한 부분은 반드시 중개사 여러분들이 사업계획서를 작성을 해 봐야 하고 작성하다보면 내가 놓쳤던 점이 많이 보일 겁니다.

2 내가 취급 할 수 있는 부동산 중개유형에는 어떤 게 있을까요?

(1) 주거용부동산

아파트나 단독주택, 다가구주택, 도시형생활주택, 오피스텔 등이 여기에 해당 하는데 중개 특징에 대해서 알아보겠습니다.

단지 내 상가에 입점해서 운영하는 아파트의 경우 크게 입주 장과 기존 아파트 중개로 나눌 수가 있습니다.

입주 장은 신규 아파트의 매매, 분양권 전매, 전월세 위주의 중개 형태다 보니 초보보다는 경력 위주의 직원이 필요하고 직원 수도 최소 2-3명 필요하고 입주 장은 치고 빠지기 형태의 중개라고 보면 됩니다.

그리고 부동산 자리 선택 포인트(point)는 입주 장 끝나고 계속적으로 영업 할 건지 아니면 바로 이전 할 건지에 따라서 자리를 선택해야 한다는 점입니다.

지속적으로 영업을 고려한다면 단지 내 상가보다는 입주 장 주변 상가에 입점해서 상가, 토지 등도 함께 취급을 해야 생존이 가능합니다.

결국 입주 장 끝나고 매물 먹거리가 있어야 합니다.

그리고 기존 아파트는 최소 2년차 아파트 단지에 입점을 해야 하는데 꼭 기존 베테랑 부동산이 1~2개는 있다는 점을 간과하지 마십시오.

그러나 다행히 기존 베테랑 부동산이 수동적인 곳이 많아서 후발 주자라도 공격적으로 마케팅만 한다면 충분히 승산이 있고 주변 상가 중개도 병행하라고 권장합니다.

대체적으로 대표 혼자 운영하거나 직원 수 1-2명으로 운영이 가능합니다.

(2) 단독주택, 다가구, 도시형 생활주택, 오피스텔

초보 공인중개사에게 첫 걸음으로 권장하고 바쁘게 많은 임대차 계약을 해야 생존이 가능한 치열한 중개시장의 한 영역입니다.

1년 정도만 열심히 하면 재계약 도래가 아파트보다 훨씬 빨라서 계약 후 임차인도 중요하지만 임대인의 고객관리만 잘 하면 수월하게 수입이 보장됩니다.

단점으로는 적응이 되면 차차 알 큰 중개를 하고자 하는 욕구로 갈등이 생긴다는 점과 의외로 중개사고가 많이 발생하는 영역이기도 합니다.

오피스텔 취득, 보유, 처분, 임대 사업자에 관한 스터디가 확실히 된다면 이 시장도 충분한 블루오션 시장이라고 조언을 드립니다.

(3) 토지, 공장

초보 공인중개사에게는 거래가 비번하게 이뤄지지 않고 토지에 관련된 전반적인 지식이 기반이 되어야 하는 관계로 개인적으로 비추입니다.

중개업의 흐름을 어느 정도 파악한 후에 지식을 쌓고 도전한다면 토지 중개도 상가에 못지않은 전문영역이 될 수 있습니다.

(4) 분양업

분양업 시장은 현재 공인중개사분들이 많이 참여를 못하고 있는 블루오션시장입니다.

필자도 부동산에 입문하게 된 계기가 1995년 분당 야탑동에 신규상가 분양으로 입문을 해서 다행히 지금까지 부동산 시장에 머무르고 있습니다.

매력적인 시장이기에 많은 보수를 받을 수 있지만 그에 따르는 책임도 상당하기에 부동산에 대한 안목이 갖춰진 상태에서 본인의 판단에 자신 있다고 생각되는 매물만 소개를 하시고 가급적이면 주변 지인 작업은 하지 마십시오.

본인이 우량 매물이라고 자신하는 물건도 내 외부적인 환경에 의해서 뜻하지 않게 위험을 동반하는 사례들이 많다는 점을 간과하지 마십시오.

주로 신규상가, 아파트, 오피스텔, 전원주택지, 지식산업센터, 산업단지, 지분 형 호텔 등 분양이 대부분이라고 보면 됩니다.

부동산은 고객을 시행 사에 소개하고 부동산 MGM(Member Get Member)을 받고 따로 중개보수는 받지 않는 게 관례라고 보시면 됩니다.

아니면 분양대행사에 직원 등록 후 부동산과 병행하면서 근무하는 형태도 있습니다.

한번쯤은 " 우물 안 개구리 " 탈피 목적으로 분양업의 쓴맛을 보는 것도 중개업에 많은 도움이 되고 부동산 시장을 보는 안목도 조금은 넓어질 것 같습니다.

3 상업용 부동산의 특징은 어떤 게 있는지?

상업용 부동산 시장도 토지 시장과 마찬가지로 일단 진입이 어렵습니다.
관련 법규가 복잡하고 창업을 하거나 직원으로 근무 시작해서 매출 발생까지 주거용부동산보다 대체로 시간이 필요하다는 단점이 존재합니다.

상가에 관련된 서적 및 교육 기간이 열악하고 중개업자 간에 정보, 지식 공유를 꺼리는 분들이 많은 게 현실이고 물론 요즘 유튜브로 기본 지식을 서치 할 수 있어도 정보의 진정성이나 아주 고급 정보의 경우는 역시 공유가 안 된 다는 점입니다.

그리고 상가 중개를 잘 하고자 한다면 다양한 업종에 대한 이해가 필요하고 상권을 보는 안목, 적정 권리금 추정이 가능한 정도의 수준까지 빨리 진입하는 게 수익 창출과 직결 된다고 보면 됩니다.

마지막으로 상가 중개시장도 관련 법규 등 중개 시 하자가 발생해서 중개사고의 위험에 많이 노출되어 있는 분야이니 그 만큼 충분한 준비가 필요합니다.
이 부분은 바로 아래에서 언급해드리겠습니다.

4 상업용 부동산 중개의 배워야 하는 필수요건은?

상가중개를 하자 없이 하기 위해서 배워야 하는 부분은 4가지로 나눌 수 있습니다.

상가 관련법 마스터, 현장답사 안내요령 마스터, 상권분석, 업종분석, 적정권리금 산정하기, 상가중개 노하우 및 기법으로 정리가 됩니다.

상가 관련법 마스터는 중개 사고방지, 원활한 상담, 조건에 맞는 매물 서치로 고객에게 매칭 되는 매물을 안내해 줄 수 있습니다.

현장답사 안내요령 마스터는 매도(임대), 매수(임차)고객에게 나의 매물을 계약으로 이끌 수 있게 안내 동선을 미리 구상해서 내가 정한 각본으로 클로징을 유도하기 위한 전초 작업이라고 보면 됩니다.

그리고 상권, 업종분석, 적정권리금 산정은 가장 기본적으로 브리핑에 필요한 요소이자 타 경쟁 부동산과 고객의 신뢰로 차별화를 시킬 수 있습니다.

상가 중개 노하우와 기법은 상가중개 전반적인 flow에 대한 경험과 다양한 중개기법 습득이 필요하고 많은 시간이 소요되는 영역입니다.

5 상업용부동산 중개유형에는 어떤 게 있는지?

상업용 부동산이라고 하면 어떤 건물의 101호에 해당하는 구분상가와 1,2층은 상가이고 3.4층은 주택인 상가주택과 소형꼬마빌딩. 대형빌딩 정도로 분류가 될 듯합니다.

중개 유형은 매매, 임대차, 점포 양도양수 일명 권리금작업, 분양, 프랜차이즈 가맹개설이 대부분의 중개 영역입니다.

매매나 임대차는 중개보수가 매매가의 0.9%, 임대가의 환산 보증금(보증금+월세*100)의 0.9%내 협의이므로 중개보수가 주거용 부동산보다 메리트가 있습니다.

권리금의 경우도 권리금은 공인중개사법의 테두리 밖이므로 협의해서 통상 권리금의 5-10%는 중개보수와 별도로 받는 개념이라 이 역시 메리트 있는 영역입니다.

위에서 잠시 언급했던 상가분양의 경우는 통상 매매가의 1-5% 정도 책정이 되고 작은 금액이 아니기에 돈에 현혹 되어 안 좋은 매물을 소개하는 실수를 하지 마시길 다시 한 번 당부를 드립니다.

마지막으로 프랜차이즈 가맹점 개설 업무도 최소 300-1000만 원 정도의 성공보수가 따르는 부분이 있으니 빈 공실상가에 적합한 MD를 연구해서 잘 매칭 한다면 빈 상가 임대 중개 보수와 가맹개설 수당까지 수익으로 창출되는 부분입니다.

필자도 이 부분에서 많은 수익을 창출해본 경험이 많습니다.

상가중개유형에 해당하는 일반상가 매매 계약서, 포괄 양도양수인 상가 매매 계약서, 권리금 계약서, 임대차 계약서, 프랜차이즈 임대차 계약서, 전대차 계약서, 프랜차이즈 가맹사업법 등에 대한 기본적인 지식 숙지와 실제 계약서는 능수능란하게 상황에 맞게 적당한 특약을 사용할 수 있는 수준까지는 부단히 연습하셔야 합니다.

6 상가 중개보수 요율 표 살펴보기

주거용 부동산에 비해서 상가 중개보수 요율 표는 매매가, 임대가의 환산보증금의 0.9%내에서 양 당사자 간 협의이고 지급시기도 계약서 작성 시 확인 설명서 3쪽에 반드시 기재해야 하는 의무사항으로 바뀌었습니다.

실제 현장에서 받는 중개보수는 최대치인 0.9%를 받으면 좋겠지만 실제는 0.5-0.7% 구간이 가장 일반적인 듯합니다.

다행히 필자의 경우도 그렇지만 주거용 부동산이 대부분 공동중개로 진행이 되는 반면 상가중개는 대부분이 양타가 많은 관계로 중개 보수에서 많은 차이가 발생합니다.

차후에도 언급하겠지만 고객으로부터 높은 요율의 중개 보수를 받기 위해서 부단한 노력을 하여야 하고 결국은 고객 만족이 정답이다.

고객이 공인중개사의 서비스에 충분한 만족이 되면 중개 보수를 더 챙겨준다는 고객도 있으니 고객 만족이 뭔지 곰곰이 연구해 보세요!!

7 왜? 상가중개를 해야 하는지?

첫째, 상가 분야에 입문해서 인내하고 버텨서 상가전문가로 성장이 되면 누구나 하는 영역이 아니므로 중개시장에서 생존율이 높아진다.

필자가 실제로 직원 10명을 채용하게 되면 몇 년간의 통계로 봤을 때 1년을 버티는 생존율이 불과 15% 미만이라는 점이다.
그 만큼 만만한 분야가 아니기에 " 독한 열정 " 을 가지고 최하 1년은 앞 만보고 돌진하다 보면 길은 반드시 보입니다. 라고 말씀드립니다.

둘째, 상가 분야는 아파트 중개와 다르게 대부분 단독중개(양타)라는 점인데 불행이도 중개업자 간에 불신(不信)이 존재해서 내 우량 매물을 잘 공유하지 않습니다.

이 분야가 특히 물건을 오픈하면 직거래하기, 빼돌리기, 염색 등의 다양한 뒷거래가 많아서 어쩔 수 없는 상가 중개시장의 현 주소라 보면 됩니다.

셋째, 상권과 입지를 보는 안목이 생기면 중개가 아닌 우량매물 개발해서 직접 찍어 창업 후 권리금 작업이 가능합니다.

필자도 여러 번의 권리금 작업의 경험이 있는데 단 나를 조력해 줄 믿고 맡길 수 있는 왼팔, 오른팔이 있어야 가능한 영역입니다.

넷째, 중개 업력이 어느 정도 쌓이면 프랜차이즈 키맨과 지속적인 업무 협력으로 안정적인 매출 확보가 가능합니다.

내 지역에 예비창업자가 생기면 나한테 연락해서 상가 자리를 의뢰하게끔 유대관계가 중요하고 당연히 인지상정(人之常情)이므로 반대급부는 어느 정도 보상해 줘야합니다.

다섯째, 중개보수 0.9% 협의와 권리금 성공보수 중개사법 제한이 없다는 점과 신규 상가 고객 소개해서 부동산 MGM 작업으로 고수익 창출이 가능합니다.

제 2 강

중개실무에 꼭 필요한 상가건물임대차 보호법 키워드 살펴보기?

사실 상임 법은 딱딱하고 이론적인 부분이고 공인중개사 합격을 위해서 열심히 공부한 부분이라서 패스를 하고 싶습니다.
하지만 정작 실무 현장에서 상담하는 필자의 직원들이나 개업공인중개사 분들을 보면 의외로 이 부분을 100% 정확히 모르고 애매모호 한 정도의 지식에 머물고 있구나. 라는 생각을 많이 해 왔습니다.
고객과의 상담에서 오류를 많이 범하기 때문에 아는 게 아니라 100%를 알아야 하므로 상임 법에 관련된 판례도 많이 서치해 보시고 이해 안 되는 부분이 있으면 바로 바로 정답을 찾는 습관을 가지세요.
상임 법 총 22조 중에서 반드시 알아야 하는 조문만 열거하고 노란 색으로 중요한 키워드는 체크를 하오니 꼭 숙지해야 합니다.

제1조(목적)

이 법은 상가건물 임대차에 관하여 「민법」에 대한 특례를 규정하여 국민 경제생활의 안정을 보장함을 목적으로 한다. [전문개정 2009. 1. 30.]

제2조(적용범위)

① 이 법은 상가건물(제3조제1항에 따른 사업자등록의 대상이 되는 건물을 말한다)의 임대차(임대차 목적물의 주된 부분을 영업용으로 사용하는 경우를 포함한다)에 대하여 적용한다.
다만, 제14조의2에 따른 상가건물임대차위원회의 심의를 거쳐 대통령령으로 정하는 보증금액을 초과하는 임대차에 대하여는 그러하지 아니하다. <개정 2020. 7. 31.>
② 제1항 단서에 따른 보증금액을 정할 때에는 해당 지역의 경제 여건 및 임대차 목적물의 규모 등을 고려하여 지역별로 구분하여 규정하되, 보증금 외에 차임이 있는 경우에는 그 차임 액에 「은행법」에 따른 은행의 대출금리 등을 고려하여 대통령령으로 정하는 비율을 곱하여 환산한 금액을 포함하여야 한다. <개정 2010. 5. 17.>
③ 제1항 단서에도 불구하고 제3조, 제10조 제1항, 제2항, 제3항 본문, 10조의2부터 제10조의9까지의 규정 및 제19조는 제1항 단서에 따른 보증금액을 초과하는 임대차에 대하여도 적용한다.
<신설 2013. 8. 13. 2015. 5. 13. 2020.9.29> [전문개정 2009. 1. 30.]

⊗ ★ 아래에 해당하는 조문은 환산보증금 초과 임차인이더라도 상임법 적용을 받는다(중요). 반드시 숙지하세요. ★

제3조: 대항력 등
제10조 제1항, 제2항, 제3항 본문: 계약갱신요구 권 행사, 갱신기간, 갱신 시 전 임대차 동일조건

제10조의 2부터 9 규정: 계약갱신의 특례, (권리금의) 정의, 회수기회 등
표준임대차 계약서의 작성 등, 권리금 평가기준의 고시, 차임연체와 해지.
계약 갱신요구 등에 관한 임시 특례

제3조(대항력 등)

① 임대차는 그 등기가 없는 경우에도 임차인이 건물의 인도와 「부가가치세법」제8조, 「소득세법」제168조 또는 「법인세법」제111조에 따른 사업자등록을 신청하면 그 다음 날부터 제3자에 대하여 효력이 생긴다.<개정2013.6. 7.>

② 임차건물의 양수인(그 밖에 임대할 권리를 승계한 자를 포함한다)은 임대인의 지위를 승계한 것으로 본다.

제4조(확정일자 부여 및 임대차정보의 제공 등)

① 제5조 제2항의 확정일자는 상가건물의 소재지 관할 세무서장이 부여한다.

제9조(임대차기간 등)

① 기간을 정하지 아니하거나 기간을 1년 미만으로 정한 임대차는 그 기간을 1년으로 본다. 다만, 임차인은 1년 미만으로 정한 기간이 유효함을 주장할 수 있다.

② 임대차가 종료한 경우에도 임차인이 보증금을 돌려받을 때까지는 임대차 관계는 존속하는 것으로 본다. [전문개정 2009. 1. 30.]

제10조(계약갱신 요구 등)

① 임대인은 임차인이 임대차기간이 만료되기 6개월 전부터 1개월 전까지 사이에 계약갱신을 요구할 경우 정당한 사유 없이 거절하지 못한다.
다만, 다음 각 호의 어느 하나의 경우에는 그러하지 아니하다. <개정 2013. 8. 13.>

1. 임차인이 3기의 차임 액에 해당하는 금액에 이르도록 차임을 연체한 사실이 있는 경우
2. 임차인이 거짓이나 그 밖의 부정한 방법으로 임차한 경우
3. 서로 합의하여 임대인이 임차인에게 상당한 보상을 제공한 경우
4. 임차인이 임대인의 동의 없이 목적 건물의 전부 또는 일부를 전대(轉貸)한 경우
5. 임차인이 임차한 건물의 전부 또는 일부를 고의나 중대한 과실로 파손한 경우
6. 임차한 건물의 전부 또는 일부가 멸실되어 임대차의 목적을 달성하지 못할 경우
7. 임대인이 다음 각 목의 어느 하나에 해당하는 사유로 목적 건물의 전부 또는 대부분을 철거하거나 재건축하기 위하여 목적건물의 점유를 회복할 필요가 있는 경우
   가. 임대차계약 체결 당시 공사시기 및 소요기간 등을 포함한 철거 또는 재건축 계획을 임차인에게 구체적으로 고지하고 그 계획에 따르는 경우
   나. 건물이 노후·훼손 또는 일부 멸실되는 등 안전사고의 우려가 있는 경우
   다. 다른 법령에 따라 철거 또는 재건축이 이루어지는 경우
8. 그 밖에 임차인이 임차인으로서의 의무를 현저히 위반하거나 임대차를 계속하기 어려운 중대한 사유가 있는 경우

제10조의3(권리금의 정의 등)

① 권리금이란 임대차 목적물인 상가건물에서 영업을 하는 자 또는 영업을 하려는 자가 영업시설·비품, 거래처, 신용, 영업상의 노하우, 상가건물의 위치에 따른 영업상의 이점 등 유형·무형의 재산적 가치의 양도 또는 이용대가로서 임대인, 임차인에게 보증금과 차임 이외에 지급하는 금전 등의 대가를 말한다.

② 권리금 계약이란 신규임차인이 되려는 자가 임차인에게 권리금을 지급하기로 하는 계약을 말한다. [본조신설 2015. 5. 13.]

● **권리금을 알기 쉽게 정리하자면**

점포가 위치한 지역적 특성으로 인한 프리미엄인 일명 자릿값인 바닥 권리금과 기존점포의 시설투자에 대한 통상적으로 년 20%의 감가상각으로 계산하는 구조의 시설권리금 마지막으로 통상 1년간의 순수익인데 중개사 여러분들이 실제 매물접수를 받을 때 순수익에서 본인 및 배우자의 인건비를 뺀 금액이 실제 순 수익이라는 점을 꼭 숙지하시기 바랍니다.

점포 양도양수에 종 되는 권리금 계약은 뒤에서 자세히 언급하겠지만 상가 권리양도양수 계약서와 본 계약인 임대차계약으로 구성된다는 점과 임대인의 임대 조건변경이 있는지 여부를 반드시 체크하셔야합니다.

힘들게 권리금 계약 해 놓고 임대인인 본 계약에서 보증금 또는 월차임을 인상해서 계약이 깨지는 경우가 비일비재하기 때문입니다.

실제 권리금의 유형을 아래 표를 보시면 이해가 빠를듯합니다.

권리금책정시 기준치	지역적 특성(자릿값) GOOD	지역적 특성(자릿값) BAD
순수익 GOOD (매출)	영업 권리금 발생 + 바닥 권리금 발생 + 시설권리금 발생	영업 권리금 발생 + ~~바닥 권리금 발생~~ + 시설권리금 발생
순수익 BAD (매출)	~~영업 권리금 발생~~ + 바닥 권리금 발생 + 시설권리금 발생	~~영업 권리금 발생~~ + ~~바닥 권리금 발생~~ + 시설권리금 발생

제10조의4(권리금 회수기회 보호 등)

① 임대인은 임대차기간이 끝나기 6개월 전부터 임대차 종료 시까지 다음 각 호의 어느 하나에 해당하는 행위를 함으로써 권리금 계약에 따라 임차인이 주선한 신규 임차인이 되려는 자로부터 권리금을 지급받는 것을 방해하여서는 아니 된다.
다만, 제10조제1항 각 호의 어느 하나에 해당하는 사유가 있는 경우에는 그러하지 아니하다. <개정 2018. 10. 16.>

1. 임차인이 주선한 신규임차인이 되려는 자에게 권리금을 요구하거나 임차인이 주선한 신규 임차인이 되려는 자로부터 권리금을 수수하는 행위
2. 임차인이 주선한 신규임차인이 되려는 자로 하여금 임차인에게 권리금을 지급하지 못하게 하는 행위
3. 임차인이 주선한 신규임차인이 되려는 자에게 상가건물에 관한 조세, 공과금, 주변 상가 건물의 차임 및 보증금, 그 밖의 부담에 따른 금액에 비추어 현저히 고액의 차임과 보증금을 요구하는 행위
4. 그 밖에 정당한 사유 없이 임대인이 임차인이 주선한 신규임차인이 되려는 자와 임대차 계약의 체결을 거절하는 행위

② 다음 각 호의 어느 하나에 해당하는 경우에는 제1항 제4호의 정당한 사유가 있는 것으로 본다.

1. 임차인이 주선한 신규임차인이 되려는 자가 보증금 또는 차임을 지급할 자력이 없는 경우
2. 임차인이 주선한 신규임차인이 되려는 자가 임차인으로서의 의무를 위반할 우려가 있거나 그 밖에 임대차를 유지하기 어려운 상당한 사유가 있는 경우
3. 임대차 목적물인 상가건물을 1년 6개월 이상 영리목적으로 사용하지 아니한 경우
4. 임대인이 선택한 신규임차인이 임차인과 권리금 계약을 체결하고 그 권리금을 지급한 경우

③ 임대인이 제1항을 위반하여 임차인에게 손해를 발생하게 한 때에는 그 손해를 배상할 책임이 있다. 이 경우 그 손해배상액은 신규임차인이 임차인에게 지급하기로 한 권리금과 임대차 종료 당시의 권리금 중 낮은 금액을 넘지 못한다.

④ 제3항에 따라 임대인에게 손해배상을 청구할 권리는 임대차가 종료한 날부터 3년 이내에 행사하지 아니하면 시효의 완성으로 소멸한다.

⑤ 임차인은 임대인에게 임차인이 주선한 신규임차인이 되려는 자의 보증금 및 차임을 지급할 자력 또는 그 밖에 임차인으로서의 의무를 이행할 의사 및 능력에 관하여 자신이 알고 있는 정보를 제공하여야 한다. [본조신설 2015. 5. 13.]

제10조의8(차임연체와 해지)

임차인의 차임연체액이 3기의 차임 액에 달하는 때에는 임대인은 계약을 해지할 수 있다. [본조신설 2015. 5. 13.]

실제 실무에서 고객 분이나 공인중개사분들을 접하다보면 이 부분에서 혼동이 있는 경우가 많다.

" 3기 연체 " 란 3개월의 기간의 개념이 아니고 3기 차임액수의 개념이다.

예를 들어 보증금 5,000만원 월차임 300만원 부가가치세 별도의 임대조건이라 할 때 연체된 개월 수는 전혀 신경 쓸 필요가 없습니다.

실제 연체된 월차임이 300만원 곱하기 3해서 금액으로 900만원에 달하는 시점이 3기의 차임 연체라는 점을 명심하십시오.

부가가치세 30만원은 별개의 문제이기에 330만원 곱하기 3해서 990만원에 달할 때 3기 연체라고 잘못 아시는 분도 있다.

실제 현장 에서는 이를 악 이용하는 임차인들도 있어서 900만원에 달하지 않게 50만원만 입금해서 실제 연체액이 850만원이므로 3기 연체에 해당하지 않는다고 악 이용하기 도하다.

제10조의9(계약 갱신요구 등에 관한 임시 특례)

임차인이 이 법(법률 제17490호 상가건물 임대차보호법 일부 개정 법률을 말한다) 시행일부터 6개월까지의 기간 동안 연체한 차임 액은 제10조 제1항 제1호, 제10조의4제1항 단서 및 제10조의 8의 적용에 있어서는 차임연체액으로 보지 아니한다.
이 경우 연체한 차임 액에 대한 임대인의 그 밖의 권리는 영향을 받지 아니한다.
[본조신설 2020. 9. 29.]

⊗ ★ 아래에 해당하는 조문은 임차인이 이 기간에 월차임을 연체했더라도 적용이 배제된다.(중요함) ★
적용기간은 2020년 09월 29일 이후부터 2021년 03월 31일까지이다.

1. 임차인이 3기의 차임 액에 해당하는 금액에 이르도록 차임을 연체한 사실이 있는 경우:	계약갱신요구 권 행사
2. 다만, 제10조 제1항 각 호의 어느 하나에 해당하는 사유가 있는 경우에는 그러하지 아니하다 :	권리금 행사
3. 임차인의 차임연체액이 3기의 차임 액에 달하는 때에는 임대인은 계약을 해지할 수 있다:	임대차계약 해지권 행사

제12조(월차임 전환 시 산 정률의 제한)

보증금의 전부 또는 일부를 월 단위의 차임으로 전환하는 경우에는 그 전환되는 금액에 다음 각 호 중 낮은 비율을 곱한 월차임의 범위를 초과할 수 없다.
<개정2010.5.17.,2013.8.13.>

> 1. 「은행법」에 따른 은행의 대출금리 및 해당 지역의 경제 여건 등을 고려하여 대통령령으로 정하는 비율
> 2. 한국은행에서 공시한 기준금리에 대통령령으로 정하는 배수를 곱한 비율(시행령 4.5배)
>
> [전문개정 2009. 1. 30.]

1 상가 임대료 5% 인상의 정확한 계산하는 방법?

상가건물임대차보호법 제12조 월차임 전환 시 산 정률의 제한의 근거로 해서 나의 사무실에 상가 임대인이 방문했습니다.

현재 임차를 주고 있는 건물이 보증금이 5,000만원, 월차임 300만원(VAT별도)인데 이번에 재계약할 때 얼마나 인상할 수 있나요? 라는 질문에 정확한 답변을 해 드리는 건 부동산 전문가인 개업공인중개사의 기본적인 지식이라고 필자는 생각합니다.

하지만, 실제 현장에서 보면 이 계산 방법이 대부분 기본의 환산 보증금에 1.05를 곱하는 식의 방법으로 대다수 공인중개사 분들이 안내를 해 드리고 있는 현실입니다.

이번 기회에 상가 임대료 5% 인상의 정확한 계산 방법을 학습하시고 잘못 된 정보를 전달하지 않길 바랍니다.

예를 들어서 하나씩 총 4가지 사례를 안내해드립니다.

(1) 보증금 5,000만원일 경우는 가장 단순한 방법으로 그냥 보증금 5,000만원 곱하기 5%하면 250만원이니 인상 보증금은 5,250만원입니다.

(2) 보증금 5,000만원 월차임 300만원(vat별도)일 경우는 보증금, 월차임 모두 각각 인상 가능합니다. 보증금 5,000만원 곱하기 5%는 250만원이고 월차임 300만원 곱하기 5%는 15만원이니 보증금 5,250만원 월차임 315만원으로 인상하면 됩니다.

(3) 보증금 5,000만원 월차임 300만원(vat별도)인데 보증금은 고정하고 월차임만 인상의 경우는 보증금 5,000만원 곱하기 5%는 250만원이고 월차임 300만원 곱하기 5%는 15만원이 됩니다. 하지만 이번에는 보증금은 고정이므로 위의 상임 법 제12조를 적용해서 보증금 금액인 250만원을 월세로 전환시키면 되고 계산 방법은 년12%와 한국은행 기준금리 곱하기 4.5% 중 낮은 이율 적용하면 됩니다.

2021년 08년 26일 기준 한국은행 기준금리가 0.75%이고 여기에 4.5%를 곱하면 3.375%가 나오고 년 12%와 3.375% 중 낮은 금리인 3.375%가 기준이 됩니다.
보증금 250만원 곱하기 3.375%는 년 84,375원이고 월로 환산하기 위해 12로 나누면 월 7,031원입니다. 월차임 인상 5%인 150,000원에 7,031원을 더하면 157,031원이 됩니다. 결론적으로 5% 인상 임대 조건은 보증금 5,000만원 월차임 3,157,031원입니다.

(4) 보증금 5,000만원 월차임 300만원(vat별도)인데 월차임은 고정하고 보증금만 인상의 경우는 보증금 5,000만원 곱하기 5%는 250만원이고 월차임 300만원 곱하기 5%는 15만원이 됩니다. 위의 세 번째 방법의 역순으로 이해하면 됩니다.
월차임 15만원을 보증금으로 전환하기 위해서 위의 상임 법 제12조를 적용해서 보증금 금액인 250만원을 월세로 전환 시키면 되고 계산방법은 년 12%와 한국은행 기준금리 곱하기 4.5% 중 낮은 이율 적용하면 됩니다.
2021년 08년 26일 기준 한국은행 기준금리가 0.75%이고 여기에 4.5%를 곱하면 3.375%가 나오고 년 12%와 3.375% 중 낮은 금리인 3.375%가 기준이 됩니다.
이번에는 역순으로 월차임 5% 인상분 15만원을 3.375%로 나누어 주면 4,444,444원이 되고 보증금 5% 인상분 250만원에 4,444,444원을 더하면 6,944,444원입니다.
결론적으로 5% 인상 임대 조건은 보증금 56,944,444원 월차임 300만원입니다.

2 매매가(분양가)의 50%로 임대를 맞춰 달라!

보증금, 월차임 계산하는 방법(기준금리 0.5%)

예를 들어 이번에는 내 사무실에 임대인 방문해서 공실인 상가를 매매가의 50%에 보증금 2,000만원으로 임대를 맞춰 달라고 물건 접수를 하고 갔다고 했을 때 이건 도대체 무슨 의미인지 대다수의 초보 중개사는 알 수가 없습니다.

지금부터 설명을 해 드릴 테니 이 역시 정확히 학습을 해 보세요.

매매가 631,910,000이고 보증금을 2,000만원이면 먼저 분양가에 50%를 곱하면 315,955,000이고 이 금액에서 보증금 2,000만원을 빼면 295,955,000입니다.

여기에 기준금리 0.5% 곱하기 4.5%하면 2.25%이고 이 2.25% 곱하기 295,955,000하면 6,658,988원이 됩니다.

이 금액은 년 단위이므로 월세로 환산하기위해서 12로 나누면 554,915원이 됩니다.

결론적으로 매매가 631,910,000원인 상가를 보증금 2,000만원에 매매가 50%로 임대를 맞춘다면 월차임이 554,915원이 됩니다.

그리 어렵지 않지요. 한번만 학습해 보면 됩니다.
그러나 실제 현장에서는 이 계산방식도 관례적으로 환산보증금 개념으로 지금도 통용되고 있고 특히 신규분양현장에서는 각 호수별 분양가 대비 임대 가를 계산 시 환산 보증금 개념으로 계산하다 보니 이 부분도 잠시 언급해드립니다.

> 조건은 동일하다고 할 때 매매가 631,910,000이고 보증금을 2,000만원이면 분양가에 50%를 곱하면 315,955,000이고 이 금액에서 보증금 2,000만원을 빼면 기준이 되는295,955,000입니다.
>
> 여기까지는 동일하고 여기에 계산하는 방법이 기존 방법이 아니고 환산 보증금 계산 방법으로 295,955,000원을 100으로 나누면 2,959,550원이 됩니다.

동일한 조건으로 임대 가를 구해도 계산방식에 따라서 많은 차이점이 있다는 점을 알아 두시고 2가지 방식을 모두 알아 두시면 고객 분이 요구하는 조건으로 응대가 가능하니 참고하세요.

아래에 또 다른 방식의 임대가 구하는 사례를 하나 더 안내해드립니다.

3 내 상가를 수익률 5%로 임대를 맞춰주세요!

이번에는 상가를 소유하신 임대인이 공실인 상가를 매매가 631,910,000이고 보증금은 2,000만원은 받고 싶다.

그리고 임대 가는 수익률 5%로 맞춰서 임차인을 구해달라고 하고 가신다면 이런 경우는 또 어떻게 임대 가를 구할 것인가?

겁먹지 마시고 천천히 따라서 해 보시면 별거 아니네. 라는 생각이 들 겁니다.

> 제일 먼저 매매가 631,910,000에서 보증금 2,000만원을 뺍니다.
>
> 그러면 611,910,000원이고 여기에 곱하기 5%를 하면 30,595,500원이고 이 금액은 1년 단위이니 12로 나누면 월세 개념이 되겠지요.
>
> 따라서 수익률 5%로 임대 가를 맞추자면 보증금 2,000만원에 월차임 2,549,625원이 되는 겁니다.

참으로 쉽죠? 보증금을 높이면 당연히 월차임은 반비례 개념으로 줄겠지요.

시행령 제2조(적용범위)

① 상가건물 임대차보호법」(이하 "법"이라 한다) 제2조제1항 단서에서 "대통령령으로 정하는 보증금액"이란 다음 각 호의 구분에 의한 금액을 말한다. <개정 2008. 8. 21. 2010. 7. 21. 2013. 12. 30. 2018. 1. 26. 2019. 4. 2.>

1. 서울특별시: 9억 원 2. 「수도권정비계획법」에 따른 과밀억제권역(서울특별시는 제외한다) 및 부산광역시 : 6억9천만 원 3. 광역시(「수도권정비계획법」에 따른 과밀억제권역에 포함된 지역과 군 지역, 부산광역시는 제외한다), 세종특별자치시, 파주시, 화성시, 안산시, 용인시, 김포시 및 광주시: 5억4천만 원 4. 그 밖의 지역: 3억7천만 원

② 법 제2조제2항의 규정에 의하여 보증금 외에 차임이 있는 경우의 차임 액은 월 단위의 차임 액으로 한다.

③ 법 제2조제2항에서 "대통령령으로 정하는 비율"이라 함은 1분의 100을 말한다. <개정 2010. 7. 21.>

4 상가건물임대차보호법 혼동하기 쉬운 부분 Q&A

(1) 확정일자가 부여 안 되는 경우는 언제인지?

지역별 환산보증금(보증금+월차임*100)초과 임차인과 전대차계약일 경우는 제외된다.

(2) 임차인이 예를 들어 연접한 구분상가 101호와 102호를 임차하여 영업을 할 경우에는 환산보증금 계산은 어떻게 해야 하는지?

첫 번째 경우는 2개 호수 임대인이 각각 다른 경우는 101호, 102호 각각 환산보증금을 계산하면 됩니다. 두 번째 경우는 2개 호수 임대인이 동일인인 경우는 101호와 102호의 보증금과 월차임을 모두 합(合)해서 환산보증금을 계산해야 한다.

실제 실무에서 이 부분은 모르는 개업공인중개사분들이 많이 있어서 임차인 입장에서 조금은 유리하게 계약을 진행 못 하신 분들이 있습니다.

대다수의 임차인들은 각각 환산보증금 계산으로 알고 있기에 2개 호수의 합한 환산보증금 기준이라는 점을 임차인에게 설명해줘도 상당히 감사의 마음을 가집니다.

실제 임대조건이 환산보증금 기준에서 큰 범위를 벗어나지 않으면 필자의 경우는 임차인의 입장에서 임대 인분께 가격 조율을 받아서 안전하게 환산보증금 초과가 안 되게 계약서를 작성해 드립니다.

사실 이 부분이 뭐가 중요하냐고 할 분도 있을지 모르겠지만 어마어마한 차이가 있습니다. 바로 아래에서 확인해보세요.

(3) 환산보증금 초과 임차인의 경우에 상가건물임대차보호법 적용을 받는 부분과 적용을 못 받는 부분을 정확히 구분해 보세요?

> 먼저 상임 법에 동일하게 적용을 받는 부분은 대표적으로 대항력, 계약갱신요구 권 행사, 갱신기간, 갱신 시 전 임대차 동일조건, 계약갱신의 특례, 권리금의 정의, 회수기회, 표준 임대차 계약서의 작성, 차임연체와 해지. 계약 갱신요구 등에 관한 임시 특례를 들 수 있습니다.

> 상임법이 적용이 안 되는 부분은 대표적으로 확정일자가 안 되므로 경공매시 우선변제권 확보가 안 되고 당연히 소액임차인 조건충족이 안되니 최우선변제가 확보가 안 되고 묵시적 갱신과 임차권등기명령이 적용이 안 됩니다.
>
> 그리고 여기서 가장 중요한 부분인 임대료 인상 5% 상한선 규정이 적용이 안 되기 때문에 재계약 시 임대인과 협상 시 불리한 입장에 놓이게 되는 부분입니다.
>
> 그래서 필자가 위에서 임차인 입장에서 환산보증금 범위 내 임차인으로 만들려고 한 겁니다.

제 3 강 중개 실전 팁

실제 현장에서 계약 확률을 높여 줄 반드시 알아야 하는 실무적인 상식

1 랜트프리는 무엇인가?

랜트프리(Rent Free)란 임차인이 월세를 지급하지 않고 무상으로 사용한다는 의미이고 그렇다면 현재 임대시장 분위기에서 랜트프리는 어느 정도가 적당한가요? 라고 임대인들이 물건 접수를 할 때 통상 물어봅니다.

여기에 대한 정답은 없습니다.

물건이 신도시 상권인지, 구도심 상권인지, 1층 상가인지. 고 층수에 해당하는 상가인지, 공실상태인지, 기존점포 승계인지, 들어오는 임차인이 개인사업자인지, 우량의 프랜차이즈인지와 제일 중요한 건물주나 임대인의 성향과 개인적인 급한 정도에 따라서 적정하게 개업중개사가 제시를 해주어야 합니다.

가장 좋은 방법은 주변에 비슷한 물건이 랜트프리를 어느 정도 주었는지를 임대인에게 설명해주면서 이와 비슷하게 하던지 급하면 조금 더 주던지 하시라고 하면 됩니다.

그리고 랜트프리 기간 동안 관리비는 임차인이 월세만 안내는 것이고 관리비는 부담하고 랜트프리 기간 동안 세금계산서 발행은 안 해도 되지만 보증금에 대한 간주임대료 부분을 작성하고 부가가치세 신고를 해야 합니다.

이 부분은 놓치는 개업공인중개사나 임대인이 많습니다.

또 하나 가장 많은 질문을 하는 부분들을 하나씩 언급해보겠습니다.

첫 번째로 계약서 작성 시 랜트프리 기간은 계약기간에 포함하느냐 별도로 하느냐 입니다. 예를 들어 계약기간이 24개월 일 때 24개월로 아니면 30개월로 계약기간을 정하느냐의 문제인데 이건 웬만하면 임대인이 하고자 하는데도 맞추면 됩니다.

대부분 필자는 랜트프리 포함해서 24개월로 계약합니다.

두 번째로 렌트프리를 악용하는 악덕 임차인 방지책이 없느냐 인데 예를 들어 계약기간이 24개월 시 랜트프리 6개월 지원하고 계약기간은 30개월 가정한다면

랜트프리 6개월 지나서 임차인이 나갈 목적으로 고의적 임차료 미지급하는 경우가 많습니다.

이러한 경우에 대처하기 위해서 임대인 입장에서는 보증금의 최대한 확보와 계약서 특약에 임대차 만기를 못 채울 시 위약 벌 특약으로 임대료의 3배를 지급한다. 등과 1년 동안 월세를 잘 내면 다음 달부터 1년 단위로 랜트프리 3개월 지원으로 2번해서 지원하는 방법도 특약으로 작성이 가능합니다.

하나 또 중요한 점은 고의적으로 임차료 미지급 시 아직 보증금이 많이 남아 있다면 임대인은 3기가 지났다고 해도 절대 계약해지 통지하지 마십시오.

악덕 임차인은 임대인의 감정을 건드려서 계약해지 통지 받는 게 목적이고 그래야 잔여 개월 수 보증금 회수를 할 수 있기 때문입니다.

필자는 최근에도 실제 현장에서 비일비재 하게 보는 현실이고 이러한 업종에는 아쉽게도 우리 부동산인 입주 장 부동산, 불법성인pc방, 악의적인 한식부패 등 대체적으로 시설비가 적게 들어가는 업종들이 이러한 행동 패턴들이 있으니 현장에서 이러한 업종계약 시 주의하시면서 특약 작성을 이번에는 임대인 입장에서 작성해 주시라고 말씀드립니다.

마지막으로 이러한 랜트프리가 맞춰진 상가의 주의해야 할 부분을 체크해봅니다.

이 부분은 개업공인중개사는 분명히 인지를 해야 하는 사항이라 놓치면 안 됩니다.

임대가 맞춰진 악덕 시행 사 물건의 함정에 특히 조심을 해야 합니다.

시설비가 많이 들어가는 임차인은 당장 눈앞에 보이는 월세를 안내는 랜트프리에 현혹되어서 낭패를 볼 수 있습니다.

예를 들어 어떤 A상가 2층 상가가 분양가 21억에 전용면적 55평이고 대출 없는 상태로 수익률 5%인 물건을 보증금 1억 원, 월차임 720만원(vat별도), 계약기간 5년일 때 이 상가를 랜트프리 30개월로 임대를 준다고 한다면 이 물건은 정말로 조심해야 하는 물건입니다.

투자자 입장에서는 상가투자 시 현재 수익률을 맹신하지 말고 현재 임차인이 나가고 다음 임차인이 과연 지금의 720만원을 낼 사람이 있을까에 초점을 맞추고 주변시세 파악을 최대한 하라고 조언합니다.

이번에는 현 임차인 입장에서 살펴보자면 내가 운영을 잘 해서 나중에 점포를 권리금 을 받고 나가려고 할 때 권리금은 일단 생각하지 말고 과연 이 비싼 임대료로 들어올 임차인이 있을까 라는 부분에 초점을 맞추고 고민하시고 결국은 이러한 상가는 현 임차인은 권리금 못 받고 시설비만 날리는 꼴을 많이 보고 있습니다.

특히 코로나19 시대에는 입점하는 임차인 입장에서 가장 중요한 부분이 고정비인 월차임이 최우선이라고 보면 됩니다.

2 상가 업종별 인허가 방법 및 관련 꿀 팁

이 주제는 개업공인중개사 분들은 필수적으로 숙지를 해야 하고 내 사무실에 고객이 점포를 구하려 방문했을 때 고객이 하고자 하는 업종에 맞는 상가를 서치해서 안내를 해주기 위해서는 100% 숙지하시길 바랍니다.

상가업종별 인허가 기준은 일단 내가 세무서에 사업자등록증을 발급 받기위해서 방문을 했는데 세무서 담당 직원이 부동산 임대차계약서만 받고 사업자등록증을 발급해주면 이게 바로 자유 업종이고 담당 직원이 부동산 임대차계약서 외에 등록증 주세요. 라든지 영업신고증 주세요. 영업허가증 주세요. 하면 이 업종은 허가, 등록, 신고 업종에 해당 한다고 보면 이해가 쉽습니다.

실무적인 팁을 하나 드리자면 예를 들어 편의점, 마트가 자유 업종이라 하더라도 이 업종은 점포 내에서 담배를 판매하지 못하면 사실상 운영이 어려운 업종이기에 담배 권 확보를 위한 기본 조건이 불법건축물에서는 담배 권 신청이 안 되므로 확인 후 중개를 해야 하는 부분도 발생합니다.

자! 그럼 허가. 등록, 신고, 자유업에 어떠한 업종들이 있는지 아래에 열거 합니다.

자꾸 보고 또 보고 해야 암기가 됩니다.

자격증을 따기 위해서 공부를 했던 것하고 실무에서 꼭 필요한 부분의 공부는 차이가 있으니 유념합시다.

허가업종	유흥주점,단란주점,게임제공업(성인오락실),병원(노인요양병원포함),신용정보업(채권추심)
등록업종	중개업,영화관,비디오감상실,노래연습장(코인노래방포함),PC방,게임제공업(청소년오락실),복합유통게임방,학원,독서실,유치원,약국,안경점,주유소,세차장,카센타,여행사,직업소개소
신고업종	휴게음식점, 일반음식점, 제과점, 이(미)용업,목욕업,세탁업,숙박업,체육도장,당구장,실내낚시터,실내수영장,골프연습장,헬스장,무도장(성인콜라텍),고시원,교습소,어린이집,의원,산후조리원,노인요양시설,키즈카페,인형뽑기,안마시술소,정육점,예식장,만화방,동물병원,결혼상담소
자유 업종	소매 및 판매관련: 편의점,휴대폰매장,의류,제화,문구,팬시,화장품, 꽃집,액세서리,금은방,자동차용품점,타이어판매점,가구점,신규업종, 체육시설업(볼링장·탁구장·에어로빅장·테니스장 등), 허가/등록/신고업종 외 신설 업종들

그리고 임대차 계약 시 한 점포에 사업자등록을 2개를 해야 하는 경우는 처음 계약서 작성 시 임차인 공동명의 또는 임대인에게 동의를 구하시고 진행을 하셔야지 계약이 끝나고 나서 다시 언급을 하면 임대인이 월세를 올리자는 둥 비협조적인 경우가 간혹 발생하오니 이 점도 참고하시면 됩니다.

다만, 사업자등록증을 2개 이상 신청할 때에는 각 사업자 업종별 영업 공간이 확보되어야한다.

3 의원, 병원, 약국 상가 중개 시 필요한 기본상식!

초보 개업공인중개사가 창업 초기에 인맥이 없는 한 접하기 쉽지 않은 업종 중에 대표적인 것이 의원, 병원, 약국입니다.

병의원만 전문적으로 하는 부동산 컨설턴트도 상당수 존재하고 신규상가의 경우는 이 부분에서 시행 사 입장에서는 약국 독점 자리를 지정해서 기본 분양가에 P(프리미엄)을 형성해서 수익 창출을 하다 보니 물건이 여러분에게 오지 않는다고 보면 됩니다.

물론, 간간히 의원 초보 창업 의사 분들이 소규모로 할 경우에는 임차 의뢰가 들어오긴 합니다만 이 경우는 임대평수가 그리 크지 않아서 중개보수도 많지 않겠죠?

먼저, 중개 시 체크해야 하는 부분이 건축물대장을 발급 받아서 건축법상 의원, 병원 용도에 적합한지를 체크해야합니다.

" 건축법 시행령 별표1 " 에서 3호와 9호가 병원, 의원에 해당합니다.

불일치하면 건축물용도 변경이 가능한지를 시청 등 건축과에 문의를 해야 합니다.

아래는 건축법상 분류입니다.

3호(제1종 근린생활시설) 라. 의원, 치과의원, 한의원, 침술원, 접골원(接骨院), 조산원, 안마원, 산후조리원 등 주민의 진료·치료 등을 위한 시설 9호(의료시설) 가. 병원 (종합병원, 병원, 치과병원, 한방병원, 정신병원 및 요양병원을 말한다) 나. 격리병원 (전염병원, 마약진료소, 그 밖에 이와 비슷한 것을 말한다)

아래는 의료법상 분류입니다.
고객과 소통이 되게끔 이 정도는 꼭 숙지하세요.

병원: 병원·치과병원·한방병원 및 요양병원은 30개 이상의 병상(병원·한방병원만 해당) 또는 요양병상(요양병원만 해당, 장기입원이 필요한 환자를 대상으로 의료행위를 하기 위하여 설치한 병상)을 갖추어야 한다.

종합병원: 1. 100개 이상의 병상을 갖출 것 2. 100병상 이상 300병상 이하인 경우에는 내과·외과·소아청소년과·산부인과 중 3개 진료과목, 영상의학과, 마취통증의학과와 진단검사의학과 또는 임상병리과를 포함한 7개 이상의 진료과목을 갖추고 각 진료과목마다 전속하는 전문의를 둘 것 3. 300병상을 초과하는 경우에는 내과, 외과, 소아청소년과, 산부인과, 영상의학과, 마취통증의학과, 진단검사의학과 또는 병리과, 정신건강의학과 및 치과를 포함 한 9개 이상의 진료과목을 갖추고 각 진료과목마다 전속하는 전문의를 둘 것

상급종합병원: 다음 요건을 갖춘 종합병원 중에서 중증질환에 대하여 난이도가 높은 의료행위를 전문적으로 하는 종합병원을 상급종합병원으로 지정할 수 있다. 1. 보건복지부령으로 정하는 20개 이상의 진료과목을 갖추고 각 진료과목마다 전속 하는 전문의를 둘 것 2. 제77조제1항에 따라 전문의가 되려는 자를 수련시키는 기관일 것 3. 보건복지부령으로 정하는 인력·시설·장비 등을 갖출 것 4. 질병군별(疾病群別) 환자구성 비율이 보건복지부령으로 정하는 기준에 해당할 것

전문병원: 다음 요건을 갖춘 병원 급 의료기관 중에서 특정 진료과목이나 특정 질환 등에 대하여 난이도가 높은 의료행위를 하는 병원을 전문병원으로 지정할 수 있다. 1. 특정 질환별·진료과목별 환자의 구성 비율 등이 보건복지부령으로 정하는 기준에 해당할 것 2. 보건복지부령으로 정하는 수 이상의 진료과목을 갖추고 각 진료과목마다 전속하는 전문의를 둘 것

이번에는 병의원 개설절차를 안내해드리자면 부동산임대차계약서하고 인테리어공사를 진행하고 의료기관 개설신고를 하면 약 10일정도의 시간이 소요되고 신고증이 나오면 세무서에 방문해서 사업자등록증 신청하고 그 다음에 직원모집 및 각종 개원준비를 하는데 여기서 중요한 팁이 하나 있습니다.

의료기관 개설신고 증을 받고 사업자등록을 하는데 이 순서로 하면 위에 언급했듯이 개설신고증이 최소 10일 이상 시간이 소요되는 관계로 사업자등록증 발급이 지연이 되어서 카드단말기 신청이라든지 구인문제 또는 각종 의료기기든 계약문제에 사업자등록증 부재로 인해서 지체되는 시간을 줄이는 팁입니다.

사업자등록증을 우선 발급을 받는 방법입니다.

우선 발급을 받게 되면 위에 시간 지체를 해결 할 수가 있겠습니다.

신청 시 필요 한 서류는 사업자등록증 신청서, 부동산 임대차계약서 사본, 의사 면허증사본, 신분증 사본, 인테리어 공사 계약서, 의료기기 관련 계약서, 도장 등을 지참하고 세무서 방문하시면 됩니다.

이 방법은 필자도 우연히 알게 된 사실입니다.

초보 개업공인중개사 여러분들이 창업하고 직접 하나 하나 업종들을 계약을 진행하다보면 자연히 업종마다의 중요한 키워드와 유의점 및 관련 팁들을 알게 되고 이렇게 다양하게 업종들이 쌓이다 보면 나도 어느새 상가중개의 고수의 반열에 위치하고 있는 여러분들을 볼 수 있으리라 생각이 됩니다.

마지막으로 병의원과 밀접한 관계가 있는 약국 중개 시 알면 좋은 팁을 알려드리겠습니다.

약국 자리는 많은 구분 상가의 경우는 대부분 독점 자리를 지정해서 그 건물에서는 지정된 자리만 입점이 가능하게 시행 사나 건물주 분들이 관리규약으로 만듭니다.

그러다보니 약국 지정 자리를 매수하고자 하시는 매수자는 기존상가보다 P(프리미엄)을 주고서 통상 매수하고 향후에 건물에 병의원이 많이 입점하게끔 병원에 각종 혜택을 제안하는 관례가 있습니다.

보통 인테리어 비용을 지원해 준다던가 아니면 현금 지원 등 다양한 형태가 있을 텐데 지원의 사이즈는 뭐니 뭐니 해도 병의원의 과(科)에서 약국으로 나오는 주 수입원 인 처방전 개수에 의해서 결정이 된다고 보면 됩니다.

이비인후과, 소아과, 피부과 등이 인기 과입니다.

결론적으로 약국 중개의 가장 중요한 핵심은 이 자리에 입점했을 때 그 건물에 위치한 병의원의 처방전 개수입니다.

처방전 개수가 약국의 P(프리미엄)입니다.

그렇다면 여러분들은 궁금하지 않았나요?

혹시 약국에 처방전을 들고 한분이 내방하면 과연 한 명당 얼마의 돈을 벌 것인가?

그래서 제가 아래에 2021년도 기준으로 표를 만들어 보았으니 참고하세요!

한 명당 약국 관리료 680원/1건, 조제기본료 1,480원/1일, 복약 지도료 990원/1건, 조제료 2,310원/3일 기준(1일 1,560원)이고 가루조제는 610원 추가, 의약품 관리료 580원/1건 마약류는 820원/1건으로 해서 한 명당 6,040원, 6,280원(마약류), 6,605원(가루약)이라고 보시면 됩니다.

이제부터 약국에 내방 시 손님이 다 돈으로 보일 겁니다.

이 수익구조를 알면 약국의 한 달 매출이 추정이 가능하고 여기에가 약국에서 파는 각종 약과 물건들을 우리는 매약(賣藥)이라고 하는데 이 매출까지 합하면 더 정확한 매출이 추정됩니다.

매약의 경우는 초보 개업공인중개사가 있듯이 마찬가지로 초보 약사가 있겠지요.

초보약사는 매약 매출이 저조하고 베테랑 약사일수록 매약매출이 탁월하다고 합니다.

통상 전체 매출의 매약 비중이 30%선이 넘어가면 잘 파는 약사라고 필자도 병의원 전문컨설턴트로부터 들은 기억이 있습니다.

그리고 약국에서 독점하던 매약을 2012년 11월 15일부터 해열제. 진통제, 소화제. 종합감기약 같은 상비약은 편의점에서도 판매가 가능하다는 점도 숙지하시면 됩니다.

⊗ 약국조제료 중 투약일수 1일 ~7일차까지

약국조제료 2021.1.1.일 기준　　약국환산지수 90.9

투약 일수	약국 관리료	조제 기본료	복약 지도료	조제료	조제료 (가루약)	의약품 관리료	약국 관리료 (마약류)	총조제료(금액)		
	점수 7.45	점수 16.26	점수 10.94	점수 17.20~	점수 6.67	점수 6.42	점수 9.04	기본	가루약	마약류 포함
1	680	1,480	990	1,560	610	580	820	5,290	5,900	5,530
2	680	1,480	990	1,760	610	580	820	5,490	6,100	5,730
3	680	1,480	990	2,310	610	580	820	6,040	6,650	6,280
4	680	1,480	990	2,610	610	580	820	6,340	6,950	6,580
5	680	1,480	990	2,980	610	580	820	6,710	7,320	6,950
6	680	1,480	990	3,280	610	580	820	7,010	7,620	7,250
7	680	1,480	990	3,720	610	580	820	7,450	8,060	7,690

제 4 강

초보 개업공인중개사를 위한 한눈에 쏙쏙 현장실무 FLOW

1 전체적인 현장실무 FLOW 키워드 살펴보기!

여기에서 설명하는 전체적인 현장실무 FLOW는 개업공인중개사나 소속공인중개사, 중개보조원 누구나 쉽게 따라할 수 있는 수준이며 제가 알려 드리는 방법을 각자 사무실에서 바로 행동으로 실천을 한다면 장담컨대 지금의 매출의 2-3배는 보장합니다.

누구나 어렵지 않고 눈, 귀에 쏙쏙 들어오게 최대한 쉽게 설명을 드립니다.

그렇다고 내용이 가볍다는 것은 아니니 새겨들으시고 필자가 지금부터 알려 드리는 것이 상가중개실무 80% 이상이라고 봐도 무방하다고 자신합니다.

자!! 출발합니다. 믿고 따라만 오세요!

일단 믿고 따라오면서 하라는 대로 무조건 행동으로 실천해보시고 그 다음에 이게 나한테 맞는지 안 맞는지 고민하라고 당부의 당부를 드립니다.

처음 개업하는 개업공인중개사가 사무실을 오픈하고 무엇을 제일 먼저 해야 할까요?

A라는 중개법인에 소속공인중개사나 중개보조원으로 취업한 B는 무엇을 제일 먼저 해야 할까요?

이 문제에 대한 답이 바로 현장실무 FLOW입니다.

여기에서 안내한 순서대로 계속적인 반복을 누가 더 효율적으로 하느냐가 부동산중개업의 성패를 정한다고 보면 됩니다.

영업계획서 작성으로 시작해서 매물작업, 매물접수, 매물홍보, 고객 현장답사, 고객 과의 협상, 계약서 작성, 중개보수 받고 계약 고객으로부터 소개 유도하고 지속적으로 관리하기가 상가중개실무의 현장의 한 사이클입니다.

극히 단순한 사이클이고 누가 많은 사이클을 똑같이 주어진 24시간에 보다 효율적이고 시행착오를 적게 해서 결과를 만드느냐 입니다.

이 시행착오를 최대한 줄이고자 지금 여러분들이 책을 보고 있는 것 아니겠습니까?

" 라떼는 말이야 " 부동산 업력이 10년, 20년 오래 하는 것도 중요하지만 지금은 훌륭한 스승을 만나서 1년을 하더라도 다른 부동산 3-5년 업력으로 배우는 것보다 더 많은 업무 스킬과 중개보수를 받을 수 있게 앞질러 봅시다.

여러분!! 충분히 가능합니다.

영업계획서 작성은 창업 전 사업계획서 작성과 마찬가지로 대표나 직원모두 매월 1일 오전에 최대한 디테일하게 작성해야합니다.

이것도 안 하면 중개업 접으십시오!!!!

매물작업은 상가중개의 초석이며 가장 힘들고 견뎌야 할 시기이고 저는 이렇게 표현합니다.

참을 인(忍) 6개 즉 최소한 6개월은 인내하되 최선의 노력을 해라! 忍 忍 忍 忍 忍 忍

매물작업의 가장 중요한 키워드는 전속중개계약을 누가 많이(多) 확보 하느냐 입니다.

그리고 현장방문을 생활화해서 상권파악, 입지파악, 건물별 입점체크, 건물 관리인과의 유대관계라고 보면 됩니다.

매물접수, 매물홍보는 많은 훈련이 필요한 부분이고 겁먹지 말고 무조건 해 봅시다!!

일단은 고객과 미팅 시 절대 초보 티 내지 말 것을 당부합니다.

내가 전속으로 부착중인 현수막의 개수가 나의 수입과 비례한다고 보면 정답입니다.

.

고객과 현장 답사는 많은 매물을 보여주는 게 능사가 아니고 효율적으로 전략을 짜서 진행하는 게 중요하고 임차 고객 안내시는 반드시 건축물용도 확인해서 업종이 입점이 가능한지를 체크하는 게 필수적인 사항입니다.

고객과의 협상단계는 고객과의 기 싸움이라고 표현 할 수 있고 모든 영업의 공통부분이고 협상과 관련된 많은 독서를 통해서 간접적인 여러 스킬을 배우고 적용하고 내 것으로 만드는 과정이 필요하고 구두가 아닌 문서를 활용하시고 의향서, 수익률 표를 제시하는 것은 정말 기본입니다.

계약서작성은 내가 꼭 계약을 성사시키고 싶은 매물 TOP 3을 정해서 미리 계약서 초안을 작성해보면 매물의 보이지 않던 장점이 발견이 될 것이고 그러면 계약으로 가는 확률이 높아집니다.
계약서 작성은 신속, 빠른 진행이 필요하고 계약 전 공적장부는 필히 꼼꼼히 체크하시고 계약, 중도금, 잔금 시도 꼭 다시 발급해서 부디 게으름으로 인한 중개 사고를 내지 맙시다!

중개보수청구는 일은 잘하고 의외로 중개보수를 못 받은 직원들이 많습니다.

이 역시 연습이 필요한 부분이고 디테일하게 아래에서 또 언급을 할 겁니다.

고객관리, 소개유도는 습관적으로 본능적으로 자동 반응하게끔 많은 훈련과 이벤트 활용, 지속적인 고객관리가 필요합니다.

지금부터 세부적으로 디테일하게 파헤쳐봅니다.

1-1. 영업계획서 작성하기!

영업계획서는 월 단위로 작성하고 매월 1일 오전에 가급적이면 작성하시고 대표님이나 직원 모두 작성하는 게 원칙입니다.

직원이 있는 대표님은 직원이 작성한 업무일지를 받아서 사무실 월간 영업계획서와 본인의 월간 영업계획서를 별도로 작성하시면 됩니다.

최대한 디테일하게 작성하시고 직원으로부터 받는 영업계획서 양식은 자유양식으로 하시면 창의적인 서식들이 많이 나옵니다.

아래에 실제 필자의 직원들이 작성한 영업계획서 중 2개를 샘플로 해서 구체적으로 하나하나 자세히 설명을 드려보도록 하겠습니다.

⊗ 영업계획서 샘플 A직원

◎ 영업계획서				
◎ 작성자	최XX 부장			
◎ 작성일자	2021년 XX월 XX일			
◎ 영업 관리 상가				
도생상가 (12개 건물)	SR파크시티	모닝시티2	포레뷰1	포레뷰2
	세진펠리스	한스웰시티	세종마루	리베라아이누리
	퍼스트타워	세진이너스빌	SR파크	우빈가온
올 상가 (12개 건물)	형성프라자	새롬시티	명동프라자	에스빌딩
	에스제이타워	SR파크원	한림프라자	참미르메디칼
	행복타워	메지피아	NK리움힐타워	금강프라자

◎ 영업계획		
업무내용	세부내용	비고
DM발송	-현재 BRT라인 상가 공실 체크 후 DM 발송완료(262통) -단지 내 상가(다정동,새롬동,한솔동)공실 체크 후 DM발송 -콜 없는 상가 목록 정리 후 차후 DM 재발송 예정	
주인직접 상가접촉	-주인 직접 연락처 확보 후 중개의사 문의	
건물주 직접 상가 방문	-형성프라자,명동프라자,한림프라자,참미르메디칼 행복타워,NK리움힐타워,금강프라자 등 -임대담당자 미팅 후 부동산MGM 조건 등 문의	
관리사무소 방문	-관리소장님 명함 확보 및 친분 쌓기 : 분양주 연락처 확보 목적	
프랜차이즈 담당자 접촉	-안경점,통신대리점,분식점,치킨점,세탁소 가맹점 담당자 연락처 확보 -담당자 전송용 안내 문자 구상	
블로그 관리	-블로그 개설 및 카테고리 구상 -전속중개물건 확보 후 블로그 홍보	
고객관리	-현수막 부착 및 현 상태 사진전송 -설 명절 전 인사 문자 구상 및 전송 준비	
상가정보(DB) 정리	-상가 도면, 분양가 및 건축물대장 정리 -상가 입점 업종 조사 후 정리	

참고로 A직원은 근무 입사 6개월 미만이고 전 직장은 연구원이었고 부동산으로 많은 돈을 벌고 싶어서 이직한 친구이고 40대에 가정을 꾸리고 있고 자녀 2명을 두고 있는 정말 성실하고 똑똑한 남성입니다.

A직원의 영업계획서에 대해서 한번 자세하게 살펴보겠습니다.

문서만 보면 문안하다는 생각이 들지만 대표인 제가 볼 때의 관점은 많이 다릅니다.

A직원의 영업계획서 문제점은 구체적이지 못하고 상당히 추상적인 영업계획서이고
월간 구체적인 매출 목표 및 본인의 수입 목표가 없습니다.
DM을 구체적으로 한 달에 몇 통을 보낼 건지? 건물주와 몇 명을 접촉 할 건지?
관리소장 몇 명을 추가적으로 나의 조력자로 만들건 지? 프랜차이즈 지역 담당자 몇 명을 접촉해서 몇 명과 조력자를 만들건 지?

현수막(코팅지 포함)을 몇 개나 부착 할 건지? 전속중개는 한 달 동안 몇 개를 유치할 건지?
상가 데이터 작업은 어느 빌딩까지 이 달에 정리 할 건지?

DB구축 작업은 상당히 시간이 많이 들어가는 작업이고 완전 노가다이기입니다.

모든 건물을 한 달 동안 다 못하기 때문에 이번 달은 어느 상가까지 DB를 구축하겠다는 구체적인 내용이 결여된 영업계획서입니다.

그리고 중요한 부분은 영업계획서 작성 시 반드시 지난달 목표 달 성률을 표기하는 것은 나를 다시 돌아보는 계기이므로 꼭 기재하셨으면 합니다.

결론적으로 A직원은 이번 달 본인이 생각하는 목표 달성 실패 및 매출도 기대치에 많이 미치지 못하고 이번 달 영업 마감하였습니다.

이번에는 B직원의 영업계획서 하나만 더 안내를 해드리겠습니다.

참고로 B직원은 전 직장 수도권에서 2년 동안 부동산 근무한 경력자이고 이 직원 역시 돈 욕심이 대단하고 컴퓨터 다루는 실력은 수준급이고 말도 차근차근 잘 하는 직원이고 40대 가정이 있고 아들 하나에 상당히 외모와 다르게 가정적인 직원입니다.

하지만 대표인 제가 볼 때는 소속공인중개사로 오래 근무하기보다는 배워서 향후 창업을 해서 탈출하자라는 느낌이 강한 직원입니다.

영업계획서를 필자는 위에 언급했듯이 자유양식으로 받다보니 다양한 양식들로 필자한테 보고하는데 딱 봐도 형식적인 직원 참으로 정성을 들여서 만든 직원 등등 다양한 영업계획서를 받아 본 듯합니다. 자~ 한번 보시죠!!

⊗ 영업계획서 샘플 B직원

영업계획서	
◇ 작성자	이XX 부장
◇ 작성일자	2021년 XX월 XX일
◇ 상가팀원	
◇ 매출목표	매매 1건 및 임대 2건(20,000,000원)
◇ 영업계획	

전략목표	성과목표	초과달성	성과달성도		
			달성1)	달성2)	미달성3)
1.	사무실내 팀워크 관계				
	1-1 식사	30	20	10	5
	1-2 업무미팅	10	8	4	1
2.	매물 확보				
	2-1 중심상권	50	30	20	10
	2-2 근린상권	50	30	20	10
3.	매물광고				
	3-1 네이버 및 정보망	50	30	20	10
	3-2 블로그 광고	30	20	15	10
4.	입점제안				
	4-1 프랜차이즈 입점제안	20	15	10	5
	4-2 신규 업종 발굴	10	10	5	3
5.	고객관리				
	5-1 DM발송	30	20	15	10
	5-2 점포 부착 광고	30	20	15	10

B직원의 영업계획서에 대해서도 한번 자세히 살펴보겠습니다.

B직원의 영업계획서 문제점은 형식적인 영업계획서이고 월간 구체적인 매출 목표 및 본인의 수입 목표는 있으나 매매 얼마짜리를 해서 중개보수 얼마, 임대 얼마짜리를 해서 중개보수 얼마, 상세한 목표가 없고 형식적인 막연한 한 달에 매출 2천은 해야지 라는 영업계획으로 밖에 필자에게는 보이지 않습니다.
B직원은 한마디로 지난 달 집중적으로 업무에 임하지 못한 관계로 이번 달에 계약을 시킬 수 있는 가맹고객이 없다는 결론입니다.

한 달 동안 DM/현수막 목표 30통(장)은 일을 안 하겠다는 의미이고 최소한 월 100-200통(장)은 기본적으로 보내고 부착해야 하고 그래야만 최소한의 신규 매물작업이 동반되어서 일의 활력이 생겨 업무에 보다 집중할 수 있는 여건을 만드는 겁니다.

본인이 주력으로 하는 상가 주 종목이 없어서 프랜차이즈 키맨 작업이 상당히 난항이 예상되고 혼자 모든 분야와 업종을 다 한다는 것은 욕심일 뿐이고 할 수는 없습니다.

현재 대한민국에 등록된 프랜차이즈 본사만 대략 8000여개가 존재합니다.

결론적으로 이 목표로는 한 달 매물 확보 30개 달성 힘들다고 보이고 B직원 역시
영업계획서 작성 시 반드시 지난달 목표 달 성률을 표기하는 것은 나를 다시 돌아보는 계기이므로 꼭 기재하셨으면 합니다.

1-2. 업무일지 작성하기!

영업계획서가 월 단위 계획이라면 이 계획을 구체적으로 실현시키기 위해서 우리는 월간계획을 주간계획으로 쪼개고 주간계획을 일일계획으로 쪼개서 업무를 진행하기를 업무효율적인 면에서 추천을 드립니다.

부동산사무실이 1인 사무실이던 직원을 채용하고 근무하는 2인 이상의 사무실이던지 무관하게 하루 업무를 마칠 때에는 반드시 일일 업무보고서를 작성해서 제출하고 퇴근을 하는 습관을 만들라고 조언합니다.

사실 아침에 부동산 사무실에 출근해서 특별히 진행한 업무가 없었던 것 같은데 몸은 바빴고 도대체 내가 오늘 뭘 하면서 하루를 보냈지 라는 생각이 들 때가 있습니다.

필자도 마찬가지로 이럴 경우가 상당히 많았습니다.

이러한 현상의 근본적인 원인은 하루를 시작하기 전에 오늘 내가 해야 할 스케줄을 중요도에 따라서 A , B, C 로 등급을 정해서 급선무인 A부터 차근차근 일을 마무리를 지어나가는 습관이 필요합니다.

아무런 생각 없이 늘 그렇듯이 있다가 고객으로부터 문의 전화가 오면 거기에 매달려 이리저리 뛰다보면 어느새 저녁시간이 되었는데 오늘도 계약서는 작성한건 없고 참으로 답답한 하루하루가 한 달 두 달 일 년이 훌쩍 지나가 버리고 내가 계속 이 일을 해야 하나 접어야 하나 이런 생각이나 하고 있지 않나요?
필자가 너무 여러분의 정곡을 찔렀나요? 왜? 저도 다 경험해 봐서 너무 잘 압니다.

일일 업무일지에 들어갈 카테고리는 월간 영업계획서를 토대로 주간 업무목표를 설정하고 금일 실시사항(고객과의 현장답사의 내용기재)과 다음 날 예정사항을 기재하고 오늘 업무를 보면서 특이사항이나 대표에게 문의할 사항이나 건의 사항이 있으면 기재하면 되고 대표는 직원이 기재한 내용에 대해서 지시사항 자리에 피드백을 주고 다른 전달사항이 있으면 함께 적어서 직원의 자리에 업무일지를 놓아두면 다음날 직원이 출근해서 업무일지부터 체크하는 습관이 자동적으로 생깁니다.

여하튼 오늘부터라도 퇴근 전에 업무일지를 1인 사무실이면 대표 혼자 퇴근 전에 작성 후 본인 톡으로 전송 후 퇴근하시고 2인 이상의 사무실이면 직원별로 퇴근 전에 작성해서 제출하는 습관을 만들고 대표는 직원들 업무일지를 종합해서 사무실의 오늘 하루의 업무일지를 작성하시고 내일은 오늘보다 좋은 일이 생길거야 라는 희망을 가슴속 깊이 품고 즐거운 가정으로 고고 하세요!!

실제로 업무일지를 실천해보시면 별거 아닌 게 아니라 작성효과는 분명히 매출에 큰 영향을 미칠 거라 강력히 말씀드립니다.

아래에 실제로 필자의 사무실에서 사용하는 업무일지 중 샘플 하나 올려놓겠습니다.

참고해서 수정해서 사용하시면 됩니다.

하나만 더 중요한 부분은 2인 이상 사무실은 이것은 반드시 아침마다 해야 합니다.

이건 바로 아침 미팅입니다.

아침에 출근해서 사무실 정리정돈하고 직원 간에 최소 5~10분이라도 상호간에 얼굴을 맞대고 일일 업무일지를 토대로 오늘의 스케줄을 체크하고 가볍게 차 한 잔 마시고 파이팅 하는 분위기로 하루를 출발해야합니다. 중요한 부분입니다.

필자는 미팅을 하다보면 직원과의 대화나 눈빛으로 직원의 현재 상태 파악이 됩니다.

출근하는 직원의 인사하는 목소리로도 이 직원의 현재 상태 파악이 되듯이 말이죠.

이런 직원들의 현재 상태를 간파했다면 대표는 목말라하는 직원에게 물과 영양제를 주어서 계속해서 데리고 갈 것인지 아니면 아무런 의욕과 열정이 보이지 않는 직원을 과감하게 이 시점에서 퇴사를 시켜 사무실의 전체적인 분위기를 업 시킬 건지를 신속하게 선택을 하여야 합니다.

이 선택을 미루면 전체적으로 사무실 분위기가 더 악화될 수 있습니다.

<table>
<tr><td colspan="4">일일업무일지</td><td rowspan="3">결재</td><td>담당
사인</td><td></td><td>대표
사인</td></tr>
<tr><td>소속</td><td></td><td>담당자</td><td></td><td></td><td></td><td></td></tr>
<tr><td>날짜</td><td colspan="3"></td><td></td><td></td><td></td></tr>
<tr><td colspan="8">1. 주간 업무 목표(기간 :21년 11월 22일 ~ 11월 26일)</td></tr>
<tr><td>분류</td><td colspan="5">목표</td><td>진척도
(%)</td><td>비고</td></tr>
<tr><td rowspan="4">주간
업무
목표</td><td colspan="6"></td><td rowspan="4"></td></tr>
<tr><td colspan="6"></td></tr>
<tr><td colspan="6"></td></tr>
<tr><td colspan="6"></td></tr>
<tr><td colspan="8">2. 금일실시사항 및 예정사항</td></tr>
<tr><td>분류</td><td colspan="3">오전</td><td colspan="3">오후</td><td>비고</td></tr>
<tr><td>금일
실시
사항
(현장답사
및
업무내용)</td><td colspan="3"></td><td colspan="3"></td><td></td></tr>
<tr><td>익일
예정
사항</td><td colspan="3"></td><td colspan="3"></td><td></td></tr>
<tr><td colspan="8">3. 특이사항 및 지시사항</td></tr>
<tr><td>특이
사항</td><td colspan="3"></td><td>지시
사항</td><td colspan="3"></td></tr>
</table>

2 상가중개의 초석 매물작업

매물작업은 상가중개의 초석이자 입문해서 가장 힘들고 견뎌야 할 시기입니다.

필자는 직원이나 교육생들에게 최소한 6개월은 돈을 못 벌어도 나의 가정이 원활하게 돌아갈 수 있는 상황이 가능하면 직원으로서 근무를 해보라고 합니다.

이러한 여건이 안 되면 일단은 주거용부동산 시장에 입문해서 전월세 열심히 해서 나의 생활여유자금을 마련한 다음에 상가나 토지 중개에 도전하라고 조언합니다.

마찬가지로 초보 공인중개사분이 새로이 내 사무실을 오픈하는 경우도 마찬가지로 6개월 정도의 생활여유자금이 있는 상태에서 상가나 토지 중개에 도전하라고 합니다.

그만큼 초기 매물작업에서 열정을 가지고 6개월을 버티는 분이 생각보다 적습니다.

그렇다면 도대체 매물작업이 왜 중요한지에 대해서 언급해봅니다.

매물작업은 핵심만 열거하자면 중개의 시작이고 은행에 있는 내 돈과 같고 예측 가능 한나의 수입이고 내 매물로 인해서 매수인, 임차인을 유인하는 역할을 하고 매매나 임대차 현수막의 개수에 비례한 또 다른 채용의 루트라고 봐도 무방합니다.

매물작업은 필자도 마찬가지지만 결코 대표 1인 혼자서 지역을 다 커버한다는 것은 불가능하므로 직원 인원수가 일정 이상이 되어야 가능하다고 생각합니다.

(1) 본격적인 매물작업 방법 안내

여러분들은 내 사무실의 안정적인 수입이 보장 받기 위해서 매도인, 임대인의 작업과 매수인, 임차인의 작업 중 어느 쪽에 비중을 더 많이 두고 업무를 해야 할까요?

정답은 필자의 경험으로 최소 75%: 25% 정도의 비율로 물건을 보유하고 있는 매도인, 임대인 작업에 비중을 두고 업무를 진행해야 한다고 생각합니다.

매도(임대) 작업에서도 단순 매물작업이 아닌 많은(多) 전속 매물 확보가 부동산 중개업의 성패를 가르고 이 전속작업만 잘 해도 충분히 먹고는 삽니다.

그렇다고 아무 물건이나 전속 매물 확보를 하라는 것은 아니고 매물 접수 시 이 물건은 내가 거래 할 수 있겠어. 라는 느낌은 와야겠지요.

매물작업은 크게 온라인 매물작업과 오프라인 매물작업으로 분류가 가능합니다.
온라인 매물작업에는 밴드, 카페, 블로그, 유튜브, 네이버TV, 카카오TV, 홈페이지, 페이스북, 트위터. 인스타그램. 링크드인, 각종 부동산플랫폼 등 참으로 다양합니다.

이 중에서 본인에게 맞는 채널을 선택하면 되지만 선택이 아닌 필수적으로 해야 하는 것은 블로그와 유튜브인데 필자가 생각하기에 지금도 그렇고 앞으로는 더 중요하게 생각 될 필수 채널이라고 봅니다.

블로그, 유튜브를 안 하고 부동산중개업을 한다는 것은 많이 힘들다고 단언합니다.

내 영업지역 내에서 내가 최고의 부동산 전문가라는 인식을 심어 주기에는 최상의 채널이고 이를 통해서 자연스럽게 매물 접수가 이루어지고 이 매물들은 일반 매물보다 더 쉽게 나만 원 한다면 전속중개로 받을 확률이 높아집니다.

오프라인 매물작업에는 각종 모임참석, 임차인 포섭, 명함작업, 전단지 부착, 건물 동 타기, 로드뷰 TM(Tele Marketing)작업, 교차로 TM작업, 카페 직거래 TM작업, 밴드 직거래 TM작업, DM작업 등 많은 작업 채널들이 있고 마찬가지로 본인에게 맞는 채널을 선택하면 됩니다.

여기서도 초보공인중개사가 창업을 했다고 가정하면 이것은 반드시 해야 합니다.

DM(Direct Mail) 작업, 상가관리소장 유대관계 쌓기, 발품팔기로 건물 동 타기를 통해서 건물의 공실을 체크하고 전단지나 현수막을 부착하는 작업은 필수조건입니다.

(2) DM(우편발송) 작업

필자가 생각하기에 초보 창업자가 무조건 해야 하는 첫 번째는 바로 매물작업 중 DM(우편발송)작업이고 특히 상가중개영역에 있어서는 가장 효과가 빠르기 때문에 무조건 해야 하고 아래에서 자세히 안내해드리겠습니다.

DM(우편발송) 작업에 앞서 선행이 되어야 할 부분이 내가 영업 지역으로 지정한 모든 건물을 내 사무소 근접부터 원거리까지 100% DB(Database)를 만들고 난 후 DM(우편발송) 작업에 돌입하면 되는데 이 DB구축이 완전 노가다이므로 최소한 3개월은 꿋꿋이 버티고 인내해야 하는 쉽지 않는 과정이라고 살짝 겁을 줍니다.

그래서 본인이 창업할 사무소를 결정했으면 오픈하기 전에 그때부터 바로 DB구축에 온갖 열정을 쏟아 부으십시오.

DB 구축할 때 지역별, 동별로 엑셀로 시트를 만드시고 한 동부터 시작하면 됩니다.

건물명, 건물정보, 담당자, 임차인현황, 상호, 접수일, 경로, DM, 네이버광고, 호수, 전용면적(m2), 전용면적(평), 건축물용도, 보증금, 월차임, 실제임대료, 임대가(평당), 실제임대료(평당), 랜트프리, 권리금, 임대차만기일, 수익률, 원분양가, 매매가, 매매가(전용면적당), 할인율, 옵션, 매도인, 임대인, 주민번호 앞자리, 거주 지역, 연락처, 주소, 소유권 취득일, 등기명의인 변경일, 비고 등등 필수적인 항목입니다.

이 항목을 주축으로 엑셀 기본 서식을 만들고 여기에 하나하나 채워 가는 게 바로 DB구축이고 처음에는 내부에서 가능한 공적장부인 건축물대장을 열람해서 서식에 하나하나 입력하는 노가다를 여러분이 직접 하셔야 합니다.

이 노가다가 다 끝나면 발품 팔기로 직접 건물 탑 층에서 1층까지 걸어내려오면서 각 호실마다 공실인지 아닌지 공실이 아니면 현재 어떤 업종이 영업 중인지를 체크해서 서식에 입력하는 과정을 거쳐야합니다.

이 과정을 몇 개월 하다보면 자연히 내가 영업할 섹터의 상권과 입지가 눈에 들어오고 1층, 2층, 3층, 4층에서 탑 층까지 어떠한 업종들이 입점해서 영업을 하고 있네. 라는 업종 MD가 몸으로 느껴집니다.

이 과정 없이 상가중개시장에서 상위 10% 내 진입하고자 마음을 먹었다면 완전 도둑놈 심보이고 불가능합니다.

엑셀로 DB구축 된 파일을 구글에 연동해 핸드폰에서 바로 매물 보기도 하고 현장에서 핸드폰으로 바로 바로 입력, 수정하면 너무 편합니다.

아래에 필자가 활용중 인 참고 할 수 있는 샘플 첨부합니다.

건물명	건물정보	담당자	임차인 현황	상호	접수일	경로	DM	네이버광고	호수	전용면적 (m^2)	전용면적 (평)

건축물 용도	보증금	월차임	실제 임대료	랜트 프리	임대가 (평당)	실제 임대료 (평당)	권리금	임대차 만기	매매가	매매가 (전용면적당)	할인

옵션	매도인 임대인	주민번호 지역	연락처	주소	소유권취득일	등기 명의인변경일	비고

DB 구축작업이 끝났다는 전제하에 본격으로 DM(우편발송) 작업을 시작해봅니다.

DM(우편발송) 작업의 목적은 DB 구축한 서식에 빈칸으로 비워져 있는 가장 중요한 매도인과 임대인의 연락처를 확보하는 겁니다.

DM(우편발송) 작업으로 전화가 걸려오면 기본적으로 매매면 매매조건을 알게 되고 매도인 연락처가 확보가 되고 매물이 접수가 되는 것이고 임대면 임대조건으로 보증금, 월차임, 랜트프리 등을 알고 임대인 연락처가 확보가 되고 매물이 접수가 되고 매매나 임대 중에 우량 매물이면 전속 중개제안을 하시면 됩니다.

기본적으로 DM(우편발송) 작업을 일회성으로 한번만 하고 스톱이 아니고 주기적으로 진행하다보면 처음에는 전화를 안 해도 2번 3번 보내면 전화가 올 확률이 급격히 상승하고 추후에 워킹 고객으로 내방이 되는 경우 많습니다.

그리고 전화를 주시는 고객 분들은 마음속 한편에 이 부동산은 참 열심히 하는 부동산이구나. 라는 인식이 생기게 됩니다.

창업초기에는 상가매매에 능숙하지 않으니 내가 구축한 DB중에서 일단은 공실상가의 소유주에게 DM(우편발송) 작업을 선행하시고 차차 임대차에 자신감이 생기면 매매로 서서히 전환하시면 되고 공실상가에 DM(우편발송) 작업을 해도 의외로 임대도 주지만 내 상가나 건물 매매 해 달라고 하시는 분들이 많습니다.

DM(우편발송) 작업 전 선행 될 부분은 보내는 구역의 정확한 매매나 임대가의 시세파악이 선행 과제이고 타 부동산 매물도 내 매물처럼 숙지하고 있어야 합니다.

DM(우편발송) 작업 시 편지 봉투는 가급적 자필로 직접 하시고 필자처럼 정말 악필이면 문구점에 사서 라벨지 구입해서 DB구축 된 주소 복사해서 라벨지 인쇄 후 편지 봉투에 부착해도 되고 우표도 이왕이면 구입해서 직접 부착하시면 정성이 보여서 전화가 올 확률이 올라갑니다. 필자의 경험에서 말씀드립니다.

DM(우편발송) 작업은 당연히 편지 내용이 중요하고 내용의 핵심은 전화가 오게끔 만드는 게 목적이고 매물접수 시, 계약이 되면 상품권 등을 지급한다고 이벤트를 하게 되면 전화가 올 확률이 높아질 겁니다.
위에서 언급했듯이 일회성이 아닌 지속적인 작업으로 2~3번은 보내야 하는데 필자의 경험상 직원들 중 중도 포기하는 비율이 90%이상인 정도로 쉽지는 않지만 이를 견딘다면 나의 부동산 중개는 뻥 뚫린 고속도로와 같이 승승장구 할 겁니다.

3 매물접수 방법(매매, 임대, 권리금, 매수, 임차, 전속중개)

매물접수는 초보 때 무조건 겁먹지 말고 많이 부딪혀 보는 훈련이 가장 중요합니다.
필자가 고객으로부터 내방이나 전화로 의뢰하는 매매, 임대, 매수, 임차. 권리금, 전속중개의 매물접수 방법 최대한 쉽게 안내를 해 드릴 테니 편하게 따라 해보세요.

(1) 매물접수 시 전화 상담 유의사항!

매물작업을 한 지역의 매매, 임대차, 타 부동산 매물까지 완벽하게 파악하는 게 중요하고 혹시 전화가 왔는데 갑자기 당황해서 기억이 안 나면 바로 응대하려고 하지 마시고 제가 지금 상담중이오니 조금 후 바로 전화 드리겠습니다. 라고 하고 빨리 시세표를 찾아서 보고 호감가고 자신감 있는 편한 목소리로 고객을 응대하면 됩니다.

또한 매물의뢰 고객에게는 끌려가지 말고 질문을 통해서 내가 고객에게 알고자 하는 모든 정보를 끌어내고 고객을 리드하면서 전화 상담을 하십시오!

고객이 전화로 여기 상가 월차임이 어떻게 되나요? 라고 했다고 가정하면 바로 여기는 보증금 3,000만원에 월차임 300만원(VAT별도)입니다. 라고 한다면 이 고객은 본인이 알고자 하는 정보를 알았기 때문에 더 이상의 대화가 안 됩니다.

이럴 경우는 많은 훈련이 필요하지만 만약에 필자가 지금이라도 이런 전화문의가 오면 필자는 자동적으로 사장님 여기에 뭐 하실 건가요? 입점은 언제쯤 생각하시나요? 등등 필자가 알고자 하는 질문부터 합니다.

바로 고객을 내 손안에서 가지고 놀면서 이런 저런 업종 이야기, 주변 상권 이야기 등을 하면서 결론적으로 필자의 사무실에 내방하게끔 만드는 게 진정한 상가중개의 고수라 할 수 있고 전화 끊고 바로 아래에 안내하겠지만 문의 한 사람이 동종업종 중개업자인지를 확인하는 단계를 거치면 됩니다.

.

매물 장은 구글 드라이브로 연동해서 손쉽게 어디서나 핸드폰으로 보면서 블루투스로 고객과 전화 통화를 하면 됩니다.

매물접수 시 이 물건은 너무 비싸, 위치가 안 좋아, 구조가 별로야, 등등 나만의 편견을 가지고 고객에게 내 생각을 강요하는 것은 완전 쌩 초짜 중개사입니다.

마지막으로 항상 전화통화 끊기 전에 사장님 혹시 다른 매물 또 없나요? 이 한마디를 습관적으로 하게끔 많은 연습을 하시고 부동산 투자자 중에 매물 딸랑 하나만 가지고 있는 사람이 의외로 적습니다.

(2-1) 매물접수 기법(상가매매 매물접수받기)

고객이 여러분들이 열심히 매물 작업한 낚시 그물에 들어와 매물접수를 하게 되는 참으로 감격스러운 순간입니다.

이때 매물접수를 초보 티내면서 너무 비전문가 냄새를 풍기게 된다면 역지사지로 여러분들이 부동산에 내 매물을 내놓는다고 생각해 보시면 과연 이 중개사가 내 물건을 신속하게 계약을 성사시킬까라는 의구심이 반드시 들 겁니다.

그러기 때문에 매물접수를 초보 티 안내고 전문가라는 느낌을 고객에게 팍팍 주면서 응대하는 연습을 많이 해 보셔야 합니다.

아래에 필자가 현재 사무실에서 사용 중인 매물접수카드 첨부하니 잘 활용해보세요.

이 카드를 보면서 제가 설명하는 것을 비교하시면 됩니다.

첫 번째, 상가매매 매물접수카드입니다.

중요하게 꼭 체크해야 하는 사항들만 열거합니다.

접수받는 매물이 전속인지 일반중개인지 체크, 매물 의뢰인 성명, 연락처, 소유주와 관계, 소재지, 건물 종류, 건축물의 용도, 위반 건축물 여부, 현재 이용 상태가 공실인지 영업 중인지, 행정처분 여부, 전체 층수와 의뢰 물건 층수, 매도조건, 상가 관리규약 유무, 현재 시설 체크, 중개보수 고지, 현재 광고여부 등으로 항목에 하나씩 정확히 체크하시면 됩니다.

조금 더 꼼꼼히 보셔야 할 부분은 현재 건축물의 용도와 건축물의 용도변경이 가능한지 여부도 매수인이 매수해서 어떤 용도로 활용 할지를 모르기에 미리 알아두면 당황하지 않고 대처가 가능하오니 꼭 체크하십시오.

그리고 혹시 현재 임차인이 영업 중이면 실사용 할 매수자가 매칭 될 것에 대비해서 현 임차인의 명도부분이 가능한지 여부와 현 임차인의 임대조건은 정말 정확하게 파악해야하기 때문에 매도 의뢰인에게 현재 영업 중인 임대차계약서 개인정보 가리고 사진 찍어서 보내달라 고 하면 매도 의뢰인의 진정성과 계약서 특약의 내용도 파악할 수 있어서 정확한 임대조건으로 매수인에게 잘못된 정보를 제공하지 않아서 신뢰를 쌓을 수 있습니다.

계약서 특약을 보면 매도하기 위해 의도적으로 현 시세에 맞지 않는 월차임을 과도하게 올리고 랜트프리를 1년 정도 장기간 지원해 주는 방식을 걸려낼 수 있습니다.

<table>
<tr><th colspan="8">상가매매 매물카드(전속/일반)</th></tr>
<tr><td colspan="4">담당자 :</td><td colspan="4">매물접수일:</td></tr>
<tr><td colspan="2">성 명</td><td></td><td>연락처</td><td colspan="2"></td><td>소유주와 관계</td><td></td></tr>
<tr><td colspan="2">소 재 지</td><td colspan="6"></td></tr>
<tr><td colspan="2">건물의 종류</td><td colspan="6">□구분상가, □일반건물, □아파트단지 상가, □상가주택, □쇼핑몰 상가, □기타</td></tr>
<tr><td colspan="2">건축물의 용도</td><td colspan="2"></td><td colspan="2">위반건축물여부</td><td colspan="2">□無 □有(위반사항:)</td></tr>
<tr><td colspan="2" rowspan="3">현재이용 상태</td><td>□ 공실</td><td>□ 인테리어 無</td><td colspan="4">□ 인테리어 有 용도 [ ]</td></tr>
<tr><td colspan="6">□ 임차 중 현 임차업종: [ ]</td></tr>
<tr><td>□ 직영</td><td colspan="5">현 업종: 행정처분여부: 有 / 無</td></tr>
<tr><td colspan="2">층수와 면적</td><td>층 수</td><td>/</td><td>임대면적</td><td colspan="3"></td></tr>
<tr><td rowspan="4">매도조건</td><td rowspan="4">임차조건</td><td>매매가</td><td colspan="5">금 원</td></tr>
<tr><td>보증금</td><td>금 원</td><td>월차임</td><td colspan="3">금 원 [vat 포함, 별도]</td></tr>
<tr><td>관리비</td><td colspan="2">금 원 [vat 포함, 별도]</td><td colspan="2">관리비 포함항목</td><td></td></tr>
<tr><td>계약기간</td><td colspan="5"></td></tr>
<tr><td colspan="2">상가관리규약</td><td>□있음</td><td colspan="4">□동일업종입점금지,
□독점업종지정[업종:]</td><td>□없음</td></tr>
<tr><td colspan="2">고지할 사항</td><td colspan="6">매수인의 영업에 영향을 미칠 수 있는 사항 ( )</td></tr>
<tr><td colspan="2" rowspan="3">시설용량</td><td colspan="6">현재 전력량 [ ]Kw 조리시설 여부[전기, 가스, 기타], [내부, 외부]</td></tr>
<tr><td colspan="6">수도공급여부[내부, 외부] 난방: 중앙난방, 개별난방, 바닥난방, 기타</td></tr>
<tr><td colspan="6">냉방: 시스템에어컨, 중앙냉방, 개별냉방, 기타</td></tr>
<tr><td colspan="2">직통계단</td><td colspan="6">직통계단[有( )개], 피난계단[有, 無], 옥외 피난계단 [有, 無]</td></tr>
<tr><td colspan="2">승강기</td><td colspan="6">엘리베이터[有( )개, 無,] 에스컬레이터 [有( )개, 無]</td></tr>
<tr><td colspan="2" rowspan="2">주차시설</td><td>종류</td><td colspan="5">□부설주차장, □노상주차장, □노외주차장, □기타, □자주식, □기계식</td></tr>
<tr><td>수</td><td colspan="5">총 주차대수: 대 , 임차인 무상 주차대수: 대</td></tr>
<tr><td colspan="2">오폐수정화시설</td><td colspan="2"></td><td colspan="2">화장실 / 탕비실</td><td colspan="2">[내부시설, 외부시설]</td></tr>
<tr><td colspan="2">중개보수</td><td colspan="6">거래예정금액 금( )원, 중개보수요율 (0.99)% 중개보수 금( )원</td></tr>
<tr><td colspan="2">비 고</td><td colspan="6">점포주광고여부 □NO □YES( )</td></tr>
</table>

(2-2) 매물접수 기법(상가임대 매물접수받기)

두 번째, 상가임대 매물접수카드입니다.

중요한 꼭 체크해야 하는 사항들만 열거합니다.

접수받는 임대 매물이 전속인지 일반중개인지 체크, 임대 의뢰인 성명, 연락처, 임대인과 관계, 소재지, 건물 종류, 건축물의 용도, 위반 건축물여부, 현재 이용상태가 공실인지 영업 중인지, 행정처분 여부, 전체 층수와 의뢰 물건 층수, 임대조건, 상가관리규약 유무, 현재시설 체크, 중개보수 고지, 현재 광고여부 등으로 항목에 하나씩 정확히 체크하시면 됩니다.

조금 더 꼼꼼히 보셔야 할 부분은 위에서 언급한 현재 건축물용도와 건축물용도변경 가능 여부와 임대조건에서 보증금 조율이 가능한지. 월차임 조율이 가능한지, 인테리어 하는 동안 랜트프리는 지원이 가능한지, 기본 관리비는 대략 전용면적당 어느 정도 부과되고 기본 관리비에 포함되는 항목은 어디까지인지도 체크해야합니다.

최근 코로나19로 인해서 더욱 더 중요해 진 부분이 바로 주차문제입니다.

임차인 입점했을 시 할당된 주차대수와 내 업장에 고객이 방문 시 무료주차는 몇 시간 가능한지와 최근 늘어난 테이크아웃으로 인해서 업장 앞에 잠깐이라도 주정차가 가능한지는 여부는 의외로 중요한 포인트이고 계약과 직결되니 꼭 체크하십시오.

그리고 위반 건축물이 있는지 유무인데 위반 건축물이 있으면 새 임차인이 입점해서 영업신고증을 내려 할 때 인허가가 불허가되기 때문에 상당히 중요한 부분입니다.

공실인 상가에 위반 건축물이 존재한다면 이 부분을 임대인에게 정확하게 인허가가 가능하도록 원상복구를 요구해야 하고 계약서 특약에도 명시해야합니다.

마지막으로 임대의뢰 물건에 할당된 전기용량 부분은 임대인도 대부분 정확하게 모르니 한전 123번에 전화해서 해당 주소 불러주고 문의하시면 됩니다.

입점하는 임차인이 최근에는 프랜차이즈로 창업을 많이 하다 보니 기본적으로 전기승압을 하는데 이 경우에 개업공인중개사분들도 전기승압 시 발생되는 금액이 어느 정도인지와 조력자로 전기공사업자 선정을 해 두어서 임차인이 소개 부탁하면 연결해 주시고 여기서는 전기승압 관련해서는 설명을 생략합니다.

중개 팁 매물 장에 필히 도시가스 인입 여부, 바닥, 천장 마감, 외벽이 되어있는지 여부, 에어컨, 냉난방 설치 여부 체크해 두고 우선적으로 의뢰임차인에게 안내해주면 초기에 시설비가 많이 절약이 되므로 계약 성사가 될 됩니다.

<table>
<tr><td colspan="6">상가임대 매물 카드(전속/일반)</td></tr>
<tr><td colspan="3">담당자 :</td><td colspan="3">매물접수일:</td></tr>
<tr><td>성 명</td><td></td><td>연락처</td><td></td><td>임대인과 관계</td><td></td></tr>
<tr><td>소 재 지</td><td colspan="5"></td></tr>
<tr><td>건물의 종류</td><td colspan="5">□구분상가, □일반건물, □아파트단지 상가, □상가주택, □쇼핑몰 상가, □기타</td></tr>
<tr><td>건축물의 용도</td><td colspan="2"></td><td>위반건축물여부</td><td colspan="2">□無 □有(위반사항:)</td></tr>
<tr><td rowspan="3">현재이용 상태</td><td>□ 공실</td><td>□ 인테리어 無</td><td colspan="3">□ 인테리어 有 용도 [ ]</td></tr>
<tr><td colspan="5">□ 임차 중 현 임차업종:[ ]</td></tr>
<tr><td>□ 직영</td><td colspan="4">현 업종: 행정처분여부: 有 / 無</td></tr>
<tr><td>층수와 면적</td><td>층 수</td><td>/</td><td>임대면적</td><td colspan="2"></td></tr>
<tr><td rowspan="4">임대조건</td><td>보증금</td><td colspan="4">금 원</td></tr>
<tr><td>월차임</td><td colspan="4">금 원 [vat 포함, 별도]</td></tr>
<tr><td>관리비</td><td colspan="2">금 원 [vat 포함, 별도]</td><td>관리비포함항목</td><td></td></tr>
<tr><td>계약기간</td><td colspan="4"></td></tr>
<tr><td>상가관리규약</td><td>□있음</td><td colspan="3">□동일업종입점금지,
□독점업종지정 [업종:]</td><td>□없음</td></tr>
<tr><td>고지할 사항</td><td colspan="5">임차인의 영업에 영향을 미칠 수 있는 사항 ( )</td></tr>
<tr><td rowspan="3">시설용량</td><td colspan="5">현재 전력량 [ ]Kw 조리시설 여부[전기, 가스, 기타], [내부, 외부]</td></tr>
<tr><td colspan="5">수도공급여부[내부, 외부] 난방: 중앙난방, 개별난방, 바닥난방, 기타</td></tr>
<tr><td colspan="5">냉방: 시스템에어컨, 중앙냉방, 개별냉방, 기타</td></tr>
<tr><td>직통계단</td><td colspan="5">직통계단[有( )개], 피난계단[有, 無], 옥외 피난계단 [有, 無]</td></tr>
<tr><td>승강기</td><td colspan="5">엘리베이터[有( )개, 無,] 에스컬레이터 [有( )개, 無]</td></tr>
<tr><td rowspan="2">주차시설</td><td>종류</td><td colspan="4">□부설주차장, □노상주차장, □노외주차장, □기타, □자주식, □기계식</td></tr>
<tr><td>수</td><td colspan="4">총 주차대수: 대 , 임차인 무상 주차대수: 대</td></tr>
<tr><td>오폐수정화시설</td><td colspan="2"></td><td>화장실 / 탕비실</td><td colspan="2">[내부시설, 외부시설]</td></tr>
<tr><td>중개보수</td><td colspan="5">거래예정금액 금( )원, 중개보수요율(0.99)% 중개보수 금( )원</td></tr>
<tr><td>비 고</td><td colspan="5">점포주광고여부 □NO □YES( )</td></tr>
</table>

(2-3) 매물접수 기법(상가 권리금계약 매물접수받기)

세 번째, 상가 권리금계약 매물접수카드입니다.

중요한 꼭 체크해야 하는 사항들만 열거합니다.

접수받는 점포 양도양수 매물이 전속인지 일반중개인지 체크, 양도 의뢰인 성명, 연락처, 양도인과 관계, 소재지, 건물 종류, 건축물의 용도, 위반 건축물여부, 영업에 관한사항, 전체 층수와 의뢰 물건 층수, 임대조건, 임대차 재계약 조건, 매출 분석, 현재 상태, 중개보수고지, 현재 광고여부 등으로 항목에 하나씩 정확히 체크하시면 됩니다.

상가 권리금계약은 일명 점포 양도양수 계약이라고 보시면 무방하고 필자는 우선 전화상으로 의뢰가 들어오면 간단하게 매물 접수 받고 필자 생각에 너무 과하게 권리금을 요구하지 않으면 고객님 제가 언제 오후 시간에 일단 매장을 방문하겠습니다. 라고 하고 매장에 방문해서 매물 접수카드를 받습니다.

매장에 방문해서 가장 먼저 가장 먼저 의뢰인에게 양해를 구하고 카운터 위에 많이 부착해 놓은 영업신고증, 영업허가증, 사업자등록증을 핸드폰으로 사진을 찍고 매장을 한번 둘러보고 자리에 의뢰인과 앉아서 하나하나 질문을 합니다.

질문을 하되 필자는 최대한 의뢰인의 말을 경청해 주는 편인데 이유는 매장마다 사연 없는 매장이 어디 있겠습니까?

통상적으로 영업은 잘 되는데 아이들 관리가 안 되어서 돈이 다가 아닌 것 같다 부부가 운영하는데 아내가 갑상선이 왔다. 남편 직장이 타 지역으로 옮겨서, 남편이 이번에 암수술을 했다. 장사가 너무 잘되어서 확장 이전한다. 장사는 잘 되는데 고정비를 줄이려고 작게 옮기려 한다. 등 무수히 많은 사연들이 있습니다.

대부분 솔직히 장사가 너무 안 되어서 그만 하고 싶다고 말하는 분은 거의 없기에 어쩌면 필자가 경청을 해 주는 자체가 의뢰인의 넋두리를 들어주는 역할이라고 하면 될 것이고 이 자체가 의뢰인에게 신뢰를 주는 행동입니다.

그렇다고 마냥 경청하는 게 아니고 적당히 기분 안 나쁘게 내가 원하는 다음 질문으로 넘어가는 게 스킬이고 노하우입니다.

이렇게 진행해서 필자가 생각하기에 내가 이 매장을 뺄 수 있겠구나 라는 생각이 들면 과감히 전속 중개계약을 제안하고 거의 80% 그 자리에서 받습니다.

자~ 이제 조금 더 디테일하게 중요한 포인트를 살펴보겠습니다.

영업에 관한 사항에서는 핸드폰으로 찍은 신고증이나 사업자등록증을 보면서 우선 적고 주로 현재 매장 직원 수와 근무 시간과 매장 테이블 수 4인 몇 개, 2인 몇 개, 단체 룸 몇 개 이런 식으로 적고 매장에 할당된 주차대수, 고객주차 부분, 주류대출 유무 정도 체크하시면 됩니다.

임대조건에서는 제일 중요하고 많이 놓치는 부분이 새 임차인이 계약 시 임대료 인상을 하는지 안하는 지이고 대부분 양도인은 임대인과 협의가 안 되었는데 매물 내놓는 시점에서는 인상 없다고 말을 합니다.

이때, 양도인한테 임대인 분께 사정상 매장을 빼야 할 것 같은데 제가 새 임차인을 구해 볼 테니 새 임차인과 계약 때 경기가 아시다시피 너무 어려우니 조금 깎아주세요 라고. 하라고 저는 시킵니다.

이렇게 양도인이 먼저 죽는 소리를 해야 운 좋으면 임대료가 깎이고 안 되더라도 대부분은 현재 임대료 조건에서 동결이 되는 경험을 필자는 많이 했습니다.

제일 중요한 매출분석에서는 월 매출, 마진율 물어서 매출 이익 적고 임대료, 인건비, 공과금과 많이 체크 안하는 카드 매출 카드사 수수료(2% 정도)를 공제하면 월 순수익이 계산이 되는데 인건비 계산할 때 본인들 인건비도 포함시키라고 다시 강조합니다.

이렇게 진짜 월 순수익이 나오면 양도인이 받고자 하는 권리금을 월 순수익으로 나누면 권리금회수 기간이 나오고 내 투자 금 나누기 (월 순수익 곱하기 12)하면 투자수익률이 계산이 되는 구조이고 일단은 양도인이 생각하는 금액으로 받아 오시고 약간의 조율가능 여지만 남겨 두면 되고 이 가격 단 도리는 뒤쪽에서 안내해드립니다.

의뢰 물건이 프랜차이즈 일 경우에는 반드시 프랜차이즈 지역 담당자 연락처를 받아서 통화를 하는데 가맹 금, 교육비, 로열티. 점포승계 가능여부를 확인하고 프랜차이즈 승계계약을 한다고 하면 지정된 날짜가 있는지 등 사전에 체크해야합니다.

이 부분을 양도인의 말만 믿고 진행 했다가는 큰 낭패를 볼 수 있고 또 하나 이렇게 프랜차이즈 담당자 연락처로 지속적으로 소통하면서 훗날을 기약 할 수도 있습니다.

이게 바로 프랜차이즈 조력자 작업의 일종인데 힘 안들이고 손쉬운 작업입니다.

그리고 계약이 성사 되었을 때 받을 중개보수 설명을 하시면 되고 전속 중개계약으로 진행하면 양식에 적는 란 이 있어서 당연히 설명을 해야 합니다.

매물접수 받고 나올 때 제발 여러 군데 물건 내 놓아서 이 놈 저 놈 찔러보고 가격만 깎이지 말고 전속중개 아니면 그냥 저 빼고 1-2 군데만 조용히 중개의뢰 하세요. 라는 당부의 말도 꼭 하시고 오시면 됩니다.

상가권리금계약 매물카드(전속/일반)							
담당자 :				매물접수일:			
성 명		연락처		영업자와 관계			
소 재 지							
건물의 종류	□구분상가, □일반건물, □아파트단지 상가, □상가주택, □쇼핑몰 상가, □기타						
위반건축물여부	□無 □有 (위반사항:)			건축물대장상용도			
층수와 면적	층 수			임대면적			
영업에 관한사항 ★사업자등록증 영업신고서 사본첨부★	상 호			전면크기			
	영업자 성명			테이블 수			
	인허가번호/구분	[ ] □허가 □등록 □신고□자유업		영업시간			
	다중이용업소 여부 청소년유해업종 여부	□해당 □무관 □해당 □무관		종업원 수			
	승계가능 여부	□승계가능 □ 승계불가능		주류대출 주차장			
	현재 상태	□공실 □휴업 중 □영업 중: 영업자(□임차인□영업명의인□제3자)					
임대조건	보증금	금 원					
	월차임	금 원 [vat 포함, 별도]					
	관리비	금 [vat 포함, 별도]		관리비포함항목			
	권리금	금 원		합 계	금 원		
임대차재계약	개업일자			임대차만기			
	건물주 임대료인상	□無 □有( )		임대기간			
	화해조서 작성여부	□無 □有		행정처분사항	□無 □有( )		
매출분석	월매출	만원	투자수익률	%	가맹점	본사보증금	만원
	마진율	%	손익분기점	만원		가맹비용	만원
	매출이익	만원	임대료	만원		교육비용	만원
	경비합계	만원	인건비	만원		로열티	만원
	월 수익	만원	공과금	만원		승계여부	□ 승계가능 □승계불가능
	권리금회수	개월	카드VAT	만원		합계	만원
점포주광고여부	□NO □YES( )						
비 고	중개보수 거래예정금액(권리금) 5% + 임대차계약서 중개보수요율 (0.99)%						

(2-4) 매물접수 기법(상가매수임차 매물의뢰접수받기)

네 번째, 상가매수(임차) 매물의뢰 접수받기입니다.

중요한 꼭 체크해야 하는 사항들만 열거합니다.

의뢰 받는 매물이 전속인지 일반 중개인지 체크, 매수 의뢰인, 임차 의뢰인 성명, 연락처, 의뢰인과 관계, 건물 종류, 건축물의 용도, 사용목적, 임차용도 및 업종, 매매 시 건물 규모, 원하는 연 면적이나 토지 면적, 매수 예정금액, 임차 시 원하는 임대조건, 원하는 전용면적 등을 체크하면 됩니다.

그리고 매수 예정일이나 입점 예정일, 희망하는 지역 1, 2, 3순위 정도가 어디인지, 매수 및 임차 시 원하는 기타 의 조건들을 체크하면 됩니다.

좀 더 깊게 들어가 보자면 매수인이나 임차인이 원하는 제일 중요시 하는 핵심을 찾아라. 이고 초보의 경우 고객이 원하는 바를 잘못 알아차리고 엄한 곳만 끌고 있는 중개사분들이 의외로 많습니다.

고객이 가려워하는 부분을 잘 캐치하시고 예정 매매금액의 경우 현금을 5억을 보유하고 있을 때 추가적으로 대출도 실행해서 10억 정도의 사이즈도 매수 할 의향이 있는지도 매물 접수 시 체크하시고 간혹 대출을 무슨 엄청난 빚을 지는 것처럼 무서워하시는 분들도 있어서 언급해드립니다.

매수의 경우 사용 목적이 투자인지 아니면 사옥처럼 직접 사용을 할 건지 또는 투자용으로 매수는 하되 건물 5층이면 2개 층 정도는 사옥으로 사용하고 나머지는 투자용으로 한다든지 의중을 매물 접수 시점에 정확하게 파악을 하여야 매물서치 시 실수 없이 진행이 되고 시간 낭비를 안 합니다.

또 하나 중요한 포인트인데 초보들이 가장 실수 많이 하는 부분입니다.

매수를 언제 할 건지 임차의 경우 입점을 언제 할 건지 한마디를 질문을 안 해서 실컷 조건에 맞는 물건 찾아서 현장답사 다하고 마음에 들어 하기에 고객님 그러면 계약진행하시죠 해더니 이제야 사실은 바로 진행은 못하고 다른 곳에 건물이 팔려야 계약이 가능해요 라든가 코로나19 때문에 지금 알아보고 좀 더 있다가 상황 봐서 계약은 진행하고 싶어요. 라는 소리를 들으면 정말 미쳐버립니다.

여러분 이런 경우 없을 것 같지요? 악의적으로 속이고 물건 보는 고객도 있고 위에서처럼 중개사의 말 한마디 질문을 안 해서 생기는 경우 비일비재합니다. 명심하세요!!

<table>
<tr><th colspan="5">상가매수(임차) 매물의뢰카드(전속/일반)</th></tr>
<tr><td colspan="2">담당자 :</td><td colspan="3">매물의뢰일:</td></tr>
<tr><td>성 명</td><td></td><td>연락처</td><td colspan="2"></td></tr>
<tr><td>매수(임차)인과의 관계</td><td colspan="4"></td></tr>
<tr><td>의뢰 구분</td><td colspan="4">☐매수의뢰 ☐임차의뢰</td></tr>
<tr><td>건물의 종류</td><td colspan="4">☐구분상가, ☐일반건물, ☐아파트단지 상가, ☐상가주택, ☐쇼핑몰 상가, ☐기타</td></tr>
<tr><td rowspan="4">사용목적
(임차용도: 업종)</td><td>건축물대장상 용도</td><td colspan="3"></td></tr>
<tr><td>인허가</td><td colspan="3">☐허가 ☐등록 ☐신고 ☐자유업</td></tr>
<tr><td>승 계</td><td colspan="3">☐승계가능 ☐ 승계불가능</td></tr>
<tr><td>다중이용업소 여부</td><td>☐해당 ☐무관</td><td>청소년유해업종 여부</td><td>☐해당 ☐무관</td></tr>
<tr><td>규모(면적)</td><td>층 수</td><td></td><td>면적</td><td></td></tr>
<tr><td>매수예정가액</td><td>매수가격</td><td colspan="3">금 원 [vat 포함, 별도]</td></tr>
<tr><td rowspan="4">임차예정가액</td><td>임차보증금</td><td colspan="3">금 원 [vat 포함, 별도]</td></tr>
<tr><td>월차임</td><td colspan="3">금 원 [vat 포함, 별도]</td></tr>
<tr><td>계약기간</td><td></td><td>관리비</td><td></td></tr>
<tr><td rowspan="2">시 기</td><td>매수예정일</td><td colspan="3"></td></tr>
<tr><td>입점예정일</td><td colspan="3"></td></tr>
<tr><td rowspan="2">희망지역</td><td>1순위</td><td colspan="2">2순위</td><td>3순위</td></tr>
<tr><td></td><td colspan="2"></td><td></td></tr>
<tr><td>매수(임차)
기타조건</td><td colspan="4"></td></tr>
<tr><td>중개보수</td><td colspan="4">거래예정금액 금( )원, 중개보수요율 (0.99)% 중개보수 금( )원</td></tr>
<tr><td>비 고</td><td colspan="4">점포주광고여부 ☐NO ☐YES( )</td></tr>
</table>

Part 03

(2-5) 매물접수 기법(상가 전속중개계약서 받기)

다섯 번째, 이번에는 상가전속중개계약서 받는 방법과 중개 팁을 안내해드리겠습니다.

아직까지 국내에서는 부동산 중개시장에서 전속중개로 진행하는 방식이 정착이 안 되어 있지만 필자가 얼마 전까지 프랜차이즈 가맹점으로 운영했던 외국계 프랜차이즈의 경우는 전속중개 자체가 일반화되어 있어서 고객 분들이 전혀 거부 반응이 없습니다.

하지만 국내 중개시장에서는 전속중개계약서를 들이밀면 일단 정확히 잘 모르기 때문에 막연한 거부감이 생기는 것 같습니다.

전속중개를 잘 활용하면 개업공인중개사 뿐만 아니라 고객의 입장에서도 장점이 많고 한곳의 공인중개사 사무소에 물건을 맡기기에 여기 저기 부동산 응대도 안 해도 되는 장점이 많은 반면 고객의 입장에서 전속중개 받아 가더니 그때뿐이고 전화도 없고 손님도 안 모셔오고 관리를 전혀 안 해준다는 불만의 소리를 많이 듣습니다.

이렇게 고객으로부터 불만이 오게끔 하려면 전속중개를 절대 받으면 안 됩니다.

전속중개를 받는 만큼 책임감을 가지고 전속물건 우선으로 거래되게끔 노력해야하고 주기적으로 고객에게 내가 이렇게 열심히 고객님의 물건을 거래 시키려고 노력하고 있어요. 라고 내가 광고하고 있는 것을 고객께 문자나 톡으로 알려주십시오.

그래야 전속중개를 믿고 맡긴 고객도 만족스러워하고 설령 고객을 못 모시고 와도 요즘 전체적으로 부동산 시장이 불황이야. 라고 스스로 인정하고 지나갑니다.

자!! 그러면 개업공인중개사 입장에서 전속중개를 스트레스 받아가면서 굳이 왜 해야 할까 라는 의구심이 들 수도 있습니다.

하지만 필자는 늘 전속 중개하자 전속 중개하자 직원들 교육생들한테 외칩니다.

그만큼 매출에 효과가 좋다는 것이고 나의 중개보수 확보가 가능하고 전속이기에 매물의 위치 공개하면서 홍보가 가능해서 문의 전화가 많이 오고 그러면 자연히 계약 확률은 높아지고 타 부동산이나 일반 고객으로부터의 뒷거래 방지에 최고인데 도대체 왜 안 하는지 모르겠습니다.

일부 직원들은 전속 중개 받고 따르는 책임감의 무게가 무섭고 고객으로부터 전속으로 주면 금방이라도 거래 시켜줄 것 같더니 왜 이렇게 감감무소식이냐. 는 둥 스트레스가 두려워서 못 하겠다는 직원이나 부동산 대표들이 많습니다.

하지만, 필자는 직원들이 이렇게 말하면 이런 스트레스도 즐기고 이겨나가는 것도 부동산 고수로 가는 일부라고 강하게 어필합니다.

동전에 양면이 있고 모든 사물이 음과 양이 있듯이 나에게 계약 시 주는 중개보수가 그냥 아무런 고통도 노력도 없이 얻어지는 것은 없습니다.

필자의 또 다른 면의 전속중개의 팁을 설명하자면 이 교재는 아마도 일반인이 보지 않을 거라 생각이 되어서 알려드립니다.

매물로 나온 물건이 있는데 정말 노출이 잘 되는 규모도 큰 최상의 자리인데 의뢰인이 너무 말도 안 되는 가격이나 조건에 나와서 장기간 거래가 안 된 물건이라면 전 이런 자리는 전속중개 달라고 무조건 시도 합니다.

그 이유는 전속중개 받아서 이 자리 정말 눈에 잘 들어오게 매매, 임대 쓰고 필자의 부동산 상호 새겨 대형 현수막을 부착해서 어마 어마한 문의 전화를 받아서 현 자리 최대한 브리핑을 합니다. 만 조건이 안 좋으니 계약으로 진행이 안 될 겁니다.

그러면 이 아까운 문의 전화를 그냥 버릴 수는 없으니 필자가 보유하고 있는 다른 자리로 연결 할 수 있으니 금상첨화(錦上添花) 아닙니까?

간혹 전속 중개를 맡긴 의뢰인이 초기에 본인의 지인들을 시켜서 의도적으로 문의 전화를 해서 전속 맡긴 조건과 다르게 브리핑 하는지 위에 언급한 것처럼 다른 물건 유도하는지 지켜보는 분도 있으니 문의 오면 진정성 있는 고객인지 파악이 중요합니다.

마지막으로 전속중개계약서 작성 시 유의사항 설명 드립니다.

전속중개계약서는 법정양식이므로 꼭 지정된 양식을 사용하시고 인적사항 기재 시 의뢰인의 주민번호 끝자리, 주민등록상 주소, 연락처를 정확히 적으시고 연락처는 손님 모시고 가는데 연락이 안 될 때 대비해서 남편이나 사모님 연락처 하나 더 적어주세요 라고 하시고 기재하십시오.

나중에 전속중개에 관련해서 상호간의 의견이 충돌되어서 약속 한 중개보수 지급이 안 될시 내용증명을 보낼 때 의뢰인의 정확한 인적사항 확보가 필요하기 때문입니다.

그리고 전속중개계약서는 2부 작성해서 꼭 간인을 하시고 한 부씩 나누고 중개보수 요율표 첨부하면 되고 실무에서 중개사들이 실수 많이 하는 부동산 계약서는 5년 보관 의무를 잘 지키면서 전속중개계약서는 전속계약이 끝나거나 계약으로 성사가 되면 폐기하는데 역시 3년의 보관의무가 있으니 절대 버리면 안 됩니다.
나중에 이 보관 의무로 태클을 거는 경우도 실제로 필자는 보았습니다.

■ 공인중개사법 시행규칙 [별지 제15호 서식] <개정 2014.7.29>

전 속 중 개 계 약 서

([ ] 매도 [ ] 매수 [ ] 임대 [ ] 임차 [ ] 그 밖의 계약( ))

※ 해당하는 곳의 [ ]란에 v표를 하시기 바랍니다. (앞쪽)

중개의뢰인(갑)은 이 계약서에 의하여 뒤쪽에 표시한 중개대상물의 중개를 개업공인중개사(을)에게 의뢰하고 을은 이를 승낙한다.

1. 을의 의무사항

① 을은 갑에게 계약체결 후 2주일에 1회 이상 중개업무 처리상황을 문서로 통지하여야 한다.

② 을은 이 전속중개계약 체결 후 7일 이내 「공인중개사법」(이하 "법"이라 한다) 제24조에 따른 부동산거래정보망 또는 일간신문에 중개대상물에 관한 정보를 공개하여야 하며, 중개대상물을 공개한 때에는 지체 없이 갑에게 그 내용을 문서로 통지하여야 한다. 다만, 갑이 비공개를 요청한 경우에는 이를 공개하지 아니한다. (공개 또는 비공개 여부:)

③ 법 제25조 및 같은 법 시행령 제21조에 따라 중개대상물에 관한 확인·설명의무를 성실하게 이행하여야 한다.

2. 갑의 권리·의무 사항

① 다음 각 호의 어느 하나에 해당하는 경우에는 갑은 그가 지불하여야 할 중개보수에 해당하는 금액을 을에게 위약금으로 지불하여야 한다. 다만, 제3호의 경우에는 중개보수의 50퍼센트에 해당하는 금액의 범위에서 을이 중개행위를 할 때 소요된 비용(사회통념에 비추어 상당하다고 인정되는 비용을 말한다)을 지불한다.

1. 전속중개계약의 유효기간 내에 을 외의 다른 개업공인중개사에게 중개를 의뢰하여 거래한 경우
2. 전속중개계약의 유효기간 내에 을의 소개에 의하여 알게 된 상대방과 을을 배제하고 거래당사자 간에 직접 거래한 경우
3. 전속중개계약의 유효기간 내에 갑이 스스로 발견한 상대방과 거래한 경우

② 갑은 을이 법 제25조에 따른 중개대상물 확인·설명의무를 이행하는데 협조하여야 한다.

3. 유효기간

이 계약의 유효기간은 년 월 일까지로 한다.

※ 유효기간은 3개월을 원칙으로 하되, 갑과 을이 합의하여 별도로 정한 경우에는 그 기간에 따른다.

4. 중개보수

중개대상물에 대한 거래계약이 성립한 경우 갑은 거래가액의 ( )%(또는 원)을 중개보수로 을에게 지급한다.

※ 뒤쪽 별표의 요율을 넘지 않아야 하며, 실비는 별도로 지급한다.

5. 을의 손해배상 책임

을이 다음의 행위를 한 경우에는 갑에게 그 손해를 배상하여야 한다.

1) 중개보수 또는 실비의 과다수령: 차액 환급

2) 중개대상물의 확인·설명을 소홀히 하여 재산상의 피해를 발생하게 한 경우: 손해액 배상

6. 그 밖의 사항

이 계약에 정하지 않은 사항에 대하여는 갑과 을이 합의하여 별도로 정할 수 있다.

이 계약을 확인하기 위하여 계약서 2통을 작성하여 계약 당사자 간에 이의가 없음을 확인하고 각자 서명 또는 날인한 후 쌍방이 1통씩 보관한다.

년 월 일

계약자

중개의뢰인 (갑)	주소(체류지)		성명	(서명 또는 인)
	생년월일		전화번호	
개업 공인중개사 (을)	주소(체류지)		성명 (대표자)	(서명 또는 인)
	상호(명칭)		등록번호	
	생년월일		전화번호	

210mm×297mm[일반용지 60g/㎡(재활용품)]

(뒤쪽)

※ 중개대상물의 거래내용이 권리를 이전(매도·임대 등)하려는 경우에는 「Ⅰ. 권리이전용(매도·임대 등)」에 적고, 권리를 취득(매수·임차 등)하려는 경우에는 「Ⅱ. 권리취득용(매수·임차 등)」에 적습니다.

Ⅰ. 권리이전용(매도·임대 등)

<table>
<tr><td>구분</td><td colspan="5">[ ] 매도 [ ] 임대 [ ] 그 밖의 사항( )</td></tr>
<tr><td rowspan="2">소유자 및 등기명의인</td><td colspan="4">성명</td><td>생년월일</td></tr>
<tr><td colspan="5">주소</td></tr>
<tr><td rowspan="5">중개대상물의 표시</td><td rowspan="2">건축물</td><td colspan="3">소재지</td><td>건축연도</td></tr>
<tr><td>면 적</td><td>㎡</td><td>구 조</td><td>용 도</td></tr>
<tr><td rowspan="2">토지</td><td colspan="3">소재지</td><td>지 목</td></tr>
<tr><td>면 적</td><td>㎡</td><td>지역·지구 등</td><td>현재 용도</td></tr>
<tr><td colspan="5">은행융자·권리금·제세공과금 등(또는 월임대료·보증금·관리비 등)</td></tr>
<tr><td>권리관계</td><td colspan="5"></td></tr>
<tr><td>거래규제 및 공법상 제한사항</td><td colspan="5"></td></tr>
<tr><td>중개의뢰 금액</td><td colspan="5">원</td></tr>
<tr><td>그 밖의 사항</td><td colspan="5"></td></tr>
</table>

Ⅱ. 권리취득용(매수·임차 등)

<table>
<tr><td>구분</td><td colspan="2">[ ] 매수 [ ] 임차 [ ] 그 밖의 사항( )</td></tr>
<tr><td>항목</td><td>내용</td><td>세부내용</td></tr>
<tr><td>희망물건의 종류</td><td></td><td></td></tr>
<tr><td>취득 희망가격</td><td></td><td></td></tr>
<tr><td>희망 지역</td><td></td><td></td></tr>
<tr><td>그 밖의 희망조건</td><td colspan="2"></td></tr>
</table>

첨부 서류	중개보수 요율 표(「공인중개사법」 제32조제4항 및 같은 법 시행규칙 제20조에 따른 요율 표를 수록합니다) ※ 해당 내용을 요약하여 수록하거나, 별지로 첨부합니다.

유의사항

[개업공인중개사 위법행위 신고안내]
개업공인중개사가 중개보수 과다수령 등 위법행위 시 시·군·구 부동산중개업 담당 부서에 신고할 수 있으며, 시·군·구에서는 신고사실을 조사한 후 적정한 조치를 취하게 됩니다.

4 매물홍보(온라인 홍보, 오프라인 홍보)

일반중개와 전속중개로 접수 받은 매물은 우선순위는 당연히 전속중개로 접수 받은 매물을 우선시해서 홍보 할 수 있는 모든 채널을 동원해 빠른 결과를 만들어 전속 의뢰인과 신뢰를 유지하고 나아가 소개를 받는 단계로 가면 최상입니다.

매물홍보는 지속적이고 상황에 맞게 홍보방법 선택과 집중이 필요한 부분이고 위에서 언급했듯이 고객에게 홍보 한 부분을 간편한 문자나 톡을 이용해 지속적으로 일을 한다고 어필하는 과정이 필요합니다.

구체적으로 매물홍보 방법에 대해서 설명을 드리겠습니다.

온라인 홍보방법에는 네이버부동산, 다음부동산, 공인중개사 협회의 한방, 밴드, 카페, 블로그, 유튜브, 네이버tv, 카카오tv, 직방, 다방, 네모 등 각종 부동산플랫폼에 접수 받은 매물을 홍보하면 됩니다.

여기서 매물 홍보 시 유의 할 점은 네이버부동산이나 유튜브 등에 전속중개가 아닌 일반중개 매물을 홍보하다보면 고객이나 타 부동산 중개업자들의 뒷거래가 많이 발생하고 네이버부동산은 지번 공개가 있어서 그 지역 중개업자는 손쉽게 어디 물건이겠구나. 추측이 가능해서 필자처럼 한 지역의 DB구축이 완벽히 된 경우는 광고 올라온 물건 소유주에게 직접 전화해서 거래하지 절대 공동중개 안합니다.

그리고 블로그나 유튜브에 매물 지번을 직접적으로 드러내지 않고 포스팅을 하거나 동영상을 업로드해도 필자처럼 DB구축된 부동산은 딱 보면 어디쯤인데 하고 바로 홍보물건이 보여서 소유주와 직접거래해도 그만입니다.

왜냐하면 필자가 매물홍보 한 부동산에 공동중개하자고 홍보한 물건 어디인가요? 라고 요청을 안했기 때문에 가능하고 지역마다 초고수분들 많습니다.

굳이 전속중개사 아닌 매물을 블로그나 유튜브로 홍보를 하고자 한다면 매물영상보다는 내 매물이 있는 지역의 상권분석, 입지분석 등의 영상을 올린 후 이 지역에 관심이 있으면 이 지역에 필자가 최고의 부동산 전문가라는 인식을 심어서 필자에게 전화가 오게끔 만드는데 초점을 맞춰서 진행하면 됩니다.

필자는 최근에도 유튜브에 올라온 상가매물 보고서 왜 저걸 저렇게 홍보를 할까? 타부동산에 여기 좋은 물건 나왔어요. 당신도 알고 빨리 파세요. 라는 타 부동산은 전혀 모르고 있던 물건인데 이 물건이 생각보다 조건이 좋으면 바로 매물 소유주 연락처는 이미 알고 있으니 직접 매물접수 받아서 조용히 계약 성사 시킵니다.

이러한 홍보를 하는 건 정말 위험한 홍보이고 이게 바로 초보 개업공인중개사입니다.

지금 계속 언급하듯이 그래서 전속중개를 받아서 홍보를 해야 하고 필자는 계속해서 전속 중개, 전속 중개, 전속 중개를 끝까지 외칠 겁니다.

(1) 온라인 홍보 시 파워포인트(PPT)로 동일한 이미지 만들기

이번에는 온라인 홍보를 할 때 말로서 길게 설명하는 방법도 유용 하지만 파워포인트로 한 장에 동일한 이미지를 만들어 부동산에 공동중개 의뢰하기 위한 문자나 톡을 보낼 때, 밴드, 카페, 블로그, 고객이 물건 정보 요청 할 때, 페이스북 광고, 인스타 광고, 유튜뷰 광고 시 활용하면 효과가 좋습니다.

하나 더 팁을 드리자면 매매와 임대의 대표 색상을 고정해 놓고 사무실 직원 간에도 공통으로 적용해서 사용하면 동일성이 있어서 좋고 광고 시 가시성 효과도 좋습니다.

오프라인 매물 홍보에는 가장 효과가 빠른 현수막 부착 및 공실 상가나 건물에 현수막 보다 작은 매매, 임대 코팅지 부착하는 방법이 있습니다.

또 접수 받은 매물에 적합한 업종MD를 구상해서 해당하는 프랜차이즈 업체 담당자에게 이러한 자리가 있는데 입점하면 매출이 잘 나온다. 라고 어필하는 방법도 있고요.

기존에 지역에서는 영업하시는 분들 대상으로 이러한 자리가 나왔는데 이 자리에 다른 아이템으로 창업해보라고 권할 수도 있습니다.

그리고 전속중개라고 한다면 위에서 언급한 주변 부동산 DB구축된 연락처로 그룹별로 내 전속물건을 대량 문자나 톡으로 홍보하는 방법인데 이 방법은 의뢰 받은 매물을 공동중개라도 해서 빨리 성사하고자 할 때 유용한 방법입니다.

이렇게 전속물건이라고 홍보해도 뒷 작업하는 부동산이 있으니 꼭 홍보문구 마지막에 이 한마디 하세요! 이 물건은 너무나 절친 인 지인물건이니 혹시라도 불미스런 작업으로 많이 창피해질 수 있습니다. 라고 귀엽게 멘트 하나 적으시면 많이 줄어듭니다.

매물홍보 할 때 중요한 팁 중 하나는 본인의 부동산 매물홍보 시 동일한 형태의 PPT를 작성해서 본인의 브랜드를 알리는 방법으로 하시고 온라인 홍보 든 오프라인 홍보 든 동일하게 하다보면 예를 들어 A라는 지역에 매물 서치 하던 분이 B라는 지역에 가서 매물서치 하다 보니 동일한 이미지의 홍보물들을 이 부동산이 이 지역에서는 계약을 많이 하는구나 하고 전화를 할 확률이 높아집니다.

백문이 불여일견(白文 不如一見) 이니 직접 필자가 만든 샘플 아래에 첨부합니다.

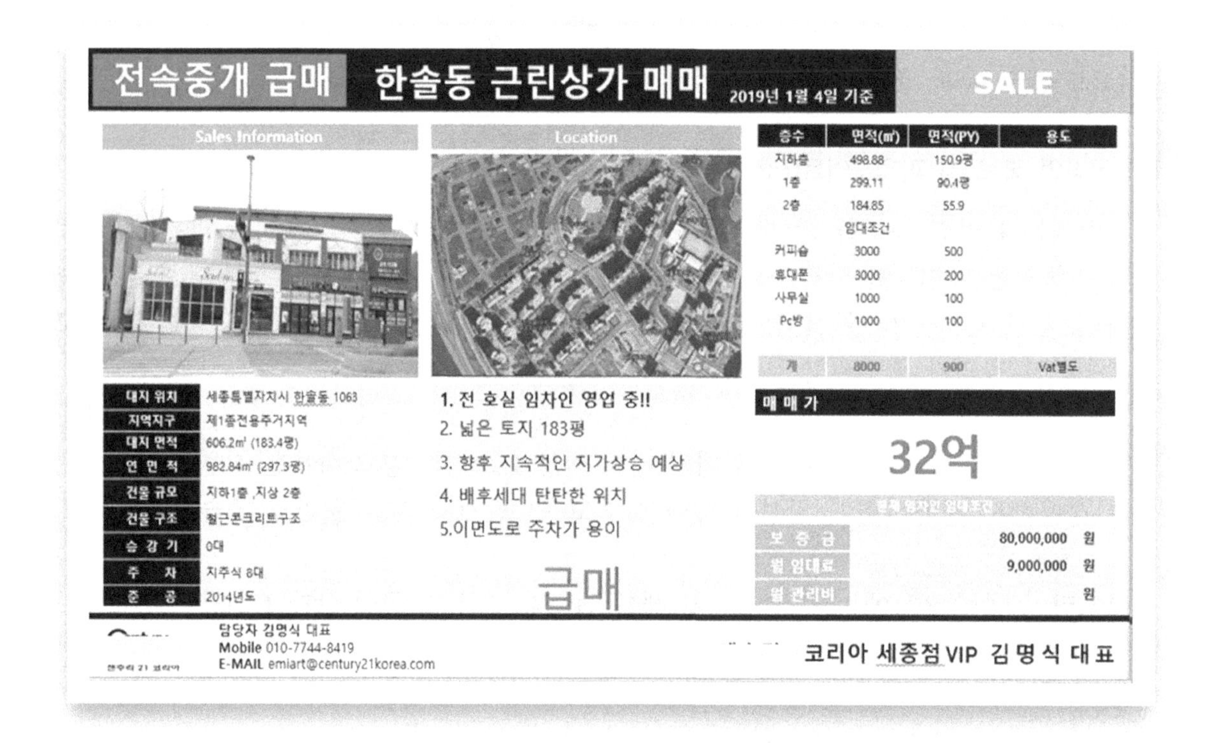

필자도 이런 이야기를 실제 제 계약자가 이야기를 해 주었고 A, B, C ,D 동을 다니는데 어디를 가도 필자의 부동산 홍보물들이 동일한 브랜드 이미지로 부착되어 있으니 필자한테 전화가 왔습니다.

본인이 다니다가 마음에 드는 자리 찍을 테니 작업해 주세요. 그러는 거죠 그러면 필자는 어디든 찍어주면 바로 작업해드린다고 자신 있게 말 합니다.

왜냐하면? 이미 필자는 이 지역의 모든 건물의 DB구축이 되어있어 연락처가 확보 된 상태이기 때문에 소유주에 바로 전화 해 매매든 임대든 지금 고객 대기 중이니 조건제시해주세요. 하고 매물접수 받고 고객께 즉시 안내해드립니다.

내 영업지역의 DB구축의 중요성을 이제는 조금은 이해가 될 거라 생각합니다.

(2) 현수막 작업의 모든 것!

필자가 생각하기에 초보 창업자가 무조건 해야 하는 두 번째는 바로 현수막작업이고 아래에 차근차근 안내를 해 드릴 테니 반드시 실천하시고 특히 상가중개 오프라인 매물홍보에 있어서는 가히 따라올 채널이 없는 가장 효과가 빠른 방법입니다.

실제 필자가 그동안 진행했던 사례를 사진으로 첨부하니 이해가 훨씬 빠를 겁니다.

우선 전속중개로 접수 받은 매물의 현수막 부착 사진 안내입니다.

이번에는 전속중개가 아닌 일반중개의 경우는 현수막이 장당 단가가 비싸기도 하고 전속중개가 아니기 때문에 비도덕적인 타 부동산에서 제거를 하면 비용 면에서 도저히 감당이 안 되기 때문에 필자는 코팅지로 부착합니다.

코팅지는 업체에 의뢰하는 게 아니고 필자가 직접 제작합니다.

A3용지에 필자의 부동산의 동일한 이미지를 고려해서 파워포인트로 직접 매매 시안, 임대 시안을 만들어 A3 전용복합기로 인쇄 후 코팅기에 삽입해서 제작합니다.

이렇게 제작한 코팅지로 일반중개 의뢰물건과 내 영업 섹터에 현재 공실인 상가 모든 호수에 무차별적으로 가리지 않고 공격적으로 폭격을 하는 겁니다.

필자의 경우 영업 섹터 내에 최소 제작 한 코팅지가 1000장 이상은 항시 노출이 되었다고 보면 되고 심지어 문의 전화가 오면 너무 많은 곳에 부착해서 어딘지 혼동이 될 정도로 어디를 가도 공실인 상가는 100% 필자의 코팅지가 노출되게끔 했습니다.

코팅지 제작에 필요한 사항은 파워포인트로 기본적인 시안 작성 가능한 수준과 A3전용 무한인쇄 가능한 복합기(임대 권장 월45,000원), A3 코팅기(약 10만원 미만), A3 코팅지와 용지, 양면테이프면 충분하기 때문에 큰돈이 필요 없습니다.

고객이 나에게 전화를 하게끔 하는 시안을 만들려고 노력을 해야 하고 결국 상가 매매나 임대차를 구하는 고객은 내가 얻고자 하는 상가 현장에 반드시 오게 되어 있기에 기본 중의 기본인 길목을 지켜라 입니다.

5 고객과의 현장답사 및 안내 요령!

초보 공인중개사들은 고객과 미팅 약속이 잡히고 현장 답사를 진행할 때 욕심에 많은 매물을 안내해 줘야 계약이 잘 된다는 생각이 가장 보편적입니다.

하지만 높은 계약 성사를 하려면 많은 매물을 보여주는 게 능사가 아니고 효율적으로 전략을 짜서 진행하라고. 조언을 드리고 특히 임대차일 때는 현장답사 전에 반드시 고객이 입점하려는 업종과 현재 안내할 상가가 건축물대장 상 용도가 일치하는지를 확인하는 습관이 필요합니다.

필자도 알면서도 기존에 영업하던 업종과 유사업종이니 별 문제 없을 거야. 라는 안일한 생각으로 진행했다가 고객이 물건을 보고 바로 계약 진행합시다. 해서 임대인을 바로 필자의 사무실로 오시라 해서 저는 계약서를 작성하려고 공적장부를 발급받고 양 당사자는 가볍게 차 한 잔 대접했습니다.

그런데 아뿔싸, 건축물대장을 발급 받으니 건축물용도가 맞지는 않는 겁니다.

설상가상(雪上加霜) 건축물 용도변경을 하려고 하니 지구단위계획으로 규제가 있어서 방법이 없어 결국 계약 무산 임대인과 고객께 송구하고 답답했던 경험이 있습니다.

(1) 고객응대 시 주도권을 잡고 진행하자!

매수, 임차 의뢰 고객을 상대로 전화상으로 미팅 시간을 잡을 때는 고객의 시간에 끌러 가지 말고 반드시 본인이 약속 시간을 잡는 습관을 들이라고 조언합니다.

고객 분이 언제 방문하겠다고 하면 " 오케이 "가 아니라 잠시 만요 제 스케줄 확인 좀 할게요. 라고 하고 죄송한데 그 시간에는 제가 잔금이 겹쳐서 언제 몇 시 괜찮으신가요? 라고 본인이 주도적으로 고객을 리드해서 끌고 가십시오,

고객에게 "나를 바쁜 사람이구나." 라는 인식을 심어주어야 합니다.

첫 미팅 장소도 가급적이면 내 사무실에서 만나서 오늘 안내 할 예정인 물건들이 위치한 지역의 전체적인 상권, 입지 분석을 해 준 상태에서 답사 할 물건을 다음지도에서 즐겨찾기로 한 눈에 볼 수 있게 표시해서 오늘 안내 할 코스도 설명을 드리고 현장 답사를 하게 되면 고객도 이해도가 훨씬 빠릅니다.

이렇게 하지 않고 현장 주변 커피숍이나 현장 앞에서 만나게 되면 위에 언급한 부분이 생략이 되어 고객이 전체적인 상권 파악이 안 되기에 안내 받은 자리가 좋은 것 같기는 한데 아마 더 서치하면 더 좋은 물건이 있지 않을까. 하는 막연한 기대감이 남아 있어서 고객의 의사결정이 쉽지가 않습니다.

물론, 그 지역에 거주하거나 현재도 영업을 하고 계시는 분은 굳이 사무실로 갈 시간이 안 된다고 하면 현장 주변에서 만나도 무방하다고 여겨집니다.

위에 언급한 부분은 안내 받을 지역을 잘 모르는 고객분들 대상입니다.

그리고 미팅시간이 정해지면 필히 사전에 현장을 방문해서 물건 컨디션 및 안내 코스 파악과 혹시나 임대인, 매도인의 연락처가 있다면 살짝 제거하십시오.

또 현장 답사를 할 때 점포 양도일 경우 고객과 현 양도인이 매매일 경우는 고객과 매도인이 서로 명함 교환이나 대화를 가급적 섞지 못하게 하시고 모든 조율은 나를 통해서만 가능하게끔 만드시고 현장 답사 시는 최소한 레이저거리 측정기 정도는 지참하시어 전문가 포스 연출도 때론 필요합니다.

아래에 다음지도 즐겨찾기 기능에 안내 매물 표시 된 사진 첨부하니 참고하세요.

(2) 문의 온 고객이 진성 고객인지 파악하는 방법!

고객에게 최소한 아래에 5가지는 꼭 질문을 하여야 진성 고객인지 파악이 됩니다.

첫째. 고객이 찾는 지역이 어디인지를 파악하고 내 매물 보유 상황에 따라서 고객이 찾는 지역 우량 매물이 있으면 섹터를 좁히고 고객이 찾는 지역 매물이 없으면 섹터를 확장해서 고객에게 자유자재로 추천 섹터를 권 할 수 있어야 한다.

둘째. 고객의 매수시점이 언제인지, 임차 의뢰인의 입점시점이 언제인지를 위에서도 언급했듯이 반드시 체크를 하여야 합니다.

셋째. 고객이 수익 형 부동산을 원하는지, 투자용 부동산을 원하는지와 어떤 용도, 어떤 요건이 필요한지를 체크하셔야 합니다.

넷째. 고객이 실제 사용 유무 파악으로 실사용 한다면 공실인 물건이나 명도가 가능한 물건을 소개해야하기 때문입니다.

마지막으로 고객이 매수 가능한 금액이 어느 정도인지? 임차 가능한 임대 조건이 어느 정도인지를 파악해서 매물 서치 시 범위를 좁혀서 효율적으로 업무 처리합시다.

중개 팁 문의 전화 중 부동산업자 가려내는 방법

구글이나 유튜브에 핸드폰 번호 " 010-7744-8419 " 로 검색을 하게 되면 확인 가능하고 실제로 필자의 번호로 검색하면 누구 봐도 부동산 종사자라고 보입니다.

1년 뒤 여러분들의 핸드폰 번호를 구글이나 유튜브에 검색했을 때 누가 봐도 부동산 종사자라고 보이게끔 온라인 마케팅에 전념하시길 강력히 추천합니다.

6 고객과의 계약을 끌어내는 협상방법

고객과 계약을 끌어내는 협상은 고객과의 기 싸움이고 협상과 관련 된 많은 독서를 통해서 협상의 기술과 노하를 습득해야 합니다.

협상은 계약의 클로징이고 클로징은 내 물건에 대한 강한 자신감입니다.

협상 절차를 단계별로 구분하여 실제 필자가 활용하는 서식으로 안내해드립니다.

(1) 수익률 표 제시하기(매수의향이 있는 경우)

매수인에게 구두상이 아닌 수익률 표 작성해서 전달해야 효과가 좋습니다.

고객 분은 설명을 듣고 가도 숫자는 기억력이 오래가지 못하기 때문에 수익률 표 전달이 중요하고 수익률 표 작성 시 은행 이자를 너무 저이자로 보증금, 월차임을 과장해서 높게 잡아서 책임지지 못 할 행동은 절대 금지입니다.

본격적으로 수익률 표 작성하는 방법 배우기 전에 초보 공인공개사가 알아야 할 상가 기본 상식 먼저 알려드리니 최소한 이 정도는 알아야 매수 고객 분과 소통이 됩니다.

(1-1) 상가 전용면적당 분양가 계산하기!

예를 들어 A상가의 구분호수 101호가 분양면적 88.144㎡, 전용면적 49.402㎡, 순분양가 674,581,950원, 부가가치세 47,220,737, 총 분양가 721,802,687원이고 분양면적당 25,300.000원이라고 가정합니다.

Part 03

1. 건물가격 산정하기 = 부가가치세*10
   47,220.737*10=472,207,370

2. 분양가에서 건물 분이 차지하는 비율 = (건물가격/순분양가)*100
   (472,207,370/674,581,950)*100=70%

3. 토지가 = 총 분양가-건물가격-부가가치세 또는 순 분양가-(부가가치세*10)
   721,802,687-472,207,370-47,220,737=202,374,580
   674,581,950-(47,220,737*10)=202,374,580

4. 상가 전용률 = 전용면적/분양면적*100   49.402/88.144*100=56%

5. 전용 면적당 분양가 = 분양 면적당 단가/상가 전용률
   25,300,000/56%=45,178,571원

상가에서 건물분이 차지하는 비율이 낮을수록 수분양자(매수자) 입장에서는 유리한데 그 이유는 부가가치세를 납부하고 일반 임대사업자를 일반과세자 유형으로 사업자등록증을 내고 시행 사나 매도인에게 전달하면 반대 측에서 건물 분 세금계산서와 토지 분 세금계산서를 발행해주면 이것을 인쇄해서 세무서에 세금계산서 발행일 다음달 25일까지 환급신청을 하면 다시 돌려받지만 초기에 들어가기 금액이 적기 때문입니다.

예를 들어 상가 투자 시 같은 입지의 비교 상품일 경우 여러분은 어느 상가에 투자를 할 것인가를 전용 면적당 분양가로 계산해서 판단을 해 보세요.

분양 면적당 분양가 3,000만원(평)
상가 전용률 75%
분양 면적당 분양가 3,400만원(평)
상가 전용률 85%
** 전용 면적당 분양가 = 분양 면적당 단가/상가 전용률 **
1번 30,000,000/75%=40,000,000 2번 34,000,000/85%=40,000,000

상황이 동일하면 전용 면적당 분양가 기준으로는 1, 2번이 동일하다고 나오고 중요한 포인트는 비교상품을 전용 면적당 평단가로 전환해서 비교하는 습관을 가지자 입니다.

(1-2) 상가 수익률 체크 시 포인트!

상가 수익률이 투자하기에 적당한지를 판단하는 기준은 지역별로 약간의 차이는 있지만 보편적인 관점에서 이해해주시고 수익률 표는 뒤에서 또 언급하겠지만 상황에 맞게끔 자유자재로 직접 작성할 수 있어야한다.

수익률은 최소한 대출을 실행하지 않는다는 가정 하에 5% 이상이면 양호하고 3% 이하이면 특별한 호재가 있지 않는 이상은 필자는 버려라 입니다.

시행 사에서 선 임대 맞춰진 상가도 100% 맹신하지 마라. 인데 그 이유는 현 임차인의 임대기간 종료 시 반 토막 우려 및 공실 위험에 빠질 수 있다는 점입니다.

예를 들어 랜트프리를 1년, 2년 지원해 주고 높은 임대 계약서를 작성해서 이것을 미끼로 수 분양자를 높은 수익률로 유인하는 행동입니다.

최근에는 부동산에서도 이러한 작업을 하니 조심하시고 마지막으로 건물주가 영업하던 곳을 매매 시 임차인의 지위로 변경해서 계속해서 본인이 영업한다고 하는 경우도 매도인이 제시하는 임대가가 현 시세와 맞는지와 현 매도인이 임대차 기간 영업하고 나갈 때 과연 지금의 임대료를 유지할 수 있는지가 중요한 포인트입니다.

(1-3) 아파트 단지 내 상가 투자 시 유의사항!

1	세대수	1000세대 이상 A급, 500-1000세대 미만 B급, 500세대 이하 C급
2	평형대	소형 평수(12-30평 초반) 유리함, 대형평형 소비성 불리(不利)
3	주동선	나 홀로 아파트 최고! 출구가 적을수록! 직접 현장 가서 파악! 주 출입구가 항상 좋은 것은 아니다.
4	상가 개수	세대 당 0.3-0.5평 A급 ex)1000세대x0.3평-0.5평=300-500평 전용율 90%, 2층이면 270-450평 1층(10평 상가)13.5~22.5개 적당!
5	투자수익률	대출無 6% A급, 대출無 4-5% B급, 대출無 4%이하 C급
6	주변상권 형성여부	근처에 상업지가 있으면 고객이 빠져 나갈 가능성 체크!
7	상가 전용률	상가 전용률이 75% 이하이면 다시 한 번 투자를 고민하자! 단, 전용면적당 평단가를 계산해서 비교 상가와 따져 볼 것!
비고		[선택 시 고려 사항] ▷상가 101-110호이면 현장 방문해 직접 101호 위치를 도면과 비교해 동선 체크. ▷주동선이 어디이고 내 상가 앞에 잠깐 주차가 가능한지요? ▷수익률 5% 계산 시 이 임대료로 입점 할 업종과 임차인이 있을지? ▷내 상가에 오려면 펜스 등 장애물로 인해서 돌아와야 하나요? ▷코너, 사이드가 아닌 어정쩡한 자리는 신중한 투자를 하여라.

(1-4) 신도시 상가 투자 시 유의사항!

상권 형성기에 시세차익과 공실률 위험을 감안했을 때 이왕이면 중심상권, 광역상권, 지역상권, 단지 내 상가 순으로 투자를 고민을 해보십시오.

하지만 중요한 키워드는 본인이 투자 할 수 있는 자금에 따라서 너무 무리하지 않는 선에서 상가 투자를 고민하셔야지 본인의 현금자금을 100% 투자하는 것은 위험하다.

중심상권, 광역상권, 지역상권, 단지 내상가라 할지라도 각 상권에서 분명히 최고의 입지를 자랑하는 TOP 10은 존재하므로 이런 입지를 찾고자 많은 지역을 현장답사를 한다면 자연스레 상가투자의 스터디가 될 겁니다.

이번에는 다른 관점에서 신도시 상가에 입점해서 영업을 하고자 하는 임차인 입장이라면 상권이 전혀 형성이 안 되어 있는 상태에서는 무리하게 입점을 하지 마십시오.

신도시 상가 초기에 기본적으로 생활 밀착형 아이템인 편의점, 마트. 부동산, 학원, 의원, 소형 미용실. 치킨 점. 세탁소, 소형 일반음식점 등은 입점해도 크게 무리 없이 운영이 가능하지만 생활 밀착형이 아닌 아이템은 입점을 신중히 해야 합니다.

대형 키즈카페. 대평 만화카페. 대형 일반음식점, 대형 학원. 대형 병원. 대형 주류 점 등은 신도시 상권이 어느 정도 형성되는 시점에 차라리 좋은 자리를 권리금을 지불하더라도 이

때 입점하는 게 정답이다.

이러한 아이템이 상권이 형성되기 전에 많은 시설 투자하고 매출 저조로 적자나면서 하루하루 감수하는 것보다는 차라리 나중에 권리금 지불 하는 게 정신건강에 좋다.

(1-5) 구분 상가 투자 시 유의사항!

◇ 투자금액이 가능하다면 가급적이면 1층 상가 최고의 A급 호수를 투자하라!!
이런 자리는 향후 상권이 형성이 되면 시세차익(P)을 기대할 수 있다.

◇ 1층에 투자 할 여력이 안 된다면 투자 금이 준비되면 그때 투자하라.
그럼에도 불구하고 투자를 하고 싶다면 2층까지는 한번 관심을 가져보시고 이왕이면 공실이 아닌 상가로 선택하시고 현재 임차인이 나갈 시 받고 있는 월차임을 새 임차인에게 과연 받을 수 있는지를 반드시 체크 후 매매 결정하자. (계속 강조하는 중요한 부분입니다.)

◇ 1층, 2층 투자할 여력이 안 되는 데 굳이 투자를 하고자 한다면 건물 내 높은 층 분양가가 저렴한 호수를 선택하시면 어차피 임대 가는 중간층과 큰 차이가 없다.

◇ 1층 상가 투자 시 이왕이면 전면부에 야장을 깔 수 있는 상가가 유리하다.
1층 상가 투자 시 전면이 경사 진 상가는 피하라. (풍수상 흐르는 자리이기 때문)

◇ 2층 상가 투자 시 이왕이면 전면부가 도로변 쪽으로 노출이 되는 상가를 선택하라.

◇ 투자를 했다면 가급적 연접하지 말고 단독으로 임대를 주어라.
3층 이상 투자 시 자금이 된다면 연접해서 3개 호수 100평 전후로 투자하라.
1층 상가 투자 시 분할하여 임차인을 모집 시 보다 높은 수익률을 기대 할 수 있다.

◇ 1층 상가 투자 시 전용면적 10평 이하의 상가는 가급적 피하라,
(임차인 입장에서 1층 높은 월세를 감당할 수 있는 업종이 없고 회전률이 안 좋기 때문이다.)
1층 상가 투 자시 전 면부 폭이 작은 직사각형 모양은 피하라.
(프랜차이즈에서 기피하는 구조이고 전면 노출도가 떨어져 광고 효과가 없기 때문이다.)
상가 내부에 큰 기둥이 있는 상가는 가급적 피하라.
(임차인이 인테리어 할 때 공간 활용이 떨어지고 버리는 공간이 생겨서 임차인이 기피한다.)
1층 상가 투자 시 전면부와 후면부의 높낮이 차이가 심한 곳은 피하자.
(단차로 버리는 공간이 발생할 소지가 상당히 많고 후면 이용 시 계단을 만들어야한다.)

대신 이러한 (-)요소를 가지고 있는 상가는 임대조건을 파격적으로 입점해서 인테리어 활용하면 (+)요소로 작용하기에 중개사는 입장에서는 계약하기 좋은 상가다.

(1-6) 수익률 표 본격적으로 작성하기!

필자가 현재 사용 중인 수익률 표를 첨부하오니 참고하시고 이러한 서식을 각자의 스타일에 맞게 엑셀로 만들어 자유자재로 활용할 수 있어야합니다.

위에서 상가 기본상식으로 수익률 표 항목에 대해서 배웠으니 충분히 빈칸을 채울 수 있을 것이고 다만 매매 시 건물 분 부가가치세 계산하는 방법은 언급을 못했습니다.

⊗ 수익률 표(시드니XX)

▷한누리대로188	파리바게뜨	원분양가 평 단가	₩56,103,566	할인 평 단가	₩50,493,209
대상호수	106,107호		업종	근린생활시설	
대상면적	계약면적	전용면적		전용률	건물 분VAT비율
	192㎡(58.08평)	95.93㎡(29.02평)		50.00%	40.00%
총 분양가	공급가액	₩2,470,240,000	부가가치세	₩98,810,000	₩2,569,050,000
할인가(10%)	공급가액	₩2,223,216,000	부가가치세	₩88,929,000	₩2,312,145,000
매매가	₩2,223,216,000				VAT별도
▣분양금액 납부일정▣					
구분	납부율	공급금액	부가세환급		납부금액
계약금	20%	₩444,643,200	₩17,785,800		₩462,429,000
중도금					
잔금	80%	₩1,778,572,800	₩71,143,200		₩1,849,716,000
▣ 수익률 표 ▣		대출실행(60%)			
수익율 계산	총 분양가	₩2,312,145,000			
	부가세환급	₩88,929,000			환급받음
	공급금액	₩2,223,216,000			VAT별도
	보증금	₩80,000,000			
	월임대료	₩6,000,000			VAT별도
	대출(60%)	₩1,333,929,600			
	대출이자(3.5%)	₩46,687,536		₩3,890,628	
	실제투자금액	₩809,286,400		총분양가-부가세환급-보증금-대출	
	년 수입금액	₩72,000,000			월임대료X12개월
	실제수입금액	₩25,312,464			년 수익금액-대출이자
	월 실제순수익	₩2,109,372			대출이자 낸 후 월 순수익금
	임대수익률	3.13%			
필요경비	취득세(4.6%)	₩102,267,936			법무사 비용별도
	중개보수(0.99%)	₩0			부가가치세 포함
	총금액	₩102,267,936			
총필요자금		₩911,554,336		실제투자금액+필요경비	
▣ 시드니블루 분양, 임대		담당자: 김명식 대표 ☎ 직통010-7744-8419 ▣			
현재 " 파리바게뜨 " 영업 중!! 계약기간 8년					

이 부분은 간단히 설명이 되는 부분이 아니어서 생략하기로 하고 대부분 개업공인중개사 분들이 세무사한테 의뢰해서 비용을 지불하고 거래를 하고 있는 실정인데 조금만 스터디 하면 중개사 여러분 스스로 잠깐의 계산으로 가능하고 최근에는 이러한 상업용 부동산 부가 가치세 자동계산해 주는 부동산 플랫폼도 출시되었습니다.

(2) 매수 의향서/임차 의향서 제시하기

매매가격이나 임대조건을 협상 할 때 수익률 표 제시했듯이 매도인, 매수인 또는 임대인, 임차인 양쪽의 조건들을 구두 상으로 계속 조율하는 것은 한계점이 있습니다.

구두 상으로 매매가나 임대 조건을 조율하다보면 전달이 잘못 될 경우도 있고 매수인, 임차인의 의사결정이 바로 되는지 안 되는지 진정성이 결여되어 힘들게 조율하고 계약하자고 했더니 지금은 계약 진행이 좀 힘들고 좀 더 알아봐야겠습니다. 이렇게 피드백이 온다면 중간에 중개사 입장에서 상당히 난감합니다.

이러한 불안전한 부분들을 조금이나마 방지하기 위해서 의향서를 활용하면 좋습니다.

매수 의향서나 임차 의향서를 매수인, 임차인에게 제시해서 작성하다보면 그들의 진정성이 파악이 되므로 협상 단계에서 계약 단계로 넘어 가는 시간이 줄어듭니다.

의향서라는 매개체로 고객의 의사결정을 당기는 효과도 있습니다.

매수 의향서, 임차 의향서의 양식은 법정서식이 아니므로 중개사님들이 직접 서식을 만들어서 사용하시면 되고 실제 실무현장에서는 프랜차이즈의 경우나 법인들의 경우 본인들이 사용하는 양식들이 가지고 있습니다.

이런 경우는 그들의 양식을 받아서 매도인. 임대인에게 전달하고 이에 대한 피드백을 받아서 다시 전달하는 방법으로 매매가, 임대 조건을 조율하시면 됩니다.

이런 업체들은 부동산 계약서도 본인들만의 양식으로 계약을 진행하니 중개사 입장에서는 이 계약서에 필수 의무인 확인 설명서를 매수인이나 임차인에게 설명하고 계약서에 첨부해 주면 무리가 없습니다.

법인인 매도인, 법인인 임대인과의 계약을 많이 진행하다보면 자연스레 학습이 되는 부분이고 이런 법인과 한번 거래를 하게 되면 공실 발생 시 또 매도나 임대 의뢰가 생기는 경우를 필자는 많이 경험 한 바 있습니다.

아래에 매수 의향서, 임차 의향서 제가 활용중 인 양식 첨부하오니 이 양식으로 중개현장에서 사용하시면 양 당사자로부터 만족도가 많이 좋아질 겁니다.

매 수 의 향 서

수 신: 귀중
참 조:
제 목: 에 대한 매수 의향의 표시

1. 귀사의 무궁한 발전을 기원합니다.
2. 귀사의 부동산에 대하여 다음과 같은 조건으로 매수를 검토하고자 의향서를 제출합니다.

- 다 음 -

1. 매수희망부동산
   1) 건 물 명 :
   2) 소 재 지:
   3) 규 모 :
   4) 대지면적: ㎡
   5) 연 면 적: ㎡
2. 매수희망금액: 협의 후 결정(건물 분 VAT별도)
3. 계약 예정일: 2021년 월 일
4. 잔금 예정일: 계약일로부터 개월 이내
5. 의향서 유효기일: 2021년 월 일
6. 기 타
   1) 잔금 납부 전 현 임차인 명도 완료 조건
   2) 현재 설치 된 건물 내부 인테리어를 원상 복구하는 조건
   3) 현재 등기부등본상의 등기 된 모든 권리사항(근저당, 가압류, 압류, 전세권 설정 등)은 잔금 납부일 전 전부 말소 조건

2021년 월 일

[매수희망인]
회사명(개인) :
주 소 :
대 표 자: (인)

상가마실 공인중개사사무소 세종특별자치시 나성북로 9, 308호

임 차 의 향 서

업체 명	(주)XXXX
계약구분	건물 임대차
임차유형	본사 직영매장 임차
물건주소	세종특별자치시 한누리대로 XXX
임대면적	2층 337평(201~207호)
공사범위	내부 변경공사 진행
계약기간	10년 보장 요청
임대료	보증금 3억 원 / 월임차료 2,300만원(VAT별도)
계약관련 사항	보증금 근저당권 설정 / 랜트프리 기간 제공 협의 2년 단위 계약연장 진행(보장기간 이후 별도 협의)

본 입점 의향서는 (주)XXXX이 운영하는 직영 매장의 오픈을 위하여 실무담당자가 1차 매장을 조사한 후 위 물건 주소지의 건물 소유주님께 (주)XXXX의 임차관련 의향을 표시한 것(해당 물건 외 효력 없음)으로 이와 관련 된 참여자(XXXX 및 건물소유주, 중개인)들은 상호간에 대하여 일체의 의무 또는 권리의 제한이 없다는 점을 안내 드리며, 향후 임차조건 협상 및 실 계약이 논의되고 물건의 임차가 추진될 경우 소유주님 측과도 별도 임차 내용에 대해서 계약서 상 세부사항을 논의하도록 하겠습니다.

2021년 월 일

주식회사 XXXXXXX
대표이사 XXX

* 상기 입점 의향서의 내용은 법적 구속력이 없어 민형사상 법적 책임이 없습니다.

(3) 매매가, 임대조건 거래 가능한 가격(단 도리) 작업하기!

특히 초보 공인중개사가 조심해야 할 부분 중 하나가 접수 받은 매물의 가격을 조율할 때 직접적으로 매도인, 임대인에게 깎으면 그들로부터 이 중개사는 남의 재산을 함부로 깎는 나쁜 놈이 될 수 있다는 것이다.

초보 공인중개사는 매물접수 받을 때부터 현재 시세보다 비싸게 매물을 내 놓으면 아마도 그 시점부터 고객 분에게 정의감이 불 타서 씩씩하게 이 금액으로는 힘드니 금액을 좀 내리시죠. 라고 가르치듯 할 게 뻔합니다.

절대 이러한 행동을 하지 마시고 일단 고객이 부르는 데로 매물접수를 받아놓고 시간을 두고 서서히 계약이 될 만한 금액으로 낮추는 단 도리 작업을 시작하면 됩니다.

단 도리 작업은 가망 고객을 통해서 중개사가 아니고 고객에게 안내를 해 드렸는데 이 조건이면 매수나 임차 의향이 있다고 해서 일단 매도인, 임대인에게 말이나 전해봅니다. 라고 하면서 중개사가 아닌 가망고객이 가격 단 도리를 하는 것이다.

이렇듯 지속적으로 제3자를 통해서 가격 단 도리를 하시고 주의할 점은 전속 중개계약이 아니면 나쁜 놈 소리 들어가면서 선구자 역할을 하지 말시고 차라리 타 부동산이 가격 단 도리 작업해 놓으면 살짝 매도인, 임대인에게 전화해서 타 부동산에서 가격을 내려서 지금 홍보중이던데 저도 이 조건으로 고객 안내해드려도 되지요. 하면서 편하게 묻어가면 됩니다.

결론적으로 전속 중개계약은 필사적으로 단 도리 작업해서 계약하시고 비전속 중개계약은 나한테만 있는 매물이 아니니 선구자 역할하지 말자입니다.

(4) 가격조정이 되면 계약금의 일부 입금시키기!

고객의 변심을 방지하는 차원에서 계약서 작성 일에 앞서 계약금의 일부를 입금 받는 절차는 상당히 중요하고 가 계약금이 아닙니다.

단, 계약금의 일부를 입금 받기 전에 필히 공적장부 하자여부를 확인하는데 최소한 등기사항전부증명서와 건축물대장은 발급 받아서 매수인, 임차인에게 문자나 톡으로 계약 내용과 함께 전송하고 양 당사자에게 오케이라는 회신을 받고 입금 받습니다.

그리고 계약금 일부를 입금을 받았으면 특별한 사정이 없는 한 7일 이내에 계약서 작성 시간을 잡아야합니다.

계약서 작성이 지체되면 주변에 내가 계약을 잘 하는 건지 못한 건지 불안 심리로 동태파악하다 보면 특히 주변 부동산에서 일명 " 고춧가루 "를 확 뿌려서 계약이 깨지는 경우가 많으니 조심하셔야 합니다.

아래에 필자가 실제 활용하고 있는 계약금 일부 입금 받기 전 샘플을 첨부하오니 본인에게 맞게 수정해서 활용하시면 됩니다.

[단독중개 일 경우]

임대차 대상: 세종특별자치시 나성 동 765, 2XX호(미들렌)

보 증 금: 3,000만원
월 차 임: 200만원(VAT별도)
잔 금 일: 2021년 1월 14일
계약기간: 2년
랜트프리: 3개월(잔금 일부터)
계 약 금: 300만원
계약서 작성: 12월초 협의

2020년 11월 26일 계약금 일부 100만원 임대인에게 송금하고 송금 시 계약이 진행되고 임대인이 변심 시 계약금의 일부 배액 상환하고 임차인은 계약금 일부를 포기한다.

(계약내용)
1.현 시설물 상태를 임차인은 육안으로 확인하고 진행하는 계약이다.
2.관리비 등 모든 공과금은 잔금 일부터 임차인이 부담하기로 한다.
3.월차임은 선불이며 부가가치세는 별도로 지급한다.
4.잔금일후 3개월은 랜트프리 기간으로 2021년 4월 14일부터 월차임을 지급한다.
5.임차인은 임차목적물을 선량한 관리자의 주의 의무를 다하며, 파손 시 원상회복한다.
6.기타사항은 민법 임대차보호법 및 부동산임대차 계약 일반 관례에 따르기로 한다.

양당사자는 위 내용에 동의하시면 "네 " 라고 답장을 보내 주시면 됩니다.

답이 오면 계좌번호 전송하고 진행함!!

위 샘플은 단독중개의 경우이고 공동중개일 때는 상대방 부동산에게 계약내용을 전송하고 상대방 고객 분에게 전달하고 오케이 라는 회신을 받으면 그 때 계좌번호를 보내주고 입금을 받아야합니다.

단독, 공동 무관하게 계좌번호는 절대 조건이 협의되지 않은 상태에서는 공개하지 말라고 하는데 이유는 악의적인 당사자가 협의 안 된 상태에서 또는 실수로 계약내용 문구를 잘못 보냈는데 바로 알고도 입금을 하는 경우가 있습니다.

이러한 경우 중개업자가 상당히 난처해지니 유의하시고 필자도 이런 경우가 있어서 직원들이 입금 받기 전 꼭 필자에게 일 톡을 보내게 해서 잘못 표기된 부분이 없는지 늘 긴장하고 살피고 이상이 없으면 계약금 일부 입금을 받습니다.

7 하자 없는 계약서 작성하기

하자 없는 계약서 작성하는 방법은 미리 계안서 초안을 만들어 놓는 방법입니다.

이 방법은 하자뿐만 아니라 내 매물의 판매 포인트가 보이게 되고 물건 브리핑 각이 보여 계약으로 될 확률이 높아진다는 장점도 있습니다.

여기서 매매, 임대차, 권리금, 확인 설명서, 프랜차이즈 계약서 작성 방법을 일일이 열거하는 건 한계가 있어서 계약서 작성 시 중요한 포인트와 유의하여야 할 부분 위주로 설명을 드리는 점 양해바랍니다.

(1) 권리금 계약서 작성하기(양도인과 양수인)

(중요 체크사항)
- 권리금 금액 확정 및 지급 조건 확정(계약금, 잔금 지급시기 등…)
- 권리금에 포함되는 시설 및 집기 범위(사진촬영 또는 동영상 촬영해서 보관)
  권리금 잔금 시 집기 및 시설에 누락 된 물품 체크 및 분쟁 발생 시 원활한 해결책!
- 양도인(현 임차인)의 현재 임대 조건 확인(보증금, 월차임, 랜트프리, 특약사항 등)
  현 임대 조건과 새로운 계약 작성 시 변동사항 체크(보증금 인상? 월차임 인상? 등)
- 임대인의 성향 파악하기!
  권리금 계약 시 임대료를 과도하게 인상하는 성향을 가진 임대인인 경우 웬만하면 이 자리는 공인중개사 입장에서 피해서 새로운 양수인을 보호해 주자!
  (향후 나갈 때 너무 어려움!!)

(계약서 특약 기재사항)
- 양도인은 향후 1년 이내에 반경 3km 이내에서 동종업종을 할 시 손해배상 5천만 원을 지급한다.
  권리금 양도양수 계약 후 본 계약인 임대차계약이 체결되면 양수인은 양도인에게 권리금 잔금을 지급한다.
  임대인이 보증금 또는 월차임을 인상 했을 시 양수인은 계약해지를 할 수 있다.
  권리금 양도양수계약은 본 계약인 임대차계약이 체결되지 않을 시 양도인은 아무런 조건 없이 계약금 등 지급 받은 금액을 양수인에게 지체 없이 반환한다.
  권리금에 대해서는 세금계산서를 발행하지 않는다. 추후에 양수인의 권리금 세금 신고로 인해서 양도인에게 발생하는 관련 비용은 신고자인 양수인이 전액 부담한다.

(2) 임대차 계약서 작성하기(임대인과 양수인)

(중요 체크사항)
- 임차인의 원상복구의 범위는 계약 시 굳이 언급하지 말라!
  원칙)신규상가는 처음 상태로, 양수 받는 시점의 상태로 원상복구 의무(사진촬영 필요)

(계약시 특약 기재사항 샘플)
1. 본 임대차계약은 양 당사자가 등기사항전부증명서,건축물대장,토지대장,토지이용계획 확인서 및 물건의 현 상태를 육안으로 직접 확인하고 계약 서명·날인한다.
2. 본 계약서에 기재되지 않은 사항은 상임 법 및 일반부동산 거래관례에 따른다.
3. 임차인의 사용목적에 따라 부착물 등의 추가시설 및 부착비용은 임차인이 부담하여 시설을 할 수 있다.
4. 임차인은 스스로 인테리어를 시작하기 전 일반전문점에 관련 된 인허가 문제에 대하여 해당기관에 확인하여야 하고 인허가 부분은 100% 임차인이 책임진다.
   임대인과 개업공인중개사에게 인허가로 인한 책임 전가를 못한다.
5. 매월 임차인은 월차임 300만원과 부가가치세 30만원의 합(合) 330만원을 지급하고 임대인은 월차임 지급액에 대해서 세금계산서를 발행하기로 한다.
6. 랜트프리 기간은 잔금일(2021년12월1일)부터 1개월이고 이 기간 관리비는 임차인이 부담하고 2022년 1월 1일부터 월차임 선세 입금하기로 한다.
7. 임대인 계좌번호: 하나 624-02XXXX-XX207(김X중) 계약금, 잔금, 월차임은 위 계좌로 입금하기로 한다.
8. 계약시점에 가압류 ₩136,000,000은 임대인이 잔금 전에 상환, 말소하기로 하고 이를 이행하지 않을 시 임차인은 계약을 해제할 수 있다.
9. 본 계약은 양 당사자가 위 특약사항과 확인 설명서를 읽고, 듣고 계약 서명, 날인한다.
   첨부:등기사항전부증명서,건축물대장,토지대장,토지이용계획확인서

※ 양 당사자는 본 계약과 관련하여 인적사항 등 부동산 중개 업무에 필요한 개인정보수집에 동의하며, 수집된 정보는 계약서 작성 외에 다른 용도로 어떠한 경우에도 사용하지 않습니다.

-이하 여백-

(3) 확인 설명서 작성하기(임대인과 양수인)

(중요 체크사항)
- 중개사고 발생 시 확인 설명서 누락이나 잘못 기재한 항목들로 인해서 행정처분을 받기 때문에 항목들은 최대한 누락하지 말고 100% 기재하자!!
- 특히 계약서 복사해서 작성할 때 인적사항 확인 필요!

(공동중개 시 유의사항!!)
- 나는 일반과세사업자이고 상대부동산이 간이사업자인 경우에 확인 설명서 인쇄 후 중개 보수가 서로 상이하므로 본인에게 맞는 확인 설명서 찾아서 진행하기!
  상대부동산 고객에게 본인의 명함을 주는 등의 행동은 삼가자!

(4) 상가 매매 계약서 작성하기(매도인과 매수인)

(계약서 특약 기재사항 샘플)
- 본 매매 계약은 양 당사자가 등기사항전부증명서,건축물대장,토지대장,토지이용계획원을 확인하고 본 목적물을 육안으로 직접 확인하고 체결하는 계약이다.
- 각종조세 및 공과금은 매도자가 잔금 일을 기준으로 정산하며, 잔금 지급과 소유권이전 등기에 필요한 서류는 동시이행관계다.
- 계약 체결 후 소유권이전등기가 완료되기 전에 권리제한사유가 발생하여 그 해소가 매수인의 잔금 지급일까지 불가능한 경우, 매수인은 계약을 해제 할 수 있고 매도인은 즉시 이미 지불된 금액을 즉시 반환해 주어야 한다.
- 매매 대금 중 현 임대 보증금은 잔금에서 공제하며, 현 임대차계약은 매도인이 매수인에게 책임지고 승계한다.
- 본 계약은 포괄양도양수계약으로 한다.
- 본 계약은 양도자가 그 사업에 관한 모든 권리와 의무를 포괄적으로 양수인에게 승계하기로 하고 양수인은 이에 대한 대가를 지급하기로 하여 작성된 계약으로 부가가 치세 법 제10조 제9항 제2호 및 부가가치세법 시행령 제23조의 재화의 공급으로 보지 아니하는 사업의 양도에 해당한다.
- 양도인과 양수인은 사업양도신고에 필요한 서류의 제공 등 상호 적극적으로 협력할 의무가 있다.
- 본 계약이 포괄양도양수계약으로 인정이 되지 않을 경우 부가가치세는 매매대금에 별도로 한다.
- 본 특약사항에 기재되지 않은 사항은 민법상 계약에 관한 규정과 부동산매매 일반 관례에 따른다.
- 매도인 계좌번호: sc제일 602-20-241134 (성XX)
- 잔금일은 상호 협의 하에 당길 수 있다.

본 계약은 양 당사자가 위 특약사항을 읽고, 듣고 계약 서명·날인한다.
※ 양 당사자는 본 계약과 관련하여 인적사항 등 부동산 중개 업무에 필요한 개인정보 수집에 동의하며, 수집된 정보는 계약서 작성 외에 다른 용도로 어떠한 경우에도 사용하지 않습니다. -이하 여백-

8 중개 보수 청구하기

지금까지 힘들게 매물작업, 매물접수, 매물홍보, 고객과 현장답사, 협상, 계약서 작성 까지 너무 잘 하시고 의외로 중개 보수를 못 받는 직원들이나 타 부동산 중개사분들을 필자는 많이 보아 왔습니다.

결론부터 정리하자면 중개보수를 잘 받는 방법은 고객만족입니다.

고객 만족은 이 교본의 처음부분에 사업계획서 작성 때 언급한 나만의 경쟁력 부분과 일치하는데 중개서비스 뿐만 아니라 컨설팅, 세무자문 등의 기타 서비스가 동반이 되어야 결국 고객은 만족해하고 거부감 없이 중개보수를 줍니다.

타 부동산에서 받지 못한 고객 서비스를 받아야 감동을 한다는 소리입니다.

[중개보수 잘 받는 팁]
- 반듯이 계약서작성 시점에서 중개보수를 청구하라.
- 부동산 입문 시 처음부터 습관적으로 계약서 작성 시 청구하라.
- 중개보수 청구 시는 웃지 말고 단호한 목소리로 당연하듯이 청구하라.
- 중개보수는 VAT 포함가로 청구하라.
- 저희는 일반과세사업자라서 VAT의무발행하고 현금영수증 100% 의무 발행한다.
- 입금되면 바로 현금영수증 발행전표 문자, 톡으로 고객에게 전송해라.

★ 계약서 작성 후 중개보수 청구할 때 현금영수증은 어떤 번호로 발행할까요? ★

9 고객관리 및 고객으로부터 소개 유도하기

고객으로부터 고객의 새로운 물건을 소개를 받거나 고객의 지인을 소개 받기 위해서는 습관적이고 본능적으로 자동 반응되게끔 많은 훈련이 필요한 부분입니다.

고구마 덩굴 줄기를 창출할 수도 있으니 필자의 설명을 가볍게 생각하지마세요.

[소개유도는 습관이다]
- 항상 계약 후 계약자에게 주변에 지인들 소개시켜주시면 최선을 다해 만족하는 서비스를 제공 하겠다고 PR하자.
- 혹시, 고객으로부터 소개를 받았을 때는 결과를 떠나서 피드백을 줘야한다.
- 한번 인연을 맺은 고객은 정말 소중히 생각하고 지속적으로 부동산 관련 핫 이슈나 우량 매물이 나오면 가장 먼저 소개하는 습관을 갖자!!
- 계약 고객이 관심이 있을 만한 부동산 분야별로 그룹 DB작업을 해서 필요시에는 바로 문자 홍보를 진행하자!! (의외의 효과가 창출됨!!)

- 계약자에게 자그마한 선물 증정!!
  매매, 임대로 나눠서 너무 부담이 안가는 선에서 선물 증정
  EX. 상가고객에게 상가화재보험 또는 재난보험 무료가입서비스(1년 소멸성) 제공!
  케이크(롤 케이크), 꽃, 도서, 상품권, 머그잔 등등
- 항상 좋은 아이디어를 만들려고 부단히 노력을 하자!!

제 5 강 중개 실전 팁(보너스)

1 담배소매인 지정기준 및 활용방법안내

중개 현장에서 많이 접하는 업종 중 하나가 마트나 편의점 중개입니다.

그러다보니 상식적인 수준은 중개사가 숙지를 해야 하기에 아래에 서울시 강남구 기준으로 꼭 필요한 담배소매인 지정기준 등에 관한 규칙을 열거하니 꼭 정독하세요.

각 지역별 담배 소매인의 지정기준은 자치법규정보시스템으로 들어가서 궁금한 지역 지정하고 담배 소매인으로 검색하면 확인이 가능합니다.

마트나 편의점은 자유업종이지만 담배 권은 불법 건축물에서는 신청이 불가합니다.

제4조(소매인의 지정기준 등)

① 구청장은 시행규칙 제7조의3제2항에 따라 소매인 영업소 간 거리는 100미터 이상의로 일정하게 유지하도록 한다. <개정 2018.3.2, 2019.9.11>

② 제1항에도 불구하고 시행규칙 제7조의3제3항에 따라 구청장이 정하는 "건축물 또는 시설물" 내의 장소는 다음 각 호와 같다. <개정 2018.3.2>

1. 역·공항·버스터미널·선박여객터미널 등 교통시설 및 기차·선박 등의 교통수단
2. 공공기관·공장·군부대·운동경기장 등의 시설
3. 유원지·공원 등으로서 입장 시 입장료의 지불이 필요한 시설 <개정 2010.06.18>
4. 6층 이상으로서 연면적 2,000제곱미터 이상인 건축물
5. 백화점·쇼핑센터 등 「유통 산업발전 법」제2조제3호에 따른 대규모 점포
6. 한국표준산업분류표에 따른 종합소매업인 슈퍼마켓·편의점 등으로서 매장 면적이 100제곱미터 이상인 소매점포

③ 제1항에 따른 소매인과 제2항에 따른 소매인 간에는 거리제한을 두지 아니한다. 다만, 제2항 제4호 및 제6호에 해당하는 영업소의 출입문이 건물 외부와 접해 있을 경우에는 제1항의 규정을 적용한다.<개정 2019.9.11>

④ 제2항에 따른 지정 장소에는 건축물 또는 시설물의 구조·상주인원 및 이용인원 등을 고려하여 동일 시설물 내 2개소 이상의 장소에 소매인을 지정할 수 있으며, 영업소 간의 거리는 50미터 이상으로 한다. 이 경우 제1항에 따른 소매인이 지정된 장소가 제2항에 의한 소매인 지정 대상이 된 때에는 동일 건축물 또는 시설물 안에 지정된 제1항에 따른 소매인은 제2항에 따른 소매인으로 본다. <개정 2018.3.2>

⑤ 공사장 또는 계절적으로 일시 다중이 집합하는 관광지·유원지 그 밖에 이에 준하는 장소 및 건축물의 신축·개축으로 인하여 소매인이 60일 이상 휴업을 하는 경우 그 인

근 장소로서 담배 수급상의 불편이 인정되는 장소는 제1항의 기준을 충족시키는 곳에 대하여 기간을 정하여 지정하되, 지정기간이 종료되면 그 자격을 자동 상실한다.
⑥ 제1항 및 제2항에 따른 소매인은 지정된 영업소 내부에 자동판매기를 설치 운영할 수 있다. 다만,「국민건강 증진 법 시행령」제15조에 따라 담배 자동판매기의 설치가 허용되는 장소에 설치하여야 한다. <개정 2015.07.10., 2018.3.2>

제5조(담배판매업의 부적당한 장소)
① 구청장은 법 제16조제2항 제2호 및 시행규칙 제7조의3제1항 제3호에 따라 담배판매업을 하는 것이 부적당한 장소를 다음 각 호와 같이 정한다.<개정 2015.07.10, 2018.3.2>
1. 약국, 병·의원 등 보건의료 관련 영업장
2. 게임장·문구점·만화방 등 청소년(「청소년보호법」제2조제1호에 따른 청소년을 말한다)이 주로 이용하는 장소 <개정 2010.06.18>
3. 야간에 주로 영업하거나 영업시간 중에 자주 폐점하여 소비자의 이용에 불편을 초래할 수 있는 영업장
4. 「식품위생법」에 따른 영업허가(신고를 포함한다) 등을 받아 영업 중인 장소. 다만, 식품영업을 하는 장소와 별도의 분리(벽, 층, 출입문 등에 의하여 별도의 방으로 구별되는 경우를 말한다)된 공간으로 구분 한 후 신청하는 때에는 그러하지 아니할 수 있다. <개정 2010.06.18.>

제6조(소매인 영업소 간 거리 측정방법 등)
① 특정 영업소의 외벽과 다른 영업소의 외벽 사이를 「도로교통법」제8조 및 제10조제2항 본문·제3항을 적용한 보행자의 통행로를 따라 최단거리로 측정하여야 한다. 이 경우 영업소가 건축물 안의 지하 또는 지상 2층 이상에 위치한 경우에는 건물의 1층 출입구(출입구가 여러 개인 경우에는 다른 영업소와 최단거리로 연결되는 것을 말한다) 중앙을 기준으로 측정한다.
② 보도와 차도가 구분되지 아니한 도로(이면도로)에서는 「도로교통법」 제10조제2항 본문을 적용하지 아니할 수 있다.
③ 제4조제2항 제6호에 따른 매장면적은 건축물관리대장상의 전용면적 중 실제 상품의 판매에 직접 제공되는 영업장을 말하며, 매장면적 측정방법은 다음 각 호와 같다
1. 건물의 내벽을 기준으로 측정한다.
2. 내벽 안쪽의 바닥면적 중 냉장고, 계산대(뒷공간 포함), 진열장, 현금지급기, 에어컨, 식음대 등은 포함되나, 휴게 공간, 화장실, 매장 내 건물기둥, 창고 및 그 밖에 실제 상품 판매에 제공되지 않는 시설 또는 공간은 제외한다. <개정 2010.06.18, 2018.3.2.>
[제목개정 2018.3.2]
④ 영업소간 거리 측정방법의 기준은 별표와 같다.

[별표] 소매인 영업소간 거리측정 방법의 기준(제6조 관련)

1. 영업소 간 거리 측정 시에는 사선측정을 배제하고 직선 또는 직각으로 측정한다. 다만, 직선 또는 직각으로 측정이 곤란한 도로의 경우이거나 직선 또는 직각으로 측정하는 것이 통상적인 보행동선을 현저히 벗어나는 경우 일반적인 보행동선을 따라 측정한다.
   1-1. 일반소매인(시행규칙 제7조의3제2항)일 경우
      1) 측정하고자하는 두 영업소가 동일건축물일 경우 보행 가능한 건축물후퇴선으로 측정할 수 있다.
   1-2. 구내소매인간(시행규칙 제7조의3제3항) 거리측정
      1) 서로 다른 층간 거리 측정 시에 엘리베이터를 이용하는 경우는 층간 고저차를 반영하지 않고 엘리베이터 출입문의 중심을 기준으로 측정하며, 계단·에스컬레이터 등을 이용하는 경우는 벽면을 통해 계단 등의 거리를 사선으로 측정한다.
      2) 동일 층에서의 고저 차(계단 등)는 거리측정값에서 배제한다(수평거리만 측정)
      3) 건물 내·외부 모두 측정 가능한 거리는 최단거리로 측정
2. 보도·차도나 횡단보도가 없는 이면도로나 골목의 경우 1의 내용을 준용하여 측정하고, 영업소가 길 건너편에 있는 경우 가장 짧은 거리로 도로를 횡단 측정한다.
3. 육교·지하도·횡단보도 등 도로 횡단 시설에 통행 방향이 표시된 경우에는 표시된 곳으로 측정

제7조의3(소매인의 지정 기준 등)

① 법 제16조제2항 제2호에서 "기획재정부령으로 정하는 장소"란 다음 각 호의 어느 하나에 해당하는 장소를 말한다. <개정 2017. 3. 7.> < 2020. 6. 24.>

1. 약국, 병원, 의원 등 보건의료 관련 영업장
2. 게임장, 문구점, 만화방 등 청소년(「청소년 보호법」 제2조제1호에 따른 청소년을 말한다. 이하 같다)이 주로 이용하는 장소
3. 그 밖에 담배판매업을 하는 것이 부적당한 장소로서 시장·군수 및 구청장이 규칙으로 정하는 장소

② 법 제16조제2항 제3호에서 "영업소 간의 거리 등 기획재정부령으로 정하는 지정기준"이란 다음 각 호의 요건을 말한다. <신설 2017. 3. 7.>

1. 소매인 영업소 간 거리를 50미터 이상으로 하여 일정하게 유지할 것
2. 「건축법」 등 관계법령에 따라 적법하게 건축된 점포를 갖출 것

③ 제2항 제1호에도 불구하고 건축물 또는 시설물 내의 장소에는 건축물 등의 구조·상주인원·이용인원 등을 고려하여 소매인 영업소 간 거리를 달리 정하거나 제한하지 아니할 수 있다. 이 경우 소매인은 담배 진열장 및 담배소매점 표시판을 건물 또는 시설물의 외부에 설치하여서는 아니 된다. <개정 2017. 3. 7.>

④ 제1항부터 제3항까지의 규정에 따른 영업장 및 장소의 범위, 영업소 사이의 거리 및 해당 거리의 측정방법 등 구체적인 기준은 지방자치단체의 인구, 면적 및 지역적 특성 등을 고려하여 시장·군수 및 구청장이 규칙으로 정한다. <개정 2017. 3. 7.>

[본조신설 2009. 7. 1.]

2 전기증설 비용 및 관련 된 판례 안내

상가 임대차를 중개하다보면 임차인이 많이 질문 하는 부분 중 하나가 전기증설에 관해서 비용은 얼마나 나오는지, 비용부담은 누가 해야 하는지 등등 질문들이 있습니다.

이번에는 전기증설에 관해서 정리를 해 드리겠습니다.

예를 들어 현재 5kw를 20kw로 15kw를 증설 한다고 가정 시(대략적인 금액 참고)
1) 공사비용: 1kw당 5만원 × 15kw = 75만원
2) 한전 불입금: 1kw당 7만원 × 15kw = 105만원
3) 한전 보증금: 1kw당 9만원 × 15kw = 135만원
(건물주 명의로 증설신청 시 면제)
소계: 315만원 + 대행수수료 1KW 당 보증금 제외하고 12-15만원 추정.

☞ 계약서. 작성 시 특약
- 임대인의 동의(승낙)를 계약서에 명시해라.
- 나중에 원상회복의무 문제 명시해라.
- 필요 비, 유익 비 문제 명시해라.
- 권리금회수 문제 명시해라.
- 승압 등비용은 임차인이 부담하고 계약 만료 시 원상복구의무는 없으나 이에 대한 일체의 필요비 유익 비, 권리금을 청구하지 않는다.

☞ 전기증설에 관련 된 판례
- 임대인 동의하에 건물 사용 편익을 위해 한 전기시설. 환기시설, 냉방장치. 냉각탑. 배관시설은 부속물이다. 즉. 임대인에게 매수청구 or 비용청구 할 수 있다. (서울남부 1984.11.15 선고 84가합 837)
- 임차인의 특수한 목적의 부속물은 매수청구권 대상이 아니다. (대법 1991.10.8 선고 91다8029)
- 음식점 경영에 필요한 시설을 위해 지출한 비용은 유익비 또는 필요비가 아니다. (대구고법 1990.7.3 선고 79나1082)
- 임차인의 비용 상환 청구권 포기특약이 있는 경우 임차인의 원상복구 의무를 부담치 않아도 된다. (대법 1998.5.29 선고 98다6497)
- 입증 책임은 임차인에게 있다. (대법 1962.10.18 선고 62다 437)

3 상가중개 시 필요한 유용한 어플 설치하기!

상가중개 시 필요한 유용한 어플 설치하기는 아래의 사진으로 대체하오니 참고하시고 아직 설치하지 않을 어플은 설치해서 활용하시면 좋을듯합니다.

4 상가매물 홍보를 위한 초보 유튜버 입문하기! 누구나 가능하다!

개업 공인중개사 여러분들에게 매물 접수 때 필자가 유튜브는 중개업에 필수적이라고 언급했고 그렇다면 유튜블를 하려면 무엇부터 해야 할지 막막할 겁니다.

유튜브를 전문적으로 교육하는 곳이 많으니 꼭 배우시고 필자가 여기서 다루는 유튜브는 필자처럼 유튜브 초보의 관념에서 거의 돈 안들이고 독학으로 모든 것을 해결하고 있는 눈높이에서 유용한 키워드 만 아래에 열거해 드리니 꼭 새겨들으세요!!

- 목 표: 내 지역에 가장 유능한 부동산 전문가처럼 나를 브랜딩 만들기.
- 유튜브 수익 창출 목적의 동영상이 아니라 매물 광고로 계약해서 중개보수 창출하기.
- 최소한 초기 1년 동안 일주일 최소 1편 이상 꾸준히 업로드하기.
- 구독자 1,000명까지 포기 하지 않고 정진하기(90% 포기)
- 영상길이는 욕심내지 말고 핵심만 요약해서 8분 이내로 제작하기.
- 썸네일이 유입수를 결정하므로 신경 써서 만들기(무료인 미리캔버스 활용하기)
- 15초 이내의 인트로 영상을 만들어 전문가처럼 보이게 만들기(비디오몬스터 활용하기)
- 제목과 태그는 큰 그림으로 해서 많은 사람이 유입되게 하세요.
- 처음에는 엑셀로 대본을 만들어서 보고 영상촬영하기.
- 채널 명 신경 써서 만들기.
- 부동산 광고표시 의무 지키기.
- 악성 댓글 신경 쓰지 말기.

MEMO

이 책의 메모

저자 **박철호**

저자 약력

현) 피엘에듀원격평생교육원 원장
현) 피엘경매자산관리부동산중개 이사
현) 세종사이버대학교 부동산학과 겸임교수
현) 조선닷컴 교육센터 부동산경매과정 교수
네이버카페 "박철호의 경매아카데미" 운영
유튜브 "박철호의 경매TV" 운영

Part 04

경매실무

제 1 강 경매 준비

1 경매로 성공한 사례

(1) 연예인 낙찰 사례 (1)

- 서울 서초구 서초동 지상 5층 건물(양재역 2번 출구)
- 토지면적: 376.9㎡(113.74평)
- 1999년 7월 감정가격 38억 ⇨ 유찰 이후 28억 낙찰
- 현재 시세 약300억 추정(평당 약2억5000만)
- 전광판 광고 수입 발생

(2) 연예인 낙찰 사례 (2)

- 서울 강남구 청담동 고급 단독주택(경기고 뒤편)
- 토지면적: 517.7㎡(156.6평)
- 건물면적: 318㎡(96.3평)
- 2006년 5월 감정가격 약30억 ⇨ 신건에서 31억7000만원 낙찰
- 2015년 75억에 매도

(3) 일반 낙찰 사례 (1)

- 16년째 개별공시지가격이 전국에서 가장 높은 지역은 명동
- 개별공시지가 ㎡당 2억650만원(2021년 기준)
- 해당 부동산 1999년 경매 진행
- 토지면적: 169.3㎡(51.2평)
- 1999년 4월 감정가격 51억 ⇨ 유찰 이후 41억 낙찰

(4) 일반 낙찰 사례 (2)

- 서울 노원구 중계동 청구 42평형
- 중계동의 경우 학군에 대한 수요가 많아 매매가대비 전세가율 높음
- 2019년 9월 감정가격 9억5000만 ☞ 유찰 이후 8억7200만원 낙찰
- 낙찰 이후 6억5000만원에 전세 임대차 계약함
- 2024년 12월 기준 : 매물 호가 13억~15억, 전세 8억~9억

2 경매의 장점

(1) 시세보다 저렴하게 취득

- 아파트 가격이 상승하는 시기에는 높은 경쟁률과 낙찰률을 보임
- 아파트 중 교통 편의성, 입지, 거래가격에 따라 경쟁률과 낙찰률의 편차가 있음
- 수익형 부동산의 경우 상권의 활성화 정도에 따라 낙찰가격의 편차를 보임
- 토지, 특수물긴 등은 적은 경쟁률로 매우 저렴하게 취득 가능
- 지방의 경우도 수도권에 비해 저렴하게 낙찰됨
- 경기가 안좋은 지역일수록 낙찰가율 매우 낮음

(2) 우량한 부동산을 취득하는 기회

- 수익형 부동산, 토지 등을 매매로 취득하는 경우 매물에 대한 제한된 정보로 인해 투자자가 우량한 물건을 취득하기 어려움
- 매매로 취득하기 어려운 우량한 부동산을 경매를 통해 누구나 취득할 기회를 갖게 됨
- 누구든지 경매 물건에 대한 정보를 확인할 수 있고 입찰에 참여하여 경쟁을 통해 자신의 의사대로 입찰가 결정

(3) 근린생활시설 등 취득 시 부가세가 발생하지 않음

- 구분상가, 오피스텔, 지식산업센터 등이 이에 해당됨
- 일반사업자가 위 부동산 매도 시 건물가격의 10% 부가세 납부하게 되어 매수인에게 부가세 별도 조건으로 매각함
- 경매로 취득하는 경우 부가세가 발생하지 않음

> [부가가치세법 시행령 제18조 제3항 1호, 2호]
> 다음에 해당하는 것은 재화의 공급으로 보지 아니한다.
> 1. 국세징수법 제66조에 따른 공매
> 2. 민사집행법에 따른 경매(같은 법에 따른 강제경매, 담보권 실행을 위한 경매)

(4) 토지거래허가계약에 관한 허가구역내 부동산 취득 시 허가를 요하지 않음

- 토지의 투기적인 거래가 성행하거나 성행할 우려가 있는 지역 및 지가가 급격히 상승하거나 우려가 있는 지역에 땅 투기를 방지하기 위해 국토교통부장관 또는 시·도지사가 용도별 5년 이내의 기간을 정하여 지정
- 토지거래허가구역으로 지정 시 실수요자 외에는 일정 규모 이상의 토지를 매입할 수 없음

> ▶도시지역 내
> 주거지역 180㎡ 초과, 상업지역 200㎡ 초과, 공업지역 660㎡ 초과, 녹지지역 100㎡ 초과, 도시지역 내에서 용도지역의 지정이 없는 지역 90㎡ 초과
> ▶도시지역 외 농지, 임야 외 250㎡ 초과, 농지 500㎡ 초과, 임야 1,000㎡ 초과

◦ 경매로 취득하는 경우 허가 없이 취득 가능함

> [부동산거래신고 등에 관한 법률 제14조 제2항]
> 다음 각 호의 경우에는 제11조(허가구역내 토지거래에 대한 허가)를 적용하지 아니한다.
> 2. 민사집행법에 따른 경매

(5) 농업인을 위한 농지연금

◦ 농업인이 소유한 농지를 담보로 매월 연금을 지급 받는 제도
◦ [한국농어촌공사 및 농지관리기금법 제10조 및 제24조의5]에 근거함

● 농지연금의 장점

- 부부 종신 지급: 농지연금을 받던 농업인이 사망할 경우 배우자가 승계 후 배우자 사망시까지 계속해서 농지연금을 받을 수 있음
- 안정적 연금 지급: 정부 예산을 재원으로 하며 정부에서 직접 시행하기 때문에 안정적으로 연금을 지급 받을 수 있음
- 연금 채무 부족액 미청구: 연금 수급 받는 농업인이 사망 시 경매로 처분하고 연금 지급액보다 부족하더라도 청구하지 않으며 남는 경우 상속인에게 상속됨
- 재산세 감면: 6억 이하 농지에 대해 전액 감면되며, 6억원 초과 농지는 6억원까지 감면

● 농지연금 가입 요건

- 만60세 이상, 농지를 소유한 농업인, 영농경력 5년
- 공부상 지목이 전, 답, 과수원인 경우만 적용되며 2020년1월1일 이후 취득한 농지의 경우 2년 이상 보유한 경우
- 주소지와 담보 농지와의 직선거리가 30km 이내의 지역에 위치하고 있는 농지
- 저당권 등 제한물권이 설정되지 않은 농지(채권최고액 감정가격의 15% 미만인 경우 예외)
- 압류, 가압류, 가처분 등이 설정되어 있지 않아야 하며 불법 건축물이 설치되어 있지 않아야 함
- 본인 및 배우자 이외의 자가 공동 소유하고 있는 농지 제외
- 개발지역 및 개발 계획이 지정 및 시행 고시되어 개발계획이 확정된 지역의 농지 제외
- 2018년1월1일 이후 경매, 공매를 원인으로 취득한 경우 보유기간이 2년 이상이고 담보농지가 주소지의 연접한 시군구 또는 직선거리 30km 이내에 있는 경우 신청 가능

● 농지연금 지급 방식

- 정액 종신형: 가입자(배우자)사망시까지 매월 일정한 금액을 지급하는 유형
- 전후후박형: 가입초기 10년 동안은 정액형보다 더 많이 지급 받고 11년째부터는 적게 받는 유형
- 수시인출형: 총지급 가능액의 30% 이내에서 필요금약을 수시로 인출할 수 있는 유형
- 기간정액형: 가입자가 선택한 일정기간 동안 매월 일정한 금액을 지급 받는 유형
- 경영이양형: 지급기간 종료 시, 농어촌 공사에 소유권 이전을 전제로 더 많은 연금을 지급 받는 유형

● **농지연금 지급 기준**

공시지가의 100% 또는 감정가격의 90% 중 가입자가 선택

● **농지연금 지급 예시**

신청인 만65세 농업인, 농지 공시가격 1억(출처:농지연금 포탈 사이트)

구분	종신형			구분	기간형			
	정액형	전후후박형	일시인출형		기간형(정액형)		경영이양형	
월지급금	383,720	460,550(전)	270,240	월지급금	5년	만78세 이상	5년	1,784,400
					10년	만73세 이상	10년	954,780
		322,380(후)	(일시 인출금 26,000,000)		15년	만68세 이상	15년	680,040

경매로 취득한 농지를 담보로 연금 신청시 더 많은 연금을 지급 받게 됨

⊗ **<낙찰 사례>**

- 사건번호: 수원 2012타경47448 (1)
- 소 재 지: 경기도 화성시 봉담읍 상기리
- 토지면적: 16,202㎡ (4,901평)
- 지목: 과수원
- 감정가격: 1,215,150,000
- 최저가격: 291,758,000
- 매각기일: 2015.1.8
- 낙찰가격: 396,699,000
- 공시가격: ㎡당 84,400원(2021년)
- 총 공시가격: 16,202㎡ * 84,400원 = 1,367,448,400원
- 만65세 농업인이 종신형 정액제 신청 시 월490만원 가능하지만 농지연금 1인 월 지급한도 300만원 임

(6) 투기과열지구내, 조정대상지역내에서 주택 취득 시 자금조달계획서 제출하지 않음

- 규제지역내에서 거래하는 모든 주택, 비규제지역내에서 6억원 이상 주택 거래 시 자금조달계획서 제출 의무 있음
- 투기과열지구내 주택 취득 시 자금조달계획서와 함께 항목별 증빙자료 함께 제출 의무 있음
- 법인이 주택 거래 시 거래지역 및 거래금액과 무관하게 자금조달계획서 제출
- 매매계약 체결일로부터 30일 이내 실거래가 신고 시 자금조달계획서 제출
- 경매, 공매(압류재산)로 취득 시 실거래가 신고 의무 없어 자금조달계획서 제출 불필요

(7) 투기과열지구내 재개발, 재건축 조합원 지위 승계 금지 예외 적용

도시및주거환경정비법 제39조 제2항

"투기과열지구로 지정된 지역에서 재건축 사업을 시행하는 경우에는 조합설립인가 후, 재개발 사업을 시행하는 경우에는 관리처분계획의 인가 후 양수한 자는 ... 조합원이 될 수 없다."

도시및주거환경정비법 제37조 제2항 7호

"그 밖에 불가피한 사정으로 양도하는 경우로서 대통령령으로 정하는 경우"

도시및주거환경정비법 시행령 제37조 제3항 5호

"국가, 지방자치단체 및 금융기관(주택법 시행령 제71조 제1호 각 목의 금융기관을 말한다)에 대한 채무를 이행하지 못하여 재개발, 재건축 사업의 토지 또는 건축물이 경매 또는 공매되는 경우"

주택법 시행령 제71조 제1호 금융기관

가. 은행법에 따른 은행

나. 중소기업은행법에 따른 중소기업은행

다. 상호저축은행법에 따른 상호저축은행

라. 보험업법에 따른 보험회사

마. 그 밖의 법률에 따라 금융업무를 수행하는 기관으로서 국토교통부령(주택법 시행규칙 제24조)으로 정하는 기관

주택법 시행규칙 제24조

1. 「농업협동조합법」에 따른 조합, 농업협동조합중앙회 및 농협은행
2. 「수산업협동조합법」에 따른 수산업협동조합 및 수산업협동조합중앙회
3. 「신용협동조합법」에 따른 신용협동조합 및 신용협동조합중앙회
4. 「새마을금고법」에 따른 새마을금고 및 새마을금고중앙회
5. 「산림조합법」에 따른 산림조합 및 산림조합중앙회
6. 「한국주택금융공사법」에 따른 한국주택금융공사
7. 「우체국예금·보험에 관한 법률」에 따른 체신관서

3 경매 시 주의할 점

(1) 임차인의 보증금 인수

① 경매 절차에서의 임차권
- 경매 절차를 통해 임차권(계약기간+보증금) 말소됨
- 대항력이 있는 임차권에 대해 보증금 전액 변제되지 않은 경우 말소되지 않음

② 경매 절차에서 매수인(낙찰인)이 대항력이 있는 임차인의 보증금을 인수하는 경우
- 배당요구 하지 않은 경우
- 배당요구 했으나 배당요구종기일내에 철회 하는 경우
- 배당요구 했으나 낙찰가격이 임차인의 보증금액 보다 낮아서 보증금 배당액이 부족한 경우
- 확정일자를 받지 않았거나 담보물권(근저당권 등) 설정 이후 받은 경우
- 조세채권, 임금채권, 공과금 배당순위가 임차인의 순위보다 빨라 먼저 배당되는 경우
- 대항력 없는 임차인의 보증금은 배당되지 않거나 부족하더라도 인수하지 않음

③ 대항력 있는 임차인의 보증금을 인수하는 물건을 낙찰받은 후 대금납부를 미납한 사례
- 고양 2018타경14409 경기 고양시 덕양구 행신동 샘터마을
  감정가격 251,000,000원
  최저가격 175,700,000원
  낙찰가격 198,900,000원
  단독으로 응찰하여 낙찰 받았으나 대금납부 미납
  말소기준등기보다 전입일자 빠른 세대주가 있었으나 배당요구 하지 않음
- 수원 2018타경20346 경기 화성시 병점동 한신아파트
  감정가격 206,000,000원
  최저가격 100,940,000원
  낙찰가격 112,300,000원
  2명 응찰하여 낙찰 받았으나 대금납부 미납
  대항력 있는 임차인이 배당요구 했으나 낙찰가격이 임차인의 보증금액(1억8500만원) 보다 낮아 매수인(낙찰인)이 임차인의 보증금 배당 부족액을 인수해야 함
  재매각 절차에서 또다시 응찰한 사람이 대금 미납 함

(2) 등기부등본상 권리 인수

① 경매 절차를 통해 등기부등본에 설정된 권리가 말소되는 것이 원칙

② 매각으로 말소되지 않는 권리가 있어 주의를 요함

③ 매각으로 말소되지 않는 권리에는 최선순위로 설정된 지상권, 지역권, 가처분, 매매예약 가등기, 배당요구 하지 않은 전세권 등이 있음

④ 매각으로 말소되지 않는 권리가 설정되어 있는 물건 낙찰 시 소유권을 상실하거나 낙찰 받은 금액 외 추가로 부담하는 금액 발생

⑤ 물건명세서를 통해 매각으로 말소되지 않는 권리 확인

(3) 입찰표 작성 시 실수하여 입찰보증금을 날리는 경우

① 입찰표에 필수 기재사항 누락 시 무효 처리(사건번호, 물건번호, 응찰자 인적사항, 대리 입찰 시 본인의 위임장, 인감증명 등)

② 입찰가격 작성 시 금액 단위를 잘못 써낸 경우 최고가 매수신고인이 되어 대금납부를 미납함

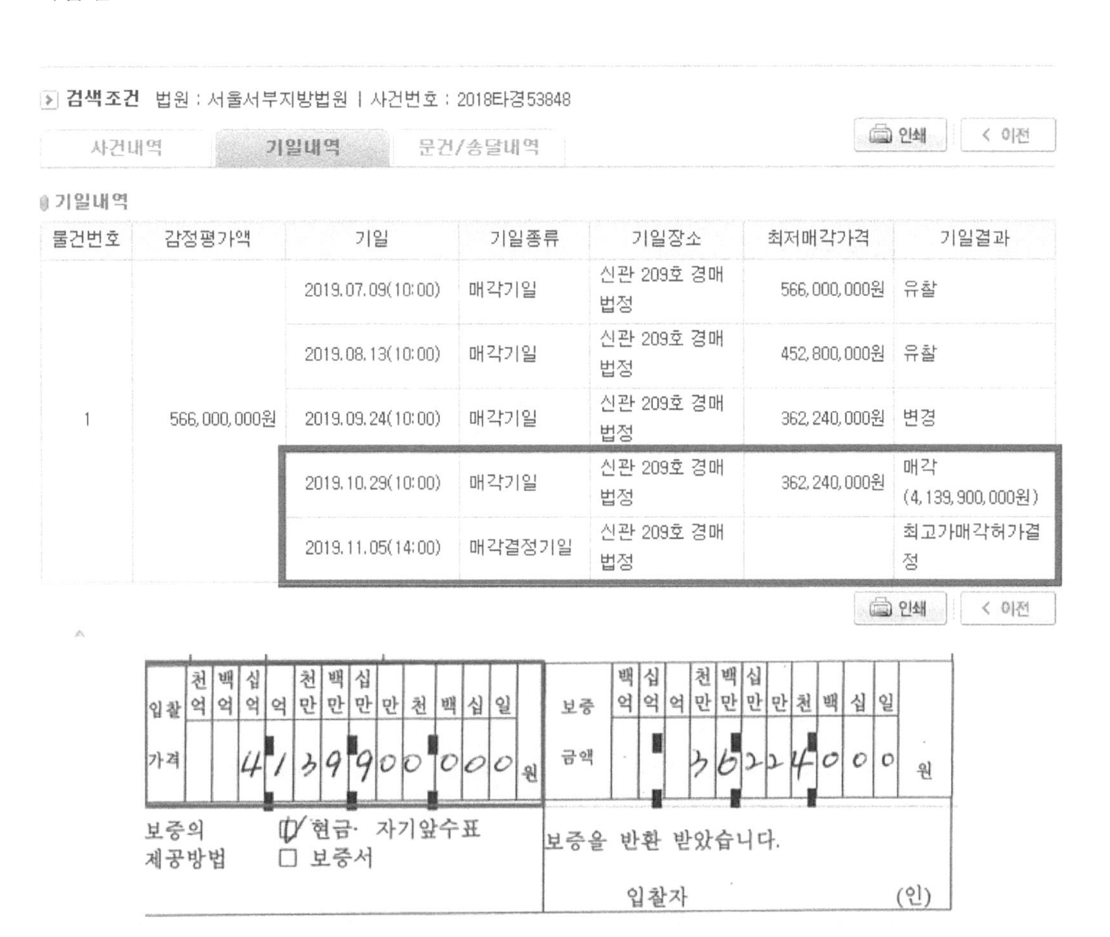

검색조건 법원 : 서울서부지방법원 | 사건번호 : 2018타경53848

사건내역 | 기일내역 | 문건/송달내역 | 인쇄 | < 이전

기일내역

물건번호	감정평가액	기일	기일종류	기일장소	최저매각가격	기일결과
1	566,000,000원	2019.07.09(10:00)	매각기일	신관 209호 경매법정	566,000,000원	유찰
		2019.08.13(10:00)	매각기일	신관 209호 경매법정	452,800,000원	유찰
		2019.09.24(10:00)	매각기일	신관 209호 경매법정	362,240,000원	변경
		2019.10.29(10:00)	매각기일	신관 209호 경매법정	362,240,000원	매각 (4,139,900,000원)
		2019.11.05(14:00)	매각결정기일	신관 209호 경매법정		최고가매각허가결정

인쇄 | < 이전

	천억	백억	십억	억	천만	백만	십만	만	천	백	십	일	
입찰가격		4	1	3	9	9	0	0	0	0	0		원

	백억	십억	억	천만	백만	십만	만	천	백	십	일	
보증금액				3	6	2	2	4	0	0	0	원

보증의 제공방법: ☑ 현금· 자기앞수표 ☐ 보증서

보증을 반환 받았습니다.

입찰자 (인)

(4) 입찰전 체납관리비 확인

① 관리비를 공동으로 관리 및 납부하는 집합건물의 경우 입찰 전 확인이 필요

② 아파트, 구분상가, 지식산업센터 등이 이에 속함

③ 법원 판례상 매수인이 체납관리비 중 공용부분 관리비만 인수함

④ 실무에서는 관리사무소에서 미납관리비 전액을 매수인(낙찰인)에게 납부해 줄 것을 요구함

4 권리분석에 필요한 서류

1) 등기사항전부증명서(등기부등본)

① 등기사항전부증명서 열람, 발급 및 표시

- 인터넷 등기소에서 열람, 발급(www.iros.go.kr)

- 표제부(집합) : 1동의 건물의 표시, 대지권의 목적인 토지의 표시, 전유부분의 건물의 표시, 대지권의 표시
- 표제부(건물) : 건물의 표시(건물내역)
- 표제부(토지) : 토지의 표시(지목, 면적)
- 갑구 : 소유권에 관한 사항(매매, 증여, 상속 등) 소유권을 제한하는 권리(가압류, 가처분, 경매개시결정 등)
- 을구 : 소유권 이외의 권리(근저당권, 전세권, 지상권 등)

② 등기사항전부증명서를 열람하는 목적
- 부동산 매매 거래 시 소유권 및 권리관계 확인
- 경매의 경우 "말소기준등기"를 확인
- 말소되지 않는 권리 확인
- 별도등기 여부 확인
- 대지권 미등기 또는 대지권 없음 확인

2) 전입세대확인서

① 전입세대확인서 발급 및 표시사항
- 주민센터에서 열람, 발급
- 발급 신청 시 제출해야 하는 것: 경매정보 인쇄물(대법원경매정보, 사설사이트 등에서 해당 물건 정보 인쇄), 신분증, 발급비용

■ 주민등록법 시행규칙 [별지 제15호서식] <개정 2023. 1. 12.>

전입세대확인서 열람 또는 교부 신청서

※ 뒤쪽의 유의사항을 읽고 작성하시기 바라며, 색상이 어두운 란은 신청인이 작성하지 않습니다. (앞쪽)

접수번호	접수일자	처리기간 즉시

신청 내용	전입세대확인서 열람 [ ]		전입세대확인서 교부 [ ]
개인 신청인	성명 (서명 또는 인)		주민등록번호
	주소 (시·도) (시·군·구)		연락처
법인·단체 신청인	명칭		사업자등록번호
	대표자 (서명 또는 인)		연락처
	소재지		
	방문자 성명	주민등록번호	연락처

열람 또는 교부 대상 건물 또는 시설의 소재지

용도 및 목적

「주민등록법」 제29조의2제1항, 같은 법 시행령 제49조의2제1항 및 같은 법 시행규칙 제14조제2항에 따라 위와 같이 전입세대확인서의 열람 또는 교부를 신청합니다.

년 월 일

시장·군수·구청장 또는 읍·면·동장 및 출장소장 귀하

- 발급 신청 시 신청서 양식 작성(주민센터에 비치, 인터넷을 통해 다운로드)
- 제3자 발급 안되는 것이 원칙이지만 "경매 참가자"는 열람 가능(주민등록법 시행규칙 제14조 제1항 1호)
- 전입세대확인서 표시사항 : 세대주 이름 중 성, 전입일자, 세대합가인 경우 최초 전입자의 이름 중 성과 최초 전입일자, 동거인이 있는 경우 동거인의 이름 중 성과 전입일자

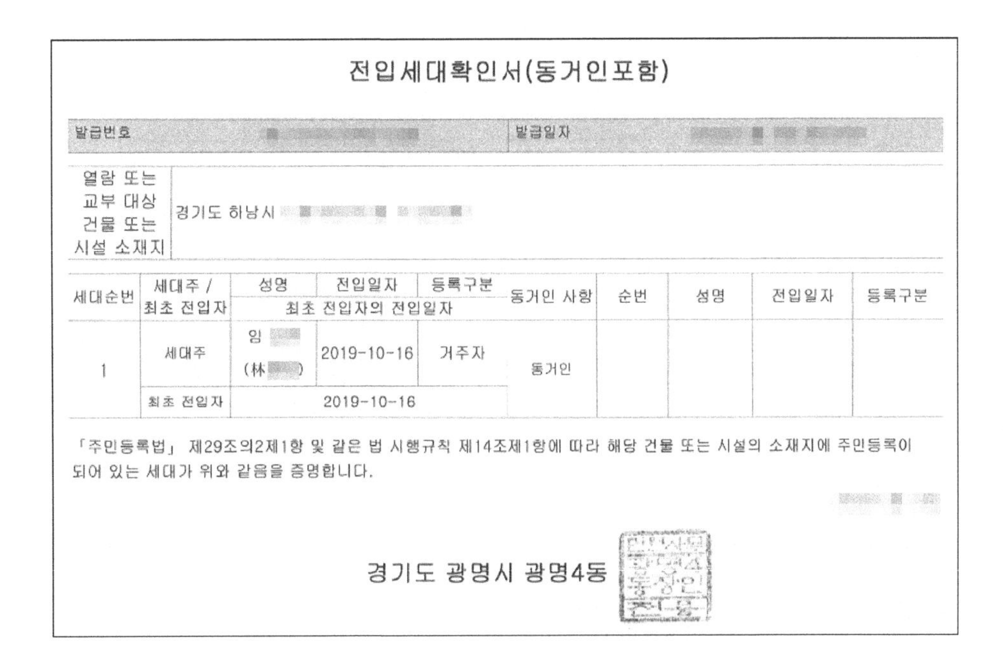

전입세대확인서(동거인포함)

발급번호		발급일자	

열람 또는 교부 대상 건물 또는 시설 소재지	경기도 하남시

세대순번	세대주 / 최초 전입자	성명	전입일자	등록구분	동거인 사항	순번	성명	전입일자	등록구분
		최초 전입자의 전입일자							
1	세대주	임 (林)	2019-10-16	거주자	동거인				
	최초 전입자	2019-10-16							

「주민등록법」 제29조의2제1항 및 같은 법 시행규칙 제14조제1항에 따라 해당 건물 또는 시설의 소재지에 주민등록이 되어 있는 세대가 위와 같음을 증명합니다.

경기도 광명시 광명4동

② 전입세대확인서의 열람 목적
- 점유자의 전입일자를 통해 대항력 여부 판단
- 세대합가 여부와 최초 전입 세대주의 전입일자 확인
- 세대주의 동거인 전입일자 확인
- 다가구, 고시원의 경우 다수의 전입 세대주가 있어 주의를 요함

3) 감정평가서

① 감정평가서 열람, 목적
- 법원경매정보 사이트에서 해당 물건 검색 후 "사건내역"에서 열람
- 매각기일 공고 후 열람(취하, 변경 시 열람 불가)
- 대상 물건의 감정평가 금액, 감정평가 조건, 기준시점, 산출방법, 지적개황도, 호별배치도, 사진 등
- 감정평가 방식 중 "거래사례비교법 " 사용
- 감정의 기준시점과 매각되는 시점과의 차이로 감정가격이 매각 당시 시세보다 높거나 낮음, 대각 당시 시세보다 감정가격이 낮은 경우 신건에 높은 경쟁률과 낙찰가를 보이게 됨

4) 현황조사서

① 현황조사서 열람, 목적

- 법원경매정보 사이트에서 해당 물건 검색 후 "사건내역"에서 열람
- 매각기일 공고 후 열람(취하, 변경 시 열람 불가)
- 점유자의 진술 내용, 전입세대열람 발급 사항, 상가임대차현황서 발급 사항, 대상 부동산의 특이사항 기재
- 권리분석의 기초가 됨

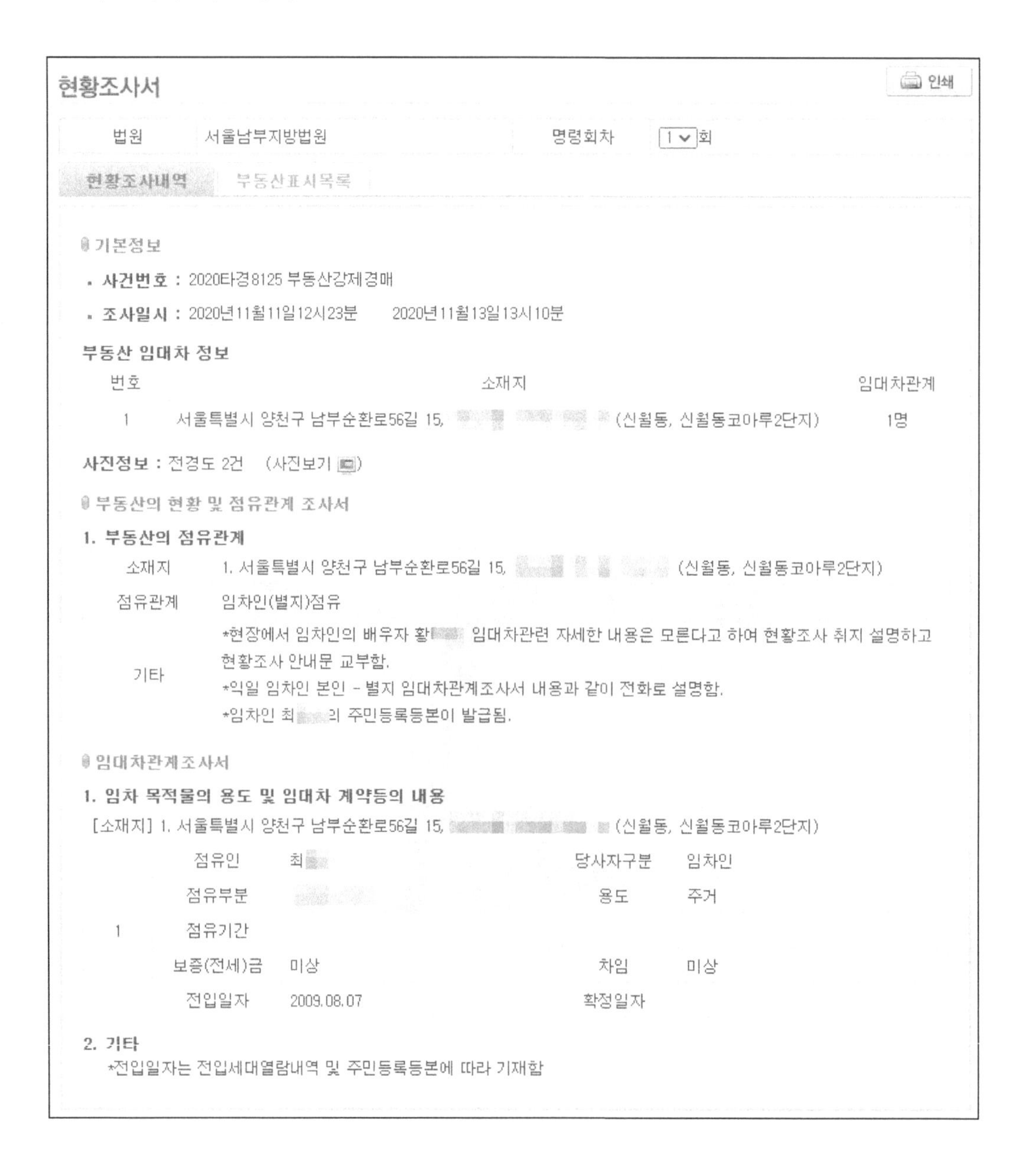

현황조사서 인쇄

법원	서울남부지방법원	명령회차	1 회

현황조사내역 부동산표시목록

기본정보

- 사건번호 : 2020타경8125 부동산강제경매
- 조사일시 : 2020년11월11일12시23분 2020년11월13일13시10분

부동산 임대차 정보

번호	소재지	임대차관계
1	서울특별시 양천구 남부순환로56길 15, (신월동, 신월동코아루2단지)	1명

사진정보 : 전경도 2건 (사진보기)

부동산의 현황 및 점유관계 조사서

1. 부동산의 점유관계

소재지	1. 서울특별시 양천구 남부순환로56길 15, (신월동, 신월동코아루2단지)
점유관계	임차인(별지)점유
기타	*현장에서 임차인의 배우자 황 임대차관련 자세한 내용은 모른다고 하여 현황조사 취지 설명하고 현황조사 안내문 교부함. *익일 임차인 본인 - 별지 임대차관계조사서 내용과 같이 전화로 설명함. *임차인 최 의 주민등록등본이 발급됨.

임대차관계조사서

1. 임차 목적물의 용도 및 임대차 계약등의 내용

[소재지] 1. 서울특별시 양천구 남부순환로56길 15, (신월동, 신월동코아루2단지)

1	점유인	최	당사자구분	임차인
	점유부분		용도	주거
	점유기간			
	보증(전세)금	미상	차임	미상
	전입일자	2009.08.07	확정일자	

2. 기타

*전입일자는 전입세대열람내역 및 주민등록등본에 따라 기재함

5) 물건명세서

① 물건명세서 열람, 목적

- 법원경매정보 사이트에서 해당 물건 검색 후 "사건내역"에서 열람
- 매각기일 1주일전부터 열람(취하, 변경 시 열람 불가)
- 기재사항 : 최선순위 설정일자, 점유자의 전입일자, 배당요구 여부(배당요구일자, 확정일자, 보증금, 차임, 임대차기간), 매각으로 말소되지 않는 권리, 유치권, 법정지상권, 분묘, 농취증 제출 등
- 권리분석에서 매우 중요한 자료

서 울 남 부 지 방 법 원

2020타경8781

매각물건명세서

사 건	2020타경8781 부동산강제경매	매각물건번호	1	작성일자	2021.08.18	담임법관(사법보좌관)	

부동산 및 감정평가액 최저매각가격의 표시	별지기재와 같음	최선순위 설정	2019.01.11. 근저당권	배당요구종기	2021.03.02

부동산의 점유자와 점유의 권원, 점유할 수 있는 기간, 차임 또는 보증금에 관한 관계인의 진술 및 임차인이 있는 경우 배당요구 여부와 그 일자, 전입신고일자 또는 사업자등록신청일자와 확정일자의 유무와 그 일자

점유자 성 명	점유 부분	정보출처 구 분	점유의 권 원	임대차기간 (점유기간)	보 증 금	차 임	전입신고 일자, 사업자등록 신청일자	확정일자	배당 요구여부 (배당요구일자)
이	전부	등기사항 전부증명서	주거 임차인	2018.04.21.~	259,000,000		2018.04.24.	2018.04.12.	
	전부	현황조사	주거 임차인	2018.04.24.~	259,000,000		2018.04.24. (주민등록상 전입일자임)		
	전부	권리신고	주거 임차인	2018.04.21.~	259,000,000		2018.04.24.	2018.04.12.	2020.11.27

<비고>

이 :임차인 이 은 경매신청채권자이고, 배당요구일자는 경매신청일임.

※ 최선순위 설정일자보다 대항요건을 먼저 갖춘 주택·상가건물 임차인의 임차보증금은 매수인에게 인수되는 경우가 발생 할 수 있고, 대항력과 우선변제권이 있는 주택·상가건물 임차인이 배당요구를 하였으나 보증금 전액에 관하여 배당을 받지 아니한 경우에는 배당받지 못한 잔액이 매수인에게 인수되게 됨을 주의하시기 바랍니다.

등기된 부동산에 관한 권리 또는 가처분으로 매각으로 그 효력이 소멸되지 아니하는 것

매각에 따라 설정된 것으로 보는 지상권의 개요

비고란

도시형생활주택(단지형다세대주택)으로 이용중임(감정서 참조).

6) 건축물대장

① 건축물대장 열람, 발급, 표시사항

- 정부24에서 열람, 발급(www.gov.kr)
- 집합건축물(총괄): 해당 지번에 있는 모든 건축물대장 열람, 발급

- 집합건축물(표제부) : 해당 지번에 있는 동의 건축물대장 열람, 발급
- 집합건축물(전유부) : 해당 지번에 있는 동의 호수 건축물대장 열람, 발급
- 일반건축물(총괄) : 해당 지번위에 건물이 2개동 이상 있는 경우 모든 건축물대장 열람, 발급
- 일반건축물(일반) : 해당 지번에 있는 건축물대장 열람, 발급

② 건축물대장 열람 목적
- 건축물의 용도, 면적, 건폐율, 용적률, 건축주정보, 위반여부 등 기재
- 건축물대장상 기재사항과 현황상 이용이 상이할 수 있음, 위반건축물로 적발 시 이행강제금 부과
- 근린생활시설을 주거용으로 불법 용도 변경하거나 고시원, 다중주택의 경우 취사시설이 금지되어 있으나 취사시설 설치되는 사례 많음
- 방의 개수를 늘리거나 허가받지 않고 증축하는 위반 사례도 있음

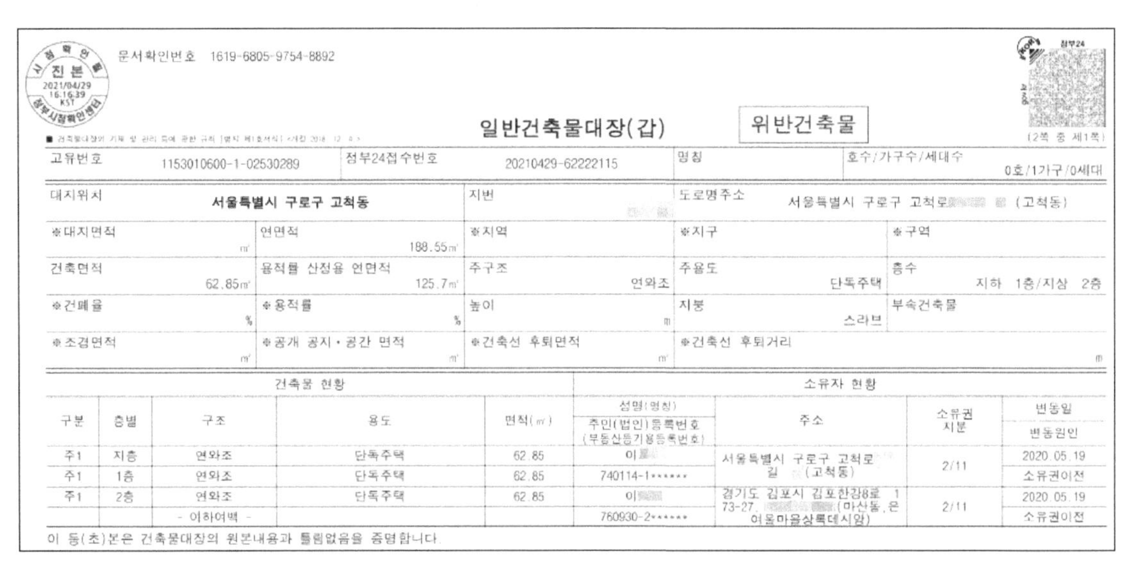
시청확인용 진본 2021/04/29 16:16:39 KST 정부시점확인센터
문서확인번호 1619-6805-9754-8892
정부24
■ 건축물대장의 기재 및 관리 등에 관한 규칙 [별지 제1호서식] <개정 2018. 12. 4.>

일반건축물대장(갑) 위반건축물

(2쪽 중 제1쪽)

고유번호	1153010600-1-02530289	정부24접수번호	20210429-62222115	명칭		호수/가구수/세대수	0호/1가구/0세대
대지위치	서울특별시 구로구 고척동	지번		도로명주소	서울특별시 구로구 고척로 (고척동)		

※대지면적	연면적	※지역	※지구	※구역
㎡	188.55㎡			
건축면적 62.85㎡	용적률 산정용 연면적 125.7㎡	주구조 연와조	주용도 단독주택	층수 지하 1층/지상 2층
※건폐율 %	※용적률 %	높이 m	지붕 스라브	부속건축물
※조경면적 ㎡	※공개 공지·공간 면적 ㎡	※건축선 후퇴면적 ㎡	※건축선 후퇴거리 m	

건축물 현황					소유자 현황			
구분	층별	구조	용도	면적(㎡)	성명(명칭) / 주민(법인)등록번호 (부동산등기용등록번호)	주소	소유권 지분	변동일 / 변동원인
주1	지층	연와조	단독주택	62.85	이	서울특별시 구로구 고척로 길 (고척동)	2/11	2020.05.19
주1	1층	연와조	단독주택	62.85	740114-1******			소유권이전
주1	2층	연와조	단독주택	62.85	이	경기도 김포시 김포한강8로 173-27, (마산동, 은여울마을상록데시앙)	2/11	2020.05.19
		- 이하여백 -			760930-2******			소유권이전

이 등(초)본은 건축물대장의 원본내용과 틀림없음을 증명합니다.

문서확인번호 1619-6805-9754-8892

(2쪽 중 제2쪽)

고유번호	1153010600-1-02530289	정부24접수번호	20210429-62222115	명칭		호수/가구수/세대수	0호/1가구/0세대
대지위치	서울특별시 구로구 고척동	지번		도로명주소	서울특별시 구로구 고척로 (고척동)		

구분	성명 또는 명칭	면허(등록)번호	※주차장					승강기		허가일 1991.02.14
건축주			구분	옥내	옥외	인근	면제	승용 대	비상용 대	착공일
설계자								※하수처리시설		사용승인일 1992.06.05
공사감리자			자주식	대 ㎡	대 ㎡	대 ㎡		형식		관련 주소
공사시공자 (현장관리인)			기계식	대 ㎡	대 ㎡	대 ㎡	대	용량 인용		지번

※제로에너지건축물 인증	※건축물 에너지효율등급 인증	※에너지성능지표(EPI) 점수	※녹색건축 인증	※지능형건축물 인증	
등급	등급	점	등급	등급	
에너지자립률 %	1차에너지 소요량 (또는 에너지절감률) kWh/㎡(%)	※에너지소비총량	인증점수 점	인증점수 점	
유효기간: ~	유효기간: ~	kWh/㎡	유효기간: ~	유효기간: ~	도로명

내진설계 적용 여부	내진능력	특수구조 건축물	특수구조 건축물 유형
지하수위 G.L m	기초형식	설계지내력(지내력기초인 경우) t/㎡	구조설계 해석법

변동사항

변동일	변동내용 및 원인	변동일	변동내용 및 원인	그 밖의 기재사항
2001.12.12	건축58550-15419(2001.12.07)호로 위법건축물표기 (*위반사항:옥내주차장(1대) 주거로사용)		반사항:옥내주차장 1면 주거사용)	- 이하여백 -
2006.09.27	건축-16434(2006.09.27)호의 위반사항 시정완료 통보로 위법건축물 표기해제	2008.07.25	아름다운건축과-12626(2008.07.23)호에 의거 위반건축물 표기(*위반사항-면적:21㎡, 용도:주거, 구조:판넬/판넬)	
2007.11.13	건축-18238(2007.11.13)호에 의거 위반건축물 표기(*위	2011.10.04	건축물대장 기초자료 정비에 의거 (표제부(건축면적 '0'	

7) 토지대장(임야대장)

① 토지대장 열람, 발급, 표시사항
- 정부24에서 열람, 발급(www.gov.kr)
- 토지대장 : 지목이 임야이고 토임전(주소표기 시 "산" 을 붙임, 예:산100-1임)의 경우를 제외한 모든 지목의 토지대장 열람, 발급
- 임야대장 : 지목이 임야이고 토임전인 경우 임야대장 열람, 발급
- 토지대장(임야대장)기재사항 : 지목, 면적, 변동사유, 소유자, 소유자 변동사항, 토지등급, 개별공시지가
- 대지권등록부 : 집합건축물의 대지권을 등록해 놓은 장부
- 대지권등록부 기재사항 : 해당 지번의 토지 전체면적과 개별 호수의 대지권 비율

② 토지대장 열람 목적
- 지목과 면적을 확인하는데 있음
- 다른 공부(등기부등본, 토지이용계획 등)와 토지대장(임야대장)의 지목 또는 면적이 상이한 경우 토지대장(임야대장)을 기준으로 함
- 다른 공부(등기부등본)과 대지권등록부의 대지권의 비율(면적)이 상이한 경우 대지권등록부를 기준으로 함

토지 대장

고유번호	1153010600-10253-0289		
토지소재	서울특별시 구로구 고척동		
지 번		축 척	1:1200

도면번호	19	발급번호	202111530-00130-2067
장 번 호	1-1	처리시각	16시 18분 07초
비 고		발 급 자	인터넷민원

토 지 표 시			소 유 자		
지 목	면 적(㎡)	사 유	변 동 일 자 변 동 원 인	주 소 성명 또는 명칭	등 록 번 호
(08) 대	*126*	(40) 1974년 10월 16일 지목변경	2020년 05월 19일 (03)소유권이전	서울특별시 구로구 고척로 (고척동) 김 외 4인	441225-2******
		--- 이하 여백 ---		--- 이하 여백 ---	

등 급 수 정 년 월 일	1985. 07. 01. 수정	1989. 01. 01. 수정	1990. 01. 01. 수정	1991. 01. 01. 수정	1992. 01. 01. 수정	1993. 01. 01. 수정	1994. 01. 01. 수정	1995. 01. 01. 수정
토 지 등 급 (기준수확량등급)	195	198	206	210	215	218	221	224
개별공시지가기준일	2014년 01월 01일	2015년 01월 01일	2016년 01월 01일	2017년 01월 01일	2018년 01월 01일	2019년 01월 01일	2020년 01월 01일	용도지역 등
개별공시지가(원/㎡)	1435000	1497000	1545000	1593000	1718000	1891000	1988000	

토지대장에 의하여 작성한 등본입니다.
2021년 4월 29일
서울특별시 구로구청장

8) 토지이용계획확인원

① 토지이용계획확인원 열람, 발급, 표시사항
- 정부24(www.gov.kr)에서 열람, 발급(유료)
- 토지이음(www.eum.go.kr)을 통해 무료로 열람, 발급
- 기재사항 : 소재지, 지목, 면적, 개별공시지가, 지역지구 등 지정여부, 토지이용규제 기본법 시행령 제9조 제4항 각 호에 해당되는 사항, 확인도면
- 확인도면 클릭 시 지적편집도를 볼 수 있음

② 토지이용계획확인원 열람 목적

- 토지의 용도지역, 용도구역, 제한사항(개발제한구역, 고도제한 등)에 따라 토지의 가치에 영향을 줌
- 토지거래계약에 관한 허가구역 확인
- 지적편집도를 통해 해당 지번의 위치와 도로조건 확인

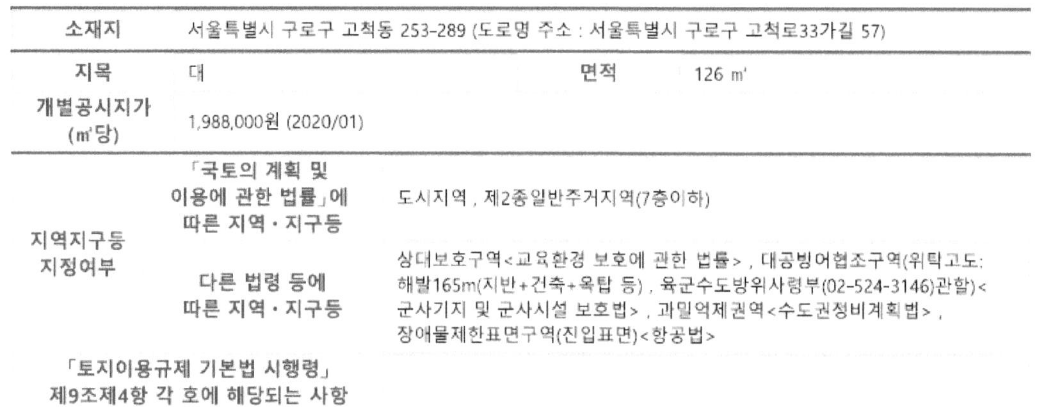

소재지	서울특별시 구로구 고척동 253-289 (도로명 주소 : 서울특별시 구로구 고척로33가길 57)		
지목	대	면적	126 ㎡
개별공시지가 (㎡당)	1,988,000원 (2020/01)		
지역지구등 지정여부	「국토의 계획 및 이용에 관한 법률」에 따른 지역 · 지구등	도시지역 , 제2종일반주거지역(7층이하)	
	다른 법령 등에 따른 지역 · 지구등	상대보호구역<교육환경 보호에 관한 법률> , 대공방어협조구역(위탁고도: 해발165m(지반+건축+옥탑 등) , 육군수도방위사령부(02-524-3146)관할)<군사기지 및 군사시설 보호법> , 과밀억제권역<수도권정비계획법> , 장애물제한표면구역(진입표면)<항공법>	
「토지이용규제 기본법 시행령」 제9조제4항 각 호에 해당되는 사항			

확인도면	범례

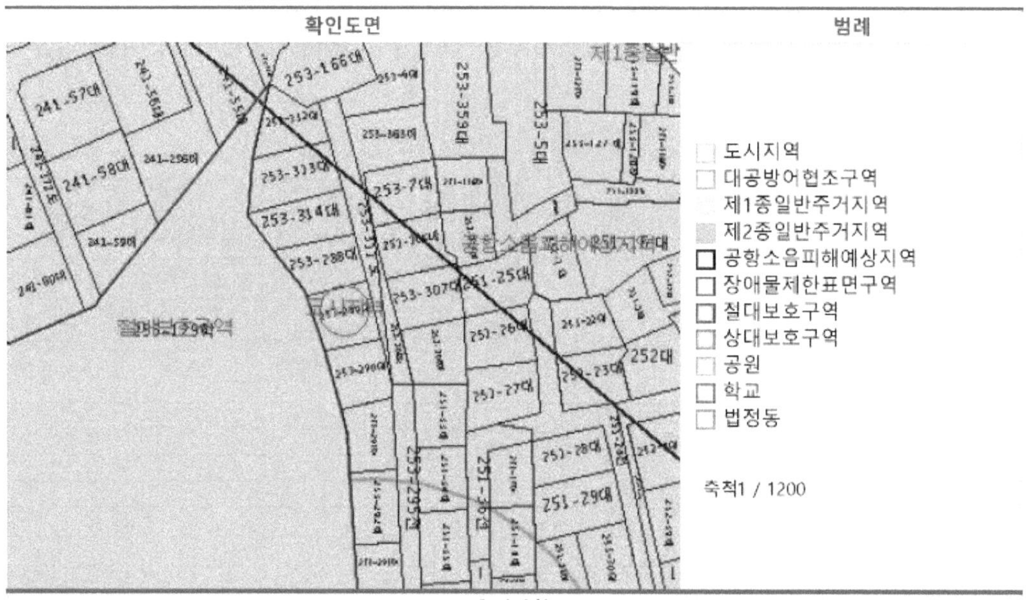

9) 지적도(임야도)

① 지적도(임야도) 열람, 발급, 표시사항

- 정부24에서 열람, 발급(www.gov.kr)
- 지적도 : 지목이 임야이고 토임전(주소표기 시 "산" 을 붙임, 예:산100-1임)의 경우를 제외한 모든 지목의 지적도 열람, 발급
- 임야도 : 지목이 임야이고 토임전인 경우 임야도 열람, 발급
- 지적도 기재사항 : 소재지, 축척, 지적도(임야도) 이미지

② 지적도(임야도) 열람 목적

- 해당 토지의 위치와 모양, 도로 조건 등 확인
- 현황상 도로가 있더라도 지적도상 맹지인 경우 개발행위허가(건축허가)를 받지 못할 수 있음
- 축척을 통해 토지의 길이, 너비 확인

지적도 등본

발급번호	G2015012340539106001	처리시각	00시 57분 27초	발 급 자	민원24
토지소재	경기도 용인시 수지구 고기동	지 번		축 척	등록:1/1200 출력:1/1200

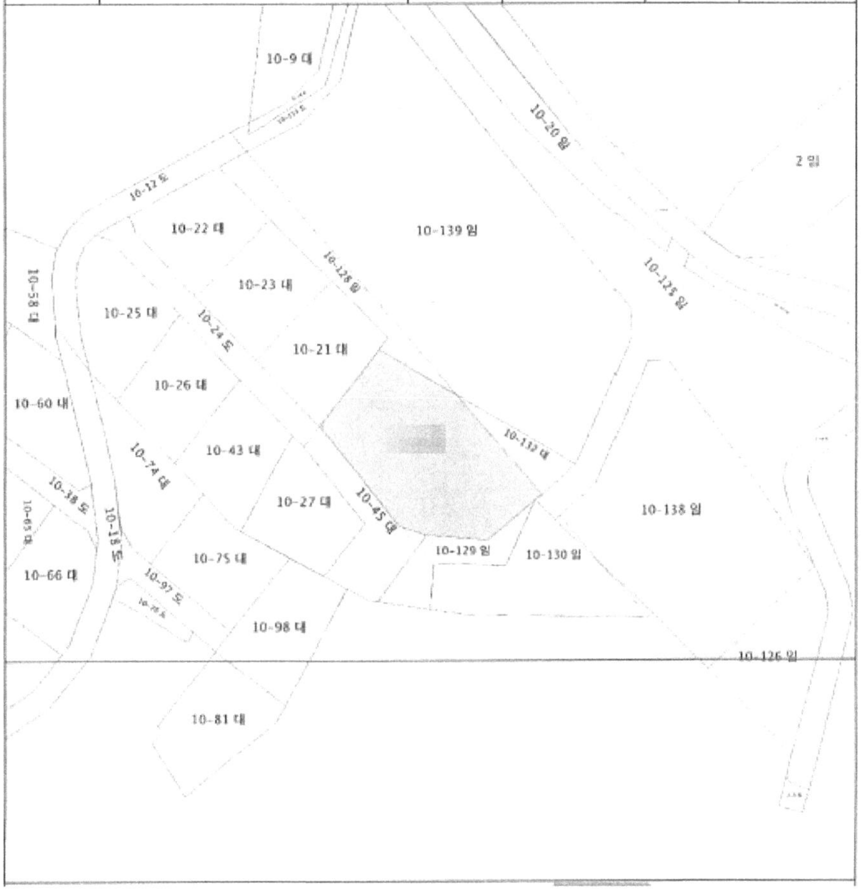

10) 건축물 현황도

① 건축물 현황도 열람, 발급, 표시사항

- 세움터에서 열람, 발급(www.eais.go.kr)
- 본인 소유가 아닌 건축물 -> 주소 입력 -> 열람, 발급 받을 층 선택 -> 신청인 자격(건축물이 경매, 공매 중이거나) -> 이용약관, 개인정보 수집에 대한 동의 -> 신청
- 발급근거 : 건축물대장의 기재 및 관리 등에 관한 규칙 제11조 제3항 제3호

② 열람, 발급 목적

- 주거용 : 세대별 위치(좌우 위치 확인), 세대수, 방 개수 등 확인
- 상업용 : 호수별 위치, 내부 구조 확인

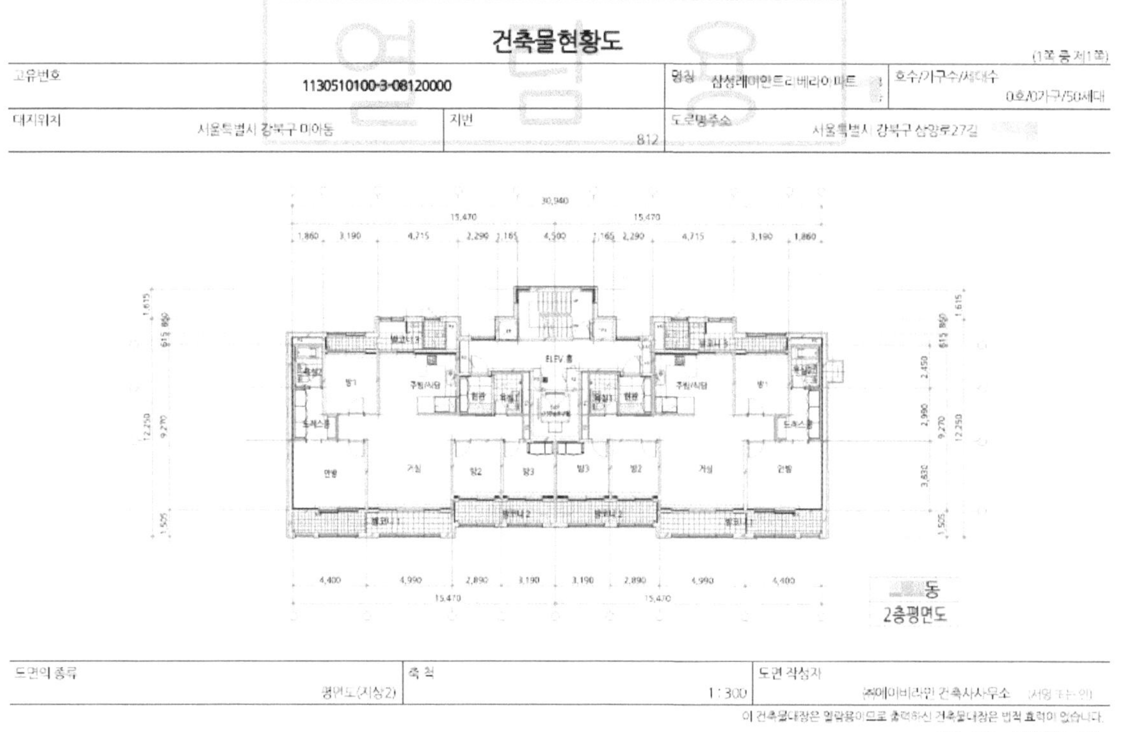

5 경매의 종류

1) 집행권원에 의한 강제경매

① 채무자 소유의 부동산을 압류, 현금화하여 그 매각대금을 가지고 채권자의 금전채권의 만족을 얻음을 목적으로 하는 강제집행 절차

② 집행권원에는 판결문, 결정문, 공정증서 등이 있음

③ 집행권원 중 판결문의 경우 소송 절차를 거치게 되므로 상당한 시간이 소요됨

④ 실무상 강제경매에는 대여금 반환청구, 사업자대출 미지급, 임차보증금반환청구 등이 있음

2) 담보권 실행을 위한 경매

① 담보권에는 근저당권, 저당권, 전세권, 담보가등기 등이 있음

② 채권자와 채무자 사이에 약정 불이행 시 소송 절차 없이 경매 실행

③ 금융기관에서 대출 실행 후 채무자 부동산 등기부등본에 근저당을 설정하고 이자 또는 원금 미지급 시 소송 절차 없이 경매 신청

④ 임차인이 임대인의 동의를 얻어 전세권을 설정한 후 존속기간 만료 시 보증금을 반환받지 못하는 경우 소송 절차 없이 경매 신청

3) 형식적경매

① "상법 그 밖의 법률 규정에 의하여 재산의 보관 또는 정리, 가격보존 등의 목적으로 그 목적물을 현금화하는 것" (법원실무제요 민사집행법[Ⅱ] p4)
② 형식적 경매는 담보권 실행을 위한 경매의 절차대로 진행함
③ 형식적 경매의 종류
- 유치권에 의한 경매 : 유치권자는 채권을 변제 받기 위하여 목적 부동산에 대하여 경매를 신청할 권리를 갖게 됨
- 공유물분할을 위한 경매 : 공유관계에 있는 부동산을 현금화하기 위한 경매
- 청산을 위한 경매 : 상속인이 없는 재산을 청산하거나 채무자회생 및 파산에 관한 법률에 의해 파산재단에 속하는 부동산 등 권리를 현금화하는 경매

6 경매 절차

1) 경매개시결정등기

① 경매 신청 시 법원에서 심사 후 채무자 등기부등본에 경매개시결정을 촉탁함
② 경매개시결정등기를 통해 경매 절차가 시작됨

2) 현황조사(민사집행법 제85조)

① 법원에서는 집행관으로 하여금 목적 부동산에 대하여 현황 조사할 것을 명함
② 집행관은 목적 부동산을 방문하여 대상 부동산의 현상을 조사하고 점유자가 있는 경우 점유자를 대면하여 점유관계에 대하여 진술을 받음
③ 차임 또는 보증금의 액수 등 진술 받은 내용은 기록해서 차후에 현황조사서로 공시함
④ 주거용 부동산의 경우 주민센터를 방문하여 전입세대열람, 주민등록등본 발급
⑤ 상업용 부동산의 경우 세무서를 방문하여 상가임대차현황서 발급

3) 감정평가(민사집행법 제97조)

① 법원은 감정평가사에게 부동산을 평가하게 하고 그 평가액을 참작하여 최저매각가격을 정함
② 거래사례비교법 등을 통해 감정평가 함
③ 감정평가 시점과 매각 시점 간의 차이로 매각 당시 감정가격과 시세와의 차이 발생

4) 배당요구종기일(민사집행법 제88조)

① 경매개시결정에 따른 압류의 효력이 생긴 때로부터 1주 이내에 배당요구의 종기결정 및 공고
② 각 채권자들은 배당요구종기일까지 배당요구를 해야 배당에 참여할 수 있음
③ 경매개시결정등기 전 등기된 권리자들은 배당요구 없이도 배당에 참여 가능
④ 대항력 있는 임차인의 경우 배당요구 여부에 대한 확인이 매우 중요함

⑤ 대항력 있는 임차인이 배당요구종기일내에 배당요구 하지 않은 경우 매수인이 임차인의 보증금을 전액 인수함

5) 매각기일 공고(민사집행법 제103조)

① 첫 매각기일의 공고는 매각기일의 2주전까지 함(민사집행법규칙 제56조)
② 법원게시판, 법원경매정보 사이트, 일간지 신문을 통해 공고

6) 매각

① 각 법원의 입찰 법정에서 정해진 시간에 매각을 진행하고 다수의 입찰자들이 경합을 통해 최고가 매수인을 결정
② 최고가 매수신고인이 둘 이상인 경우 최고가 매수신고인만을 대상으로 재입찰을 진행하며 입찰가격은 전 입찰가격 이상으로 함(민사집행규칙 제66조 제1항)
③ 2항에 따른 재입찰 시 입찰자 모두가 응하지 않거나 다시 재입찰자들이 동일한 가격으로 입찰한 때에는 추첨으로 최고가매수신고인을 정함(민사집행규칙 제66조 제2항)
④ 유효한 입찰이 없는 경우(유찰) 다음 매각기일을 공고하여 각 법원에 따라 감정가격에서 차감하여 2차 매각을 진행

7) 차순위매수신고(민사집행법 제114조, 제137조)

① 매각기일에 최고가매수신고 이후 해당 물건에 대한 입찰절차 종결전까지 집행관에게 차순위매수신고를 해야 함
② 차순위매수신고 시 입찰보증금을 반환 받지 못함, 매수인이 대금납부 시 반환 됨
③ 차순위매수신고인의 요건은 낙찰가격에서 입찰보증금을 뺀 금액을 넘는 때에만 할 수 있음
④ 차순위매수신고인이 둘 이상인 경우에는 입찰가격이 높은 사람이 신고
⑤ 매수인이 대금납부 기한까지 대금납부를 못한 경우 차순위매수신고인에게 매각허가결정을 하면 차순위매수신고인이 대금납부를 할 수 있음

8) 공유자우선매수신고(민사집행법 제140조)

① 공유자는 매각기일까지 입찰보증금을 제공하고 최고가매수신고 가격과 같은 가격으로 채무자의 지분을 우선매수하겠다는 신고를 할 수 있음
② 공유자의 우선매수신고가 있는 경우 공유자에게 매각을 허가
③ 여러 명의 공유자가 우선매수신고 시 특별한 협의가 없으면 공유지분 비율에 따라 채무자의 지분을 매수
④ 공유자우선매수신고 시 최고가매수신고인은 차순위매수신고인의 자격을 갖게 됨

9) 매각허가결정(민사집행법 제109조, 제121조~제128조)

① 매각결정기일은 매각기일로부터 1주 이내로 정해야 함
② 이해관계인 중 매각불허가 신청이 있는 경우 적법한 사유인지 심리하여 매각허부 여부를 결정
③ 매각불허가결정 시 전 매각을 취소하고 매수인에게 입찰보증금을 반환함
④ 농지의 경우 매각허가결정일까지 농지취득자격증명을 제출하지 못하거나 특수법인(학교법인, 의료법인, 사회복지법인 등)부동산 낙찰 후 주무관청의 허가를 받지 못한 경우 매각은 불허가 되며 이 때에 입찰보증금은 매수인에게 반환되지 않고 몰수하여 배당에 산입함

10) 즉시항고(민사집행법 제129조~제131조)

① 이해관계인은 매각허가결정에 대해 즉시항고를 할 수 있음
② 즉시항고 시 매각대금의 10분의 1일에 해당하는 금전 또는 법원이 인정한 유가증권을 공탁해야 함
③ 채무자 및 소유자가 한 즉시항고가 기각 되는 경우 항고보증금은 몰수되고 그 외의 이해관계인이 한 즉시항고가 기각되는 경우 대법원규칙이 정한 이자는 반환 되지 않고 항고보증금은 반환됨

11) 대금납부(민사집행법 제135조, 제138조)

① 즉시항고가 없었거나 즉시항고가 기각되는 경우 법원에서는 매각허가를 확정함
② 매각허가확정 후 매수인에게 매각대금 납부에 관한 통지를 함
③ 매각허가확정일로부터 1개월 이내로 납부기한을 지정(민사집행규칙 제78조)
④ 대금납부 시 매수인은 소유권을 취득함
⑤ 매수인이 대금납부 기한까지 납부하지 못한 경우 입찰보증금은 몰수됨

12) 부동산인도명령, 명도(민사집행법 제136조)

① 점유자(채무자, 소유자, 임차인 등)를 강제집행을 통해 내보낼 수 있는 집행권원
② 매각대금 납부 이후 6개월 이내에 신청해야 함
③ 채무자, 소유자의 경우 인도명령 신청 후 수일 내에 인용됨
④ 임차인의 경우 배당기일 이후 인용됨
⑤ 대항력 없는 임차인, 기타 권원 없는 점유자, 대항력 있는 임차인 중 보증금 전액 배당되는 임차인에 대하여 인용
⑥ 대항력 있는 임차인 중 배당요구 하지 않았거나 보증금 전액 배당되지 않는 임차인에 대하여는 기각
⑦ 부동산인도명령 인용 후 강제집행 절차 진행
⑧ 점유자에게 협의비용(이사비)를 지급하고 원만하게 명도하기 위해 협의

13) 배당(민사집행법 제145조~제161조)

① 매수인이 매각대금 납부 시 배당을 실시함
② 배당기일 3일전에 배당표원안을 작성하여 법원에 비치함
③ 배당기일에 배당순위에 따라 채권자들에게 배당
④ 배당에 이의가 있는 경우 배당이의를 제기할 수 있으며 배당기일로부터 1주일 이내에 배당이의 소를 제기해야 함
⑤ 배당이의 시 배당금은 공탁되며 배당이의 소 판결 이후 배당을 실시함

제 2 강 주거용 부동산 권리분석

1 말소기준등기(=말소기준권리)

1) 개요

① 부동산의 담보가치보다 채무가 더 많은 경우 매매로 거래할 수 없음
② 경매는 채무가 담보가치보다 많더라도 매각을 통해 말소되는 것이 원칙
③ 말소기준등기 또는 말소기준권리라고 명칭을 정함
④ 말소기준등기의 역할
- 등기부등본상의 권리 소멸 여부
- 임차인의 대항력 판단 기준

2) 법률적 근거(민사집행법 제91조 제2항, 제3항)

① "매각 부동산 위의 모든 저당권은 매각으로 소멸된다."
② "지상권, 지역권, 전세권 및 등기된 임차권은 저당권, 압류채권, 가압류채권에 대항할 수 없는 경우에는 매각으로 소멸된다."
③ "제3항의 경우 외의 지상권, 지역권, 전세권 및 등기된 임차권은 매수인이 인수한다."

3) 말소기준등기가 되는 권리

① 근저당권, 저당권, 압류, 가압류, 담보가등기, 경매개시결정등기, 전세권(경매를 신청했거나 배당요구한 경우)
② 1항의 권리 중 등기부등본 설정일자가 가장 빠른 권리
③ 최선순위 권리가 1항의 권리가 되는 경우 해당 권리와 후순위 권리는 모두 매각으로 말소됨(예외 있음)

4) 말소기준등기 사례(말소)

① 근저당이 말소기준등기가 되는 사례
2020.10.15 A 근저당권 3억
2020.11.10 B 근저당권 2억
2021.08.20 A 근저당권 임의경매
- 말소기준등기는?
- 낙찰가격이 4억원인 경우 B근저당권은 말소될까?

② 가압류가 말소기준등기가 되는 사례

2020.03.05 A 가압류 5억

2020.05.15 B 가압류 4억

2021.04.25 A 가압류 강제경매

- 말소기준등기는?
- 낙찰가격이 7억원인 경우 B 가압류는 말소될까?

③ 전세권이 말소기준등기가 되는 사례

2020.02.20 전세권 2억

2020.03.10 근저당 3억

2021.09.10 전세권 임의경매

- 말소기준등기는?
- 전세권은 말소될까?

④ 전세권이 말소기준등기가 되는 사례

2020.02.20 전세권 2억

2020.03.10 근저당 3억

2021.09.10 근저당 임의경매

전세권 배당요구

- 말소기준등기는?
- 전세권은 말소될까?

⑤ 전세권이 말소기준등기가 되지 않는 사례

2020.02.20 전세권 2억

2020.03.10 근저당 3억

2021.09.10 근저당 임의경매

전세권 배당요구 하지 않음

- 말소기준등기는?
- 전세권은 말소될까?

⑥ 경매개시결정등기가 말소기준등기가 되는 사례

2020.04.10. A 강제경매개시결정

2020.05.25. B 가압류

- 말소기준등기는?

⑦ 담보가등기가 말소기준등기가 되는 사례

2020.10.20. A 담보가등기

2020.11.16. B 근저당

2021.09.20. A 담보가등기 임의경매
- 말소기준등기는?
- 담보가등기는 말소될까?

5) 매각으로 말소되지 않는 권리

① 등기부등본상 최선순위로 설정된 권리가 가처분, 지상권, 지역권, 전세권(경매 신청하지 않거나 배당요구 하지 않은 경우)인 경우 매각으로 말소되지 않음
② 위 권리들을 인수하게 되는 경우 매수인은 소유권을 상실하거나 소유권 행사에 제한을 받음
③ 매각으로 말소되지 않는 권리가 있는 경우 물건명세서에 기재됨

6) 말소기준등기 사례(인수)

① 가처분
- 계쟁물(다툼의 대상)에 관한 가처분과 임시의 지위를 정하는 가처분이 있음
- 최선순위 가처분이 설정된 경우 매수인이 인수하며 가처분으로 소송 결과에 따라 매수인이 소유권을 상실할 수 있음
- 말소기준등기 이후 설정된 가처분은 말소되는 것이 원칙이나 예외적으로 인수되는 경우가 있음(토지 소유자가 건물 소유자를 상대로 "토지인도 및 건물 철거"를 피보전권리로 하는 가처분, 소유권에 대한 다툼을 원인으로 하는 가처분)

② 인수되는 최선순위 가처분
2020.03.10 가처분
2020.06.15 가압류
2021.09.10 가압류 강제경매
- 말소기준등기는?
- 가처분은 말소될까?

③ 인수되는 후순위 가처분
2020.02.20 근저당 2억
2020.03.10. 가처분(피보전권리 : 토지인도 및 건물철거)
2021.09.10 근저당 임의경매
- 말소기준등기는?
- 가처분은 말소될까?

④ 최선순위 매매예약 가등기
- 최선순위로 설정된 본등기를 목적으로 하는 매매예약 가등기는 매각으로 말소되지 않음
- 최선순위로 설정된 매매예약 가등기에서 가등기권자가 본등기 시 매수인은 소유권을 상실하게 됨

- 후순위 매매예약 가등기는 매각으로 말소됨
- 담보가등기와 매매예약 가등기를 구분하는 방법
  ◦ 물건명세서를 통해 담보가등기 여부 확인
  ◦ 가등기권자가 법원에 채권계산서 제출 시 담보가등기

⑤ 최선순위 매매예약 가등기 인수되는 사례

2020.05.10 매매예약 가등기

2020.06.20 근저당 2억

2021.07.10 근저당 임의경매

- 말소기준등기는?
- 매매예약 가등기는 말소될까?

⑥ 담보가등기 사례

2020.05.10 담보가등기

2020.06.20 근저당 2억

2021.07.10 근저당 임의경매

- 말소기준등기는?
- 담보가등기는 말소될까?

⑦ 지상권

- 타인의 토지에 건물, 기타 공작물이나 수목을 소유하기 위하여 그 토지를 사용할 수 있는 용익물권
- 지상권의 존속기간은 견고한 건물의 경우 30년, 기타의 건물은 15년, 공작물의 경우 5년으로 함
- 위보다 단축한 기간을 정했거나 존속기간을 정하지 않은 경우 위 최단기간으로 함
- 실무상 위의 목적으로 거의 이용되지 않으며 금융기관에서 토지를 담보로 대출 시 설정함
- 최선순위 지상권이 설정된 경우 매수인이 인수하며 후순위로 설정된 경우는 매각으로 말소됨

⑧ 지상권이 인수되는 사례

2020.07.20 지상권

2020.06.15 근저당 2억

2021.09.10 근저당 임의경매

- 말소기준등기는?
- 지상권은 말소될까?

⑨ 지역권
- 타인의 토지를 자기 토지의 편익에 이용하는 용익물권
- 최선순위로 설정된 경우 인수되며 후순위로 설정된 경우는 매각으로 말소됨
- 실무에서 거의 이용되고 있지 않음

⑩ 지역권이 인수되는 사례
2020.06.12 지역권
2020.06.15 근저당 2억
2021.09.10 근저당 임의경매
- 말소기준등기는?
- 지역권은 말소될까?

2 대항력

1) 대항력이란?

① "임대차는 그 등기가 없는 경우에도 임차인이 주택의 인도와 주민등록을 마친 때에는 그 다음 날부터 제삼자에 대하여 효력이 생긴다."(주택임대차보호법 제3조 제1항)
② 임대차 계약은 채권적 성질을 갖고 있어 소유자가 바뀌는 경우 새로운 소유자에게 이전 임대차 계약으로 임차인의 권리를 주장할 수 없음
③ 1981년 주택임대차보호법이 제정되어 임차인이 새로운 소유자에게 임차권을 주장할 수 있게 됨

2) 대항력 요건

① 주택의 인도 + 주민등록(전입신고)
② 주택임대차보호법상 2가지 요건을 모두 충족해야 함

3) 대항력 발생시기

① "임차인이 주택의 인도와 주민등록을 마친 때에는 그 다음 날부터 제삼자에 대하여 효력이 생긴다."(주택임대차보호법 제3조 제1항)
② 1항에서의 다음날은 0시를 의미함(대법원 99다9981)

4) 경매 절차에서의 대항력

① 일반 임대차에서는 주택의 인도와 전입신고만으로 대항력을 주장할 수 있음
② 경매에서는 임차권이 소멸하는 것이 원칙이나 보증금이 전액 배당되지 않은 대항력이 있는 임차권(말소기준등기보다 대항력을 먼저 갖춘 임차권)은 소멸하지 않음

③ 경매 절차에서의 대항력 사례

- 대항력을 주장할 수 없는 사례

  2019.10.20. A 근저당

  2019.11.15. 임차인 전입, 인도

  2020.08.25 A 근저당 임의경매

  임차인은 경매 절차에서 대항력을 주장할 수 없음

  임차인의 보증금이 매각대금으로 전액 배당되지 않더라도 매수인이 인수하지 않음

- 대항력을 주장할 수 있는 사례

  2019.05.16. 임차인 전입, 인도

  2019.07.20. A 근저당

  2020.06.17. 근저당 임의경매

  임차인은 경매 절차에서 대항력을 주장할 수 있음

  배당요구 하는 경우 보증금 전액 배당 시 인수사항 없음

  배당요구 하지 않는 경우 매수인이 임차권(임대차 계약기간 + 보증금)을 인수함

5) 경매 절차에서 대항력 유지 요건

① 임차인은 경매 절차에서 배당요구종기일까지 유지하면 됨

② "상가건물의 임차인이 임대차보증금 반환채권에 대하여 상가건물 임대차보호법 제3조 제1항 소정의 대항력 또는 같은 법 제5조 제2항 소정의 우선변제권을 가지려면 임대차의 목적인 상가건물의 인도 및 부가가치세법 등에 의한 사업자등록을 구비하고, 관할세무서장으로부터 확정일자를 받아야 하며, 그 중 사업자등록은 대항력 또는 우선변제권의 취득요건일 뿐만 아니라 존속요건이기도 하므로, 배당요구의 종기까지 존속하고 있어야 한다."(대법원 2006.1.13. 선고 2005다64002 판결)

③ 실무에서 현황조사서상 대항력 있는 임차인의 전입신고 사실이 있었지만 차후 매각 당시 전입세대가 없더라도 대항력 있는 임차인이 배당요구종기일까지 대항력을 유지하고 있었다면 대항력을 주장할 수 있음

6) 대항력 있는 임차인이 있는 경우 확인 사항

① 배당요구 여부

② 배당요구 후 철회 여부

③ 배당요구 했으나 낙찰가격이 임차인의 보증금액 보다 낮아서 보증금 배당액이 부족한 경우

④ 확정일자 여부

⑤ 조세채권, 임금채권, 공과금 배당순위가 임차인의 순위보다 빨라 먼저 배당되는 경우

7) 임대차 정보 확인하는 방법

① 법원경매정보 사이트를 통해 “물건명세서 " 열람

② 물건명세서를 통해 임차인의 배당요구 여부 확인

③ 임차인이 배당요구 한 경우 임차인의 전입신고 일자, 확정일자, 보증금액, 배당요구 일자 확인

서 울 북 부 지 방 법 원

2020타경107391

매각물건명세서

<table>
<tr><td>사 건</td><td>2020타경107391 부동산강제경매</td><td>매각
물건번호</td><td>1</td><td>작성
일자</td><td>2021.03.19</td><td>담임법관
(사법보좌관)</td><td></td></tr>
<tr><td>부동산 및 감정평가액
최저매각가격의 표시</td><td>별지기재와 같음</td><td>최선순위
설정</td><td colspan="3">2019.11.15.근저당권</td><td>배당요구종기</td><td>2020.10.15</td></tr>
<tr><td colspan="8">부동산의 점유자와 점유의 권원, 점유할 수 있는 기간, 차임 또는 보증금에 관한 관계인의 진술 및 임차인이 있는 경우 배당요구 여부와 그 일자, 전입신고일자 또는 사업자등록신청일자와 확정일자의 유무와 그 일자</td></tr>
</table>

점유자 성 명	점유 부분	정보출처 구 분	점유의 권 원	임대차기간 (점유기간)	보 증 금	차 임	전입신고 일자, 사업자등록 신청일자	확정일자	배당 요구여부 (배당요구일자)
	전부	현황조사	주거 임차인	미상	2억7,000만원	없음	2019.05.02	미상	
	전부(방 3칸)	권리신고	주거 임차인	2019.05.02.부터 2021.05.01.까지	270,000,000		2019.05.02.	2019.03.21.	2020.10.12

8) 무상거주확인서

① 금융기관에서 담보대출 시 전입세대열람을 통해 소유자가 아닌 세대가 전입되어 있는 경우 대출 불가

② 소유자와 친인척이거나 지인 관계이고 임대차 없이 거주하는 경우 금융기관에서는 무상거주확인서를 작성하게 함

③ 소유자가 아닌 세대주가 무상거주확인서를 작성하면 이후 경매 절차에서 대항력을 주장할 수 없음

④ “근저당권자가 담보로 제공된 건물에 대한 담보가치를 조사할 당시 대항력을 갖춘 임차인이 임대차 사실을 부인하고 건물에 관하여 임차인으로서의 권리를 주장하지 않겠다는 내용의 무상임대차 확인서를 작성해 주었고, … 비록 매각물건명세서 등에 건물에 대항력 있는 임대차가 존재한다는 취지로 기재되었더라도 … 금반언 또는 신의성실의 원칙에 반하여 허용될 수 없다.”(대법원 2016.12.1 선고 2016다228215 판결)

⑤ 물건명세서를 통해 법원에 무상거주확인서 제출 여부 확인해야 함

무상임차 확인각서

결재	담 당	책임자	부서장

주민등록 전입주소지

1. 본인은 상기 주민등록 전입주소지에 년 월 일자로 주민등록 전입이 되었으나, 상기 주소지 주택소유자와 자매 인 관계로 임대차계약(임차보증금 및 월세) 없이 임차하고 있음을 확인하는 바,

2. 향후 주택임대차 보호법에 의한 임차보증금을 청구하지 않겠으며,

3. 상기 2항의 불이행으로 인하여 귀 은행에 재산상의 손해를 끼치게 된 경우에는 그에 대한 민·형사상의 책임을 감수함을 확약하며, 이에 본 각서를 제출합니다.

2010. 12. 27. 일

상기 사실이 틀림이 없음을 확인함.

주민등록 전입자
주 소 :
성 명 :

주택소유자(담보제공자)
주 소 :
성 명 :

모아저축은행 MOA Bank 귀중

3 우선변제권

1) 우선변제권이란?

① 담보물권(근저당권, 저당권 등)의 경우 경매 절차에서 후순위 권리자보다 먼저 배당 받을 권리가 있음

② 일반 채권의 경우 후순위 권리자보다 우선하여 먼저 배당 받을 권리가 없어 안분배당 받게됨

③ 임차권도 채권으로서 우선변제권이 없어 대항력 없는 임차인은 경매 절차에서 보증금을 배당 받기 어려움

④ 1989년에 주택임대차보호법을 개정하여 임차인도 담보물권처럼 경매 절차에서 우선변제권을 갖게 됨

⑤ “임차주택의 환가대금에서 후순위권리자나 그 밖의 채권자보다 우선하여 보증금을 변제 받을 권리가 있다.”(주택임대차보호법 제3조의2 보증금의 회수)

2) 우선변제권의 요건

① 대항력 요건(주민등록+주택의 인도)
② 확정일자
③ 배당요구종기일까지 배당요구

3) 우선변제권 발생 시기

① 대항력 발생시기와 확정일자 중 늦은 날(시간)
② "주택의 인도와 주민등록을 마친 당일 또는 그 이전에 확정일자를 갖춘 경우 우선변제권은 주택의 인도와 주민등록을 마친 다음날을 기준으로 발생한다."(대법원 1999.3.23 선고 98다43938 판결)
③ 임차인의 확정일자가 전입신고일자 보다 늦은 경우
2020.10.20 전입, 인도 (보증금 3억)
2020.10.25 근저당 4억
2020.10.30 확정일자
2021.08.05 근저당 임의경매
임차인 배당요구 함
- 낙찰가격이 5억이라면 임차인은 얼마를 배당 받게 될까?
- 매수인이 인수하는 임차인의 보증금액은?

④ 임차인의 전입신고일자, 확정일자, 근저당 설정일자가 같은 날인 경우
2020.10.20 전입, 인도, 확정일자 (보증금 2억)
2020.10.20 근저당 3억
2021.08.05 근저당 임의경매
임차인 배당요구 함
- 낙찰가격이 4억이라면 임차인은 얼마를 배당 받게 될까?
- 매수인이 인수하는 임차인의 보증금액은?

⑤ 임차인의 전입일자가 확정일자보다 늦은 경우
2020.10.20 확정일자
2020.10.25 전입, 인도 (보증금 5억)
2020.10.25 근저당 3억
2021.08.05 근저당 임의경매
임차인 배당요구 함
- 낙찰가격이 5억이라면 임차인은 얼마를 배당 받게 될까?
- 매수인이 인수하는 임차인의 보증금액은?

4) 보증금을 증액한 경우

① 대항력 있는 임차인이 보증금을 증액한 경우 근저당 설정일자의 선후에 따라 인수여부 결정

② 대항력 있는 임차인이 근저당 설정 이후 증액한 경우 증액한 보증금에 대하여는 대항력을 주장할 수 없음(대법원 1990.8.14 선고 90다카11377 판결)

③ 대항력 있는 임차인이 근저당 설정 이전에 증액한 경우 증액한 보증금에 대해 확정일자를 받지 않았거나 배당요구 하지 않은 경우 인수

④ 근저당 설정 이후 보증금을 증액한 경우

2018.11.20 전입, 인도, 확정일자 (보증금 5억)

2018.12.20 근저당 3억

2020.11.20 증액 2억

2021.08.10 근저당 임의경매

임차인 배당요구 함(7억)

- 낙찰가격이 7억이라면 임차인은 얼마를 배당 받게 될까?
- 임차인이 배당 받지 못한 증액 보증금 2억은 매수인이 인수 할까?

⑤ 근저당 설정 이전에 보증금을 증액한 경우

2018.11.20 전입, 인도, 확정일자(보증금 5억)

2020.11.20 증액 2억

2020.12.10 근저당 3억

2021.08.10 근저당 임의경매

임차인 배당요구 함(7억)

- 낙찰가격이 8억이라면 임차인은 얼마를 배당 받게 될까?
- 증액한 2억에 대해 확정일자를 받은 경우 7억 배당
- 증액한 2억에 대해 확정일자를 받지 않은 경우 배당되지 않고 매수인이 인수하게 됨

⑥ 근저당 설정 이전에 보증금 증액, 증액 계약서에 확정일자를 늦게 받은 경우

2019.06.27. 확정일자(보증금 2억, 월80만)

2020.01.03. 전입

2020.06.24. 갱신계약(4억 증액)

2021.04.27. 근저당 새마을금고(채권최고액 1억8000만)

2022.02.11. 근저당 키움저축은행(채권최고액 3억8000만)

2022.03.28. 갱신계약서 확정일자

2022.10.26. 임의경매개시

2022.11.19. 임차인 배당요구(보증금 6억)

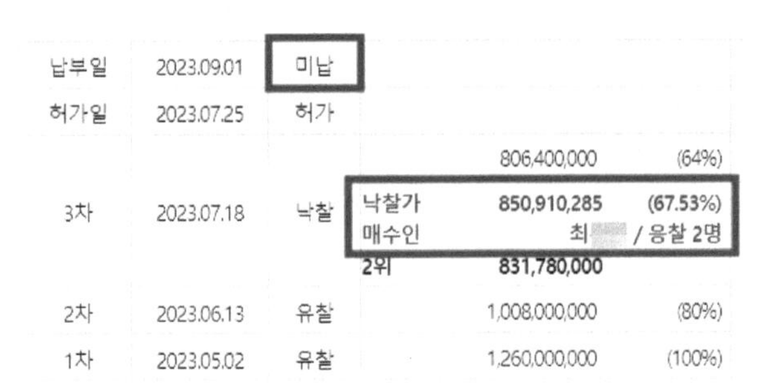

납부일	2023.09.01	미납			
허가일	2023.07.25	허가			
3차	2023.07.18	낙찰		806,400,000	(64%)
			낙찰가	850,910,285	(67.53%)
			매수인	최	/ 응찰 2명
			2위	831,780,000	
2차	2023.06.13	유찰		1,008,000,000	(80%)
1차	2023.05.02	유찰		1,260,000,000	(100%)

● **예상 배당표(집행비용, 조세채권 등 고려하지 않음)**

1순위 : 임차인 2억

2순위 : 새마을금고 근저당 1억8000만

3순위 : 키움저축은행 근저당 3억8000만

4순위 : 임차인 증액 보증금 9000만

☞ 매수인이 인수하는 금액은? 3억1000만

☞ 매수인의 취득금액은? 8억5000만(낙찰금액) + 3억1000만(인수금액) = 11억6000만

☞ 당시 실거래가격 10억1000만~10억4500만

☞ 재매각 절차에서 4억8800만원에 낙찰 받은 사람이 취득하는 금액은?

4 최우선변제권

1) 최우선변제권이란?

① 보증금액이 소액인 임차인을 보호하기 위한 법규정

② "임차인은 보증금 중 일정액을 다른 담보물권자보다 우선하여 변제 받을 권리가 있다." (주택임대차보호법 제8조 보증금 중 일정액의 보호)

③ 지역별, 최선순위 담보물권 설정일자에 따라 보증금액이 결정됨

2) 최우선변제권의 요건

① 보증금이 주택임대차보호법에서 정하고 있는 범위내에 있어야 함

② 경매개시결정등기 이전에 대항력 요건을 갖추어야 함

③ 배당요구종기일까지 배당요구

3) 최우선변제권의 기준 및 배당

① 최선순위 담보물권(근저당권 등) 설정일을 기준으로 적용금액이 결정됨(주택임대차보호법 시행령 부칙)

② 최우선변제 임차인이 여러 명이고 배당액이 부족한 경우 안분배당

③ 매각대금의 ½내에서 배당됨(주택임대차보호법 제8조 제3항)

4) 최우선변제 적용 범위

최선순위 담보권 설정일자	지 역	소액보증금 적용범위	받게되는 소액보증금
1984. 1. 1. ~ 1987. 11. 30.	특별시, 광역시	300만원 이하	300만원
	기타지역	200만원 이하	200만원
1987. 12. 1 ~ 1990. 2. 18.	특별시, 광역시	500만원 이하	500만원
	기타지역	400만원 이하	400만원
1990. 2. 19 ~ 1995. 10. 18.	특별시, 광역시	2,000만원 이하	700만원
	기타지역	1.500만원 이하	500만원
1995. 10. 19 ~ 2001. 9. 14.	특별시, 광역시	3,000만원 이하	1,200만원
	기타지역	2,000만원 이하	800만원
2001. 9. 15 ~ 2008. 8. 20.	수도권 중 과밀억제권역	4,000만원 이하	1,600만원
	광역시(군 제외)	3,500만원 이하	1,400만원
	그 외 지역	3,000만원 이하	1,200만원
2008. 8. 21 ~ 2010. 7. 25.	수도권 중 과밀억제권역	6,000만원 이하	2,000만원
	광역시(군 제외)	5,000만원 이하	1,700만원
	그 외 지역	4,000만원 이하	1,400만원
2010. 7. 26. ~ 2013.12.31.	서울특별시	7,500만원 이하	2,500만원
	수도권 중 과밀억제권역	6,500만원 이하	2,200만원
	광역시(군 제외) 안산, 용인, 김포, 광주 포함	5,500만원 이하	1,900만원
	그 외 지역	4,000만원 이하	1,400만원
2014.1.1 ~ 2016.03.30.	서울특별시	9,500만원 이하	3,200만원
	수도권 중 과밀억제권역	8,000만원 이하	2,700만원
	광역시(군 제외) 안산, 용인, 김포, 광주 포함	6.000만원 이하	2,000만원
	그 외 지역	4,500만원 이하	1,500만원
2016.03.31 ~ 2018.9.17	서울특별시	1억원 이하	3,400만원
	수도권 중 과밀억제권역	8,000만원 이하	2,700만원
	광역시(군 제외) 안산, 용인, 김포, 광주 포함	6,000만원 이하	2,000만원
	세종시	6,000만원 이하	2.000만원
	그 외 지역	5,000만원 이하	1.700만원
2018.09.18. ~ 2021.5.10	서울특별시	1억1000만 이하	3,700만원
	수도권 중 과밀억제권역 (용인,화성,세종)	1억 이하	3,400만원
	광역시 (안산,광주,파주,김포)	6,000만원 이하	2,000만원
	그 외 지역	5,000만원 이하	1.700만원

2021.5.11.~ 2023.2.20	서울특별시	1억5000만 이하	5,000만
	수도권 중 과밀억제권역 (용인,화성,세종,김포)	1억3000만 이하	4,300만
	광역시 (안산,광주,파주,이천,평택)	7,000만 이하	2,300만
	그 외 지역	6,000만 이하	2,000만
2023.2.21.~	서울특별시	1억6500만 이하	5,500만
	수도권 중 과밀억제권역 (용인,화성,세종,김포)	1억4500만 이하	4,800만
	광역시 (안산,광주,파주,이천,평택)	8,500만 이하	2,800만
	그 외 지역	7,500만 이하	2,500만

5) 최우선변제 배당 사례

① 최우선변제에 해당 되지 않는 사례
지역: 서울
2021.05.06 근저당 2억
2021.05.12 전입, 인도, 확정 (보증금 1억5000만)
2021.10.10 임의경매
- 최선순위 담보권(근저당) 설정일자가 2021.05.06.일로 서울의 경우 보증금액이 1억1000만원 이하여야 함

② 최우선변제에 해당 되는 사례
지역: 서울
2021.05.12 근저당 2억
2021.05.15 전입, 인도, 확정 (보증금 1억5000만)
2021.10.10. 임의경매
- 낙찰가격이 2억인 경우 배당표는 아래와 같음
1순위: 임차인 5000만원
2순위: 근저당 1억5000만원

6) 최우선변제에 따른 주택담보대출

① 주거용 부동산 담보대출 시 방 개수에 따라 대출한도 차감됨
② 집합건축물(아파트, 다세대 등)의 경우 방1개 금액으로 차감(MCI, MCG 가입 시 방공제하지 않음)
③ 다가구, 고시원 등의 경우 방 개수대로 대출한도 차감

5 임차권등기명령

1) 임차권등기명령이란?

① 임차인이 임대차기간이 만료된 후, 임대인으로부터 보증금을 반환 받지 못했을 때, 단독으로 임차권등기를 하면 대항력과 우선변제권이 유지돼 자유롭게 이주할 수 있는 제도

② "임대차가 끝난 후 보증금을 반환 받지 못한 임차인은 임차주택의 소재지를 관할하는 지방법원, 지방법원지원 또는 시·군 법원에 임차권등기명령을 신청할 수 있다."(주택임대차보호법 제3조의3)

2) 임차권등기명령 요건

① 임대차계약 종료

② 보증금 미반환

③ 임차인이 단독으로 신청

3) 임차권등기 효력

① 임차권등기 후 이사하더라도 대항력과 우선변제권 유지

② "임차인은 임차권등기명령의 집행에 따른 임차권등기를 마치면 제3조제1항·제2항 또는 제3항에 따른 대항력과 제3조의2제2항에 따른 우선변제권을 취득한다. 다만, 임차인이 임차권등기 이전에 이미 대항력이나 우선변제권을 취득한 경우에는 그 대항력이나 우선변제권은 그대로 유지되며, 임차권등기 이후에는 제3조제1항·제2항 또는 제3항의 대항요건을 상실하더라도 이미 취득한 대항력이나 우선변제권을 상실하지 아니한다."(주택임대차보호법 제3조의3 제5항)

③ 경매개시결정등기 전 임차권등기 시 배당요구한 것으로 간주

④ "임차권등기명령에 의하여 임차권등기를 한 임차인은 우선변제권을 가지며, 위 임차권등기는 임차인으로 하여금 기왕의 대항력이나 우선변제권을 유지하도록 해 주는 담보적 기능을 주목적으로 하고 있으므로, 위 임차권등기가 첫 경매개시결정등기 전에 등기된 경우, 배당받을 채권자의 범위에 관하여 규정하고 있는 민사집행법 제148조 제4호의 "저당권·전세권, 그 밖의 우선변제청구권으로서 첫 경매개시결정 등기 전에 등기되었고 매각으로 소멸하는 것을 가진 채권자"에 준하여, 그 임차인은 별도로 배당요구를 하지 않아도 당연히 배당받을 채권자에 속하는 것으로 보아야 한다."(대법원 2005.9.15. 선고 2005다33039 판결)

⑤ 임차권등기 사례

2018.02.20. 전입, 인도, 확정일자(보증금 2억)
2020.03.10. A 가압류 8억
2020.06.10 임차권등기
2021.05.15. A 강제경매
임차인 배당요구 없음
낙찰가격이 3억인 경우 임차인은 배당요구가 없었더라도 경매개시결정등기 전 임차권등기를 원인으로 배당을 받을 수 있음

⑥ 대항력 있는 임차인이 보증금 전액 배당 시 임차권등기는 말소됨
⑦ 대항력 있는 임차인이 보증금을 전액 배당 받지 못한 경우 임차권등기는 말소되지 않으므로 매수인이 배당되지 않은 임차인의 보증금을 지급해야 임차권등기를 말소할 수 있음

수 원 지 방 법 원

2019타경20022

매각물건명세서

사 건	2019타경20022 부동산강제경매	매각 물건번호	1	작성 일자	2020.12.23	담임법관 (사법보좌관)	
부동산 및 감정평가액 최저매각가격의 표시	별지기재와 같음	최선순위 설정	2019.8.28.강제경매개시결정			배당요구종기	2019.11.08

부동산의 점유자와 점유의 권원, 점유할 수 있는 기간, 차임 또는 보증금에 관한 관계인의 진술 및 임차인이 있는 경우 배당요구 여부와 그 일자, 전입신고일자 또는 사업자등록신청일자와 확정일자의 유무와 그 일자

점유자의 성 명	점유부분	정보출처 구 분	점유의 권 원	임대차기간 (점유기간)	보 증 금	차 임	전입신고일자,사업자등록 신청일자	확정일자	배당요구여부 (배당요구일자)
조사된 임차내역없음									

※ 최선순위 설정일자보다 대항요건을 먼저 갖춘 주택·상가건물 임차인의 임차보증금은 매수인에게 인수되는 경우가 발생 할 수 있고, 대항력과 우선변제권이 있는 주택·상가건물 임차인이 배당요구를 하였으나 보증금 전액에 관하여 배당을 받지 아니한 경우에는 배당받지 못한 잔액이 매수인에게 인수되게 됨을 주의하시기 바랍니다.

등기된 부동산에 관한 권리 또는 가처분으로 매각으로 그 효력이 소멸되지 아니하는 것

매수인에게 대항할 수 있는 을구 순위11번 임차권등기(2019. 4.12.등기) 있음. 배당에서 보증금이 전액 변제되지 아니하면 잔액을 매수인이 인수함.

매각에 따라 설정된 것으로 보는 지상권의 개요

비고란

1. 재매각임(매수신청보증금 30%)

⑧ 보증보험(주택도시보증공사, 서울보증 등)에 가입한 임차인이 임대차 종료 후 보증금을 반환 받지 못한 경우 보증보험사를 통해 임차보증금을 반환 받고 보증보험사에서 임차권을 승계한 후 임대인에게 대위 청구함

의정부지방법원 고양지원

2020타경61736

매각물건명세서

사 건	2020타경61736 부동산강제경매	매각 물건번호	1	작성 일자	2020.10.19	담임법관 (사법보좌관)	
부동산 및 감정평가액 최저매각가격의 표시	별지기재와 같음	최선순위 설정	2019.10.28.근저당			배당요구종기	2020.05.18

부동산의 점유자와 점유의 권원, 점유할 수 있는 기간, 차임 또는 보증금에 관한 관계인의 진술 및 임차인이 있는 경우 배당요구 여부와 그 일자, 전입신고일자 또는 사업자등록신청일자와 확정일자의 유무와 그 일자

점유자 성 명	점유 부분	정보출처 구 분	점유의 권 원	임대차기간 (점유기간)	보 증 금	차 임	전입신고 일자, 사업자등록 신청일자	확정일자	배당 요구여부 (배당요구일자)
	906호	등기사항 전부증명서	주거 임차권자	2016.08.10.~	205,000,000		2016.08.10.	2016.07.18.	

<비고>

임차보증금 주택도시보증공사에 양도

※ 최선순위 설정일자보다 대항요건을 먼저 갖춘 주택·상가건물 임차인의 임차보증금은 매수인에게 인수되는 경우가 발생 할 수 있고, 대항력과 우선변제권이 있는 주택·상가건물 임차인이 배당요구를 하였으나 보증금 전액에 관하여 배당을 받지 아니한 경우에는 배당받지 못한 잔액이 매수인에게 인수되게 됨을 주의하시기 바랍니다.

등기된 부동산에 관한 권리 또는 가처분으로 매각으로 그 효력이 소멸되지 아니하는 것

매각에 따라 설정된 것으로 보는 지상권의 개요

비고란

⑨ 보증보험사에서 임차권을 승계한 후 경매를 신청하거나 다른 채권자가 신청한 경매 절차에서 배당요구 함

6	강제경매개시결정	2020년2월21일 제27723호	2020년2월21일 의정부지방법원 고양지원의 강제경매개시결정(2020타경61736)	채권자 주택도시보증공사 184371-0003123 부산 남구 문현금융로 40 (문현동, 부산국제금융센터) 18층 (서울북부관리센터)

⑩ 주택도시보증공사에서 대항력 있는 임차권을 승계한 후 경매를 신청한 후 대항력은 주장하지 않고 우선변제권만 행사한다는 확약서를 법원에 제출한 사건

사건번호 : 춘천 2021타경50108

소 재 지 : 강원 춘천시 퇴계동 967 퇴계주공 아파트

감정가격 : 131,000,000

최저가격 : 64,190,000

춘 천 지 방 법 원

2021타경50108

매각물건명세서

사 건	2021타경50108 부동산강제경매	매각 물건번호	1	작성 일자	2021.09.27	담임법관 (사법보좌관)	
부동산 및 감정평가액 최저매각가격의 표시	별지기재와 같음	최선순위 설정	2021.1.11. 경매개시결정			배당요구종기	2021.04.12

부동산의 점유자와 점유의 권원, 점유할 수 있는 기간, 차임 또는 보증금에 관한 관계인의 진술 및 임차인이 있는 경우 배당요구 여부와 그 일자, 전입신고일자 또는 사업자등록신청일자와 확정일자의 유무와 그 일자

점유자 성 명	점유 부분	정보출처 구 분	점유의 권 원	임대차기간 (점유기간)	보 증 금	차 임	전입신고 일자, 사업자등록 신청일자	확정일자	배당 요구여부 (배당요구일자)
김	전부	등기사항 전부증명서	주거 임차권자	2017.7.6. ~	140,000,000		2017.8.14.	2017.7.27.	

<비고>
김 :경매신청채권자는 대위변제로 임차보증금의 우선변제권을 승계한 채권자임.

※ 최선순위 설정일자보다 대항요건을 먼저 갖춘 주택·상가건물 임차인의 임차보증금은 매수인에게 인수되는 경우가 발생 할 수 있고, 대항력과 우선변제권이 있는 주택·상가건물 임차인이 배당요구를 하였으나 보증금 전액에 관하여 배당을 받지 아니한 경우에는 배당받지 못한 잔액이 매수인에게 인수되게 됨을 주의하시기 바랍니다.

등기된 부동산에 관한 권리 또는 가처분으로 매각으로 그 효력이 소멸되지 아니하는 것

2019.9.10. 제35859호 주택임차권등기 - 보증금이 전액 변제되지 않는 한 말소되지 않고, 매수인이 인수함.

매각에 따라 설정된 것으로 보는 지상권의 개요

비고란

매수인에게 대항할 수 있는 주택임차권등기 있음(배당에서 보증금이 전액 변제되지 않으면 잔액을 매수인이 인수함).
경매신청채권자는 2019.9.10. 제35859호 주택임차권등기의 임차보증금을 대위변제하고 우선변제권을 승계한 채권자임.
주택도시보증공사(경매신청채권자)로부터 2021.6.17.자로 우선변제권만 주장하고 대항력을 포기하며, 배당금으로 보증금 전액을 변제받지 못하더라도 매수인에게 잔액에 대해서 청구하지 않고, 임차권등기를 말소해 줄 것을 확약한다는 확약서 제출됨.
특별매각조건 매수신청보증금 최저매각가격의 20%

제 3 강 수익형 부동산 권리분석

1 대항력

1) 대항력 요건

① 상가건물의 인도 + 사업자등록의 신청
② 1항과 2항을 갖춘 다음 날 0시부터 대항력 효력 발생
③ "임대차는 그 등기가 없는 경우에도 임차인이 건물의 인도와 부가가치세법 제8조, 소득세법 제168조 또는 법인세법 제111조에 따른 사업자등록을 신청하면 그 다음 날부터 제3자에 대하여 효력이 생긴다."(상가임대차보호법 제3조 제1항)
④ 임대차 계약일자가 2015.5.31 이전의 경우 지역별, 임대차 계약일자에 따른 환산보증금액이 일정액 이하여야 함
⑤ "이 법은 상가건물의 임대차에 대하여 적용한다. 다만, 제14조의2에 따른 상가건물임대차위원회의 심의를 거쳐 대통령령으로 정하는 보증금액을 초과하는 임대차에 대하여는 그러하지 아니하다.(상가임대차보호법 제2조 제1항)
⑥ 2015.5.31. 상가임대차보호법 개정 이후 최초로 계약 체결되거나 갱신되는 임대차부터는 지역별, 임대차 계약일자에 따른 환산보증금액이 초과되더라도 대항력을 갖게 됨(상가임대차보호법 제2조 제3항, 부칙 법률 제13284호 제2항 대항력에 관한 적용례)

2) 환산보증금

① 환산보증금 계산식 = (차임*100) + 임차보증금
② "제1항 단서에 따른 보증금을 정할 때에는 해당 지역의 경제 여건 및 임대차 목적물의 규모 등을 고려하여 지역별로 구분하여 규정하되, 보증금 외에 차임이 있는 경우에는 그 차임액에 … 대통령령으로 정하는 비율(100/1)을 곱하여 환산한 금액을 포함하여야 한다." .(상가임대차보호법 제2조 제2항)
③ 임대차계약 체결일, 지역별 환산보증금(상가임대차보호법 제2조, 동법 시행령 제2조)

최초 계약체결일 또는 갱신일자	지 역	환산보증금
2002. 11. 1 ~ 2008. 8. 20.	서울특별시	2억4000만원 이하
	수도권 중 과밀억제권역	1억9000만원 이하
	광역시(군 제외)	1억5000만원 이하
	기타지역	1억4000만원 이하
2008. 8. 21 ~ 2010. 7. 25.	서울특별시	2억6000만원 이하
	수도권 중 과밀억제권역	2억1000만원 이하
	광역시(군 제외)	1억6000만원 이하
	기타지역	1억5000만원 이하

2010. 7. 26 ~ 2013.12.31	서울특별시	3억원 이하
	수도권 중 과밀억제권역	2억5000만원 이하
	광역시(군 제외) (안산, 용인, 김포, 광주 포함)	1억8000만원 이하
	기타지역	1억5000만원 이하
2014. 1. 1. ~ 2018.1.25	서울특별시	4억원 이하
	수도권 중 과밀억제권역	3억원 이하
	광역시(군 제외) (안산, 용인, 김포, 광주 포함)	2억4000만원 이하
	기타지역	1억8000만원 이하
2018. 1. 26 ~ 2019.4.1	서울특별시	6억1000 만원 이하
	수도권 중 과밀억제권역 (부산 포함)	5억원 이하
	광역시(군 제외) (안산, 용인, 김포, 광주, 세종시, 파주시, 화성시 포함)	3억9000만원 이하
	기타지역	2억7000만원 이하
2019. 4. 2 ~	서울특별시	9억 이하
	수도권 중 과밀억제권역 (부산 포함)	6억9000만 이하
	광역시(군 제외) (안산, 용인, 김포, 광주, 세종시, 파주시, 화성시 포함)	5억4000만 이하
	기타지역	3억7000만 이하

3) 대항력 발생시기

① 상가 건물의 인도와 사업자등록일자가 다른 경우

2020.5.10 건물의 인도

2020.5.20 사업자등록

2020.5.21 0시 대항력 발생

② 이전 사업장에서 사업자등록한 후 새로운 사업장으로 이전한 경우

2019.6.20 사업자등록(이전 사업장)

2020.7.10 사업장 이전(새로운 사업장 인도)

2020.7.11 0시 대항력 발생

4) 대항력 사례

① 상가임대차보호법 개정(2015.5.13) 전 임대차계약 (지역:서울)

2015.5.10 사업자등록, 건물의 인도 (보증금 1억, 월500만원)

2015.5.20 근저당

2020.9.10　임의경매

- 임차인은 대항력을 주장할 수 없음
- 2015.5.10 임대차계약에 대한 서울의 환산보증금액은 4억 이하여야 함
- 위 임차인의 환산보증금액은 6억(1억+(500만원*100))임
- 보증금을 배당 받지 못하더라도 매수인이 임차권(보증금, 임대차 기간)을 인수하지 않음

② 상가임대차보호법 개정(2015.5.13) 후 임대차계약 (지역:서울)

2015.5.20　사업자등록, 건물의 인도 (보증금 1억, 월500만원)

2015.6.20　근저당

2020.9.10　임의경매

- 임차인은 대항력을 주장할 수 있음
- 2015.5.13 이후 임대차 계약 시 환산보증금액 초과되더라도 대항력 발생
- 보증금을 배당 받지 못하는 경우 매수인이 임차권(보증금, 임대차 기간)을 인수함

③ 상가임대차보호법 개정(2015.5.13) 후 갱신계약 (지역:서울)

2015.5.10　사업자등록, 건물의 인도 (보증금 1억, 월500만원)

2018.5.10 갱신계약

- 최초 임대차계약 당시는 환산보증금액이 초과되어 대항력을 주장할 수 없었지만 상가임대차보호법 개정(2015.5.13)이후 갱신계약을 통해 대항력이 발생됨

④ 상가임대차보호법 개정(2015.5.13) 후 갱신계약 (지역:서울)

2015.5.10　사업자등록, 건물의 인도 (보증금 1억, 월500만원)

2017.6.20　근저당

2018.5.10 갱신계약

- 상가임대차보호법 개정(2015.5.13)이후 갱신계약을 했지만 근저당 설정이후 갱신계약하여 대항력을 주장하지 못할 것으로 판단, 주거용 부동산에 대한 대법원의 판례를 유추 적용(대법원 1990.8.14 선고 90다카11377 판결)

⑤ 말소기준등기 이후 사업자등록한 경우 (지역:서울)

2020.7.10　근저당

2020.9.20　사업자등록, 건물의 인도 (보증금 1억, 월300만원)

2021.5.10 임의경매

- 말소기준등기 이후 사업자등록, 건물의 인도한 임차인은 환산보증금액과 관계 없이 경매 절차에서 대항력을 주장할 수 없음

2 우선변제권

1) 우선변제권 요건

① 대항력 요건(사업자등록+상가건물의 인도)
② 확정일자(지역별, 임대차계약일자에 따른 환산보증금액 이하인 경우)
③ 배당요구종기일내에 배당요구
④ "대항요건을 갖추고 관할 세무서장으로부터 임대차계약서상의 확정일자를 받은 임차인은 민사집행법에 따른 경매 또는 국세징수법에 따른 공매 시 임차건물의 환가대금에서 후순위권리자나 그 밖의 채권자보다 우선하여 보증금을 변제 받을 권리가 있다."(상가임대차보호법 제5조 보증금의 회수 제2항)

2) 환산보증금액 초과 시

① 지역별, 임대차계약일자에 따른 환산보증금액 초과 시 확정일자를 받을 수 없음
② 대항력 있는 상가임차인의 경우 1항에 해당되면 임차인이 배당요구하더라도 배당에 참가하지 못해 매수인이 임차인의 보증금을 인수하게 됨
③ 실무상 상가임차인의 보증금액이 물건가격에 비해 많지 않아 매수인이 임차인의 보증금을 인수하더라도 크게 부담되지 않기도 함
④ 간혹 상가임차인의 보증금액이 많은 경우 2항에 해당된다면 입찰가격 결정 시 인수하는 보증금액만큼 차감하여 결정
⑤ 환산보증금액 초과 시 배당되지 않는 사례 (지역:서울)
2020.10.25. 사업자등록, 건물의 인도(보증금5000만, 월1000만)
2020.11.20. 근저당
2021.10.10. 근저당 임의경매
- 임차인의 환산보증금액은 10억5000만원으로 서울 기준 환산보증금액을 초과하여 확정일자를 부여받지 못함
- 대항력 있는 임차인으로 배당요구하더라도 보증금을 배당 받지 못해 매수인이 임차인의 보증금을 인수함

3) 우선변제권 발생 시기

① 대항력 발생시간과 확정일자 중 늦은 날(시간)
② "주택의 인도와 주민등록을 마친 당일 또는 그 이전에 확정일자를 갖춘 경우 우선변제권은 주택의 인도와 주민등록을 마친 다음날을 기준으로 발생한다."(대법원 1999.3.23 선고 98다43938 판결)

4) 상가 권리분석 사례

① 임차인이 배당되는 경우 (지역:서울)

2020.10.20　사업자등록, 인도 (보증금2000만, 월100만)

2020.10.25　확정일자

2020.10.30　근저당 3억

2021.08.05　근저당 임의경매(임차인 배당요구)

- 낙찰가격이 2억인 경우 임차인은 보증금을 배당을 받을 수 있을까?
- 2020.10.25. 기준 서울의 환산보증금액이 9억 이하인 경우 확정일자를 받을 수 있어 보증금 배당 가능

② 임차인이 배당되지 않는 경우 (지역:서울)

2018.11.20　사업자등록, 인도 (보증금1억, 월600만)

→ 2018.11.20. 서울 기준 6억1000만원 이하인 경우 상가임대차보호법 적용

2019.10.10　근저당 3억

2021.04.05　근저당 임의경매(임차인 배당요구)

- 사업자등록 당시 환산보증금액이 초과하여 확정일자를 받지 못해 우선변제권 없음
- 임차인이 대항력이 있으나 배당 받지 못해 매수인이 임차인의 보증금 1억을 인수해야 함

③ 임차인이 배당되지 않는 경우 (지역:서울)

2015.04.20　사업자등록, 인도 (보증금1억, 월400만)

→ 2015.04.20 서울 기준 4억 이하인 경우 상가임대차보호법 적용

2019.10.10　근저당 3억

2021.04.05　근저당 임의경매(임차인 배당요구)

- 사업자등록 당시 환산보증금액이 초과하여 확정일자를 받지 못해 우선변제권 없음
- 임차인의 사업자등록일이 상가임대차보호법 개정 전으로 임차인은 대항력을 주장할 수 없어 매수인이 임차인의 보증금 1억을 인수하지 않음

④ 임차인이 배당되지 않는 경우 (지역:서울)

2015.04.20　사업자등록, 인도 (보증금1억, 월400만)

→ 2015.04.20 서울 기준 4억 이하인 경우 상가임대차보호법 적용

2017.4.20　갱신계약 (보증금 1억, 차임 450만)

2019.10.10　근저당 3억

2021.04.05　근저당 임의경매(임차인 배당요구)

- 최초 사업자등록 시 환산보증금액이 초과하여 대항력도 주장할 수 없고 확정일자도 받지 못했지만 상가임대차보호법 개정(2015.5.30)이후 갱신계약하여 대항력 발생됨. 하지만 여전히 확정일자는 받지 못해 임차인이 보증금 1억을 배당 받지 못하고 매수인이 임차인의 보증금 1억을 인수함

⑤ 임차인이 배당되지 않는 경우 (지역:서울)
2020.10.20 사업자등록, 인도 (보증금5000만, 월200만)
2020.10.25 확정일자
2020.10.30 근저당 3억
2021.08.05 근저당 임의경매
임차인 배당요구 하지 않음
- 임차인이 대항력 있으나 배당요구 하지 않아 매수인이 임차인의 보증금 5000만원과 임대차 계약기간을 인수함(계약갱신요구권에 의하여 2030.10.19까지 임차할 수 있음)

3 최우선변제권

1) 최우선변제권이란?

① 보증금액이 소액인 임차인을 보호하기 위한 법규정
② "임차인은 보증금 중 일정액을 다른 담보물권자보다 우선하여 변제 받을 권리가 있다." (상가임대차보호법 제14조 보증금 중 일정액의 보호)

2) 최우선변제권 요건

① 경매개시결정등기 전에 대항력 요건을 갖출 것
② 환산보증금액이 상가임대차보호법에서 규정하고 있는 소액보증금 이하여야 함
③ 배당요구종기일까지 배당요구
④ 매각대금의 1/2 내에서 배당

3) 최우선변제 최선순위 담보권 설정일자, 지역별 금액

최선순위 담보권 설정일자	지 역	소액보증금 적용점위 (환산보증금)	받게되는 소액보증금액
2002. 11. 1 ~ 2008. 8. 20.	서울특별시	4,500만원 이하	1,350만원
	수도권 중 과밀억제권역	3,900만원 이하	1,170만원
	광역시(군 제외)	3,000만원 이하	900만원
	기타지역	2,500만원 이하	750만원
2008. 8. 21 ~ 2010. 7. 25.	서울특별시	4,500만원 이하	1,350만원
	수도권 중 과밀억제권역	3,900만원 이하	1,170만원
	광역시(군 제외)	3,000만원 이하	900만원
	기타지역	2,500만원 이하	750만원

2010. 7. 26 ~ 2013.12.31	서울특별시	5,000만원 이하	1,500만원
	수도권 중 과밀억제권역	4,500만원 이하	1,350만원
	광역시(군 제외) (안산,용인,김포,광주 포함)	3,000만원 이하	900만원
	기타지역	2,500만원 이하	750만원
2014. 1. 1 ~	서울특별시	6.500만원 이하	2,200만원
	수도권 중 과밀억제권역	5,500만원 이하	1,900만원
	광역시(군 제외) (안산,용인,김포,광주 포함)	3,800만원 이하	1,300만원
	기타지역	3,000만원 이하	1,000만원

4 상가 임차인의 임대차 정보 확인하는 방법

1) 현황조사서

① 경매개시 후 집행관이 세무서를 통해 "상가임대차 현황서"발급 받음

② "상가임대차 현황서"에 기재되어 있는 임차인 이름, 사업자등록일자, 점유기간, 임차보증금액, 차임 등을 현황조사서에 기재함

③ 이전 사업장에서 사업자등록하고 매각 대상 부동산으로 사업장 소재지를 이전한 경우 새로운 사업장으로 인도 받은 다음 날 0시부터 대항력 효력 발생함

[소재지] 1. 경기도 남양주시 별내중앙로 30, 2층 (별내동,별내로데오몰)

	점유인		당사자구분	임차인
	점유부분		용도	점포
2	점유기간	2019.06.30-2021.06.30		
	보증(전세)금	30,000,000	차임	2,600,000
	전입일자	2019.07.05	확정일자	

2) 물건명세서

① 현황조사서의 내용을 물건명세서에 기재

② 상가 임차인의 배당요구 여부

③ 상가 임차인이 배당요구 한 경우 배당요구 일자 기재

매각물건명세서

사 건	2020타경82402 부동산임의경매 2020타경84415(중복)	매각 물건번호	1	작성 일자	2021.06.30	담임법관 (사법보좌관)	[illegible]
부동산 및 감정평가액 최저매각가격의 표시	별지기재와 같음	최선순위 설정	2014.08.19.(근저당권)			배당요구종기	2021.06.28

부동산의 점유자와 점유의 권원, 점유할 수 있는 기간, 차임 또는 보증금에 관한 관계인의 진술 및 임차인이 있는 경우 배당요구 여부와 그 일자, 전입신고일자 또는 사업자등록신청일자와 확정일자의 유무와 그 일자

점유자 성명	점유 부분	정보출처 구분	점유의 권원	임대차기간 (점유기간)	보 증 금	차 임	전입신고 일자, 사업자등록 신청일자	확정일자	배당 요구여부 (배당요구일자)
[illegible]	201호([illegible])	현황조사	점포 임차인	2019.06.30-2021.06.30	30,000,000	2,600,000	2019.07.05		
	상가 201호 전부	권리신고	점포 임차인	2019.06.30 ~ 2021.06.30.	30,000,000	2,600,000	2019. 7. 6.		2021.02.16
[illegible]		현황조사	미상 임차인				2020.04.23		

5 전세권

1) 전세권이란?(민법 제303조~제319조)

① 전세금을 지급하고 타인의 부동산을 점유하여 사용, 수익하는 용익물권
② 수익형 부동산(구분상가 등)에 설정되는 경우가 많음
③ 존속기간은 10년을 넘지 못하며, 1년 미만으로 정한 때에는 1년으로 함
④ 경매 신청권과 우선변제권이 있음
⑤ 최선순위 전세권자가 경매를 신청했거나 다른 채권자가 신청한 경매 절차에서 배당요구한 경우 말소기준등기가 됨(민사집행법 제91조 제4항)
⑥ 최선순위 전세권자가 경매를 신청하지 않았거나 다른 채권자가 신청한 경매 절차에서 배당요구 하지 않은 경우 매수인은 전세권 금액과 존속기간 인수(민사집행법 제91조 제4항)
⑦ 6항에 따라 매수인이 인수하는 경우 물건명세서에 기재됨

※ 최선순위 설정일자보다 대항요건을 먼저 갖춘 주택·상가건물 임차인의 임차보증금은 매수인에게 인수되는 경우가 발생 할 수 있고, 대항력과 우선변제권이 있는 주택·상가건물 임차인이 배당요구를 하였으나 보증금 전액에 관하여 배당을 받지 아니한 경우에는 배당받지 못한 잔액이 매수인에게 인수되게 됨을 주의하시기 바랍니다.
등기된 부동산에 관한 권리 또는 가처분으로 매각으로 그 효력이 소멸되지 아니하는 것
을구 순위번호 1번 전세권설정등기(2017.08.22.)는 말소되지 않고 매수인에게 인수됨.
매각에 따라 설정된 것으로 보는 지상권의 개요
비고란
-재매각임, 매수신청보증금 20%

⑧ 말소기준등기(근저당, 가압류, 압류 등)이후에 설정된 전세권은 매각으로 말소됨(민사집행법 제91조 제4항)

2) 전세권 권리분석 사례

① 전세권이 말소기준등기가 되는 경우

2020.02.20 전세권 2억

2020.03.10 근저당 3억

2021.09.10 전세권 임의경매

- 최선순위 전세권자가 경매 신청 시 전세권은 매각으로 말소 됨

② 전세권이 말소기준등기가 되는 경우

2020.02.20 전세권 2억

2020.03.10 근저당 3억

2021.09.10 근지당 임의경매

2021.11.20 전세권 배당요구

- 다른 채권자가 신청한 경매 절차에서 최선순위 전세권자가 배당요구 시 매각으로 말소 됨

③ 전세권이 말소기준등기가 되지 않는 사례

2020.02.20 전세권 2억

2020.03.10 근저당 3억

2021.09.10 근저당 임의경매

- 최선순위 전세권자가 배당요구 하지 않은 경우 전세권 설정금액과 존속기간 인수

④ 전세권이 전액 배당되지 않더라도 말소

2020.02.20 전세권 4억

2020.03.10 근저당 2억

2021.09.10 전세권 임의경매

- 최선순위 전세권자가 경매를 신청한 사건에서 낙찰가격이 3억이더라도 전세권은 매각으로 말소 됨

⑤ 주거용 부동산에서 대항력 있는 임차인이 전세권자의 권리도 갖고 있는 경우

2018.11.15. 전입,인도 홍길동(보증금 3억)

2018.11.20. 전세권 홍길동(설정금액 3억)

2020.12.10. 전세권 임의경매

- 낙찰가격이 2억인 경우 전세권은 말소
- 대항력 있는 임차권은 말소되지 않아 배당되지 않은 홍길동씨의 보증금 1억 인수

제 4 강 명도 투자 실무

1 경락대출

1) 주거용 부동산 경락대출

① LTV(Loan To Value) : 주택담보인정비율을 말하며 담보가치에 따른 대출 비율이 결정됨
② DSR(Debt Service Ratio) : 총부채원리금상황비율을 말하는 것으로 연간 소득대비 상환액을 계산해서 대출금액을 결정
③ 규제지역 여부, 주택 수, 서민실수요자 여부, 생애최초 여부에 따라 LTV 차등 적용
④ 금융 정책의 변화에 따라 대출기준 달라질 수 있음

Part 04

2) 상업용 부동산 경락대출(금융기관에 따라 달리 적용될 수 있음)

① 구분상가, 오피스텔, 상가건물, 지식산업센터, 고시원 등
② RTI(Rent To Interest) : 개인임대사업자에게 적용되며 임대사업자 이자비율을 의미. 연 임대료가 연 이자금액의 1,5배 이상이어야 함.
③ 매수인이 직접 사용하는 경우 감정가격의 70%와 낙찰가격의 80% 중 낮은 금액
④ 고시원의 경우 호실 개수에 따른 방 공제(최우선변제 공제)되어 대출한도 차감됨. 방 공제 적용되지 않는 신탁대출 있음. 신탁대출의 경우 금리가 높게 적용되며 취급수수료 발생.

3) 토지 경락대출(금융기관에 따라 달리 적용될 수 있음)

① 감정가격의 70%와 낙찰가격의 80% 중 낮은 금액
② 주담대의 DSR은 적용되지 않지만 대출 상환 능력 심사
③ 분묘, 맹지, 개발제한구역 등 개발이 어려운 토지의 경우 대출이 불가하거나 감액 후 대출

4) 대출이 제한되는 경우(금융기관에 따라 달리 적용될 수 있음)

① 대항력 있는 전입자가 배당요구 하지 않은 경우 대출 불가, 사업자가 배당요구 하지 않은 경우 인수보증금 차감 후 대출
② 위반건축물로 등재된 경우 불가(위반사항이 경미한 경우 대출 가능)
③ 집합건물 등기부등본에 별도등기가 되어 있는데 매각으로 말소되지 않는 권리인 경우 불가
④ 집합건물 등기부등본상 대지권이 없는 경우 불가
⑤ 토지와 건물 중 하나만 매각되는 경우 불가
⑥ 지분매각 불가
⑦ 유치권이 신고된 경우 유치권 금액이 물건명세서에 기재되어 있다면 대출한도에서 유치권 신고 금액 차감 후 대출, 유치권 금액이 물건명세서에 기재되어 있지 않다면 불가

⑧ 불법 건축물이 있는 토지의 경우 불법 건축물의 규모에 따라 대출 가능 여부 심사 후 대출
⑨ 벽체 없이 이용중인 구분상가 불가

2 체납관리비 등

1) 체납관리비

① 관리비를 공동으로 관리 및 납부하는 집합건물의 경우 주의를 요함
② 아파트, 구분상가, 오피스텔 등이 이에 속함
③ 단독주택, 다가구, 다세대 등은 전기, 수도료에 대해 개별적으로 납부하므로 매수인이 이전 점유자(채무자, 임차인 등)가 체납한 공과금을 인수하지 않음
④ 체납관리비 중 공용부분에 대해서만 인수
"집합건물의 공용부분은 전체 공유자의 이익에 공여하는 것이어서 공동으로 유지, 관리해야 하고 그에 대한 적정한 유지, 관리를 도모하기 위하여는 소요되는 경비에 대한 공유자간의 채권은 이를 특히 보장할 필요가 있어 ... 그러므로 이 사건 아파트의 특별승계인인 원고는 전 입주자의 체납관리비 중 공용부분에 관하여는 이를 승계하여야 한다고 봄이 타당하다." (대법원 2001다8677 전원합의체 판결)
⑤ 관리비 내역 분류
- 공용부분 : 청소비, 오물수거비, 소독비, 승강기 유지비, 공용 난방비, 공용 급탕비, 수선유지비 등
- 전용부분 : 전기료, 수도료, 하수도료, 난방비, TV수신료 등

⑥ 공용부분 관리비에 대한 연체료
"공용부분 관리비에 대한 연체료는 특별승계인에게 승계되는 공용부분 관리비에 포함되지 않는다." (대법원 2004다3598, 3604 판결)
⑦ 체납관리비 중 전용부분 미납 시 관리사무소가 단전, 단수하는 경우
"집합건물의 관리단이 전 구분소유자의 특별승계인에게 특별승계인이 승계한 공용부분 관리비 등 전 구분소유자가 체납한 관리비의 징수를 위해 단전, 단수 등의 조치를 취한 사안에서, 관리단의 위 사용방해 행위가 불법행위를 구성한다... 집합건물의 관리단 등 관리주체의 위법한 단전, 단수 및 엘리베이터 운행정지 등 불법적인 사용방해 행위로 인하여 구분소유자가 기 건물을 사용, 수익하지 못하였다면, 그 구분소유자로서는 관리단에 대해 그 기간동안 발생한 관리비 채무를 부담하지 않는다고 보아야 한다." (대법원 2004다3598,3604 판결)
⑧ 체납관리비 소멸시효
- 3년이 경과된 체납관리비는 인수하지 않음
- "민법 제163조 제1호에서 3년의 단기소멸시효에 걸리는 것으로 규정한 '1년 이내의 기간으로 정한 채권'이란 1년 이내의 정기로 지급되는 채권을 말하는 것으로서(대법원 1996.9.20 선고 96다25302 판결 참조) 1개월 단위로 지급되는 집합건물의 관리비 채권은 이에 해당한다고 할 것이다."(대법원 2007.2.22 선고 2005다65821 판결)

⑨ 체납관리비 소멸시효 중단
- 청구, 압류, 가압류, 가처분, 승인 시 소멸시효 중단
- 소멸시효의 판결의 효력은 매수인에게도 승계되어 3년이 경과 된 공용부분 체납관리비 도 승계(대법원 2014다81474)

2) 체납관리비에 대한 실무

① 법원 판례가 있으나 실무상 관리사무소에서는 낙찰 받은 매수인에게 미납관리비 전액을 납부할 것을 요구함
② 주거용 부동산에서 미납관리비 전액을 납부하지 않는 경우 점유자(채무자, 임차인 등)가 이사할 수 없도록 이사업체 출입을 통제함
③ 상업용 부동산에서는 미납관리비 전액을 납부하지 않는 경우 단전, 단수 조치를 취하는데 이에 대해 손해배상을 청구할 수 있지만 소송하는 기간동안 부동산을 사용, 수익하지 못하는 손해가 더 크게 발생할 수도 있음
④ 매수인이 자진하여 미납관리비를 관리사무소에 납부하는 경우 소송을 통해 반환받지 못할 수도 있음
⑤ 미납관리비 금액을 감안하여 관리사무소와 소송을 통해 공용관리비만 납부할지, 미납관리비 전액을 납부할지 판단
⑥ 실무상 미납관리비 금액이 많은 경우 법원의 강제집행을 통한 명도의 방법으로 공용부분 관리비만 납부하기도 함

3) 장기수선충당금(이하 장충금)

① 장충금이란 배관, 승강기 등 아파트 주요 시설을 수리, 교체하거나 건물의 안전화 등 장래에 수선하기 위해 사용하는 비용으로 매월 관리비에 포함하여 징수
② 장충금 납부 의무자는 소유자이지만 임차인이 거주하는 경우 임차인이 소유자를 대신하여 납부
③ 임차인이 임대차 종료 후 이사할 때 임차인이 납부한 장충금 전액을 소유자가 지급함
④ 경매로 낙찰 받은 경우
"원고(임차인)의 주장에 따르면 원고가 전 소유자 대신 장기수선충당금을 부담함에 따라 발생한 전 소유자의 위 장기수선충당금 반환의무를 피고(매수인)가 그대로 승계한다는 것이나, 피고(매수인)가 이 사건 주택의 소유권을 승계 취득하였다고 하여 전 소유자가 그 주택에 관하여 임차인을 비롯한 타인에게 부담하던 채무를 당연히 승계한다고 볼 수는 없다."(대전 2016나113700 판결)

4) 선수관리비

① 선수관리비란 관리사무소에서 2~3개월 정도의 관리비를 최초 입주자로부터 예치 시키는 것을 말함
② 매매 시 매수인이 매도인에게 지급함
③ 경매 절차에서 매수인이 전 소유자가 거주하는 경우 지급하기도 함
④ 협의비용 지급 시 선수관리비 포함하여 지급

3 협의 명도

1) 이사비용

① 점유자에게 협의 비용(이사비)을 지불하고 점유권을 이전 받는 명도
② 정해진 협의 비용은 없으나 물건의 종류, 지역, 금액, 권리관계 등을 감안하여 점유자와 적절한 금액으로 협의
③ 가장 바람직한 명도 방식이나 협의에 어려움이 발생되기도 함
④ 협의에 의한 명도 시 인도명령에 의한 집행 절차를 병행하는 것이 좋음

2) 명도 확인서

① 배당기일에 임차인이 보증금을 배당 받기 위해서는 매수인으로부터 명도확인서와 매수인의 인감증명을 받아야 함(주택임대차보호법 제3조의2 제3항, 대법원 1994.2.22 선고 93다55241 판결)
② 배당기일에 배당 받지 못한 경우 배당금은 공탁됨
③ 소유자가 잉여금을 배당 받는 경우는 명도확인서가 필요 없음
④ 보증금 반환 의무와 명도 이전은 동시이행관계로 명도 이전과 동시에 지급
⑤ 임차인이 명도 이전에 요청하는 경우도 있으나 원칙대로 하는 것이 좋음
⑥ 명도확인서에 매수인의 인감도장으로 날인해야 함
⑦ 매수인의 인감증명도 함께 지급

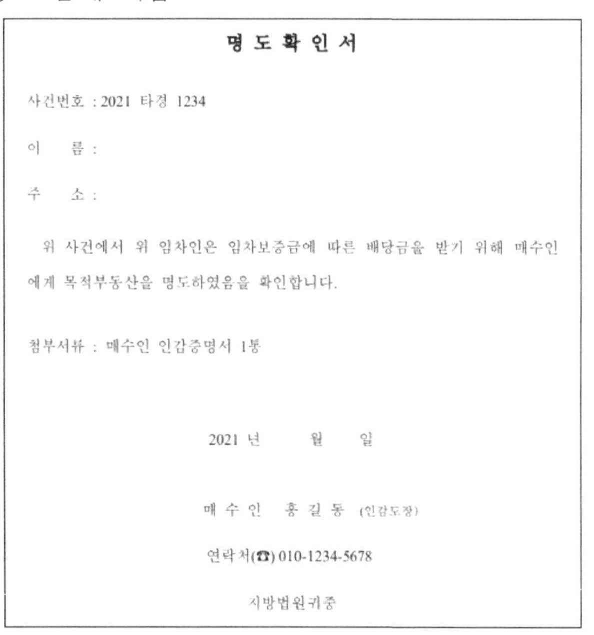

명 도 확 인 서

사건번호 : 2021 타경 1234

이　　름 :

주　　소 :

위 사건에서 위 임차인은 임차보증금에 따른 배당금을 받기 위해 매수인에게 목적부동산을 명도하였음을 확인합니다.

첨부서류 : 매수인 인감증명서 1통

2021 년　　월　　일

매 수 인　홍 길 동 (인감도장)

연락처(☎) 010-1234-5678

지방법원귀중

3) 명도 합의서

① 점유자와 사전에 협의하는 내용에 대해 합의서를 작성하는 것이 좋음
② 합의서에 당사자(매수인, 점유자)의 인적사항과 서명, 협의비용 금액, 명도일자, 관리비 납부에 관한 사항, 기타 합의 사항 등 기재
③ 2부 작성한 후 각각 서명 날인 후 1부씩 교부

4 부동산 인도명령

1) 인도명령 신청

① 대금납부와 동시에 인도명령 신청
"법원은 매수인이 대금을 낸 뒤 6월 이내에 신청하면 채무자, 소유자 또는 부동산 점유자에 대하여 부동산을 매수인에게 인도하도록 명할 수 있다."(민사집행법 제136조 부동산의 인도명령 등)

② 본인 소유 부동산의 점유자를 법원을 통해 강제집행 하기 위해서는 법원으로부터 집행권원을 부여 받아야 함

③ 일반 임대차에서는 명도소송을 통해 판결문을 받아야 하지만 경매 절차에서는 "부동산 인도명령 결정문 " 을 받아 강제집행을 할 수 있음

④ 대금납부한 뒤 6개월 이내에 신청해야 함(6개월 경과 후에는 명도소송으로 진행해야 함)

⑤ 신청인에 매수인의 인적사항 기재, 피신청인에 인도명령 대상 인적사항(이름,주소)기재

⑥ 점유자가 다수인 경우 인도명령 신청서 각각 작성 후 제출

부동산인도명령 신청

사건번호

신청인(낙찰인)

○시 ○구 ○동 ○번지

피신청인(임차인)

○시 ○구 ○동 ○번지

위 사건에 관하여 낙찰인은 . . . 에 낙찰대금을 완납한 후 채무자에게 별지 입찰부동산의 인도를 청구하였으나 채무자가 불응하고 있으므로, 귀원 소속 집행관으로 하여금 채무자의 위 부동산에 대한 점유를 풀고 이를 낙찰인에게 인도하도록 하는 명령을 발령하여 주시기 바랍니다.

년 월 일

낙 찰 인 (인)
연락처(☎)

지방법원 귀중

☞유의사항

1) 낙찰인은 대금완납 후 6개월내에 채무자, 소유자 또는 압류효력 발생 후에 점유를 시작한 부동산 점유자에 대하여 부동산을 낙찰인에게 인도할 것을 법원에 신청할 수 있습니다.
2) 신청서에는 1,000원의 인지를 붙이고 1통을 낙찰법원에 제출하며 인도명령정본 송달료(2회분)를 납부하셔야 합니다.

2) 인도명령 인용, 도달

① 소유자, 채무자의 경우 인도명령 신청 후 약1주일 이내에 인용됨
② 기타 점유자(대항력 없는 임차인, 대항력 있는 임차인 중 보증금 전액 배당 받는 임차인)에 대하여는 배당기일 이후 인용

서 울 중 앙 지 방 법 원
결 정

사 건	2019타인185 부동산인도명령
신 청 인	
	서울 강남구 광평로51길 22, 동 호(수서동, 한아름아파트)
피 신 청 인	
	서울 강남구 광평로34길 55, 동 호(수서동, 강남데시앙포레)

주 문

피신청인은 신청인에게 별지목록에 적은 부동산을 인도하라.

이 유

이 법원 2018타경101056호 부동산임의경매 사건에 관하여 신청인의 인도명령신청이 이유있다고 인정되므로 주문과 같이 결정한다.

2019. 8. 5.

판사

③ 대항력 있는 임차인 중 배당요구 하지 않았거나 배당요구 했으나 보증금 전액 배당되지 않는 임차인에 대하여는 인도명령 기각("점유자가 매수인에게 대항할 수 있는 권원에 의하여 점유하고 있는 것으로 인정되는 경우에는 그러하지 아니하다." 민사집행법 제136조 제1항)
④ 그 외 다툼이 있을 수 있는 점유자(유치권자, 말소기준등기보다 전입일자 빠른 점유자 등)에 대해서도 인도명령이 기각될 수 있음
⑤ 인도명령 기각 시 명도소송 절차 필요
⑥ 인도명령 사건 절차에 대한 열람은 "나의 사건검색"사이트에서 사건번호, 당사자명을 입력 후 확인

Part 04

⑦ "나의 사건검색 / 사건일반내용"에서 인도명령 인용 일자 확인

사건일반내용 | 사건진행내용 | 인쇄하기 | 나의 사건 검색하기

, 사건번호 : 인천지방법원 부천지원 2021타인193

기본내용 | 청사배치

사건번호	2021타인193	사건명	부동산인도명령
재판부	경매1계		
접수일	2021.08.03	종국결과	2021.08.03 인용
항고접수일		항고인	
항고종국일		항고결과	
보존여부	기록보존됨		
송달료, 보관금 종결에 따른 잔액조회		잔액조회	
결정문송달일	2021.08.26	확정일	

⑧ 인도명령 인용 후 법원에서 부동산 인도결정문을 신청인과 피신청인에게 각각 발송

⑨ "나의 사건검색 / 사건진행내용"에서 인도명령결정문 도달 여부 확인
피신청인에게 도달 후 강제집행 신청 가능

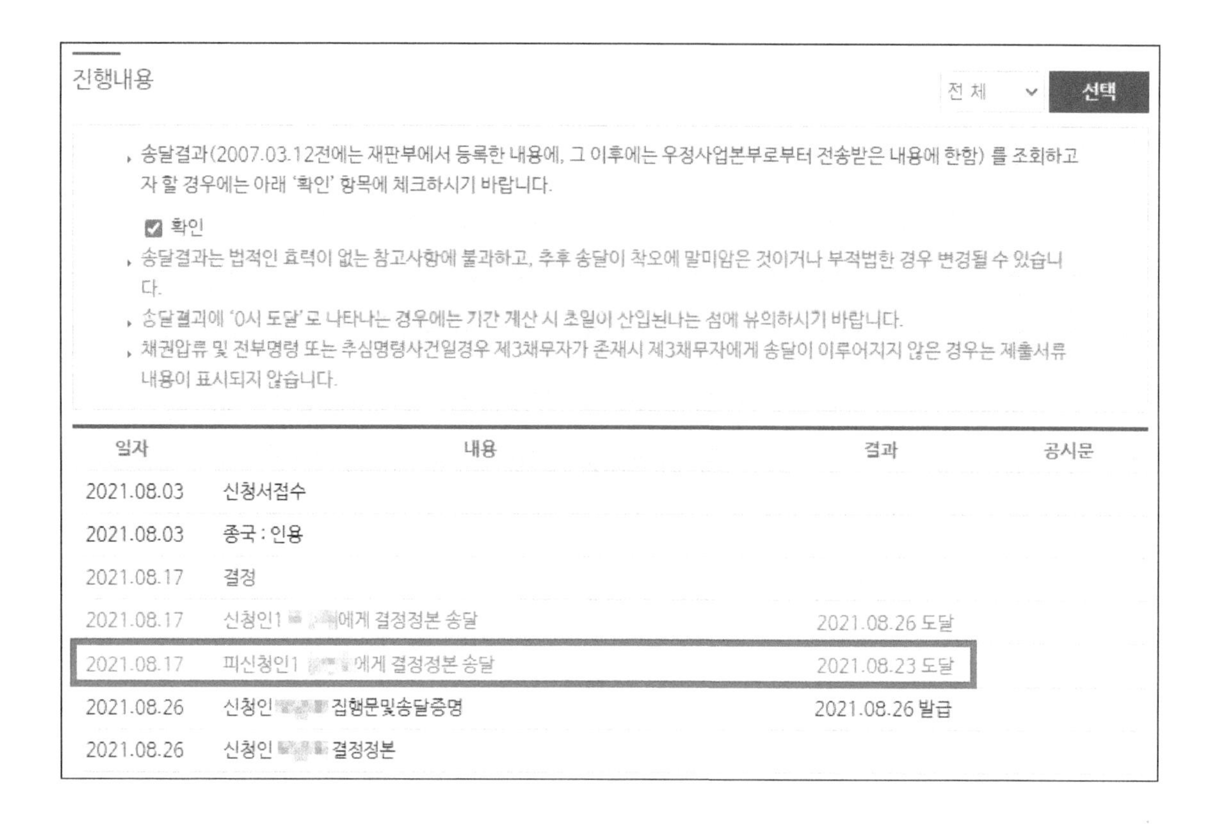

진행내용

전 체 선택

- 송달결과(2007.03.12전에는 재판부에서 등록한 내용에, 그 이후에는 우정사업본부로부터 전송받은 내용에 한함) 를 조회하고자 할 경우에는 아래 '확인' 항목에 체크하시기 바랍니다.

☑ 확인

- 송달결과는 법적인 효력이 없는 참고사항에 불과하고, 추후 송달이 착오에 말미암은 것이거나 부적법한 경우 변경될 수 있습니다.
- 송달결과에 '0시 도달'로 나타나는 경우에는 기간 계산 시 초일이 산입된다는 점에 유의하시기 바랍니다.
- 채권압류 및 전부명령 또는 추심명령사건일경우 제3채무자가 존재시 제3채무자에게 송달이 이루어지지 않은 경우는 제출서류 내용이 표시되지 않습니다.

일자	내용	결과	공시문
2021.08.03	신청서접수		
2021.08.03	종국 : 인용		
2021.08.17	결정		
2021.08.17	신청인1 에게 결정정본 송달	2021.08.26 도달	
2021.08.17	피신청인1 에게 결정정본 송달	2021.08.23 도달	
2021.08.26	신청인 집행문및송달증명	2021.08.26 발급	
2021.08.26	신청인 결정정본		

⑩ 인도명령 결정문이 피신청인에게 도달되지 않는 경우(폐문부재, 이사불명 등)법원에서 공시송달 발송

공시송달이란 법원이 송달할 서류를 보관해 두었다가 당사자가 나타나면 언제라도 교부할 뜻을 법원 게시판에 게시하는 송달방법으로 게시한 날로부터 2주가 경과함으로써 그 효력이 발생함(민사소송법 제196조)

일자	내용	결과	공시문
2021.03.24	신청서접수		
2021.03.25	결정		
2021.03.25	신청인1 에게 결정정본 송달	2021.04.01 폐문부재	
2021.03.25	신청인2 에게 결정정본 송달	2021.04.01 폐문부재	
2021.03.25	피신청인1 주식회사 에게 결정정본 송달	2021.04.01 폐문부재	
2021.03.25	종국 : 인용		
2021.04.06	피신청인1 주식회사 에게 결정정본 송달	2021.04.08 이사불명	
2021.04.08	신청인1 에게 결정정본 발송	2021.04.09 송달간주	
2021.04.08	신청인2 에게 결정정본 발송	2021.04.09 송달간주	
2021.04.15	피신청인 주식회사 에게 결정정본 발송(공시송달)	2021.04.30 0시 도달	
2021.05.03	신청인 결정정본		
2021.05.03	신청인 결정정본		
2021.05.03	신청인 집행문및송달증명	2021.05.03 발급	
2021.05.03	신청인 집행문및송달증명	2021.05.03 발급	

5 강제집행

1) 강제집행 신청 절차

① 강제집행은 되도록 하지 않는 것이 좋지만 점유자와 연락이 안되거나 협의가 안되는 경우 진행
② 인도명령 결정문이 피신청인에게 도달 후 강제집행 신청 가능
③ 민사집행과에서 집행문, 송달증명원 신청

집 행 문

사 건 : 서울중앙지방법원 2019타인185 [전자]부동산인도명령

이 정본은 피신청인 에 대한 강제집행을 실시하기 위하여 신청인 에게 내어 준다.

2019. 8. 7.

서울중앙지방법원

법원사무관  

송 달 증 명 원

사　　　건 : 서울중앙지방법원　2019타인185 [전자]부동산인도명령

신　청　인 :

피신청인 :

증명신청인 : 신청인

위 사건에 관하여 아래와 같이 송달되었음을 증명합니다.

피신청인　2019. 8. 6. 결정정본 송달. 끝.

2019. 8. 7.

서울중앙지방법원

법원사무관

④ 집행관실에서 첨부서류(부동산 인도결정문, 집행문, 송달증명원)와 함께 강제집행 신청서 작성 후 제출

강 제 집 행 신 청 서

서울북부지방법원 집행관사무소 집행관 귀하

채권자	성 명		주민등록번호 (사업자등록번호)		전화번호	
					우편번호	□□□-□□□
	주 소	시 구 동(로) 가 번지 호(통 반) 아파트 동 호				
	대리인	성명( ) 주민등록번호( )			전화번호	
채무자	성 명		주민등록번호 (사업자등록번호)		전화번호	
					우편번호	□□□-□□□
	주 소	시 구 동(로) 가 번지 호(통 반) 아파트 동 호				

집행목적물소재지	채무자의 주소지와 같음 (※다른 경우는 아래에 기재함) 시 구 동(로) 가 번지 호(통 반) 아파트 동 호
집 행 권 원	
집행의 목적물 및 집 행 방 법	동산압류, 동산가압류, 동산가처분, 부동산점유이전금지가처분, 건물명도, 철거, 부동산인도, 자동차인도, 기타( )
청 구 금 액	원(내역은 뒷면과 같음)

위 집행권원에 기한 집행을 하여 주시기 바랍니다.

※ 첨부서류

201 . . .

1. 집행권원 1통
2. 송달증명서 1통
3. 위임장 1통

채권자 (인)

대리인 (인)

※ 특약사항

1. 본인이 수령할 예납금잔액을 본인의 비용부담하에 오른쪽에 표시한 예금계좌에 입금하여 주실 것을 신청합니다.

채권자 (인)

예금계좌	
개설은행	
예 금 주	
계좌번호	

2. 집행관이 계산한 수수료 기타 비용의 예납통지 또는 강제집행 속행의사 유무 확인 촉구를 2회 이상 받고도 채권자가 상당한 기간 내에 그 예납 또는 속행의 의사표시를 하지 아니한 때에는 본건 강제집행 위임을 취하한 것으로 보고 종결처분해도 이의 없음.

채권자 (인)

⑤ 집행(계고, 개문)비용 납부(비용은 법원마다 상이함)

법원보관금 영수증서

납부자용

은행번호 : 2019-008006 집행관보관금 [제4호 서식]

법 원 명	서울중앙지방법원		
사건번호	000210-2019-본 -0002860	물건번호	0000
납부금액	₩125,400	보관금종류	민사예납금
납부자성명		주민등록번호 (사업자등록번호)	
납부자주소	06348 서울특별시 강남구 광평로51길 22	전화번호	--
잔액환급 계좌번호	구신한 은행 강남중앙 지점	예 금 주	- - -
	계좌번호		

위의 금액을 보관금으로 영수합니다.

2019년 08월 07일

취급직원

신한 은행 법조타운법원(출) 지점 김민서

⑥ 집행비용 납부 후 약2주 이내에 목적 부동산을 방문하여 계고장 교부(2주 후에 강제집행 예고)

⑦ 점유자를 만나지 못하는 경우 계고장을 현관문에 부착하거나 개문 후 부동산 내부에 부착

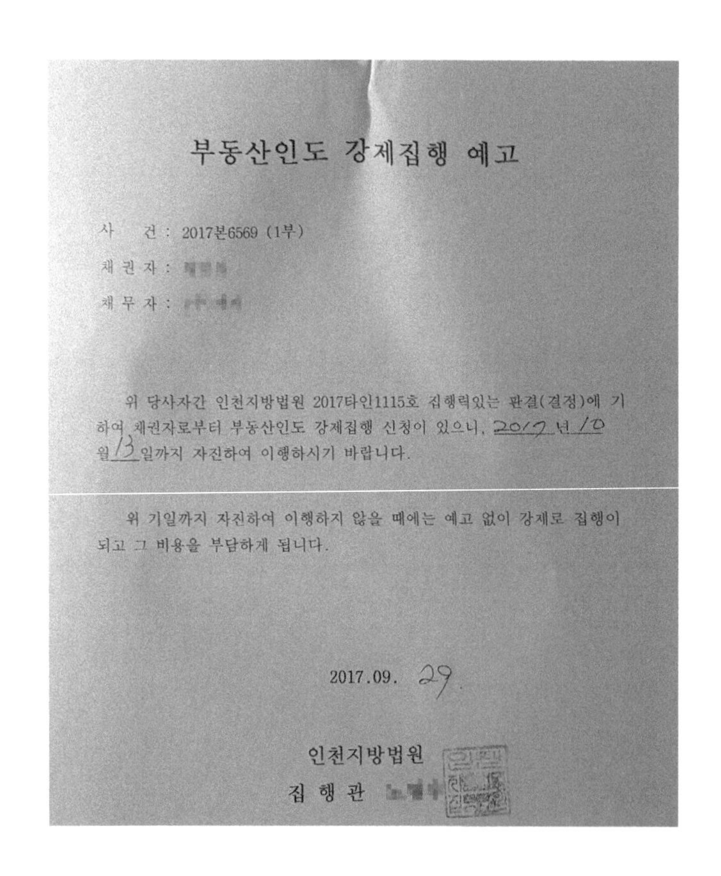

부동산인도 강제집행 예고

사 건 : 2017본6569 (1부)

채 권 자 :

채 무 자 :

위 당사자간 인천지방법원 2017타인1115호 집행력있는 판결(결정)에 기하여 채권자로부터 부동산인도 강제집행 신청이 있으니, 2017 년 10 월 13 일까지 자진하여 이행하시기 바랍니다.

위 기일까지 자진하여 이행하지 않을 때에는 예고 없이 강제로 집행이 되고 그 비용을 부담하게 됩니다.

2017.09. 29.

인천지방법원

집 행 관

⑧ 계고 후 2주가 지나면 본 집행 신청
⑨ 본 집행 시 발생되는 비용 납부(집행 노무비)
⑩ 부동산 내부에 있는 가재도구(집기)를 이전하기 위한 업체 선정(사다리차, 화물차 등, 이전 비용 매수인 부담)
⑪ 집행관실에서 지정하는 날자에 본 집행 실시

⑫ 내부에 있는 가재도구(집기)를 정해진 물류센터로 이전하여 보관(보관비 매수인 부담)

⑬ 가재도구(집기)에 대하여 매각(유체동산 경매)절차 신청
⑭ 유체동산 매각 결정 후 매수인이 직접 낙찰 받거나 제3자 낙찰
⑮ 매수인이 유체동산을 직접 낙찰 받은 후 매각대금은 집행비용으로 상계 처리
⑯ 유체동산 낙찰 후 매수인이 사용, 수익할 수도 있으나 실무상 폐기물인 경우가 많음

2) 강제집행 시 발생되는 사례

① 부동산 내부에 있는 가재도구(집기)가 압류되어 있는 경우

- 가재도구가 압류되어 있는 경우 부동산 강제집행 불가
- 압류된 가재도구(집기)를 법원의 허가 없이 이전할 수 없음
- 유체동산 경매 절차에서 제3자가 낙찰 받을 때까지 기다리거나 부동산 매수인이 직접 낙찰 후 처리
- 압류된 유체동산의 가격이 높지 않은 경우 채무자를 통해 채권자에게 연락하여 채무 변제 후 압류 해제

② 부동산 내부에 애완동물이 있는 경우

- 애완동물은 유체동산과 함께 물류센터로 보낼 수 없음
- 애완동물 호텔링 서비스를 이용하거나 부동산 매수인이 직접 관리
- 애완동물을 유기하는 경우 동물보호법에 따라 처벌될 수 있음
- 애완동물은 타인의 재산으로 부동산 매수인이 관리를 잘못하여 죽거나 문제가 발생하는 경우 손해배상 책임 발생
- 유체동산 매각 신청 시 애완동물도 포함하여 신청
- 유체동산 경매 절차에서 제3자가 낙찰 받을 때까지 기다리거나 부동산 매수인이 직접 낙찰
- 낙찰 이후 입양 기관을 통해 입양 시키거나 부동산 매수인이 직접 키울 수도 있음

제 5 강 입찰표 작성하는 방법

1 입찰 준비사항 및 입찰 절차

1) 입찰 준비사항

① 본인 입찰(개인): 신분증, 도장, 입찰보증금
② 대리 입찰(개인): 본인(명의자)의 인감증명, 본인의 인감도장 날인된 위임장, 대리인 신분증, 대리인 도장, 입찰보증금
③ 본인 입찰(법인): 법인 대표이사 신분증, 대표이사 도장(또는 법인 인감도장), 입찰보증금, 법인 등기부등본(발급용)
대 리 입찰(법인) : 법인 인감증명, 법인 등기부등본, 법인의 인감도장 날인된 위임장, 대리인 신분증, 대리인 도장, 입찰보증금
⑤ 입찰보증금은 최저매각가격의 10%(재매각의 경우 최저매각가격의 20%~30%)
⑥ 위 증명서류는 입찰기일로부터 6개월 이내여야 함

2) 입찰절차

① 입찰법정 개정 후 입찰 절차, 물건 변동 사항(기일변경, 취하, 유치권신고 등)에 대해 고지
② 입찰표 교부
③ 각 법원마다 정해진 마감시간내 입찰표 제출(예:서울 중앙지방법원 오전11시10분 마감)
④ 입찰표 제출 이후 수정, 취소 등 불가하며 입찰 마감 이후 입찰표 제출 불가
⑤ 입찰 마감 이후 10분 이내 개찰 시작
⑥ 법원에 따라 사건번호 순 또는 입찰자 많은 순으로 발표
⑦ 최고가 매수인 인적사항(이름, 주소)과 매수금액 발표
⑧ 법원에 따라 다른 입찰자 이름과 입찰금액 발표
⑨ 최고가 매수신고인이 다수인 경우 최고가 매수신고인들만을 상대로 추가 입찰
- 최고가 매수금액 이상으로 입찰하며 다시 최고가 매수금액을 기재한 사람이 최고가 매수신고인으로 결정
- 추가 입찰에서도 동일한 금액으로 기재한 경우, 입찰자 모두가 응하지 않은 경우, 입찰자 모두가 이전 최고가 매수금액 이하로 기재한 경우는 추첨에 의해 결정
⑩ 차순위 매수신고, 공유자 우선매수 신고 여부 공지
⑪ 차순위 매수 신고가 있는 경우 신고인의 입찰보증금 법원 수납, 영수증 발행
⑫ 최고가 매수인의 입찰보증금은 법원 수납, 영수증 발행
⑬ 다른 입찰자들의 입찰보증금은 입찰표 수취증 확인, 보증금 반환 영수 날인 후 즉시 반환

2 입찰표 작성방법

1) 개인 - 입찰표

① 입찰기일, 사건번호, 물건번호(1개 물건인 경우 미작성), 이름, 날인, 주민등록번호, 전화번호, 주소 기재

② 입찰가격, 보증의 제공방법 표시, 입찰보증금액, 보증금 반환 영수 날인

(앞면)

기 일 입 찰 표

동부지방법원 집행관귀하　　　　입찰기일 : 2021년 11월 1일

사건번호	2021 타경 0000 호	물건번호	※물건번호가 여러개 있는 경우에는 꼭 기재

입찰자					
본인	성 명	박경매 (인)		전화번호	010-0000-0000
	주민(사업자)등록번호	000000 - 0000000	법인등록번호		
	주 소	서울 OO구 OO로 000			
대리인	성 명	(인)		본인과의 관계	
	주민등록번호			전화번호	-
	주 소				

입찰가격	천억	백억	십억	억	천만	백만	십만	만	천	백	십	일	
				5	5	0	0	0	0	0	0	0	원

보증금액	백억	십억	억	천만	백만	십만	만	천	백	십	일	
				5	0	0	0	0	0	0	0	원

보증의 제공방법	☑ 현금·자기앞수표 ☐ 보증서	보증을 반환 받았습니다. 입찰자 박경매 (인)

2) 개인 - 입찰보증금 봉투

① 사건번호, 물건번호(1개 물건인 경우 미작성), 이름, 날인

② 입찰보증금 투입(수표 1장으로 권장)

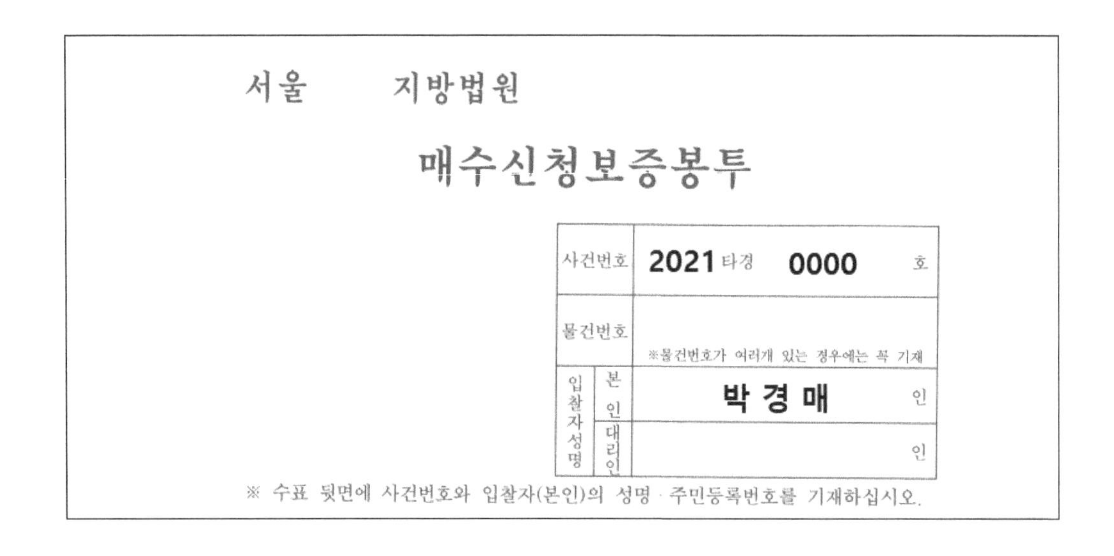

서울 지방법원

매수신청보증봉투

사건번호	2021 타경 0000		호
물건번호	※물건번호가 여러개 있는 경우에는 꼭 기재		
입찰자성명	본인	박 경 매	인
	대리인		인

※ 수표 뒷면에 사건번호와 입찰자(본인)의 성명 · 주민등록번호를 기재하십시오.

3) 개인 - 입찰봉투

① 앞면에 이름, 날인
② 뒷면에 사건번호, 물건번호(1개 물건인 경우 미작성), 담당계, 날인
③ 입찰표, 입찰보증금 봉투 투입
④ 입찰봉투 제출 시 본인 신분증 제시

4) 법인 - 입찰표

① 입찰기일, 사건번호, 물건번호(1개 물건인 경우 미작성), 법인명과 대표이름, 날인(법인 대표 도장 또는 법인 인감 도장), 전화번호, 사업자등록번호, 법인등록번호, 사업장 주소 기재
② 입찰가격, 보증의 제공방법 표시, 입찰보증금액, 보증금 반환 영수 날인

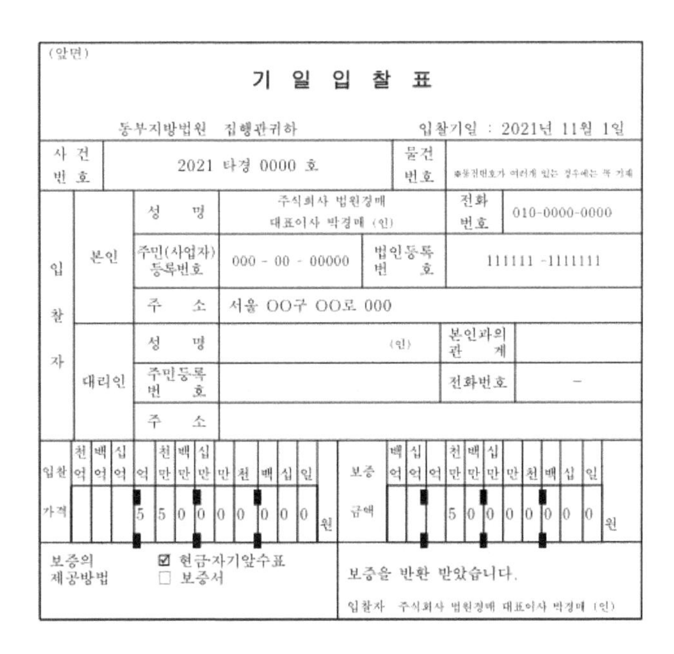

(앞면)

기 일 입 찰 표

동부지방법원 집행관귀하 입찰기일 : 2021년 11월 1일

사건번호	2021 타경 0000 호	물건번호	※물건번호가 여러개 있는 경우에는 꼭 기재

입찰자					
본인	성명	주식회사 법원경매 대표이사 박경매 (인)		전화번호	010-0000-0000
본인	주민(사업자)등록번호	000 - 00 - 00000	법인등록번호	111111 -1111111	
본인	주소	서울 OO구 OO로 000			
대리인	성명	(인)		본인과의 관계	
대리인	주민등록번호			전화번호	-
대리인	주소				

입찰가격	천억	백억	십억	억	천만	백만	십만	만	천	백	십	일	
				5	5	0	0	0	0	0	0	0	원

보증금액	백억	십억	억	천만	백만	십만	만	천	백	십	일	
				5	0	0	0	0	0	0	0	원

보증의 제공방법	☑ 현금·자기앞수표 □ 보증서	보증을 반환 받았습니다. 입찰자 주식회사 법원경매 대표이사 박경매 (인)

5) 법인 - 입찰보증금 봉투

① 사건번호, 물건번호(1개 물건인 경우 미작성), 법인명과 대표이사 이름, 날인
② 입찰보증금 투입(수표 1장으로 권장)

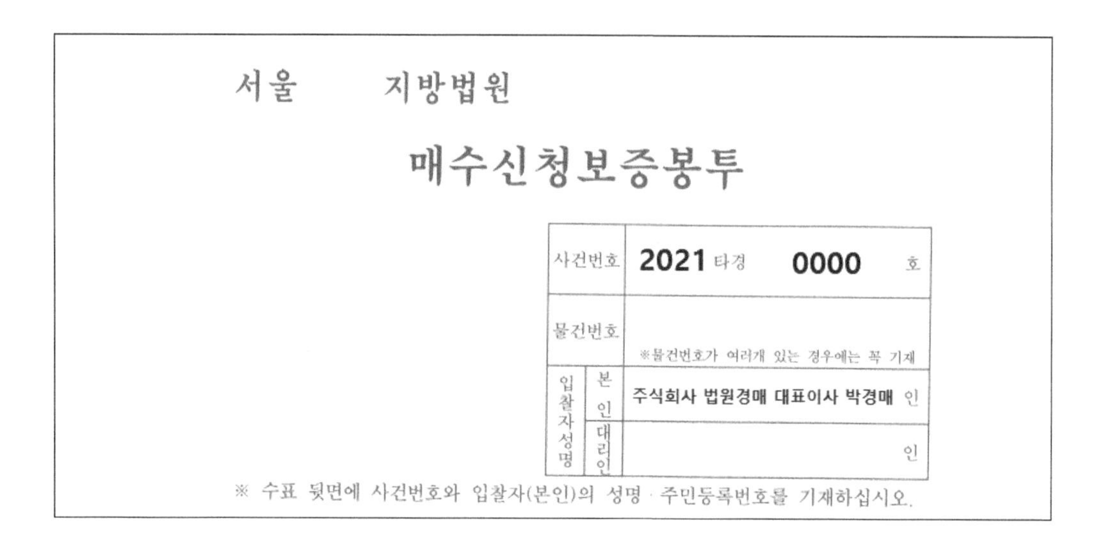

서울 지방법원

매수신청보증봉투

사건번호	2021 타경 0000 호	
물건번호	※물건번호가 여러개 있는 경우에는 꼭 기재	
입찰자성명	본인	주식회사 법원경매 대표이사 박경매 인
	대리인	인

※ 수표 뒷면에 사건번호와 입찰자(본인)의 성명 · 주민등록번호를 기재하십시오.

6) 법인 - 입찰봉투

① 앞면에 법인명과 대표이사 이름, 날인
② 뒷면에 사건번호, 물건번호(1개 물건인 경우 미작성), 담당계, 날인
③ 입찰표, 입찰보증금 봉투, 법인등기부등본(발급용) 투입
④ 입찰봉투 제출 시 대표이사 신분증 제시

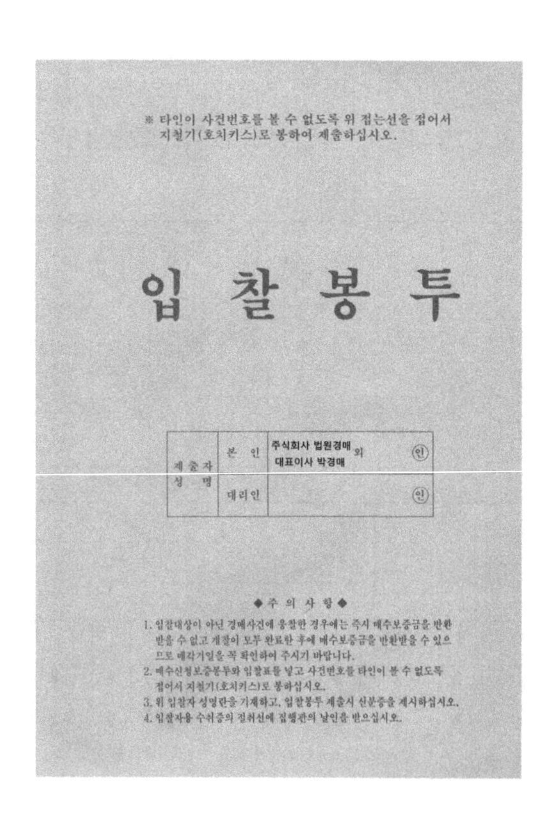

※ 타인이 사건번호를 볼 수 없도록 위 접는선을 접어서
지철기(호치키스)로 봉하여 제출하십시오.

입 찰 봉 투

제출자 성명	본 인	주식회사 법원경매 외 대표이사 박경매 ㊞
	대리인	㊞

◆주 의 사 항◆

1. 입찰대상이 아닌 경매사건에 응찰한 경우에는 즉시 매수보증금을 반환받을 수 없고 개찰이 모두 완료한 후에 매수보증금을 반환받을 수 있으므로 매각기일을 꼭 확인하여 주시기 바랍니다.
2. 매수신청보증봉투와 입찰표를 넣고 사건번호를 타인이 볼 수 없도록 접어서 지철기(호치키스)로 봉하십시오.
3. 위 입찰자 성명란을 기재하고, 입찰봉투 제출시 신분증을 제시하십시오.
4. 입찰자용 수취증의 절취선에 집행관의 날인을 받으십시오.

7) 개인 대리 - 입찰표

① 입찰기일, 사건번호, 물건번호(1개 물건인 경우 미작성), 본인 란에 이름, 날인, 주민등록번호, 전화번호, 주소 기재

② 대리인 란에 이름, 날인, 관계, 주민등록번호, 전화번호, 주소 기재

③ 입찰가격, 보증의 제공방법 표시, 입찰보증금액, 보증금 반환 영수 날인(대리인)

(앞면)

기 일 입 찰 표

동부지방법원 집행관귀하　　　입찰기일 : 2021년 11월 1일

사건번호	2021 타경 0000 호	물건번호	※물건번호가 여러개 있는 경우에는 꼭 기재

입찰자					
본인	성 명	박경매 (인)		전화번호	010-0000-0000
	주민(사업자)등록번호	000000 - 0000000	법인등록번호		
	주 소	서울 OO구 OO로 000			
대리인	성 명	박낙찰 (인)		본인과의 관계	가족
	주민등록번호	000000 - 0000000		전화번호	010-1111-1111
	주 소	서울 OO구 OO로 000			

입찰가격	천억	백억	십억	억	천만	백만	십만	만	천	백	십	일	
				5	5	0	0	0	0	0	0	0	원

보증금액	백억	십억	억	천만	백만	십만	만	천	백	십	일	
				5	0	0	0	0	0	0	0	원

보증의 제공방법	☑ 현금·자기앞수표 ☐ 보증서	보증을 반환 받았습니다. 입찰자 박낙찰 (인)

8) 개인 대리 - 위임장

① 대리인란에 이름, 직업, 주민등록번호, 전화번호, 주소 기재

② 위임 사건번호, 물건번호(1개 물건인 경우 미작성) 기재

③ 본인란 이름, 날인(인감도장), 직업, 주민등록번호, 전화번호, 주소 기재

④ 인감증명 첨부

위 임 장

대리인	성 명	박낙찰	직업	회사원
	주민등록번호	000000 - 0000000	전화번호	010-1111-1111
	주 소	서울 OO구 OO로 000		

위 사람을 대리인으로 정하고 다음 사항을 위임함.

다 음

동부 지방법원 2021 타경 0000 호 부동산

경매사건에 관한 입찰행위 일체

본인 1	성 명	박경매 (인감인)	직 업	회사원
	주민등록번호	000000 - 0000000	전 화 번 호	010-0000-0000
	주 소	서울 OO구 OO로 000		

9) 개인 대리 - 입찰보증금 봉투

① 사건번호, 물건번호(1개 물건인 경우 미작성), 본인 란에 이름, 날인, 대리인 란에 이름, 날인

② 입찰보증금 투입(수표 1장으로 권장)

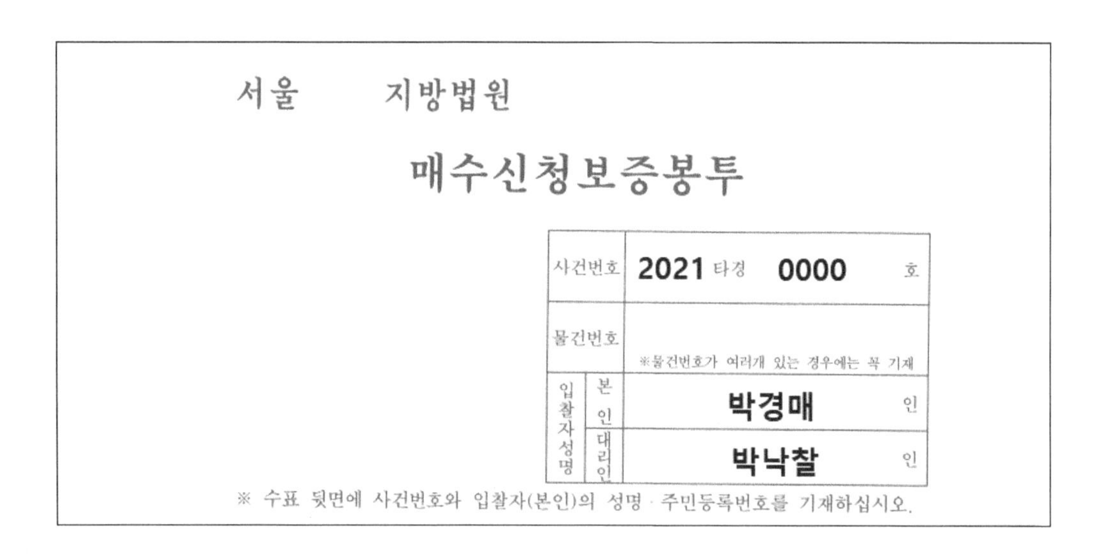

서울 지방법원

매수신청보증봉투

사건번호	2021 타경 0000 호	
물건번호	※물건번호가 여러개 있는 경우에는 꼭 기재	
입찰자성명 본인	박경매	인
입찰자성명 대리인	박낙찰	인

※ 수표 뒷면에 사건번호와 입찰자(본인)의 성명 · 주민등록번호를 기재하십시오.

10) 개인 대리 - 입찰봉투

① 앞면 본인 란에 이름, 날인, 대리인 란에 이름, 날인

② 뒷면에 사건번호, 물건번호(1개 물건인 경우 미작성), 담당계, 날인

③ 입찰표, 입찰보증금 봉투, 인감증명 투입

④ 입찰봉투 제출 시 대리인 신분증 제시

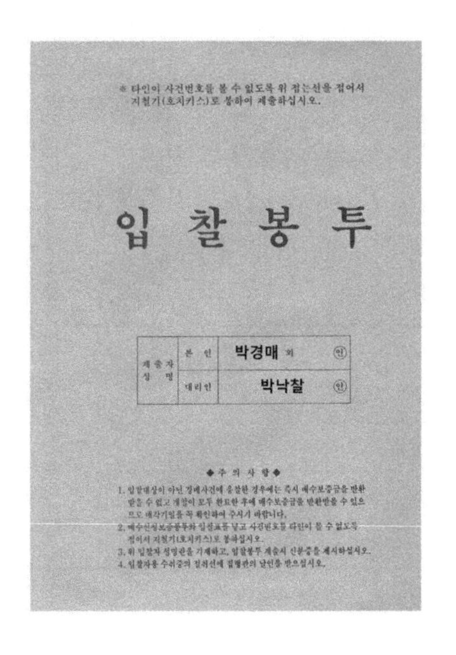

※ 타인이 사건번호를 볼 수 없도록 위 접는선을 접어서
지철기(호치키스)로 봉하여 제출하십시오.

입 찰 봉 투

제출자 성 명	본 인	박경매 외 ㊞
	대리인	박낙찰 ㊞

◆ 주 의 사 항 ◆

1. 입찰대상이 아닌 경매사건에 응찰한 경우에는 즉시 매수보증금을 반환받을 수 없고 개찰이 모두 완료한 후에 매수보증금을 반환받을 수 있으므로 매각기일을 꼭 확인하여 주시기 바랍니다.
2. 매수신청보증봉투와 입찰표를 넣고 사건번호를 타인이 볼 수 없도록 접어서 지철기(호치키스)로 봉하십시오.
3. 위 입찰자 성명란을 기재하고, 입찰봉투 제출시 신분증을 제시하십시오.
4. 입찰자용 수취증의 절취선에 집행관의 날인을 받으십시오.

11) 법인 대리 - 입찰표

① 입찰기일, 사건번호, 물건번호(1개 물건인 경우 미작성), 본인란 법인상호, 날인, 사업자등록번호, 법인등록번호, 전화번호, 주소 기재

② 대리인란에 이름, 날인, 관계, 주민등록번호, 전화번호, 주소 기재

③ 입찰가격, 보증의 제공방법 표시, 입찰보증금액, 보증금 반환 영수 날인(대리인)

(앞면)

기 일 입 찰 표

동부지방법원 집행관귀하　　　　입찰기일 : 2021년 11월 1일

사건번호	2021 타경 0000 호	물건번호	※물건번호가 여러개 있는 경우에는 꼭 기재

입찰자					
본인	성 명	주식회사 법원경매 (인)	전화번호	010-0000-0000	
	주민(사업자) 등록번호	000 - 00 - 00000	법인등록번호	111111 -1111111	
	주 소	서울 OO구 OO로 000			
대리인	성 명	박낙찰 (인)	본인과의 관계	직원	
	주민등록번호	000000 - 0000000	전화번호	010-1111-1111	
	주 소	서울 OO구 OO로 000			

입찰가격	천억	백억	십억	억	천만	백만	십만	만	천	백	십	일	
				5	5	0	0	0	0	0	0	0	원

보증금액	백억	십억	억	천만	백만	십만	만	천	백	십	일	
				5	0	0	0	0	0	0	0	원

보증의 제공방법	☑ 현금·자기앞수표 ☐ 보증서	보증을 반환 받았습니다. 입찰자 박낙찰 (인)

12) 법인 대리 - 위임장

① 대리인 란에 이름, 직업, 주민등록번호, 전화번호, 주소 기재
② 위임 사건번호, 물건번호(1개 물건인 경우 미작성) 기재
③ 본인 란에 법인상호, 날인(인감도장), 사업자등록번호, 전화번호, 주소 기재
④ 법인 인감증명, 법인 등기부등본 첨부

위 임 장

대리인	성 명	박낙찰	직업	회사원
	주민등록번호	000000 - 0000000	전화번호	010-1111-1111
	주 소	서울 OO구 OO로 000		

위 사람을 대리인으로 정하고 다음 사항을 위임함.

다 음

동부 지방법원 2021 타경 0000 호 부동산

경매사건에 관한 입찰행위 일체

본인 1	성 명	주식회사 법원경매 (인감인)	직 업	
	주민등록번호	000 - 00 - 00000	전 화 번 호	010-0000-0000
	주 소	서울 OO구 OO로 000		

13) 법인 대리 - 입찰보증금 봉투

① 사건번호, 물건번호(1개 물건인 경우 미작성), 본인 란에 법인상호, 날인, 대리인 란에 이름, 날인
② 입찰보증금 투입(수표 1장으로 권장)

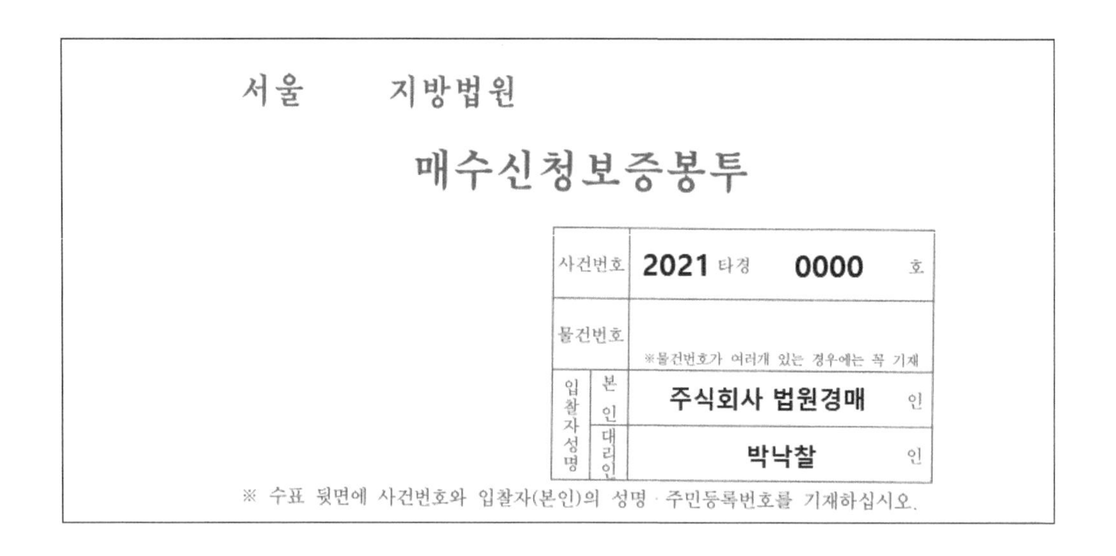

서울 지방법원

매수신청보증봉투

사건번호		2021 타경 0000 호
물건번호		※물건번호가 여러개 있는 경우에는 꼭 기재
입찰자성명	본인	주식회사 법원경매 인
	대리인	박낙찰 인

※ 수표 뒷면에 사건번호와 입찰자(본인)의 성명 · 주민등록번호를 기재하십시오.

14) 법인 대리 - 입찰 봉투

① 앞면 본인 란에 법인상호, 날인, 대리인 란에 이름, 날인
② 뒷면에 사건번호, 물건번호(1개 물건인 경우 미작성), 담당계, 날인
③ 입찰표, 입찰보증금 봉투, 법인 인감증명, 법인 등기부등본 투입
④ 입찰봉투 제출 시 대리인 신분증 제시

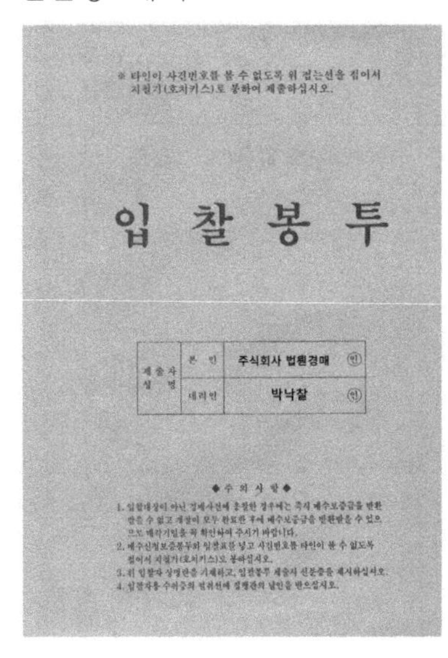

※ 타인이 사건번호를 볼 수 없도록 위 접는선을 접어서 지철기(호치키스)로 봉하여 제출하십시오.

입 찰 봉 투

제출자 성명	본 인	주식회사 법원경매 ㊞
	대리인	박낙찰 ㊞

◆주의사항◆

1. 입찰대상이 아닌 경매사건에 응찰한 경우에는 즉시 매수보증금을 반환받을 수 없고 개찰이 모두 완료된 후에 매수보증금을 반환받을 수 있으므로 매각기일을 꼭 확인하여 주시기 바랍니다.
2. 매수신청보증봉투와 입찰표를 넣고 사건번호를 타인이 볼 수 없도록 접어서 지철기(호치키스)로 봉하십시오.
3. 위 입찰자 성명란을 기재하고, 입찰봉투 제출시 신분증을 제시하십시오.
4. 입찰자용 수취증의 절취선에 집행관의 날인을 받으십시오.

15) 공동입찰 - 입찰표

① 입찰기일, 사건번호, 물건번호(1개 물건인 경우 미작성), 본인 란에 "별첨 공동 입찰자 목록 기재와 같음"기재
② 입찰가격, 보증의 제공방법 표시, 입찰보증금액, 보증금 반환 영수 날인

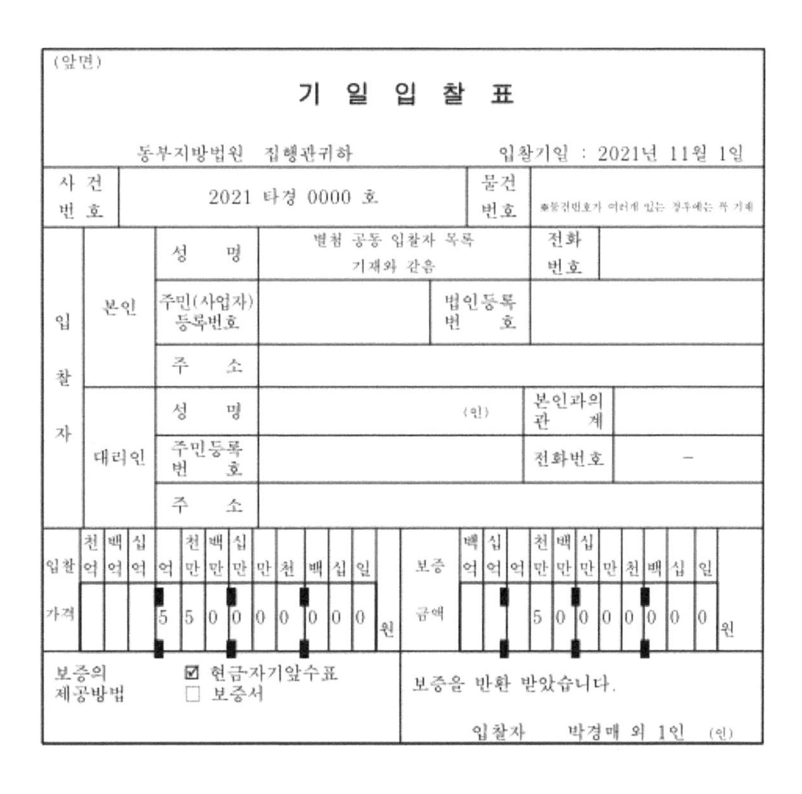

(앞면)

기 일 입 찰 표

동부지방법원 집행관귀하　　　　입찰기일 : 2021년 11월 1일

사건번호	2021 타경 0000 호	물건번호	※물건번호가 여러개 있는 경우에는 꼭 기재

입찰자					
	본인	성 명	별첨 공동 입찰자 목록 기재와 같음	전화번호	
		주민(사업자)등록번호		법인등록번호	
		주 소			
	대리인	성 명	(인)	본인과의 관계	
		주민등록번호		전화번호	-
		주 소			

입찰가격	천억	백억	십억	억	천만	백만	십만	만	천	백	십	일	
				5	5	0	0	0	0	0	0	0	원

보증금액	백억	십억	억	천만	백만	십만	만	천	백	십	일	
				5	0	0	0	0	0	0	0	원

보증의 제공방법	☑ 현금·자기앞수표 ☐ 보증서	보증을 반환 받았습니다. 입찰자　박경매 외 1인 (인)

16) 공동입찰 - 공동입찰 신고서

① 사건번호, 물건번호(1개 물건인 경우 미작성), 입찰일자, 신청인 이름과 공동 입찰자 수 기재

② 공동 입찰자 목록 번호란에 일련번호, 이름, 날인, 주소, 주민등록번호, 전화번호, 지분 비율 기재

③ 입찰표와 공동입찰신고서 사이에 공동 입찰자 전원이 간인

공동입찰신고서

동부지방법원 집행관 귀하

사건번호 2021 타경 0000 호

물건번호

공동입찰자 별지 목록과 같음

위 사건에 관하여 공동입찰을 신고합니다.

2021년 11월 1일

신청인 박경매 외 1 인(별지목록 기재와 같음)

※ 1. 공동입찰을 하는 때에는 입찰표에 각자의 지분을 분명하게 표시하여야 합니다.

2. 별지 공동입찰자 목록과 사이에 공동입찰자 전원이 간인하십시오.

공동입찰자목록

번호	성 명	주소		지분
		주민등록번호	전화번호	
1	박경매 (인)	서울 OO구 OO로 000		1/2
		000000 - 0000000	010-0000-0000	
2	박낙찰 (인)	서울 OO구 OO로 000		1/2
		000000 - 0000000	010-1111-1111	
	(인)			
		-		

17) 공동입찰 - 입찰보증금 봉투

① 사건번호, 물건번호(1개 물건인 경우 미작성), 이름, 날인

② 입찰보증금 투입(수표 1장으로 권장)

서울 지방법원

매수신청보증봉투

사건번호		2021 타경 0000 호
물건번호		※물건번호가 여러개 있는 경우에는 꼭 기재
입찰자성명	본인	박경매 외 1 인
	대리인	인

※ 수표 뒷면에 사건번호와 입찰자(본인)의 성명·주민등록번호를 기재하십시오.

18) 공동입찰 - 입찰봉투

① 앞면에 이름과 공동 입찰자 수 기재, 날인
② 뒷면에 사건번호, 물건번호(1개 물건인 경우 미작성), 담당계, 날인
③ 입찰표, 공동입찰신고서, 입찰보증금 봉투 투입
④ 입찰봉투 제출 시 공동 입찰자 전원 신분증 제시

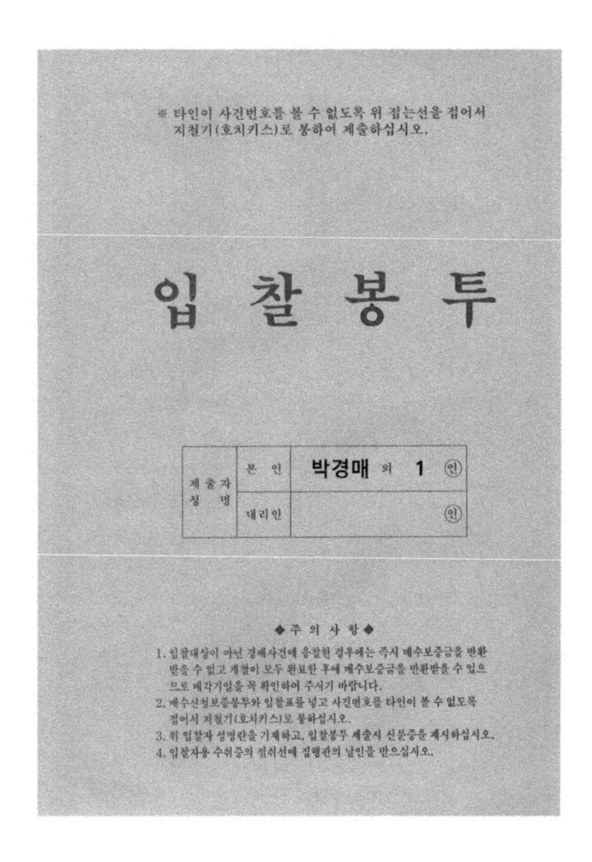

※ 타인이 사건번호를 볼 수 없도록 위 접는선을 접어서
지철기(호치키스)로 봉하여 제출하십시오.

입 찰 봉 투

제출자 성명	본 인	박경매 외 1 ㊞
	대리인	㊞

◆주 의 사 항◆

1. 입찰대상이 아닌 경매사건에 응찰한 경우에는 즉시 매수보증금을 반환받을 수 없고 개찰이 모두 완료한 후에 매수보증금을 반환받을 수 있으므로 매각기일을 꼭 확인하여 주시기 바랍니다.
2. 매수신청보증봉투와 입찰표를 넣고 사건번호를 타인이 볼 수 없도록 접어서 지철기(호치키스)로 봉하십시오.
3. 위 입찰자 성명란을 기재하고, 입찰봉투 제출시 신분증을 제시하십시오.
4. 입찰자용 수취증의 절취선에 집행관의 날인을 받으십시오.

3 부동산 등에 대한 경매절차 처리지침(별지3, 기일입찰표의 유,무효 처리 기준)

번호	흠결사항	처리기준
1	입찰기일을 적지 아니하거나 잘못 적은 경우	입찰봉투의 기재에 의하여 그 매각기일의 것임을 특정할 수 있으면 개찰에 포함시킨다.
2	사건번호를 적지 아니한 경우	입찰봉투, 매수신청보증봉투, 위임장 등 첨부서류의 기재에 의하여 사건번호를 특정할 수 있으면 개칠에 포함시킨다.
3	매각물건이 여러 개인데, 물건번호를 적지 아니한 경우	개찰에서 제외한다. 다만, 물건의 지번·건물의 호수 등을 적거나 입찰봉투에 기재가 있어 매수신청 목적물을 특정할 수 있으면 개찰에 포함시킨다.
4	입찰자 본인 또는 대리인의 이름을 적지 아니한 경우	개찰에서 제외한다. 다만, 고무인·인장 등이 선명하여 용이하게 판독할 수 있거나, 대리인의 이름만 기재되어 있으나 위임장·인감증명서에 본인의 기재가 있는 경우에는 개찰에 포함시킨다.
5	입찰자 본인과 대리인의 주소·이름이 함께 적혀 있지만(이름 아래 날인이 있는 경우 포함) 위임장이 붙어 있지 아니한 경우	개찰에서 제외한다.
6	입찰자 본인의 주소·이름이 적혀 있고 위임장이 붙어 있지만, 대리인의 주소·이름이 적혀 있지 않은 경우	개찰에서 제외한다.
7	위임장이 붙어 있고 대리인의 주소·이름이 적혀 있으나 입찰자 본인의 주소·이름이 적혀 있지 아니한 경우	개찰에서 제외한다.
8	한 사건에서 동일인이 입찰자 본인인 동시에 다른 사람의 대리인이거나, 동일인이 2인 이상의 대리인을 겸하는 경우	쌍방의 입찰을 개찰에서 제외한다.
9	입찰자 본인 또는 대리인의 주소나 이름이 위임장 기재와 다른 경우	이름이 다른 경우에는 개찰에서 제외한다. 다만, 이름이 같고 주소만 다른 경우에는 개찰에 포함시킨다.
10	입찰자가 법인인 경우 대표자의 이름을 적지 아니한 경우(날인만 있는 경우도 포함)	개찰에서 제외한다. 다만, 법인등기사항증명서로 그 자리에서 자격을 확인할 수 있거나, 고무인·인장 등이 선명하며 용이하게 판독할 수 있는 경우에는 개찰에 포함시킨다.
11	입찰자 본인 또는 대리인의 이름 다음에 날인이 없는 경우	개찰에 포함시킨다.
12	입찰가격의 기재를 정정한 경우	정정인 날인 여부를 불문하고, 개찰에서 제외한다.
13	입찰가격의 기재가 불명확한 경우(예, 5와 8, 7과 9, 0과 6 등)	개찰에서 제외한다.
14	보증금액의 기재가 없거나 그 기재된 보증금액이 매수신청보증과 다른 경우	매수신청보증봉투 또는 보증서에 의해 정하여진 매수신청보증 이상의 보증제공이 확인되는 경우에는 개찰에 포함시킨다.
15	보증금액을 정정하고 정정인이 없는 경우	
16	하나의 물건에 대하여 같은 사람이 여러 장의 입찰표 또는 입찰봉투를 제출한 경우	입찰표 모두를 개찰에서 제외한다.

17	보증의 제공방법에 관한 기재가 없거나 기간입찰표를 작성·제출한 경우	개찰에 포함시킨다.
18	위임장은 붙어 있으나 위임장이 사문서로서 인감증명서가 붙어 있지 아니한 경우, 위임장과 인감증명서의 인영이 틀린 경우	개찰에서 제외한다.

4 입찰표 작성 시 실수 사례

1) 입찰가격

① 정자로 작성해야 함

② 수정 또는 덧쓰는 경우 무효

③ 무효 시 입찰보증금 반환

④ 아래와 같은 입찰표 작성 시 무효처리 됨

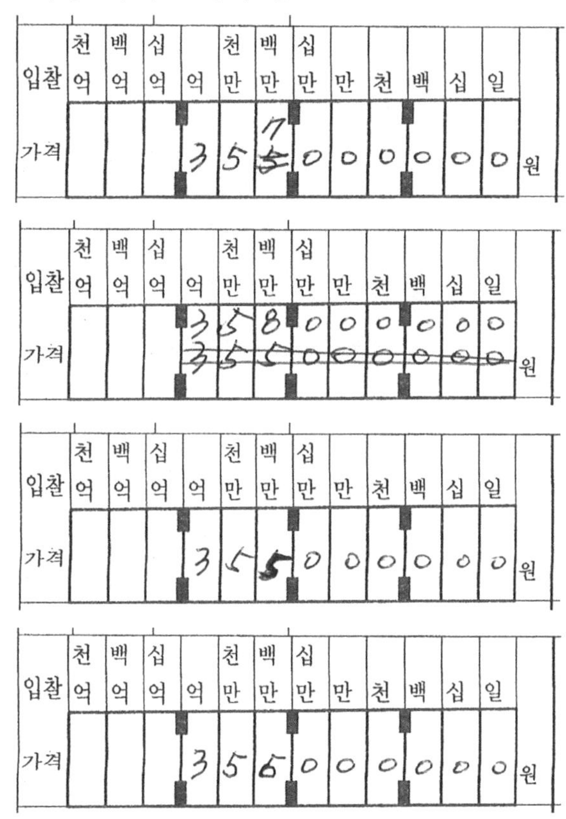

입찰	천억	백억	십억	억	천만	백만	십만	만	천	백	십	일	
가격				3	5	5 (7 덧씀)	0	0	0	0	0	0	원

입찰	천억	백억	십억	억	천만	백만	십만	만	천	백	십	일	
가격				3	5	8	0	0	0	0	0	0	
				~~3~~	~~5~~	~~5~~	~~0~~	~~0~~	~~0~~	~~0~~	~~0~~	~~0~~	원

입찰	천억	백억	십억	억	천만	백만	십만	만	천	백	십	일	
가격				3	5	5	0	0	0	0	0	0	원

입찰	천억	백억	십억	억	천만	백만	십만	만	천	백	십	일	
가격				3	5	6	0	0	0	0	0	0	원

⑤ 단위를 잘못 기재하는 경우 최고가 매수인이 되어 대금미납으로 입찰보증금 몰수되는 사례

(출처: 대법원경매정보)

기일내역

물건번호	감정평가액	기일	기일종류	기일장소	최저매각가격	기일결과
1	370,000,000원	2015.04.15(10:00)	매각기일	제151호 법정	370,000,000원	유찰
		2015.05.20(10:00)	매각기일	제151호 법정	259,000,000원	매각 (3,460,900,000원)
		2015.05.27(13:20)	매각결정기일	제354호 법정		

2) 첨부서류 미제출로 무효가 되는 사례

① 대리입찰 시 본인(법인)의 인감증명 또는 위임장 미제출
② 대리입찰 시 위임장에 본인의 인감도장을 날인하지 않은 경우
③ 법인 명의로 법인 대표가 입찰 시 법인 등기부등본 미제출
④ 공동 입찰 시 공동입찰목록 미제출
⑤ 입찰보증금 부족하게 제출

3) 기타 사유로 무효 처리되는 경우

① 입찰보증금 누락
② 물건번호 미기재
③ 사건번호 미기재

MEMO

이 책의 메모

저자 이장원

저자 약력

고려대학교 문과대학 졸업
연세대학교 법무대학원 조세법전공 졸업
건국대학교 부동산대학원 부동산경영관리전공 졸업

경력사항

- 세무법인 리치 본점 대표 세무사
- 한국세무사회 세무연수원 연수교수
- 대한중소병원협회·대한의료법인연합회·대한노인요양병원협회 공식 자문 세무사
- 저서 "부의 이전", "2024 결국은 부동산", "청약보다 쉬운 아파트 경매 책", "부의 관리", "의사의 세금", "나의 토지수용보상금 지키기", "한 권에 담은 토지세금", "3시간에 끝장내는 초보사장 창업세금" 등 10여 권 집필 및 감수
- tvN "어쩌다 어른" 및 KBS·EBS·SBS·YTN·MBN·OBS·삼프로·동아일보·매일경제·한국경제·서울경제 등 다수 언론사 방송 출연, 칼럼 집필 및 자문위원
- 2024매경 서울머니쇼, 2023, 2024한경 머니로드쇼, KDI정책대학원, AWS(아마존), 한국산업기술진흥협회, GIST최고위과정, 서초구청, 근로복지공단, 금융연수원, 금융보안원, 서울시교육청, 충남교육청, 한양대, 경기도의사회, 포스코, SK D&D, 매경 부동산 아카데미 등 다수 공공기관 및 기업의 자산관리 및 세금 강의
- "두꺼비 세금 상담소_이장원 세무사"유튜브 및 블로그 운영

유튜브: https://www.youtube.com/@두꺼비세금상담소
블로그: https://blog.naver.com/tax963

Part 05

부동산 세무실무

제 1 강 공인중개사 실전 세금지식 개요

중개업무 중 물건상담 이외에 많은 부분이 세금이라고 해도 과언이 아니다. 특히 매도 고객의 대다수는 넌지시 주택 비과세나 중과세 등 양도소득세에 대한 지식을 알고 있는지 여부로 공인중개사의 전문성을 판단하는 경우도 적지 않다.

수많은 세금을 다루는 직업은 세무사이고, 중개 실전에서 필요한 것은 공인중개사로서 풍부한 전문성이 있다는 것을 알릴 수 있는 중개 관련 실전 세금 지식을 잘 알고 있는 것이 핵심이다. 부동산 중개에 있어서 실전으로 알아야 할 취득-보유-처분 단계의 세금을 주택과 비주택으로 나누어서 핵심 위주로 익혀보도록 하자.

중개사가 안내해야 할 핵심 세목과 이슈 및 전문 세무사를 소개시켜 주어야 할 세목과 이슈를 구분해야 한다. 먼저 중개사가 안내해야 할 핵심 세목과 이슈는 다음과 같다. 핵심 세목인 이유는 간단하다. 가장 많은 문의가 있으면서 해당 세금 상담을 간단히 한다면 중개계약으로 연결 가능성이 높아지기 때문이다.

주택 실전 세금지식

1. 취득세 : 취득세 중과세율 적용 여부(개인 및 법인)
2. 보유세 : 종합부동산세 1세대 1주택 특례 및 중과세율, 주택 임대사업자 세금 업무
3. 양도소득세 : 주택 비과세(일시적 1세대 2주택 포함), 주택 중과세, 단기양도소득세율, 오피스텔 등 실질에 따른 주택 수 산정 여부, 부가가치세 과세 여부

비주택 실전 세금지식

1. 취득세 : 법인 취득세 중과세율 적용 여부
2. 보유세 : 비주택 및 토지 임대사업자 세금 업무
3. 양도소득세 : 비주택 양도 시 부가가치세 과세 여부 및 부가가치세 계산법

세금 관련 업무

1. 자금조달계획서를 통한 증여세, 소득세 조사 및 가족 간 차용증 작성
2. 특수관계인 간 저가양수도 거래
3. 증여세 기초지식
4. 주택 상속받을 때 절세법 및 상속이 일어나면 준비해야 할 것들

☑ 지방세는 관할이 시군구청이며, 대표적으로 취득세와 재산세가 있다.
국세는 관할이 세무서이며, 대표적으로 종합부동산세, 양도소득세, 부가가치세, 증여세, 상속세가 있다.

전문 세무사 또는 관공서에 문의하라고 안내해야 할 세목과 이슈는 다음과 같다. 물론 관련 지식을 쌓아서 고객을 응대한다면 전문성을 인정받아 업무 수임률이 높아질 수 있지만 중개사가 안내해야 할 핵심 세목과 이슈에 대해서 집중하는 것이 효율성 측면에서는 더 좋을 수 있다.

1. 무상이전인 증여취득세와 상속취득세 감면 및 절세법
2. 재산세 및 대부분의 종합부동산세 질문 및 절세법
3. 종합소득세와 법인세 질문 및 절세법
4. 부동산 거래와 관련없는 증여세와 상속세 질문 및 절세법

그럼 주택 세금부터 하나씩 살펴보도록 하자.

제 2 강 주택 실전 세금지식

1 취득세 일반

취득세는 일정한 자산의 취득 시 매겨지는 지방세이다. 과거에는 취득할 때 내는 취득세와 이를 등기부에 등록하는 등록세가 따로 있었으나 현재는 모두 취득세로 통합되었다.

부동산의 취득세는 매매뿐만이 아니라 상속 또는 증여 등 취득원인에 따라 다른 세율이 적용된다. 특히 최근 몇 년간의 세법개정으로 인해 주택 취득에 대한 매매 및 증여 취득세에도 중과세율이 적용되어 일반세율과 그 부담의 차이가 최대 12배 이상 벌어지는 경우도 있다. 그래서 그동안 크게 신경 쓰지 않았던 취득세에 대한 절세플랜도 많은 연구가 되고 있다.

구분	내용
납세의무자	-부동산, 차량 등의 과세 대상 물건을 취득한 자
과세대상	-부동산, 차량, 기계장비, 항공기, 선박, 입목, 광업권, 어업권, 골프회원권, 승마회원권, 콘도미니엄회원권, 종합체육시설이용회원권
과세표준	-취득 당시의 신고가액(실거래가액) -신고가액이 없거나 시가표준액에 미달 시는 시가표준액(예외 존재)
취득 시기	-유상승계 취득 시 : 사실상의 잔금지급일(확인할 수 없는 경우에는 계약상 잔금지급일) -무상승계 취득 시 : 계약일 -취득일 전 등기 또는 등록 시 : 등기 또는 등록일 -건축물 신축 시 :사용승인서 교부일, 임시사용승인일 또는 사실상 사용일 중 빠른 날 -상속 시 : 사망일
신고 및 납부기한	-취득세 과세 물건을 취득한 날로부터 60일 -23년 1월 1일부터 증여는 취득일이속하는 달의 말일부터 3개월 이내 -상속은 상속개시일이 속하는 달의 말일부터 6월 이내

취득세는 ① 취득가액이 얼마인지 ② 주택이 조정대상지역인지 ③ 1세대가 몇 개째의 주택을 취득하는 상황인지 ④ 주택의 면적이 85㎡를 초과하는지 ⑤ 취득자가 개인인지 법인인지 등에 따라서 달라지게 된다. 이제 그 각 세부적인 기준이 어떻게 되는지 살펴보고 그에 따른 상담을 어떻게 세워야 유리할지 알아보자

우선 개인의 주택과 비주택 및 취득 원인에 따른 취득세율표를 살펴보면 다음과 같다.

◈ 취득세율표

<단위:%>

부동산의종류				구분	취득세율	농어촌특별세율	지방교육세율	합계
매매	일반			토지/건물	4.0	0.2	0.4	4.6
매매	주택	일반과세	6억이하	85㎡이하	1.0	-	0.1	1.1
				85㎡초과	1.0	0.2	0.1	1.3
			6억초과 9억이하	85㎡이하	1~3	-	0.1~0.3	1.1~3.3
				85㎡초과	1~3	0.2	0.1~0.3	1.3~3.5
			9억초과	85㎡이하	3.0	-	0.3	3.3
				85㎡초과	3.0	0.2	0.3	3.5
		중과세	조정대상지역내 1세대 2주택 비조정대상지역 1세대 3주택 (일시적 2주택 제외[일반과세])		8.0	- (85㎡초과 0.6)	0.4	8.4 (85㎡초과 9.0)
			조정대상지역내1세대3주택~ 비조정대상지역1세대4주택~		12.0	- (85㎡초과 1.0)	0.4	12.4 (85㎡초과 13.4)
			일시적2주택으로 종전주택을 3년 이내 미 처분시		8.0	- (85㎡초과 1.0)	0.4	8.4 (85㎡초과 9.0)
			법인, 사단, 재단, 단체 등 (시가표준액1억이하 등 중과제외)		12.0	- (85㎡초과 1.0)	0.4	12.4 (85㎡초과 13.4)
	농지			신규	3.0	0.2	0.2	3.4
				2년 이상 자경	1.5	-	0.1	1.6
상속	1가구 1주택			전 세대원 무주택	0.8	-	0.16	0.96
	농지			일반	2.3	0.2	0.06	2.56
				2년 이상 자경	0.15	-	0.03	0.18
	일반건물, 농지외, 다주택			85㎡초과	2.8	0.2	0.16	3.16
	다주택			85㎡이하	2.8	-	0.16	2.96
증여	일반	조정대상지역주택 (공시가격3억미만)		85㎡이하	3.5	-	0.3	3.8
				85㎡초과	3.5	0.2	0.3	4.0
		그 외(토지, 건물)			3.5	0.2	0.3	4.0
	주택 중과	조정대상지역주택 (공시가격3억이상)		85㎡이하	12	-	0.4	12.4
				85㎡초과	12	1.0	0.4	13.4
	1세대 1주택자가 소유주택을 배우자, 직계존비속에게 증여 시			조정대상지역 85㎡이하	3.5	-	0.3	3.8
				조정대상지역 85㎡초과	3.5	0.2	0.3	4.0
원시취득	신축, 재건축, 재개발(건물만)				2.8	0.2	0.16	3.16
사치성재산	승계				12	1.0	0.4	13.4

(고급주택, 별장등)	원시		10.8	1.0	0.16	11.96
과밀억제권역(본점용신증축)	원시	토지	8	0.6	0.4	9
		건물	6.8	0.6	0.16	7.56
과밀억제권역(본지점용설립설치전입후5년내 취득)	원시	토지	8	0.2	1.2	9.4
		건물	4.4	0.2	0.48	5.08
	승계		8	0.2	1.2	9.4
비도시형공장신증설	원시	토지	12	0.6	0.12	12.72
		건물	8.4	0.6	0.48	9.48

-1세대 :주민등록법에 따른 세대별 주민등록표에 기재 가족(배우자 및 30세 미만이면서 일정소득 미만 자녀 포함)

-주택수 : 공동소유 주택, 상속주택(상속 5년 경과분), 분양권. 입주권(20. 8. 12.이후 취득분), 주거용 오피스텔(20. 8. 12.이후 취득분) 포함

2 주택 유상 매매 취득세 중과

1주택을 소유하고 있는 1세대가 조정대상지역에 있는 주택을 취득하여 2주택이 되는 경우에는 8%의 취득세율을 적용한다. 다만 이사 등을 목적으로 일시적으로 2주택이 되는 경우라면 종전 주택을 3년 내에 처분하는 조건으로 1주택 세율을 적용받을 수 있다.

⊗ 조정대상지역 주택 매매 취득세율

구분	전용면적 85㎡ 이하			전용면적 85㎡ 초과	
	취득세	지방교육세	합계	농특세	합계
1주택	1~3%	0.1~0.3%	1.1~3.3%	0.2%	1.3~3.5%
2주택	8%	0.4%	8.4%	0.6%	9.0%
3주택 이상	12%	0.4%	12.4%	1.0%	13.4%

⊗ 비조정대상지역 주택 매매 취득세율

구분	전용면적 85㎡ 이하			전용면적 85㎡ 초과	
	취득세	지방교육세	합계	농특세	합계
1주택	1~3%	0.1~0.3%	1.1~3.3%	0.2%	1.3~3.5%
2주택	1~3%	0.1~0.3%	1.1~3.3%	0.2%	1.3~3.5%
3주택	8%	0.4%	8.4%	0.6%	9.0%
4주택 이상	12%	0.4%	12.4%	1.0%	13.4%

(1) 중과제외 주택(지방세법 시행령 28조의 2)

시가표준액(주택공시가격) 1억원 이하의 주택, 주택법에 따라 등록한 주택건설사업자 등이 주택건설을 위하여 멸실목적으로 취득하는 주택(단, 정당한 사유없이 그 취득일로부터 3년이 경과할때까지 해당 주택을 멸실하지 않은 경우는 제외) 등은 중과대상에서 제외되어 표

준세율(1~3%)로 과세된다. 아래에 해당하는 것들 대부분은 다음에서 볼 주택수 산정에 있어서도 제외되고 있다.

◈ 중과제외 주택

연번	구 분	제외 이유
1	가정어린이집	육아시설 공급 장려
2	노인복지주택	복지시설 운영에 필요
3	재개발사업 부지확보를 위해 멸실목적으로 취득하는 주택	주택 공급사업에 필요
4	주택시공자가 공사대금으로 받은 미분양주택	주택 공급사업 과정에서 발생
5	저당권 실행으로 취득한 주택	정상적 금융업 활동으로 취득
6	국가등록문화재 주택	개발이 제한되어 투기대상으로 보기 어려움
7	농어촌 주택	투기대상으로 보기 어려움
8	공시가격 1억원 이하 주택 (재개발 구역 등 제외)	투기대상으로 보기 어려움, 주택시장 침체지역 등 배려 필요
9	공공주택사업자(지방공사, LH 등)의 공공임대주택	공공임대주택 공급 지원
10	주택도시기금 리츠가 환매 조건부로 취득하는 주택	정상적 금융업 활동으로 취득
11	사원용 주택	기업활동에 필요
12	주택건설사업자가 신축한 미분양된 주택	주택 공급사업 과정에서 발생 ※ 신축은 2.8% 적용(중과대상 아님)
13	상속주택(상속개시일로부터 5년 이내)	투기목적과 무관하게 보유 ※ 상속은 2.8% 적용(중과대상 아님)

(2) 1세대의 기준

취득세 세율이 얼마인지는 1세대가 주택을 얼마나 가지고 있는지에 달렸다. 따라서 세대구성원이 주택을 가지고 있는 경우라면 그 구성원이 진정 같은 세대에 해당하는지, 세대분리는 가능한지 등에 따라 절세가능성이 많이 달라진다.

1세대라고 함은 주택을 취득하는 사람을 포함하여 주민등록법상 세대별 주민등록표에 구성된 세대를 말한다. 간단히 말해서 주민등록등본을 떼어봤는데 같이 나오는 사람(세대주, 세대원)은 웬만하면 같은 세대라고 볼수 있겠지만, 여기서 세대원은 부모, 배우자, 자녀, 형제자매는 포함하고 동거인은 제외한다.

배우자는 법률상 혼인한 사람을 의미하고 사실혼은 제외된다. 다만, 법률상 이혼했어도 생계를 같이 영위하는 등으로 사실상 이혼한 것으로 보기 어렵다면 1세대로 인정하고 있다.

30세 미만의 미혼자녀 및 미성년자 자녀가 독립된 세대를 구성한 경우, 비록 주민등록상 다른 세대라 하더라도 부모의 세대원으로 포함된다. 다만, 그 자녀가 부모와 세대분리되어 각자의 생계를 유지하면서 일정한 소득이 있는 경우에는 독립된 세대로 본다.

여기서 일정한 소득이라 함은 국민기초생활보장법 제2조 제11호에 따른 기준중위소득의

100분의 40이상의 소득으로서, 2025년 기준중위소득은 1인가구 2,392,013원이므로 대략 95만원 이상의 소득을 의미한다. 단, 미성년자인 경우는 소득 요건을 충족하더라도 별도 세대로 인정되지 않는다.

부모 중 어느 한사람이 65세 이상인 경우로, 동거하며 봉양하기 위하여 30세 이상 자녀(혼인, 비혼인 모두)또는 30세 미만의 혼인한 자녀, 소득요건을 충족한 성년인 직계비속이 합가한 경우에는 부모와 그 자녀를 독립된 세대로 본다.

외국인의 경우 주민등록되어 있지 않다면 출입국관리법상 등록외국인 기록표 및 외국인등록표에 함께 기재된 가족으로 판단한다.

국외로 출국한 사람의 경우 세대전원이 90일 이상 출국하는 경우로서 해당 세대가 출국후에 속할 거주지를 다른 가족의 주소로 신고한 경우라면 그 다른 가족과 동일한 세대원으로 보지 않는다.

그래서 취득 전 미리 세대분리에 관한 전략을 짜는 자세가 중요하다. 1세대에 해당되느냐 마느냐에 따라 그 세율은 엄청난 차이를 보이기 때문이다. 게다가 그 엄청난 차이가 시기적, 조건적인 한 끗차이로 세대분리가 되느냐 마느냐로 갈리는 경우가 허다하다.

따라서 주택을 취득하기 전에 미리 여러 전문가들의 조언을 구하고 찾아서 중과요건을 피하기 위한 방안을 강구하는 것이 절세의 핵심일 것이다.

예를 들어 다가구 주택에서 부모와 자녀가 별도의 세대를 구성하고 각각의 별도의 호수에서 거주하는 경우, 그냥 하나의 주소로 전입신고되어 있는 경우가 많다. 세대분리를 확실하게 소명하기 위해서는 주민등록에 호수를 반드시 특정하여 전입신고하는 것이 필요하다.

비슷한 사례로 단독주택에서 부모와 자녀가 별도의 세대를 구성하여 각 별도의 층에 거주하는 경우에도 하나의 동일한 주소지로 전입신고하지 말고 층수를 특정하여 전입신고하여야 유리하다.

그리고 가장 흔한 문제는 30세 미만이나 미성년자인 자녀의 세대분리문제인데, 1주택 보유세대에서 자녀가 주택을 추가 취득할 계획이라면 사전에 세대분리요건을 면밀하게 검토하라고 조언하는 것이 좋다.

참고로 취득세 세액은 취득 당시의 조건을 기준으로만 확정되므로, 취득 이후에 각 분리되었던 각 세대가 하나의 세대로 합쳐진다거나 하는 등 취득 이후의 세대분가·합가는 단순한 후발적인 사유들이므로, 이러한 것들을 원인으로 하여 취득세가 추가로 추징된다거나 하는 문제 등은 발생하지 않는다. 따라서 전략을 수립한다면 그 계획 이후에 다시 원래대로의 회복의 문제들은 고민하지 않아도 된다.

(3) 일시적 2주택

기존 1세대 1주택(2020. 8. 12.이후 취득한 조합원 입주권, 주택분양권, 주거용 오피스텔 포함) 보유자가 추가로 새로운 주택을 취득하는 경우에는 기존 주택을 신규주택을 취득한 후 종전주택을 3년 내에 처분하는 것을 조건으로 중과세율을 적용하지 않는다.

이러한 일시적 2주택으로 취득세 신고·납부한 이후에 3년 기간내에 종전 주택을 처분하지 못했다면 2주택으로 인한 중과세율이 적용된다. 이때에는 발생하는 차액의 취득세를 자진신고·납부 하여야 하고, 자진신고·납부하지 않을 경우 가산세가 포함된 취득세가 추징된다.

(4) 주택 수 산정

다주택자 중과세율 적용의 기준이 되는 1세대의 주택 수는 주택 취득일 현재 취득하는 주택을 포함하여 1세대가 국내에 소유하는 주택, 조합원 입주권, 주택분양권 및 주거용 오피스텔 등의 수를 말한다. 소유자가 취득한 주택을 임대사업자로 등록하면서 임대주택으로 신고한 것도 주택수 산입에 포함된다.

주택의 공유지분이나 그 부속토지만을 소유, 취득하는 경우에도 주택수에 들어가고, 같은 세대원이 공유지분이나 부속토지만을 보유하고 있다면 당연히 그것도 주택수 산정에 들어간다.

이러한 주택을 동시에 2개 이상 취득하는 경우에는 납세의무자가 정하는 바에 따라 순차적으로 취득하는 것으로 하여 본인에게 유리하게 정할 수 있다.

1세대 내에서 1개의 주택을 공동으로 소유하는 경우에는 1세대 1주택으로 본다. 즉, 부부가 공동으로 1주택을 소유하고 있다면 2주택이 아닌 1주택으로 보는 것이다.

주택 수 산정에 있어서 가장 문제되는 것은 분양권, 입주권, 주거용 오피스텔의 경우이다. 이들을 종전 부동산 및 부동산상의 권리로 보유를 하고 있다면 그 세대의 소유 주택 수 산정에 포함되어 신규 주택 취득시의 세율에 영향을 주게 된다.

조합원 입주권은 재개발·재건축사업의 조합원으로 취득한 것으로서 보통 재개발·재건축의 대상이 되는 종전 주택이나 토지의 지분으로 표상된다. 이 경우 기존 조합원의 조합원 입주권 취득시점은 관리처분계획인가 후 주택이 멸실된 시점이고, 승계조합원의 조합원 입주권 취득시점은 기존 조합원 소유의 조합원입주권(기존 주택 멸실 이후 토지 등 취득)을 취득한 시점이다.

주택분양권도 분양권의 계약 또는 취득시를 기준으로 종전 주택수 산정에 포함된다. 다만 조합원 입주권은 기존 부동산(토지 등)으로 표상되기 때문에 해당 부동산 취득시 취득세가 과세되고, 건물이 완성될때는 원시취득으로서 세율이 산정되기 때문에 취득세 관련하여 복잡한 문제가 발생할 여지는 없는 반면에, 주택분양권은 조합원입주권처럼 기존 부동산으로 표상되는 것도 아니고, 원시취득세율이 적용되는 것도 아니기 때문에 분양권이 추후 주택으로 완공될 경우 취득세율의 산정 기준이 문제될 수 있다.

분양권 계약 및 취득 당시에는 취득세를 내지 않지만, 취득한 분양권이 주택으로 완공되면 이 때에는 주택으로서 취득세를 납부하여야 한다. 그런데 이 때의 주택수 산정은 주택 완공 당시가 아닌 분양권의 계약, 취득 시점을 기준으로 세대별 주택수를 산정한다는 점에 유의하여야 한다.

예를 들어 A가 2주택을 소유하고 있는 상황에서 20.8.12 이후 분양권을 취득한 경우라면 해당 분양권은 3주택에 해당하고 그 분양권이 아파트로 완성되어 취득함으로써 적용되는 세율은 당초 분양권 취득 당시 산정된 주택 수로 적용한다. 따라서 해당 분양권으로 인하여 완공되어 취득하는 주택은 1세대 3주택에 해당하고, 그 신규아파트 완공 취득 이전에 기존 소유 주택 1채를 매각 하더라도 동일하게 적용된다.

즉, 분양권이 3주택에 해당되지 않으려면 분양권 취득일 이전에 기존 주택을 매각하는 등 방법을 강구해야 한다. 따라서 분양권을 취득할 계획이 있다면 그 취득 이전에 반드시 전문가와 상담을 통하여 미리 절세를 계획하여야 불측의 손해를 예방할 수 있다.

마지막으로 주택 수 산정할 때 놓치기 쉬운 것들이 있는데 바로 시골에 있는 주택, 농어촌 주택, 숙박용 콘도주택 등으로 인하여 다주택에 해당됨에도 불구하고 이러한 점을 놓쳐서 취득세를 잘못신고하는 경우가 있다.

대법원 인터넷등기소(http://www.iros.go.kr)에서는 인별 부동산소유현황을 제공하고 있다. 회원 가입 후 로그인을 하고 공인인증서나 휴대폰 인증으로 발급받을 수 있고, 대리인은 위임받아 인근 등기소에 방문하여 본인의 위임장에 인감도장 날인 및 인감증명서를 첨부하여 발급 받을 수 있다.

☑ tip. 주거용 오피스텔은 주택에 해당하나요?

오피스텔은 건축물대장에 주택이라고 기재되어 있지 않고 대체로 업무시설 또는 근린생활시설이라고 표기되어 있으므로 비주택으로 취급된다. 따라서 주거용 오피스텔을 취득하는 경우에는 주택세율이 적용되지 않고 일반세율 4%가 적용된다.

다만 다른 주택을 취득할 때 기존에 보유한 주택수 산정에 있어서(1세대 3주택일 경우 등) 보유 주택 수에는 포함이 되므로 이 차이를 잘 인식하여야 한다. 주거용 오피스텔을 새로 취득할 때에는 주택으로 보지 않으나, 다른 주택을 취득하려는데 1세대 몇 주택인지를 판단할 때에는 주택 수에 넣어야 한다는 것이다.

(5) 법인의 주택취득 중과세

법인이 유상거래를 원인으로 주택을 취득하는 경우에는 12%의 세율을 적용한다. 법인은 개인과 달리 소유한 기존 주택 수를 고려하지 않고, 취득하는 주택이 조정대상지역에 소재하는지 여부를 불문하고 12%를 적용한다. 여기서 법인이란 국세기본법에 따른 법인으로 보는 단체, 부동산 등기법에 따른 법인 아닌 사단·재단 등 개인이 아닌 자를 포함한다.

법인이 주택을 유상거래로 취득하더라도 전에 언급한 중과제외주택을 취득하는 경우에는 중과세에서 제외된다. 예를 들어 법인이 중과제외 주택인 공시가격 1억원 이하의 주택을 취득하는 경우에는 1%의 세율이 적용된다. 그러나 대도시에 설립, 전입한지 5년이 경과하지 않은 법인은 1억원 이하라도 12%의 세율이 적용된다.

3 주택 종합부동산세 일반 및 1세대 1주택 특례와 중과세율

보유세의 대표적인 세목으로 재산세와 종합부동산세가 있다. 재산세와 종합부동산세는 매년 6월 1일에 사실상 보유하고 있는 자에 대하여 부과하므로 6월 1일에만 보유하지 않으면 재산세와 종합부동산세를 부담하지 않아도 된다.

재산세와 종합부동산세는 고지되는 세금이므로 대부분 상담사항이 존재하지 않는다. 가장 간단한 사항인 6월 1일 이후에 취득하고 6월 1일 이전에 처분을 하는 경우 재산세와 종합부동산세 절세가 가능하다. 따라서 5월이나 6월에 처분하는 경우에는 가급적이면 잔금을 6월 1일 이전으로 하여 등기를 넘겨주고, 반대로 취득하는 경우에는 잔금일자를 6월 1일 이후로 하여 등기를 넘겨받는 것이 유리하다.

1세대 1주택자는 공제금액이 9억 원이 아닌 12억 원을 적용받고, 세액공제를 최대 80%까지 받을 수 있다. 반면 3주택자 중 과세표준 합계 12억 원 이상자는 2배 가량 차이나는 중과세율을 적용받는다. 법인은 공제적용을 못받고 단일세율로 2.7% 또는 5%의 고율을 적용받는다.

⊗ 주택 종합부동산세 계산법

구분	내용		
공시가격	주택 공시가격 합계		
공제금액	9억 원(1세대 1주택자 12억 원)		
×공정시장 가액비율	60%		
=종부세 과세표준	주택분 종합부동산세 과세표준		
×세율	과 세 표 준	일반세율	3주택자 중 과세표준 합계 12억 원 이상자
	3억원 이하	0.5%	
	3억원 초과 6억원 이하	0.7%	
	6억원 초과 12억원 이하	1.0%	
	12억원 초과 25억원 이하	1.3%	2.0%
	25억원 초과 50억원 이하	1.5%	3.0%
	50억원 초과 94억원 이하	2%	4.0%
	94억원 초과	2.7%	5.0%
	법인	2.7%	5.0%
=종합부동산 세액	주택분 종합부동산 세액		
공제할 재산세액	재산세 부과세액 중 종부세 과세표준금액에 부과된 재산세 상당액		
=산출세액	주택분 산출세액		
-세액공제(%)	1세대 1주택만 가능, 두 감면은 중복적용 가능, 한도는 80% 1) 보유: 5년 이상(20%), 10년 이상(40%), 15년 이상(50%) 2) 연령: 60세 이상(20%), 65세 이상(30%), 70세 이상(40%)		
-세 부담 상한 적용	[직전년도 총세액상당액(재산세+종부세)×세부담상한율]을 초과하는 세액 →세부담상한율: 150%, 법인은 상한 없음		
=납부할 세액	각 과세유형별 세액의 합계액		

4 주택 임대사업자 세금 업무

주택임대소득에 대해서 아직까지 세금을 안 내도 된다고 알고 있는 납세자가 많다. 그러나 과거에도 주택임대소득에 대해서는 과세였다. 다만 2018년 12월 31일까지는 총수입금액이 2천만 원 미만이라면 비과세가 되었기 때문에 이를 착각하여 주택임대소득은 전부 비과세로 잘 못 알고 있는 경우가 많다. 그러나 2019년부터는 2천만 원 미만도 전부 과세가 적용되기 때문에 이를 누락한 주택임대사업자가 많다.

주택임대사업을 하고 있다면 사업개시일부터 20일 이내에 사업자등록신청서를 사업장 소재지 관할 세무서장에게 제출하여 사업자등록 신청을 해야 한다. 「민간임대주택에 관한 특별법」상 임대사업자로 등록한 사업자는 그 등록한 주소지(사무소 소재지)를 사업장으로 하여 관할 세무서장에게 사업자등록신청 할 수 있다. 주택임대소득이 있는 사업자가 사업 개시일부터 20일 이내에 등록을 신청하지 아니한 경우 사업 개시일부터 등록을 신청한 날의 직전일까지의 주택임대수입금액의 0.2%에 해당하는 금액을 가산세로 납부해야 한다.

여기서 세무서 사업자등록과 시·군·구청 사업자등록을 구분해야 한다. 세무서 사업자등록은 「소득세법」에 따른 사업자등록으로 주택임대소득에 대한 소득부과를 위한 사업자등록이며, 여기에 추가로 「민간임대주택에 관한 특별법」에 따른 임대사업자등록을 관할 시·군·구청에 할 수 있다.

이렇게 세무서와 시·군·구청 2곳 모두에 사업자등록을 한 임대주택(이하 '등록임대주택')의 임대보증금 또는 임대료의 증가율이 연 5%를 초과하지 않으면 다음의 혜택을 받을 수 있다.

① 주택임대소득 분리과세 시 필요경비 60%와 기본공제 4백만 원(미등록 임대주택은 필요경비 50%, 기본공제 2백만 원)
② 소형주택 임대사업자에 대한 세액 감면적용으로 임대사업에서 발생한 소득에 대한 소득세의 30%[2호 이상인 경우 20%], 장기일반민간임대주택등은 75%[2호 이상인 경우 50%]에 상당하는 세액을 감면(25년 12월 31일까지)

그 외 종합부동산세 합산배제와 양도소득세 조세감면 혜택 등이 있다. 그러나 임대주택에 대한 세제혜택을 축소하는 방향으로 「민간임대주택에 관한 특별법」이 개정되어 단기임대 및 아파트 장기임대가 폐지되었고, 기존 8년이었던 장기일반민간임대주택이 10년으로 개정되었다.

위 혜택을 받은 상황에서 「민간임대주택에 관한 특별법」에 따른 임대주택을 양도하는 등으로 임대기간을 다 충족하지 못한 상황이 발생하면 사후관리 요건위배로 미등록임대주택을 적용하여 계산한 세액과 당초 신고한 세액의 차액 및 이자 상당 가산액을 그 사유 발생일이 속하는 과세연도의 과세표준신고를 할 때 소득세로 납부(부득이한 사유가 있는 경우 이자상당액은 제외)해야 한다.

사후관리를 배제하는 규정을 예외적으로 신설하였는데, 「민간임대주택에 관한 특별법」상 자진·자동등록 말소되는 경우와 단기민간임대주택이 재개발, 재건축, 리모델링으로 등록이 말소되는 경우이다.

새로 개정이 되기 전까지 사실상 시·군·구청 사업자등록은 큰 혜택이 있다고 볼 수 없다. 시·군·구청 사업자등록 시 10년이라는 임대의무기간을 꼭 지켜야 하고, 특별한 상황 이외에는 양도 시 과태료를 추징받으므로 시·군·구청 사업자등록은 신중하게 고민하라고 조언하도록 하자.

(1) 주택수에 따른 주택임대사업자 과세 대상

⊗ 주택수에 따른 과세대상 여부 구분

주택수 (부부합산)	과세 대상 O	과세 대상 ×
1주택 보유	-기준시가 12억 원 초과 주택의 월세 수입 -국외주택의 월세 수입	-국내 기준시가 12억원 이하 주택의 월세 수입 -모든 보증금·전세금
2주택 보유	-모든 월세 수입	-모든 보증금·전세금
3주택 이상 보유	-모든 월세 수입 -비소형 주택 3채 이상 소유 & 해당 보증금·전세금 합계 3억 원 초과	-소형주택의 보증금·전세금 -비소형 주택 3채 미만 보유한 경우 보증금·전세금 -비소형 주택의 보증금·전세금 합계 3억 원 이하

주택임대사업자는 결국 보유주택 수에 따라 과세 대상이 나뉘게 된다. 본인의 주택 보유상황에 맞춰 과세 대상이라고 한다면 주택임대 수입금액은 월세와 보증금 등에 대한 간주임대료(적용이자율 3.5%)로 산정된다.

여기서 '간주임대료'란 사업자가 부동산임대용역을 제공하고 월정임대료와는 별도로 전세금 또는 임대보증금을 받는 경우에 전세금 등에 일정한 이율을 곱하여 계산한 금액을 말하며 과세표준 및 소득금액에 포함된다.

이는 월정임대료만을 수령하는 자와의 세부담의 공평을 기하기 위한 제도이다. 보증금에 대한 간주임대료는 거주자가 3주택 이상을 소유하고 해당 주택의 보증금 등의 합계액이 3억 원을 초과하는 경우 간주임대료를 총수입금액에 산입하여야 한다.

단, 주거전용 면적이 1호(戶) 또는 1세대 당 40㎡ 이하인 주택(소형주택)으로서 해당 과세기간의 기준시가가 2억 원 이하인 주택은 2026년 12월 31일까지는 주택 수에 포함하지 않는다. 간주임대료는 다음의 산식으로 계산할 수 있다.

(해당 과세기간의 보증금등 - 3억원)의 적수 × 60% × 1/365 × 3.5%(2024년 현재)

(2) 주택임대소득 신고 2가지, 면세사업장 현황 신고와 종합소득세 신고

기존에 주택임대소득을 신고해보지 않았던 분들은 세무서에 '신고'하는 것 자체가 낯설고 어렵게만 느껴질 수 있다. 하지만 주어진 신고의무를 하지 않으면 이에 따르는 제재를 받게 된다. 주택임대소득 관련 신고는 크게 면세사업장 현황 신고와 종합소득세 신고 2가지이므로 신고기한을 놓치지 않도록 하자.

면세사업장현황신고는 매년 2월 10일까지이다. 부가가치세가 면세되는 주택임대 개인사업자는 직전년도 연간 수입금액 및 사업장현황을 사업장 관할 세무서에 신고하여야 한다. 사업장현황신고는 주택임대소득의 수입금액 합계와 구성 명세에 대한 기입이 주 핵심이 된다. 즉, 월세 수입이 총 얼마였고 이 소득을 계산서, 신용카드 또는 현금영수증 매출 중 어떤 매출로 집계가 되었는지 작성하는 것이다.

주택임대사업을 공동사업자 형태로 하고 있다면 공동사업자 수입금액 부표 작성을 하고, 임대주택이 여러 채라면 각 임대주택마다의 임대기간, 임대보증금, 월세 및 임차인 정보 등을 기입하여 신고해야 한다.

면세사업장현황신고는 바로 세금을 납부하지 않고 신고의무만 지키면 되며, 추후 5월 종합소득세 신고기한에 주택임대소득 이외의 타소득과 합산하여 신고 및 납부하면 된다. 그러므로 사업장현황신고 시점에서 5월 달에 납부할 세액을 미리 계산해보고 납부세액을 미리 마련하는 자세도 필요하다.

주택임대사업자(소규모사업자 제외)가 면세사업장현황신고 시 매출·매입처별 계산서합계표 및 매입처별 세금계산서합계표를 제출기한 내에 미제출하거나 매출·매입처별 계산서합계표 및 매입처별 세금계산서합계표를 제출한 경우로서 그 합계표에 기재하여야 할 사항의 전부 또는 일부가 기재되지 아니하거나 사실과 다르게 기재된 경우에는 공급가액의 0.5%에 해당하는 금액이 결정세액에 더해 질 수 있다(제출기한이 지난 후 1개월 이내에 제출하는 경우에는 공급가액의 0.3%).

여기서 '소규모사업자'란 당해연도 신규 사업자, 전 과세기간 사업소득 수입금액 4,800만 원 미달자, 사업소득 연말정산자를 말한다.

종합소득세 신고는 매년 5월 31일까지이다. 개인으로 주택임대소득이 있다면 먼저 주택임대 총수입금액 2천만 원 초과 여부를 확인하자.

① 2천만 원 초과하는 경우: 다른 종합과세 대상 소득과 함께 합산신고 해야 한다.

② 2천만 원 이하인 경우: 주택임대소득만 분리과세(세율 14%)하는 방법과 타소득과 합산하여 종합과세하는 방법 중 본인이 선택하여 신고할 수 있다. 결국 어떤 계산 구조가 본인의 세액을 더 적게 산출하는지 미리 계산을 해보고 결정하는 것이 절세를 위한 방법이다.

5 주택 양도소득세 일반

양도소득세란 개인이 토지, 건물 등 부동산 또는 분양권과 같은 부동산에 관한 권리 및 주식 등을 양도함으로 인하여 발생하는 소득을 과세대상으로 하여 부과하는 세금을 말한다. 과세대상 부동산의 취득일부터 양도일까지 보유 기간 동안 발생한 소득에 대하여 양도 시점에 일시과세하게 되며, 비과세를 받거나 양도에 따른 손실을 본 경우에는 양도소득세를 매기지 않는다.

거주의 목적이든 투자의 목적이든 주택이 양도 될 때 이익이 발생하길 바라는 건 누구나 다 원하는 바이다. 특히 주택은 그 보유기간이 장기간일 경우가 많으므로 물가상승률을 고려하는 것은 당연하다. 통상적으로 이사 갈 집의 가격도 과거에 비해서 훌쩍 올라 있을 것이기 때문이다. 이렇게 주택을 양도하게 되면 1세대 1주택 비과세를 적용받는 경우를 제외하고는 양도소득세가 발생할 수밖에 없다. 그러므로 양도소득세를 고려하지 않으면 투자 수익률뿐만 아니라 거주 이전을 하는데 영향을 받으므로 약식이라도 계산하여 고객응대를 하여야 한다.

경험이 많은 부동산 투자자는 양도 전 매수자와 예정 양도가액이 정해지면, 바로 세무사와 상담 후 예상세액을 전달받아 의사결정을 한다. 양도 전문 세무사는 예상 세액 및 절세 가능한 부분에 대해서 특약사항 안내를 통한 절세플랜을 계획하는 등 최대한 고객의 세금을 줄이는 것에 집중하게 된다. 나아가 계약서상 문제점이 보이게 되면 간단한 조언도 아끼지 않는다. 이는 단순한 양도소득세 계산이 아닌 전반적인 위험을 꼼꼼히 챙겨서 본인의 이득을 높여주는 좋은 파트너쉽 관계라고 할 수 있다.

1세대 1주택 비과세와 다주택자 중과세 양도소득세 계산 구조를 보면서 약식계산법을 알아보자. 취득가액이 2배 차이 나는 두 주택소유자 중 누가 납부세액이 많고, 얼마나 더 납부해야 할까? 중과세율 적용을 하기 위해서 양도시점을 2022년으로 한 바를 참고하자.

* 계산 가정: 취득 이후 조정대상지역 내 위치하는 양도주택에서 계속 거주하였고, 2022년 4월 15억 원에 양도.
  1. 주택소유자 A: 2005년 주택 3억 원에 취득, 1세대 1주택 소유자
  2. 주택소유자 B: 2017년 주택 6억 원에 취득, 5주택 소유자

(1) 주택소유자 A의 양도소득세 계산

「소득세법」에서는 1세대 1주택 소유자의 주택에 대해서 국민주거생활의 안정이라는 정책적인 목적으로 양도가액 12억 원까지는 취득가액에 상관없이 비과세를 적용해주고 있다. 비과세는 국가에서 과세권을 당초부터 포기한 것이므로 납세자의 신고, 신청의 절차나 세무서장의 행정처분이 필요 없이 당연히 양도소득세가 과세되지 않는다.

주택소유자 A씨는 양도가액이 12억 원을 초과하는 15억 원으로 "고가주택 양도"에 해당한다. "고가주택"이란 주택과 그 부수토지를 합하여 양도일 현재 양도가액이 12억 원을 초과하는 주택을 의미한다. 이러한 고가주택은 1세대가 하나의 주택을 보유하더라도 세금을 부담할 수 있는 경제 수준인 담세력을 고려하여 1세대 1주택 비과세 규정을 적용하지 않는다.

다만, 비과세 규정을 전면적으로 배제하는 것이 아니라 1세대 1주택 고가주택의 양도차익 중 12억 원까지는 비과세 규정을 적용하고, 12억 원을 초과하는 부분은 다음 산식에 따라 과세한다.

1) 1세대 1주택 고가주택 양도차익 계산

$$=\text{전체 양도차익} \times \frac{\text{양도가액} - \text{12억원}}{\text{양도가액}}$$

2) 1세대 1주택 고가주택 장기보유특별공제 계산

$$=\text{전체 장기보유특별공제액} \times \frac{\text{양도가액} - \text{12억원}}{\text{양도가액}}$$

장기보유특별공제는 물가상승으로 인하여 보유이익이 과도하게 누적되는 것을 감안하여 일정기간 이상 보유한 부동산 양도의 경우 양도차익에서 공제율을 곱한 만큼을 공제해준다. 일반적인 장기보유특별공제는 연2%율로 최대 15년 보유 시 30%까지 적용이 가능하지만, 고가주택의 장기보유특별공제는 보유기간과 거주기간으로 나누어서 각 40%로 합계 최대 80%까지 적용받을 수 있다.

⊗ 1세대 1주택 장기보유특별공제율

보유기간	공제율	거주기간	공제율
3년 이상~4년 미만	12%	2년 이상~3년 미만 (보유기간 3년 이상에 한정)	8%
		3~4년	12%
4~5년	16%	4~5년	16%
5~6년	20%	5~6년	20%
6~7년	24%	6~7년	24%
7~8년	28%	7~8년	28%
8~9년	32%	8~9년	32%
9~10년	36%	9~10년	36%
10년 이상	40%	10년 이상	40%

⊗ 기본 누진세율

과세표준	세율	누진공제
1,400만 원 이하	6%	-
5,000만 원 이하	15%	126만 원
8,800만 원 이하	24%	576만 원
1.5억 원 이하	35%	1,544만 원
3억 원 이하	38%	1,994만 원
5억 원 이하	40%	2,594만 원
10억 원 이하	42%	3,594만 원
10억 원 초과	45%	6,594만 원

주택소유자 A씨의 1세대 1주택 고가주택 세액계산은 다음과 같다.

<단위: 원>

항목	가액 및 계산식
양도가액	1,500,000,000
(-)취득가액	300,000,000
(=)양도차익	1,200,000,000
(-)비과세 양도차익	960,000,000
(=)과세대상 양도차익	240,000,000
(-)장기보유특별공제	192,000,000(80%)
(=)양도소득금액	48,000,000
(-)양도소득기본공제	2,500,000
(=)과세표준	45,500,000
(×)세율	과세표준×15%-1,260,000
(=)산출세액	5,565,000
(-)감면세액	-
(=)납부할 세액(지방소득세 포함)	6,121,500

12억 원을 초과하는 부분에 대해서 세금을 내야 한다고 걱정이 앞설 수 있지만 고가주택 양도차익 계산과 장기보유특별공제 80%를 적용받으니 납부할 세액은 610만 원가량으로 양도가액의 0.4% 정도밖에 되지 않는 것을 확인할 수 있다. 크게 부담되지 않은 양도소득세이기 때문에 주택소유자 A씨는 주택 양도 이후에 주택 거래에 따른 공인중개 수수료, 이사비용과 새로 취득하는 주택의 취득세 및 양도소득세 신고를 위한 세무사 수임료 등 거래비용만을 중점적으로 고려하여 주거이전을 고민하면 된다.

(2) 주택소유자 B의 양도소득세 계산

그러면 다주택자인 주택소유자 B는 양도소득세가 얼마나 계산될까? 먼저 계산식을 살펴본 후 계산과정을 알아보자.

<단위: 원>

항목	가액 및 계산식
양도가액	1,500,000,000
(-)취득가액	600,000,000
(=)양도차익	900,000,000
(-)장기보유특별공제	-(다주택자는 장특적용 불가)
(=)양도소득금액	900,000,000
(-)양도소득기본공제	2,500,000
(=)과세표준	897,500,000
(×)세율	과세표준×72%(42% 일반세율+30% 중과세율)-35,940,000
(=)산출세액	610,260,000
(-)감면세액	-
(=)납부할 세액(지방소득세 포함)	671,286,000

양도가액 15억 원과 취득가액 6억 원의 차액인 9억 원이 양도차익이 된다. 그 다음 장기보유특별공제를 적용하여야 하지만 주택소유자 B씨는 다주택자이고 양도주택은 조정대상지역 내 위치하므로 장기보유특별공제를 1원도 받을 수 없다.

현행 「소득세법」에서는 다주택자에 대한 제재의 일환으로 다주택자가 조정대상지역 내 소재하는 주택을 양도하는 경우 중과배제되는 사항을 제외하고는 장기보유특별공제를 배제하고 있기 때문이다.

장기보유특별공제를 적용받지 못한 후 산정된 양도소득금액에서 납세의무자별로 1년에 250만 원씩 양도소득기본공제를 제한 후의 금액을 과세표준으로 하여 「소득세법」상 세율을 곱하게 된다.

여기서 주택소유자 B씨는 또 하나의 세법상 제재를 받는다. 바로 다주택자 중과세율 적용이다. 조정대상지역 내 다주택자가 중과배제되는 경우를 제외하고는 일반세율에서 주택 수에 따라 2주택자는 20%를, 3주택자 이상자는 30%를 추가하여 세율적용을 받는다. 즉, 아주 큰 세율적용으로 인해 대부분의 양도차익이 국가에 세금으로 환수되는 것이다.

이를 적용하여 산출세액을 계산하면 국세 610,260,000원이 산정된다. 하지만 여기서 끝이 아니다. 지방소득세로 국세의 10%를 더하여 납부해야 하기 때문에 총 납부할 세액은 671,286,000원이 산정된다. 15억 원의 양도가액에서 44.7%를 세금으로 납부하게 되는 상황이며, 취득가액을 차감한 양도차익 9억 원에서 74.5%를 세금으로 납부하게 되는 상황이다.

다주택자 중과세는 납부세액이 너무 크기 때문에 사실상 양도를 권하기 힘든 상황이라고 할 수 있다. 그러나 어쩔 수 없이 양도해야 한다면 거래비용까지 포함 시 양도차익의 대부분을 손실 보게 되어 똑같은 15억 원의 부동산으로 거주이전을 한다는 것은 사실상 불가능하다.

주택 양도 시 양도가액의 몇 %를 세금으로 납부하면 된다는 식의 대략적인 계산을 하는 경우가 있는데 이는 공인중개사로서 절대 해서는 안된다. 잘 못된 계산으로 고객 신뢰를 아예 잃어버릴 수 있기 때문이다.

최근에는 인터넷을 통해 직접 양도소득세 계산을 제공하는 사이트가 많으며, 국세청에서도 양도소득세 신고가이드를 제공하여 모든 절차에 대한 안내사항을 제공하고 있다. 직접 계산할 때 세법 관련 글 작성일이 오래된 블로그나 사이트를 참고하였다가 세법 개정사항을 체크하지 못하는 경우가 발생할 수 있으니, 항상 최신 세법을 찾아서 본인의 양도소득세를 약식계산이라도 할 수 있는 지식을 익히도록 하자.

다행인 점은 현재 조정대상지역은 강남3구인 강남구, 서초구, 송파구 및 용산구로 대폭 축소되었고, 보유기간 2년 이상인 주택을 2025년 5월 9일까지 양도하는 경우에는 중과세율 적용을 일시적으로 배제하고 있다. 해당 법령의 개정은 매년 초 경제정책방향 때 1년씩 연장되고는 하였으나 2025년에도 1년 연장이 될 지는 지켜봐야 할 일이다.

6 양도소득세를 줄이기 위한 필요경비

양도소득세 산정 시 비용인정을 위한 무분별한 지출 남용을 막고자 기타필요경비로 인정하는 지출범위를 다음 4가지로 정하고 있다.

1. 자본적 지출액
2. 자산취득 후 쟁송·소송에 소요되는 비용
3. 용도변경·개량비용
4. 직접 소요되는 양도비

(1) 자본적 지출액

자본적 지출액은 소유하는 감가상각자산의 내용연수를 연장시키거나 당해 자산의 가치를 현실적으로 증가시키기 위하여 지출한 수선비를 말하며, 다음의 지출을 포함하는 것으로 한다.

1) 본래의 용도를 변경하기 위한 개조
2) 엘리베이터 또는 냉·난방장치의 설치
3) 빌딩 등의 피난시설 등의 설치
4) 재해 등으로 인하여 건물·기계·설비 등이 멸실 또는 훼손되어 당해 자산의 본래 용도로의 이용 가치가 없는 것의 복구
5) 기타 개량·확장·증설 등 1)~4)와 유사한 성질의 것 등

자본적 지출액과 구분하여야 할 개념은 수익적 지출액이다. 수익적 지출액이란 정상적인 수선 또는 부동산 본래의 기능을 유지하기 위한 경미한 비용을 말하며, 양도소득세 필요경비로 인정되지 않는다.

⊗ 자본적 지출액과 수익적 지출액 예시

자본적 지출액 예시	수익적 지출액 예시
주택의 이용편의를 위한 발코니 새시	벽지 또는 장판 교체비용
방 등 확장공사비	외벽도색작업
난방시설 교체비	보일러 수리비용
토지조성비	문짝이나 조명 교체비용
싱크대 공사비	싱크대 또는 주방기구 교체비용
디지털 도어락 설치비	옥상방수·타일 및 변기공사비
가스공사비	하수도관·오수정화조 설비 교체비
자바라 및 방범창 설치비용	파손된 유리 또는 기와의 대체
자본적 지출에 해당하는 인테리어 비용	외장 복구 도장 및 유리의 삽입

(2) 자산취득 후 쟁송·소송에 소요되는 비용

쟁송에 소요된 금액이라 함은 취득에 관한 쟁송이 있는 자산에 대하여 그 소유권 등을 확보하기 위하여 직접 소요된 소송비용·화해비용 등의 금액으로서 그 지출한 연도의 각 소득금액의 계산에 있어서 필요경비에 산입된 것을 제외한 금액을 의미한다. 따라서 해당 자산의 취득단계 또는 취득 이후 단계라 하더라도 토지의 소유권과 관련된 소송비용 등을 의미하는 것이고, 기타 자산을 운용함에 따라 발생하는 소유권 이외의 지출비용은 제외한다.

(3) 용도변경·개량비용

토지를 양도하기 전에 당초 필지의 지적대로 양도하지 않고 해당 토지소재지 관할 시·군·구청으로부터 허가를 받아 지목 변경, 토지의 평탄화 작업 및 토지분할과 지적측량을 이행할 때 발생하는 비용은 토지와 관련된 필요경비로 인정된다.

(4) 직접 소요되는 양도비

양도비에는 주로 취득세, 법무사비용, 공인중개사 수수료비용, 공증비용, 인지대, 소개비, 매매계약에 따른 인도의무를 이행하기 위하여 양도자가 지출하는 명도비용 및 세무사의 양도소득세 신고대리 수임료 등이 포함된다. 이러한 제반 비용이 양도와 관련된 경비로 인정받기 위해서는 현금영수증, 세금계산서, 신용카드전표 등 세법상 인정되는 적격증빙을 수반해야 한다.

다만, 2018년 4월 1일 이후 양도분부터는 분실 등의 사유로 적격증빙서류를 제시하지 못하는 경우라 하더라도 실제 지출 사실이 계좌이체 등 금융거래를 통해 입증되면 필요경비로 인정된다.

(5) 그 밖의 기타필요경비

1) 「하천법」·「댐건설 및 주변지역지원 등에 관한 법률」 그 밖의 법률에 따라 시행하는 사업으로 인하여 해당 사업구역 내의 토지소유자가 부담한 수익자부담금 등의 사업비용
2) 토지이용의 편의를 위하여 지출한 장애철거비용
3) 토지이용의 편의를 위하여 해당 토지 또는 해당 토지에 인접한 타인 소유의 토지에 도로를 신설한 경우의 그 시설비
4) 토지이용의 편의를 위하여 해당 토지에 도로를 신설하여 국가 또는 지방자치단체에 이를 무상으로 공여한 경우의 그 도로로 된 토지의 취득 당시 가액
5) 사방사업에 소요된 비용

7 양도소득세 기초지식 A to Z

(1) 양도 및 취득시기

유형	내용
유상취득·양도	원칙: 대금을 청산한 날 -청산한 날이 분명하지 않거나 청산하기 전 소유권 이전등기 시에는 등기접수일 -장기할부조건의 경우는 등기접수일·인도일·사용일 중 빠른 날
공익수용	대금을 청산한 날, 소유권 이전 등기접수일, 수용개시일 중 빠른 날
자가 건설한 건축물	사용검사필증교부일, 사실상 사용일, 사용승인일 중 빠른 날
상속 또는 증여취득	상속: 상속이 개시된 날(피상속인의 사망일) 증여: 증여를 받은 날
완성 또는 확정되지 아니한 자산	목적물이 완성 또는 확정된 날
1984. 12. 31. 이전 취득	토지, 건물에 대해서 1985. 1. 1.에 취득한 것으로 간주

(2) 양도소득세율

양도소득세율은 종합소득세와 같은 기본 누진세율을 적용한다.

NO	과세대상 양도소득		세율
	내용	보유기간&소재지	
1	토지·건물 및 부동산에 관한 권리 (주택·조합원입주권·분양권 제외)	1년 미만	50%
		1년 이상~2년 미만	40%
		2년 이상	6~45%
2	주택·조합원입주권	1년 미만	70%
		1년 이상~2년 미만	60%
		2년 이상	6~45%
3	분양권	조정대상지역	60%(보유기간 1년 미만: 70%)
		비조정대상지역	
4	비사업용 토지		기본세율+10%p

5	2주택 중과세	기본세율+20%p
6	3주택 중과세	기본세율+30%p
7	미등기 양도자산	70%

(3) 양도소득세 예정신고 및 합산신고

양도시기가 도래하면 토지소유자는 양도일이 속하는 달의 말일부터 2개월 이내에 예정신고 및 납부해야 한다. 예정신고는 양도차익이 없거나 양도차손이 발생한 경우에도 해야 한다. 예정신고기한 내에 예정신고하면 납세의무가 종결되는데, 이는 조세채권을 조기 확보하고 세액의 분산납부를 도와 납세자의 세부담 누적을 방지하기 위한 취지이다.

피상속인이 토지 등을 양도하고 예정신고기한 이전에 사망한 경우 그 상속인은 상속개시일이 속하는 달의 말일부터 6개월이 되는 날까지 사망일이 속하는 과세기간에 대한 양도소득세 예정신고를 할 수 있다.

그렇다면 같은 과세기간에 2회 이상 부동산을 양도하면 어떻게 신고해야 할까? 양도소득세는 1년 동안 같은 과세대상 그룹에서 발생한 양도차익 전체에 대하여 신고 및 납부하는 세금이다. 그러므로 부동산 양도 전후로 다른 부동산 양도가 1회 이상 이루어졌거나 이루어질 예정이라면 꼭 합산신고를 고려해야 한다. 2회 차에 양도한 과세대상에 대해서만 양도소득세 예정신고를 해도 되지만, 이 경우에는 확정신고 기한인 다음 연도 5월 1일부터 5월 31일까지 해당 과세기간에 양도한 모든 양도 자산에 대해서 합산하여 신고 및 납부해야 한다. 양도차익이 없거나 양도차손이 발생한 때에도 합산신고의무가 있다.

합산신고는 대개 합산에 따라 더 높은 누진세율을 적용받아 절세에 불리하다. 예를 들어 최초 양도 시 소득세 최고세율 적용구간인 10억 원 이상의 과세표준이 발생하게 되면 45%(지방소득세 포함 49.5%)의 높은 세율을 적용받게 되고, 같은 그룹의 양도 자산을 재차 양도하게 되면 추가 과세표준의 적용세율이 곧바로 45%의 높은 세율을 적용받게 된다.

그러나 2회 차 양도분이 양도차손이 난다면 차손에 따라서 양도소득세가 절세될 수 있으므로 양도차손이 나는 부동산을 같은 과세기간에 양도하여 절세하는 것도 방법 중 하나이다.

부동산 양도 이외에 주식의 양도가 있었더라도 주식양도는 부동산 양도와는 다른 양도소득세 과세대상 그룹이므로 합산되지 않고 별도로 계산되기 때문에 합산에 대한 높은 누진세율 과세는 발생하지 않게 된다. 양도소득세 과세대상은 다음과 같이 3그룹으로 나누어 각 그룹별 양도차익은 합산신고 해야 한다. 과세대상 자산별로 각 자산의 특성에 따라 과세체계가 달라진다.

1그룹: 토지·건물, 부동산에 관한 권리, 기타자산(사업용 고정자산과 함께 양도하는 영업권 등)
2그룹: 주식 등
3그룹: 파생상품

(4) 양도소득세 분납과 물납

1) 분납

납부할 세액이 각각 1천만 원을 초과하는 경우에는 그 납부할 세액의 일부를 납부기한이 지난 후 2개월 이내에 다음과 같이 분납할 수 있다.

가. 납부할 세액이 2천만 원 이하인 때에는 1천만 원을 초과하는 금액

나. 납부할 세액이 2천만 원을 초과하는 때에는 그 세액의 50% 이하의 금액

납부할 세액의 일부를 분납하고자 하는 자는 양도소득 과세표준 예정신고 및 납부계산서에 분납할 세액을 기재하여 예정신고기한 또는 확정신고기한까지 납세지 관할 세무서장에게 신청하여야 한다.

2) 물납

양도소득세에 대한 물납제도는 2016. 1. 1. 이후부터 폐지되었다. 아직도 물납이 된다고 알고 있는 납세자는 납부할 세액만큼을 확보해두어야 한다.

(5) 양도소득세 관련 가산세

양도소득세와 관련한 가산세는 크게 신고불성실가산세, 납부지연가산세, 신축·증축건물의 환산가액적용에 따른 가산세가 있다. 가산세 적용사유가 일반적인 사유인지 부정행위에 따른 사유인지에 따라 신고불성실가산세는 적용률이 달라진다. 또한 일정 기간 내에 성실히 신고의무를 이행한 경우에는 가산세를 감면해주며, 세법상 의무를 이행하지 않은 정당한 사유가 있는 경우에는 가산세를 면제하기도 한다.

1) 신고불성실 가산세

양도 후 법정신고기한 내에 양도소득세 과세표준 신고의무를 이행하지 않았거나 과소신고한 세액에 대해서는 세법상 부정행위 여부에 따라 10~40%의 가산세율을 적용한다.

사유	무신고	과소신고
일반	무신고 납부세액×20%	과소신고 납부세액×10%
부정행위*	무신고 납부세액×40%	과소신고 납부세액×40%

*세법상 부정행위란 장부의 거짓 기장, 거짓 문서의 작성 및 수취, 장부와 기록의 파기, 재산의 은닉, 소득·수익·행위·거래의 조작 또는 은폐 등을 말한다.

2) 납부지연가산세

양도 후 법정신고기한 내에 양도소득세 과세표준에 따른 세액을 납부하지 않았거나 미달하여 납부한 경우에는, 다음의 가산세를 적용하여 당초 납부해야 할 세액에 가산하여 납부해야 한다. 이 경우 일수의 계산은 당초 법정신고·납부기한의 다음날부터 자진납부일 또는 고지일까지의 일수로 산정한다.

납부지연가산세
=미납·미달 납부한 세액×미납·미달 납부한 일수×0.022%(2022. 6. 7. 이후 기간 분부터)

3) 건물환산가액 적용에 따른 가산세

세금을 적게 납부할 목적으로 실지거래가액이 아닌 환산가액을 적용하여 양도소득세를 신고하는 경우가 있다. 이를 방지하기 위해 2018. 1. 1. 이후 양도하는 분부터 부동산의 소유자가 건물을 신축·증축하고 그 신축·증축한 건물의 취득일부터 5년 이내에 해당 건물을 양도하는 경우에 환산가액을 그 취득가액으로 신고하면 해당 건물 환산가액의 5%를 가산세로 납부하여야 한다. 양도소득세 산출세액이 없는 경우에도 환산가액 적용에 따른 가산세는 적용한다.

☑ 국민주택규모 초과 양도 시 부가가치세 이슈
개인이 사업자인지 해당 주택이 과세사업에 사용한 것인지에 따라 달라지는 데 비사업자인 개인이 양도하는 경우에는 부가가치세가 과세되지 아니하며, 상시 주거용으로 건물을 임대하는 경우 부가가치세 면제되는 데 면세사업에 사용한 자산을 매각하는 경우 부가가치세가 면제된다.

8 주택양도의 핵심, 1세대 1주택 비과세

「소득세법」상 1세대가 보유하고 있는 유일한 1주택의 양도는 비과세 요건 충족 시 비과세된다. 1세대 1주택 비과세 취지는 1세대가 국내에 소유하는 1개의 주택을 양도하는 것이 양도소득을 얻거나 투기를 할 목적으로 일시적으로 거주하거나 소유하다가 양도하는 것이 아니라고 볼 수 있는 경우에는 그 양도소득에 대한 소득세를 부과하지 않음으로써 국민의 주거생활안정과 거주이전의 자유를 보장하는 데에 있다. 1세대 1주택 비과세 규정을 적용받고자 할 때는 다음의 요건을 모두 충족해야 한다.

▶ 거주자인 1세대가 국내에 1주택(주택 부수토지 포함)을 보유할 것
▶ 2년 이상 보유할 것
▶ 2017. 8. 2. 이후 조정대상지역에서 취득하는 주택인 경우는 2년 이상 거주할 것

(1) 1세대란?

양도일 현재를 기준으로 1세대란 거주자 및 그 배우자(법률상 이혼을 하였으나 생계를 같이 하는 등 사실상 이혼한 것으로 보기 어려운 관계에 있는 사람을 포함)가 그들과 같은 주소 또는 거소에서 생계를 같이하는 자와 함께 구성하는 가족 단위를 말한다. 여기서 '생계를 같이한다'라는 의미는 주민등록 등본상 주소지의 일치를 의미하는 것이 아니라, 동일한 주소 또는 거소에서 숙식을 같이하고 이에 기반을 둔 경제활동도 함께 하는 것을 말한다.

1세대를 구성하는데 가장 기본단위는 거주자 본인과 배우자이므로, 배우자가 없는 본인은 원칙적으로 단독세대를 구성할 수 없다. 또한, 부부가 세대를 분리하여 주민등록상의 세대주로 등재되어 있어도 부부는 합산하여 1세대로 판정한다.

다만, 예외적으로 다음에 해당하는 경우에는 배우자가 없더라도 별도의 세대로 인정한다.

1) 거주자의 나이가 30세 이상인 경우
2) 배우자가 사망하거나 이혼한 경우
3) 「국민기초생활 보장법」에 따른 기준 중위소득의 40% 수준 이상으로서 소유하고 있는 주택 또는 토지를 유지 또는 관리하면서 독립된 생계를 유지할 수 있는 경우

(2) 1주택이란?

주택이란 허가 여부나 공부상의 용도 구분과 관계없이 사실상 주거용으로 사용하는 건물을 말하며, 이 경우 그 용도가 분명하지 아니하면 공부상 용도에 따른다. 이러한 주택은 해당 건축물이 상시 주거용으로 사용할 수 있을 정도의 상태를 말하는 것으로서, 양도일 현재 실제 주거로 이용하고 있지 않더라도 언제든지 거주에 이용할 수 있는 상태에 준하면 주택으로 본다. 거주자가 직접 신축한 건물의 경우에는 건물이 완성되는 때 건물에 해당하므로, 미완성 주택의 경우에는 주택에 해당하지 않는다.

건축허가를 받지 않거나, 불법으로 건축된 주택이라 하더라도 주택으로 사용할 목적으로 건축된 건축물이면 건축에 관한 신고 여부, 건축완성에 대한 사용검사나 사용승인에 불구하고 주택에 해당하며, 1주택만 소유한 경우에는 1세대 1주택 비과세 규정도 적용받을 수 있다. 또한, 실제 용도가 별장, 콘도, 점집, 사업장 내 종업원 합숙소, 사무실, 음식점 및 펜션 등으로 사용하는 경우는 주택에 해당하지 않는다.

1주택이란 물리적인 형태를 의미하는 것이 아니라 1세대가 실제 주거용으로 사용하고 있는 주택건물의 집합체를 말한다. 따라서 한 울타리 안에 본채와 별채 등 여러 채의 주택건물을 사실상 1세대가 사용하거나 연립주택 2호를 벽을 허물고 1세대가 주거하는 경우 또는 2필지 안에 2채의 주택이 있어도 1세대가 동일한 생활영역으로 사용한다면 1주택으로 볼 수 있다.

일반적으로 하나의 주택을 여러 사람이 지분으로 나누어 소유하게 될 때는 각각 1개씩 주택을 소유하는 것으로 보지만, 공유지분권자가 생계를 같이하는 동일세대원이면 세대원 전체의 지분을 합쳐 하나의 주택으로 본다.

다만, 하나의 주택을 상속으로 지분 취득하는 경우로서 상속인이 2인 이상이면 다음의 선순위에 따른 상속인 1인의 귀속으로 판단하여 상속지분이 적은 소수 지분권자는 자신의 주택 수에 포함하지 않는다.

1) 상속지분이 가장 큰 자
2) 상속주택에 거주하는 자
3) 최연장자

Part 05

(3) 2년 보유요건

1세대 1주택 비과세는 2년 이상 보유할 것을 요건으로 한다. 주택의 보유기간 계산은 취득일부터 양도일까지로 하며, 가등기한 기간은 보유 기간으로 보지 않는다.

⊗ 상속, 증여, 이혼 시 보유 및 거주기간 계산

취득 구분		보유 및 거주기간 계산
상속	같은 세대원 간 상속인 경우	같은 세대원으로서 피상속인의 보유 및 거주기간과 상속인의 보유 및 거주기간 통산
	같은 세대원 간 상속이 아닌 경우	상속이 개시된 날부터 양도한 날까지 계산
증여	같은 세대원 간 증여인 경우	같은 세대원으로서 증여자의 보유 및 거주기간과 증여 후 수증인의 보유 및 거주기간 통산
	같은 세대원 간 증여가 아닌 경우	증여받은 날부터 양도한 날까지 계산
이혼	재산분할로 취득	재산분할 전 배우자가 해당 주택을 취득한 날부터 양도한 날까지 보유 및 거주기간 통산
	위자료로 취득	소유권이전등기 접수일부터 양도한 날까지 계산

(4) 2년 거주요건

조정대상지역 지정 이후 조정대상지역 내 주택을 취득하면 비과세를 위해서 2년 거주요건이 추가로 충족되어야 한다. 다만, 다음의 경우는 2년 거주요건이 필요하지 않는다.

1) 조정대상지역 지정 이전에 취득한 주택
2) 조정대상지역 지정 이전에 매매계약을 체결하고 계약금을 지급한 사실이 증빙서류에 의하여 확인되는 주택(해당 주택의 거주자가 속한 1세대가 계약금 지급일 현재 주택을 보유하지 아니하는 경우로 한정한다)

(5) 비과세 되는 주택 부수토지

주택의 부수토지 면적은 주택의 정착면적에 지역별 배율을 곱하여 계산한다. 해당 면적을 벗어난 주택 부수토지에 대해서는 비과세를 적용받을 수 없다.

1) 도시지역 중 수도권(서울·인천·경기) 내 주거·상업·공업은 3배
2) 도시지역 중 수도권 내 녹지지역 및 수도권 밖은 5배
3) 도시지역 외의 토지: 10배

9 일시적 1세대 2주택 비과세(입주권과 분양권 포함)

1세대가 1주택을 취득하고 있는 상황에서 주거이전을 목적으로 일시적으로 신규주택을 취득하고 종전주택을 양도할 때 일정 요건을 충족하면 종전주택은 비과세를 적용받을 수 있다. 잦은 부동산 대책으로 인해서 주택 취득시기와 양도시기에 따라 적용요건이 상이하므로 비과세요건을 양도 전에 꼼꼼히 확인해야 한다. 여기서 놓치지 말아야 할 점은 양도주택은 1세대 1주택 비과세 기본요건인 2년 보유 및 2년 거주(2017. 8. 2. 이후 조정대상지역에서 취득하는 주택)를 충족한 상태여야 한다는 점이다.

국내에 1주택을 소유한 1세대가 그 주택(이하 "종전주택")을 양도하기 전에 다른 주택(이하 "신규주택")을 취득함으로써 일시적으로 2주택이 된 경우 종전주택을 취득한 날부터 1년 이상이 지난 후 신규주택을 취득하고, 신규주택을 취득한 날부터 3년 이내에 종전주택을 양도하는 경우에는 이를 1세대1주택으로 보아 비과세를 적용받을 수 있다.

(1) 1세대가 1주택을 양도하기 전에 다른 주택을 대체취득하거나 상속, 동거봉양, 혼인 등으로 인하여 2주택 이상을 보유하는 경우

그 외 「소득세법」에서는 1주택을 소유한 상태에서 상속받은 주택, 60세 이상의 직계존속의 동거봉양 또는 혼인을 위해서 1세대가 2주택이 되는 경우, 문화재주택, 농어촌주택, 이농주택, 귀농주택 등 예외적 사유로 인해 1세대가 2주택을 소유하는 경우에도 각 요건에 맞게 주택을 양도한다면 1세대 1주택 비과세 특례를 적용해주고 있다. 각 조항의 세부요건은 꼭 양도 전 세무사와 상담을 통해 요건충족 여부를 검토하도록 하자.

(2) 주택 이외에 입주권과 분양권을 가지고 있다면 비과세가 가능할까?

1주택을 가진 상태에서 새로운 주택이 아닌 조합원입주권 또는 분양권을 취득할 수도 있다. 이러한 상황에서도 요건을 충족한다면 비과세가 가능하다. 특히 분양권은 2021년 1월 1일 이후 취득한 경우부터 주택 수에 포함되기 시작하였기 때문에 주택 수 판단 시 분양권을 놓치지 않도록 하는 것이 중요하다.

(3) 조합원입주권이 돼버린 주택의 비과세

「소득세법」상 기존 주택이 조합원입주권으로 전환되는 시점은 크게 「도시 및 주거환경정비법」 제74조에 따른 관리처분계획의 인가일 및 「빈집 및 소규모주택 정비에 관한 특례법」 제29조에 따른 사업시행계획인가일이다.

이 전환되는 시점까지 기존 주택이 1세대 1주택 비과세 기본요건인 2년 보유 및 2년 거주(2017. 8. 2. 이후 조정대상지역에서 취득하는 주택)를 충족한 상태에서 조합원입주권으로 전환되었고, 다음의 어느 하나 요건을 충족하여 양도하는 경우 해당 조합원입주권을 양도하여 발생하는 소득은 비과세를 적용받는다.

1) 양도일 현재 다른 주택 또는 분양권을 보유하지 아니할 것
2) 양도일 현재 1조합원입주권 외에 1주택을 보유한 경우(분양권을 보유하지 아니하는 경우로 한정한다)로서 해당 1주택을 취득한 날부터 3년 이내에 해당 조합원입주권을 양도할 것(3년 이내에 양도하지 못하는 경우로서 대통령령으로 정하는 사유에 해당하는 경우를 포함).

(4) 1주택을 소유한 1세대가 1조합원입주권을 취득 후 양도한다면 비과세가 될까?

1) 3년 이내 종전의 주택을 양도하여 비과세 받는 경우

국내에 1주택을 소유한 1세대가 그 주택(이하 "종전의 주택")을 양도하기 전에 조합원입주권을 취득함으로써 일시적으로 1주택과 1조합원입주권을 소유하게 된 경우 종전의 주택을 취득한 날부터 1년 이상이 지난 후에 조합원입주권을 취득하고 그 조합원입주권을 취득한 날부터 3년 이내에 종전의 주택을 양도하는 경우(3년 이내에 양도하지 못하는 경우로서 기획재정부령으로 정하는 사유에 해당하는 경우를 포함)에는 이를 1세대 1주택으로 보아 비과세를 적용받을 수 있다.

2) 3년 이후 종전의 주택을 양도하여 비과세 받는 경우

국내에 1주택을 소유한 1세대가 그 주택을 양도하기 전에 조합원입주권을 취득함으로써 일시적으로 1주택과 1조합원입주권을 소유하게 된 경우 종전주택을 취득한 날부터 1년이 지난 후에 조합원 입주권을 취득하고 그 조합원입주권을 취득한 날부터 3년이 지나 종전주택을 양도하는 경우로서 다음의 요건을 모두 갖춘 때에는 이를 1세대 1주택으로 보아 비과세를 적용받을 수 있다.

가. 재개발사업, 재건축사업 또는 소규모재건축사업의 관리처분계획등에 따라 취득하는 주택이 완성된 후 3년 이내에 그 주택으로 세대전원이 이사(기획재정부령이 정하는 취학, 근무상의 형편, 질병의 요양 그 밖의 부득이한 사유로 세대의 구성원 중 일부가 이사하지 못하는 경우를 포함한다)하여 1년 이상 계속하여 거주할 것
나. 재개발사업, 재건축사업 또는 소규모재건축사업의 관리처분계획등에 따라 취득하는 주택이 완성되기 전 또는 완성된 후 3년 이내에 종전의 주택을 양도할 것

3) 종전주택의 재개발, 재건축 또는 소규모재건축사업의 시행기간 동안 거주하기 위해 취득한 주택을 양도하여 비과세 받는 경우

국내에 1주택을 소유한 1세대가 그 주택에 대한 재개발사업, 재건축사업 또는 소규모재건축사업의 시행기간 동안 거주하기 위하여 다른 주택(이하 이 항에서 "대체주택"이라 한다)을 취득한 경우로서 다음의 요건을 모두 갖추어 대체주택을 양도하는 때에는 이를 1세대 1주택으로 보아 비과세를 적용받을 수 있다. 이 경우 보유기간 및 거주기간의 제한을 받지 않는다.

가. 재개발사업, 재건축사업 또는 소규모재건축사업의 사업시행인가일 이후 대체주택을 취득하여 1년 이상 거주할 것
나. 재개발사업, 재건축사업 또는 소규모재건축사업의 관리처분계획 등에 따라 취득하는 주택이 완성된 후 3년 이내에 그 주택으로 세대전원이 이사(기획재정부령으로 정하는 취학, 근무상의 형편, 질병의 요양, 그 밖에 부득이한 사유로 세대원 중 일부가 이사하지 못하는 경우를 포함한다)하여 1년 이상 계속하여 거주할 것.
다. 재개발사업, 재건축사업 또는 소규모재건축사업등의 관리처분계획등에 따라 취득하는 주택이 완성되기 전 또는 완성된 후 3년 이내에 대체주택을 양도할 것

다만, 주택이 완성된 후 3년 이내에 취학 또는 근무상의 형편으로 1년 이상 계속하여 국외에 거주할 필요가 있어 세대전원이 출국하는 경우에는 출국사유가 해소(출국한 후 3년 이내에 해소되는 경우만 해당한다)되어 입국한 후 1년 이상 계속하여 거주하여야 한다.

위 1)번과 2)번의 경우는 조합원입주권 대신 분양권을 소유하는 경우에도 똑같이 비과세를 적용받을 수 있지만, 3)번의 경우는 기존주택이 분양권으로 바뀌는 경우가 없기 때문에 해당사항이 존재하지 않는다.

제 3 강

비주택 실전 세금지식

1 법인 취득세 중과세율 적용 2가지

비주택 매매취득세는 4.6%로 아주 단순해보이지만 법인은 본점소재지에 따라 중과세율이 적용될 수 있다.

(1) 대도시 내 신설법인 신증설부동산 취득세 중과

대도시 내 신설법인 신증설부동산	
1. 과밀억제권역 이내 2. 본점, 주사무소 또는 지점, 분사무소 3. 법인설립(설치)기준으로 5년 이내 4. 소유기준(부동산 등기) 5. 제외대상 부동산의 범위는 없음 6. 원시, 승계취득 불문 *중과세율 : 표준세율 × 3배 - 2% × 2배	-'사무소'라 함은 인적, 물적 설비를 갖추고 계속하여 사무 또는 사업이 행해지는 장소. 다음은 예외 1) 영업행위가 없는 단순한 제조, 가공장소 2) 물품의 보관만을 하는 보관창고 3) 물품의 적재와 반출만을 하는 하치장 -대도시 내 전입 후 5년 이내에 취득하는 부동산에는 그 설립, 설치, 전입 이전에 취득한 일체의 부동산을 포함함.(고정자산에 한정, 매각용은 X)

⊗ 대도시 내 신설법인 신증설 부동산 취득세 중과세율

매매 취득 (승계 취득)	취득세	농어촌특별세	지방교육세	총 부담 세율
일반 취득세	4%	0.2%	0.4%	4.6%
취득세 중과	8%	0.2%	1.2%	9.4%

보관만 하는 보관창고와 물품의 적재와 반출만을 하는 하치장은 지점에 해당하지 않는다. 대도시 설치가 불가피하다고 판단되는 업종의 직접 사용 목적 부동산 취득에 대해서는 취득세 중과세를 적용하지 않는다.

사회기반시설에 대한 민간투자법, 유통산업발전법, 의료법, 방송법, 공연법, 과학관 설립에 관한 법률 등 특정법에 근거한 공익성 목적의 부동산 취득이 아닌 일반적인 경우에는 예외 규정을 적용 받기 어렵다.

예외 규정을 적용받는 경우에도 일정 기간 미사용하거나, 업종전환 등의 사유가 발생하는 경우에는 취득세 중과세가 추징된다.

(2) 본점 사업용 부동산 취득세 중과

<table>
<tr><th colspan="2">본점 사업용 부동산</th></tr>
<tr><td>1. 과밀억제권역 이내
2. 본점, 주사무소만 해당
3. 본점토지 취득 후 5년 이내 사용
4. 취득 후 직접사용기준(등기 여부와 무관)
5. 신축 또는 증축(승계는 X)
→ 건물취득 후 타인 임대하면 중과대상 제외
6. 종업원 후생복지시설 등은 제외
*중과세율 : 표준세율 + 중과기준세율 2% × 2</td><td>-본점은 법인의 주된 기능을 수행하는 장소로서 법인의 중추적인 의사결정 등이 행하여지는장소
-지점은 본점과 별도의 사업자등록된사업장으로서 그 명칭 여하를 불문하고 인적, 물적설비를 갖추고 계속하여 당해 법인의 사무 또는 사업이 행하여지는장소 → 예산, 회계업무를 독자적으로 수행하면서 대외적인 거래업무를 수행
-영업장, 판매장, 점포 등은 본점 부동산 해당 안됨
-동일한 건물 내에서 본점용 사무소로 사용되는 부분만 중과세가 적용됨</td></tr>
</table>

신축·증축 부동산의 일반 취득세율은 2.8%지만, 취득세 중과세율은 6.8%에 이른다. 이에 더해 농어촌특별세와 지방교육세까지 고려하면, 세율 차이는 다음과 같다.

⊗ 신축 · 증축 부동산의 취득세 중과세율

신축 · 증축 부동산	취득세	농어촌특별세	지방교육세	총 부담 세율
일반 취득세율	2.8%	0.2%	0.16%	3.16%
취득세 중과세율	6.8%	0.2%	0.16%	7.16%

여기서 '본점'이란 법인의 주된 기능을 수행하는 장소로, 법인의 중추적인 의사결정이 이루어지는 곳으로 지점의 정의를 명확히 아는 것이 중요하다. 지점이란 본점과는 별도로 부가가치세법 등에 따른 사업자등록 대상이 되는 사업을 영위하는 사업장으로서, 독립된 인적·물적 설비를 갖추고 지속적으로 사업이 행해지는 장소를 의미(지방세법 시행규칙 제6조)하며, 사업자등록이 되지 않은 경우에도 부가가치세법 등에 따라 사업자등록 대상이 되는 사업장은 지점으로 볼 수 있다. 그러나 사업자등록을 통해 지점임을 입증하는 것이 좀 더 명확한 방법일 것이다.

또한 해당 건축물의 전부 또는 일부를 제3자에게 임대하는 경우, 그 임대 면적에 대해서는 본점 사용 목적으로 보지 않기 때문에 지방세법 제13조 제1항에 따른 취득세 중과세가 적용되지 않는다. 본점 사용 목적의 건물 면적 중 기숙사, 합숙소, 사택, 연수시설, 체육시설 등도 중과세 대상에서 제외된다.

2 비주택 및 토지 임대사업자 세금 업무

개인이면 종합소득세, 법인이면 법인세로 신고 및 납부, 종합소득세는 6~45% 구간의 누진세율, 법인은 9~24% 구간의 누진세율, 국세의 10%에 해당하는 지방소득세 신고 및 납부한다. 대부분 세무사와 수임 후 진행한다. 임대차 계약 진행 시 세무서에 확정일자 신청을 하여 임차보증금을 보호받으라고 전달하자.

구분	개인사업자	법인사업자
근거법	소득세법	법인세법
과세대상 소득	총수입금액 - 필요경비	익금총액- 손금총액
세율	기본세율 6~45% 부동산 매매업: 비교과세	기본세율: 9~24% 토지 등 양도차익: 추가과세 (10~20%)
신고 · 납부	다음 해 5. 1 ~ 5. 31 (성실신고는 6. 30)	결산 종료일로부터 3월 말일까지
기장의무	수입금액에 따라 간편장부 및 복식장부로 구분	복식장부로 작성
세무회계 차이	소득개념은 소득원천설	순자산증가설
	부동산 처분손익은 양도소득세로 분류과세	법인세로 과세
	대표자에 대한 인건비는 필요경비로 인정되지 않음	비용으로 인정
	자금 초과인출 시 초과인출분에 대한 지급이자는 필요경비로 인정되지 않음	지급이자에 대한 다양한 규제 있음

⊗ 개인사업자와 법인사업자의 세무회계 업무 비교

구분		개인사업자	법인사업자
기타 세목	부가가치세	반기별 2회 확정신고	분기별 4회 신고 소규모법인사업자 예정신고 면제 (전 과세기간공급가액1억 5천만 원)
	원천징수	원천징수제도 있음	원천징수제도 있음
투명성 강화 제도	통장 거래	사업용 계좌제도	자동 등록
	성실신고 확인제도	적용됨	적용됨
외부감사제도		적용되지 않음	적용됨

☑ 관리비 관련 부가가치세 지식

오피스텔과 상가 및 지식산업센터 등 집합건물의 관리주체는 구분소유자나 임차인들에게 관리비와 사용료 등을 부과하거나 징수 대행하면서 관리비 고지서와 별도로 세금계산서를 발행한다.

이렇게 발행된 세금계산서를 근거로 사업자인 구분소유자, 임차인들은 관리비에 부가된 부가가치세에 대해 부가가치세 신고를 통해 매입세액 공제를 받을 수 있다. 단, 사업자가 아닌 임차인들은 부가가치세 신고 및 납부 대상자가 아니므로 매입세액 공제를 받지 못한다.

임대료와 관리비를 구분하는 경우에는 임대료와 관리비 등 부가가치세 과세대상인 전기 요금이나 가스료는 임차인 부담분에 대해서는 세금계산서 등 지출증빙을 받고 부가가치세 면세 대상인 수도 요금은 계산서나 영수증을 지출증빙으로 받으면 된다.

오피스텔과 상가 등의 관리비와 사용료의 모든 항목에 부가가치세가 붙는 것은 아니며, 세금계산서를 받았다고 해서 모두 공제되는 것은 아니므로 유의해야 한다.

3 비주택 양도 시 양도소득세와 부가가치세 과세 여부

(1) 비주택 양도 시 양도소득세

비주택 양도 시 기본세율이 적용되나 보유기간 1년 미만의 경우 50%, 1년 이상 2년 미만의 경우 40%의 단일양도소득세율이 적용된다. 비주택 양도 시 양도소득세의 특이점은 비사업용토지라고 볼 수 있다.

'비사업용토지'란 나대지나 부재지주 소유의 임야 따위를 실수요에 따라 사용하지 않고 재산을 늘리기 위한 투기적인 수단으로 보유하고 있는 토지로서, 토지의 사용을 생산적인 용도에 집중시키고 토지투기에 따른 불로소득을 환수할 목적으로 양도소득세율을 10% 중과하여 부과합니다.

법령으로 정하는 일정한 기간 동안 토지 지목에 따른 그 본래의 용도에 사용하지 아니한 비사업용토지에 대해서는 중과세율이 적용되는데, 「소득세법」에서는 비사업용토지의 지목 범위를 농지·임야·목장용지·주택의 부수토지·그 밖의 기타 토지 등으로 나누고 있습니다.

⊗ 지목별 사업용 토지 기준

토지 지목	본래의 용도로 사용한 것으로 보는 경우
1. 농지	-도시지역 내 주거·상업·공업지역에 소재하지 않는 농지로서 기간 기준 동안 재촌·자경하는 농지
2. 임야	-기간기준 동안 임야소재지에 거주하는 자가 소유한 임야 -공익상 필요 또는 삼림의 보호 육성에 필요한 임야 -거주 또는 사업과 직접 관련이 있는 임야
3. 목장용지	-축산업을 영위하는 자가 소유한 도시지역 내 주거·상업·공업지역에 소재하지 않는 목장용지로서 가축별 기 면적 범위 내의 토지 -거주 또는 사업과 직접 관련이 있는 목장용지
4. 주택부수토지	-주택정착면적의 5배(도시지역 안) 또는 10배(도시지역 밖) 이하의 토지
5. 별장건물 및 부속토지	-일반적으로 비사업용에 해당하나, 읍·면 소재, 일정 규모 이하, 기준시가 1억 원 이하면 비사업용에서 제외함.
6. 기타 토지	-재산세가 비과세·감면되는 토지 -재산세 별도합산 또는 분리과세대상 토지 -거주 또는 사업과 직접 관련이 있는 토지

비사업용토지 판단 시 기간기준을 빼놓을 수 없습니다. 다음의 기간기준 중 하나를 충족할 만큼 본래의 용도로 사용을 하여야만 사업용 토지가 됩니다.

① 양도일 직전 5년 중 3년 이상을 직접 사업에 사용한 경우
② 양도일 직전 3년 중 2년 이상을 직접 사업에 사용한 경우
③ 보유 기간에 60% 이상을 직접 사업에 사용한 경우

예외적으로 우리 세법에서는 지목에 관계없이 무조건 사업용 토지로 보는 경우와 부득이한 사유기간 동안 사업용 기간으로 보는 경우를 법으로 명시하고 있다. 자세한 사항은 세무사와의 상담을 요청하는 것이 좋다.

(2) 비주택 양도 시 부가가치세 과세 여부

⊗ 부동산 구분에 따른 부가가치세 과세여부

구분			부가가치세 과세여부	
			부동산매매업	부동산(주택) 임대업
상가	건물		O	O
	토지		X	X
주택	전용 85m² 초과	건물	O	X
		토지	X	X
	전용 85m² 이하	건물	X	X
		토지	X	X

토지는 지목과 상관없이 부가가치세 면세이므로 부가가치세 이슈가 발생하지 않는다. 주택 이외의 건물은 현황에 따라 부가가치세가 과세된다.

부동산 매매업자가 국민주택(전용85㎡) 초과 주택을 양도하는 경우에는 부가가치세를 부담하는데, 부가가치세는 토지는 면세이고 건물에 대해서만 과세된다. 따라서 양도가액에서 건물가액과 토지가액을 구분하여 건물가액에 대해서만 부가가치세를 신고 및 납부하여야 한다. 이를 매매계약서 명시할 때 적정가액을 적어야 한다.

사업자가 건물과 토지를 공급하는 경우에 공급가액(양도가액) 중 건물가액과 토지가액의 구분이 불분명한 경우, 감정평가액이 있다면 감정평가액에 비례하여 안분계산한다. 감정평가액이 없다면 기준시가에 따라 계산한 가액에 비례하여 안분계산한다.

감정평가액이란 공급시기가 속하는 과세기간의 직전 과세기간 개시일부터 공급시기가 속하는 과세기간의 종료일까지 감정평가업자가 평가한 감정 평가액을 말한다.

기준시가에 따른 계산 시 토지의 기준시가는 개별공시지가 국세청장이 고시한 건물의 기준시가 산정방법을 준용하여 계산한 가액이다. 국민주택(전용 85㎡) 초과 주택의 공급가액(양도가액)은 부가가치세를 포함하고 있으므로 다음과 같이 공급가액을 안분계산한다.

$$\text{건물가액} = \text{공급대가(양도가액, VAT 포함)} \times \frac{\text{건물의 기준시가}}{\text{토지의 기준시가} + (\text{건물의 기준시가} \times 110/100)}$$

(3) 사업의 포괄 양수도와 부가가치세

요건	내용
① 포괄양수도 내용이 확인되어야 한다.	사업양도·양수계약서 등에 의거 사업의 포괄적 양도 사실이 확인되어야 한다
② 양도자 및 양수자가 과세사업자여야 한다.	사업양수 후 양수자가 면세사업으로 전용하는 경우에는 사업 양도가 인정되지 않는다.
③ 사업양도 신고서를 제출해야 한다.	사업양도 후 "사업양도신고서"를 제출하여야 한다.

사업을 양도하면 재화의 공급으로 보지 않기 때문에 부가가치세가 과세되지 않는다(2014년 1월 1일 이후 사업을 양도하는 분부터 그 사업을 양수 받는 자가 대가를 지급하는 때에 그 대가를 받은 자로부터 부가가치세를 징수하여 납부한 경우에는 제외). 양도자가 납부한 세금을 양수자가 환급 받게 되어 아무런 세금징수 효과가 없음에도 불구하고 사업자에게 불필요하게 자금부담을 지우는 것을 피하기 위해 부가가치세를 과세하지 않는 것이다.

사업양도에 해당하면 양도자는 부가가치세만큼 양도가액을 낮출 수 있으므로 거래를 원활히 성사시킬 수 있고, 양수자는 사업을 양수하는데 따른 자금부담을 덜 수 있다. 이와 같은 사업의 포괄적 양도·양수는 부동산임대업을 운영하다가 부동산을 매도하는 경우에는 매우 유익한 제도이지만 이는 사업용 자산, 즉 고정자산일 경우에만 해당되므로 부동산 매매업자는 사업의 포괄적 양도·양수를할 수 없다.

부동산 매매업자가 보유하는 부동산은 재고자산이기 때문이다. 재고자산은 판매복적의 자산이므로 사업 양수도의 대상이 되지 않는다.

제 4 강 중개사가 겪는 문의 많은 세금 업무

1 주택취득 자금소명서, 잘못 쓰면 바로 증여세 세무조사

주택취득 시 취득자금에 대한 명확한 출처를 확보하는 것은 필수가 되었다. 취득자금에 대해서 과세관청에서는 다음 접근방식을 통해 '자금출처조사'를 펼칠 수 있다. 자금출처조사는 증여세 세무조사와 직접적인 연관성이 있어 취득시점에서 대비를 해야 취득 이후 증여세 세무조사가 벌어지지 않는다. "주택 취득자금은 어디서 마련했었습니까?"라고 고객에게 물어 자금조달계획서를 작성한다면 잘못된 정보로 인해서 자금조달계획서를 통한 증여세 조사가 발생할 수 있다는 점을 꼭 주지시키도록 하자.

(1) 주택취득 시 주택자금조달계획 신고는 의무!

2017년 8·2 대책 이후 쏟아진 부동산 대책 중 하나가 주택취득 시 의무 제출해야 하는 "주택 취득자금 조달 및 입주계획서"이다. 주택취득 시 계약 체결일로부터 30일 이내에 실거래 신고와 함께 주택자금조달계획 신고를 해야 한다. 주택자금조달계획 신고는 지난 2015년 폐지했던 제도이지만, 부동산 시장 안정화 방안으로 2017년 8·2 대책에서 다시 부활하게 되었다. 2022년 2월 28일 이후 토지를 취득하는 경우에도 자금조달계획서를 제출해야 한다. 자금조달계획서를 작성하는 대상은 다음과 같다.

① 주택의 매수
- 법인 외의 자가 실제거래가격이 6억 원 이상인 주택을 매수하거나 투기과열지구 또는 조정대상지역에 소재하는 주택을 매수하는 경우
- 추가로 투기과열지구 내 주택 거래 신고 시 거래가액과 무관하게 자금조달계획을 증명하는 서류를 첨부하여 제출해야 함.

② 토지의 일반 매수
- 실제거래가격이 다음에 해당하는 금액 이상인 토지를 매수하는 경우
  1) 수도권 등에 소재하는 토지: 1억 원
  2) 수도권 등 외의 지역에 소재하는 토지: 6억 원
- 1회의 토지거래계약으로 매수하는 토지가 둘 이상인 경우에는 매수한 각각의 토지 가격을 모두 합산
- 신고대상 토지거래계약 체결일부터 역산하여 1년 이내에 매수한 연접한 토지가 있는 경우에는 그 토지 가격을 거래가격에 합산하여 자금조달계획을 작성

③ 토지의 지분 매수
- 실제 거래가격이 다음에 해당하는 금액 이상인 토지를 지분 매수하는 경우
  1) 수도권 등에 소재하는 모든 토지
  2) 수도권 등 외의 지역에 소재하는 토지: 6억 원

관할 시·군·구청에서는 증빙자료 확인을 통해 불법 증여, 대출규정 위반 등 의심거래는 집중 관리 대상으로 선정하고, 실거래 신고 즉시 조사에 착수한다. 그리고 불법 증여로 의심이 되는 거래에 대해서는 관할 세무서에 정보를 이관하여 바로 증여세 관련 해명자료 안내를 받게 된다. 해명자료에 대한 명확한 소명이 되지 않는다면 과세관청의 조사를 통해 고액의 증여세가 추징될 수 있다.

예를 들어, 10억 원의 주택을 구입할 때 부친으로부터 전체 자금을 받아 본인의 예금 잔액증명서를 보여주면 된다는 생각을 할 수 있다. 그러나 이는 너무 일차원적인 접근이다. 직장생활 5년째 접어들어 본인의 소득금액증명원상 소득이 2억 원도 안 된다고 한다면, 본인이 벌어들인 소득이 2억 원이 채 안 되는 상태에서 예금 잔액증명서가 10억 원이 되었다는 것인데, 이는 나머지 8억 원에 대한 소명 논리가 부족하다.

이 8억 원을 부모로부터 증여받았다고 하여 증여세 무신고에 대해 본세와 이에 따르는 가산세 추징액을 계산해보면, 무려 2억 원 이상의 세액을 납부해야 한다. 해당 증여세를 바로 납부하지 못한다면, 가산세는 1일당 계속 늘어나게 되며 최악의 경우에는 본인 명의 주택이 체납처분에 의한 압류가 될 수도 있다.

1. 증여세: (8억 원-5천만 원[직계비속 증여재산공제])×30%-6천만 원=1억 6,500만 원
2. 가산세
   1) 신고불성실가산세(20% 가정): 3,300만 원
   2) 납부지연가산세(100일 가정, 1일 0.022%): 363만 원
3. 합계: 2억 163만 원

(2) 소득-지출 분석(PCI 시스템)으로 소명은 확실한지 살펴보자

'주택취득이 아닌 전세는 괜찮지 않을까?' 하는 생각을 할 수 있다. 그러나 2021년 6월 1일부터 전월세 신고제가 시행됨에 따라 경기도 외 도(道) 관할 군 지역을 제외한 전역에 대해서 보증금 6,000만 원을 초과하거나 월세가 30만 원을 초과하면 임대차계약 내용을 신고해야 한다. 2025년 6월 1일부터는 임대차계약 관련 신고를 하지 않을 경우 20만 원 이하의 과태료도 부과할 예정이다. 그러므로 자금출처의 투명함이 보장되지 않은 상태의 전세 명의자가 되는 것도 아주 큰 위험이 될 수 있다.

국세청은 납세자에 의한 소득이나 이익의 의도적인 누락을 적발하여 세금을 추징하기 위해 그동안 확보한 납세자의 재산 현황, 소비수준, 신고내역을 통합·분석하고 결과를 추출하는 PCI 시스템(Property, Consumption and Income Analysis System, 소득-지출 분석시스템)을 활용하고 있다. 이는 "재산증가액(P)+소비지출액(C)-신고소득(I)=탈루혐의액"이라는 명료한 전제를 활용하여 탈루세액을 쉽게 찾아낼 수 있는 대표적인 조사방법이다.

예를 들어, 과거 5년간 국세청 신고소득은 4억 원인데 반해 지난 5년간 재산증가액과 소비지출액이 각각 7억 원과 3억 원으로 그 합이 10억 원이라고 가정하면, 차액인 6억 원은 탈루소득 또는 증여로 의심되어 세무조사 대상자로 선정될 수 있다. 이처럼 일정 기간 동안 재산증가와 소비지출의 합계액이 최근 5년 동안 신고 된 소득의 합계액보다 크면, 그 차액은 신

고 누락된 소득 또는 증여로 추정하여 소명 요구를 받게 된다.

국세청은 동산·부동산의 등기 또는 명의이전을 요구하는 재산뿐만 아니라 납세자의 신용카드 및 현금영수증 사용빈도, 거래내역까지 파악이 가능하다. 이는 국세청이 개인의 금융거래내역도 조회할 수 있기 때문이다. 개인의 사생활이 보호되고 있지 않다고 생각할 수 있지만 「금융실명법」 제4조에서 "조세에 관한 법률에 따라 제출의무가 있는 과세자료 등의 제공과 소관 관서의 장이 상속·증여 재산의 확인, 조세탈루의 혐의를 인정할 만한 명백한 자료의 확인, 체납자의 재산조회, 「국세징수법」 제9조 제1항 각호의 어느 하나에 해당하는 사유로 조세에 관한 법률에 따른 질문·조사를 위하여 필요로 하는 거래정보 등의 제공"은 그 사용 목적에 필요한 최소한의 범위에서 거래정보 등을 제공할 수 있다고 명시되어 있다.

실제 국세청 홈페이지에는 주기적으로 주택 전세 및 취득에 따른 증여탈세에 대한 세무조사를 실시한 후 보도자료를 게시하고 있다. 다양한 탈세 사례에 대해 세무조사를 펼치고 있으며, 추징하는 보도자료를 통해 국세청의 촘촘한 조사방식에 대해 간접적으로 경험할 수 있다.

2 가족 간에 차용증은 어떻게 써야 할까?

부동산 취득 시 자금 출처를 소명하는 것이 필수가 된 현재 취득자금의 일부를 부모로부터 차입했더라도 이를 증여로 보아 증여세 소명 대상이 되기 쉽다. 왜 그럴까? 부모로부터 유입된 부동산 취득자금이 증여 대상인지, 아니면 금전 대여인지를 가려내기 위해서이다. 이 내역이 '금전 대여'라는 것을 어떻게 입증할까?

(1) 자녀의 경제적 능력은 필수

채무자인 자녀의 경제적 능력이 없다면 대여금 및 대여금에 따르는 이자의 변제능력을 입증하는 것은 불가능에 가깝다. 그렇다면 사실상 변제의지가 없는 것으로 보아 대여금액이라 지칭한 총액을 증여라고 볼 수 있다.

(2) 차용증은 기본 중의 기본! 차용증부터 작성하자

부모 자식 간에 돈을 빌려줄 때 아직도 일정한 차용증 또는 금전소비대차 계약서를 안 쓰는 경우가 있다. 실제 변제에 대한 각종 약정(당사자 인적사항, 대여금, 대여이율, 대여금 분할 변제 여부, 변제기한 등)을 기입한 금전소비대차 계약서도 없이 이를 자녀에게 대여해줬다고 주장한다면 법에서는 사실상 대여로 인정받기가 어렵다.

간간이 차용증이 없음에도 입증이 가능한 경우가 있지만, 이는 짧은 시간 내에 즉시 변제하였고, 자녀 역시 경제적 능력이 인정되는 상황이었던 점을 놓치면 안 된다.

(3) 차용증 외에도 증빙자료를 구비하자

차용증만 구비해 놓으면 금전 대여임을 입증할 수 있을까? 그렇지 않다. 과세관청은 기본적으로 특수관계인 간 금전 대여 거래를 판단할 때, 객관적이고 구체적인 입증 자료를 종합적으로 판단한다.

첫째로, 작성된 차용증이 사후적으로 작성되었는지 여부를 확인한다. 따라서 차용증 작성 시점에 공증법률사무소에 가서 공증 또는 확정일자를 받거나, 우체국 내용증명이나 이메일 발송 등의 방법을 통해 차용증 작성 일자를 확실히 하는 과정이 필요하다. 더 확실히 차용이라는 경제적 실질을 입증하기 위해서 자녀의 부동산에 근저당을 설정하는 방법도 있다.

둘째로, 작성된 차용증의 내용대로 원리금상환이 이루어졌는지를 확인한다. 즉, 차용증에 기입된 상환 일정에 맞추어 정해진 원리금이 상환되었다는 것을 입증할 수 있어야 한다. 그러므로 반드시 계좌이체를 통해 지급하면서, 적요 사항에 원리금 상환임을 명확하게 기록하는 것이 중요하다.

셋째로, 채무자의 이자 비용은 곧 대여자의 이자소득이다. 일반적인 사채(私債)의 경우에는 비영업 대금의 이익이라 하여 지방소득세 포함 이자 지급액의 27.5%를 원천징수 후 차액을 이자로 지급하여야 하고, 대여자는 수령한 이자소득에 대해 소득세를 신고해야 한다.

이처럼 금전 대여에 대한 입증 책임은 이를 주장하는 납세자에게 있으므로, 그것을 차용증과 같은 요식행위뿐만 아니라 그 내용을 기반으로 한 이자 지급 내역 등을 통해 상당한 정도로 금전 대여임이 입증되어야 한다.

(4) 금전 무상 대여 또는 저리 대여하면 증여세 과세 대상이 된다

간혹 차용증을 작성하는데 이자는 전혀 없는 무상 차용증을 작성하는 경우가 있다. 이러한 경우에는 대부분 그 거래 자체를 차용한 것이라고 믿지 않는 경우가 많으며, 무상으로 금전을 차입하거나 법에서 정한 적정 이자율에 미달하는 이자율로 금전을 차입하는 경우에는 금전을 대출받은 날에 다음의 계산을 통해 그 금전을 대출받은 자의 증여재산가액을 산정한다. 다만, 해당 증여재산가액이 1,000만 원 이상인 경우에만 증여세가 과세된다.

① 무상으로 금전을 차입하는 경우
증여재산가액=대출금액×법에서 정한 적정이자율(연 4.6%)
② 적정이자율보다 낮은 이자율로 금전을 차입하는 경우
증여재산가액=대출금액×법에서 정한 적정이자율(연 4.6%)-실제 지급 이자상당액

채무자가 '실제 지급한 이자상당액'이란 차입에 대한 반대급부로서 금융거래내역 등으로 입증 가능한 금액만을 인정한다. 따라서 당사자 간 차용증이나 사인(私人) 간에 작성한 문서 등에 의해 지급하기로 예정되었다는 사유만으로는 실제 이자 지급이 이루어진 것으로 인정되지 않는다.

3 저가 양수도를 활용한 증여세 절세 방법

특수관계인 간에 부동산을 시가보다 저가 양수도하면 어떤 세금 이슈가 발생하게 될까? 단순히 한 가지 세금 이슈가 아닌 양도소득세와 증여세 이렇게 두 가지 세금이 발생한다. 그러므로 가족간 저가양수도 거래를 중개한다고 할 때에는 세법에 대한 간단한 위험요소를 전달하는 것이 전문성을 돋보이는 방법이다. 직거래보다는 중개거래를 통한 가족간의 거래를 통해 객관성을 확보하려는 경우도 종종 있다.

(1) 저가 양도에 대한 양도소득세 계산

다음 두 가지 요건에 해당하는 저가 양도(양도가액 부인) 경우에는 양도소득세 계산 시 부당행위계산 부인 규정을 적용하여 계산한다.

① 특수관계인과의 거래 ② 시가와 거래가액의 차액이 3억 원 이상이거나 시가의 5%에 상당하는 금액 이상일 것

위 요건을 충족하면 양도소득이 있는 거주자의 행위 또는 계산이 그 거주자의 특수관계인과의 거래로 인해 조세 부담을 부당하게 감소시킨 것으로 보아 부당행위계산부인 규정을 적용한다. 부당행위계산부인 규정이 적용되면 '시가'를 취득가액 또는 양도가액으로 보아 양도차익을 계산한다.

양도소득세를 구할 때 부동산의 평가기준일은 양도일 또는 취득일이며, 시가평가는 양도일 및 취득일 전후 3개월 이내의 법상 시가로 한다.

(2) 저가 양수에 따른 취득세 계산

① 특수관계인과의 거래 ② 시가와 거래가액의 차액이 3억 원 이상이거나 시가의 5%에 상당하는 금액 이상일 것

양도소득세 부당행위계산 부인 규정이 똑같이 적용되어 위 요건을 충족하면 '시가'를 취득세 과세표준으로 보아 취득세가 계산된다.

(3) 저가 양수에 따른 증여세 계산

저가 양수도의 경우 그 시가와 대가의 차이가 증여세 과세요건에 해당하는지를 먼저 검토한다. 과세요건을 충족하는 경우에는 증여재산가액을 계산하여 증여세가 과세된다.

수증자	과세 요건	증여재산가액
양수자	시가-양수 대가≥시가x30% or 3억 원	시가-대가-Min(시가x30%, 3억 원)

증여세를 구할 때 부동산의 평가기준일은 양도일 또는 취득일이며, 시가평가는 양도일 및 취득일 전 6개월부터 후 3개월 이내의 법상 시가로 한다.

(4) 저가 양수도 계산 예시

구 분	취득가액	양도가액(대가)	시가	미래 양도가액
양도자(父)	8억 원	10억 원	15억 원	-
양수자(子)	-			18억 원

1) 양도자의 저가 양도 양도소득세 계산

두 사람의 관계가 특수관계인이고, 시가와 대가의 차액이 3억 원 이상이거나 시가의 5% 이상인 상황이므로 부당행위계산부인규정이 적용된다. 이에 대가 10억 원으로 계산 및 신고한 기존 양도소득세를 부인하고, 시가 15억 원과 대가 10억 원의 차액인 5억 원을 양도차익에 추가하여, 7억 원의 양도차익에 대해 양도소득세를 과세한다.

2) 양수자의 저가 양수 취득세 계산

두 사람의 관계가 특수관계인이고, 시가와 대가의 차액이 3억 원 이상이거나 시가의 5% 이상인 상황이므로 부당행위계산부인규정이 적용된다. 이에 대가 10억 원이 아닌 시가 15억 원으로 취득세 과세표준 삼아 취득세를 과세한다.

3) 양수자의 저가 양수 증여세 계산

두 사람의 관계가 특수관계인이고, 시가와 대가의 차액이 3억 원 이상이거나 시가의 30% 이상인 상황이므로 과세 요건에 부합하여 이익의 증여로 보아 증여재산가액을 계산해야 한다.

증여재산가액은 시가 15억 원에서 대가 10억 원을 차감하고, 시가의 30%와 3억 원 중 적은 금액인 3억 원을 차감하여 2억 원으로 산정된다. 2024년 증여세법 상 증여세는 10년간 자녀에게 기 증여한 바가 없다면 증여재산공제 5천만 원을 공제하고 1억 5천만 원에 대해서 2천만 원 가량의 증여세가 발생한다.

> (15억 원-10억 원)-Min(15억 원x30%, 3억 원)=증여재산가액 2억 원

4) 미래 양수자의 해당 자산 양도 시 양도소득세 계산 방법

취득 시 과세 받은 증여재산가액 2억 원은 양도소득세 계산 시 필요경비로 산입된다. 추후 18억 원으로 양도 시 취득 시점에 지급한 '대가' 10억 원과 증여재산가액인 2억 원을 취득가액으로 보아 6억 원의 양도차익에 대해서 양도소득세가 과세된다.

> 양도차익 6억 원=미래 양도가액 18억 원-(대가 10억 원+증여재산가액 2억 원)

4 증여세 계산 구조

증여세는 동일인으로부터 10년 이내 증여받은 1,000만 원 이상의 재산을 합산하여 계산하도록 되어 있다. 또한, 상속 발생 시 상속개시일 전 5년과 10년 이내에 증여한 가액을 상속재산에 합산하여 계산하도록 되어 있다. 증여로 인해 발생하는 위 두 합산 규정이 상속세와 증여세를 폭발적으로 증가시키는 주범이다.

그러므로 우리는 기본적인 증여세 계산법을 익혀서 현행법상 10년 주기 증여설계가 얼마나 큰 절세효과가 있는가를 이해하여 하루라도 빠른 증여를 실행하는 데에 목적이 있다. '합산'으로 높은 세액이 부담되는 것을 피하기 위해서는 하루라도 빨리 증여를 고민하라고 말할 수밖에 없는 절세 전략의 한계는 분명히 존재하지만, 현행 세법의 변화가 없는 이상 이를 적법하게 지켜야 한다는 점을 잊지 말자.

⊗ 증여세 계산법

<table>
<tr><th colspan="2">증여재산가액</th><th colspan="3">-증여일 현재 시가 평가(시가 없을 시 보충적 평가액)</th></tr>
<tr><td colspan="2">(-)증여세
과세가액 불산입</td><td colspan="3">- 비과세 재산, 과세가액 불산입 재산
- 과세가액 불산입재산은 국가로부터 증여받은 재산, 공익법인 등이 출연받은 재산 등 일반적인 증여에는 해당 사항 없음.</td></tr>
<tr><td colspan="2">(-)채무 부담액</td><td colspan="3">- 증여재산에 담보된 채무인수액
(채무승계 시 부담부증여가 되며 채무액은 양도소득세 과세 대상이 됨)</td></tr>
<tr><td colspan="2">(=)증여세 과세가액</td><td colspan="3"></td></tr>
<tr><td colspan="2">(+)증여재산
가산가액</td><td colspan="3">- 증여 전 동일인으로부터 10년 이내 증여받은 1,000만 원 이상의 재산
- 증여자가 직계존속일 경우 배우자 포함.</td></tr>
<tr><td colspan="2">(-)증여재산공제
(10년간 누계 한도)</td><td colspan="3">- 배우자 : 6억 원
- 직계존속 : 5,000만 원
- 직계비속 : 5,000만 원(미성년자 2,000만원)
- 기타 친족 : 1,000만 원</td></tr>
<tr><td colspan="2">(-)감정평가
수수료 공제</td><td colspan="3">- 부동산과 서화·골동품 등 유형 재산은 각각 500만 원 한도
- 비상장주식은 평가대상 법인, 의뢰기관 수별로 각각 1,000만 원 한도</td></tr>
<tr><td colspan="2" rowspan="6">과세표준
(누진세율 및
누진 공제 적용)</td><td>과세표준</td><td>세율</td><td>누진공제</td></tr>
<tr><td>1억 원 이하</td><td>10%</td><td></td></tr>
<tr><td>1억 원 초과~5억 원 이하</td><td>20%</td><td>1,000만 원</td></tr>
<tr><td>5억 원 초과~10억 원 이하</td><td>30%</td><td>6,000만 원</td></tr>
<tr><td>10억 원 초과~30억 원 이하</td><td>40%</td><td>1억 6,000만 원</td></tr>
<tr><td>30억 원 초과</td><td>50%</td><td>4억 6,000만 원</td></tr>
<tr><td colspan="2">(+)세대 생략 가산액</td><td colspan="3">- 산출세액x30% (미성년자이면서 증여가액 20억 원 초과 시 40%)</td></tr>
<tr><td rowspan="3">(-)세액
공제</td><td>기납부 세액공제</td><td colspan="3">- 기 납부 증여 산출세액 공제</td></tr>
<tr><td>외국납부 세액공제</td><td colspan="3">- 외국에 있는 증여재산에 대하여 외국의 법령에 따라 부과받은 증여세</td></tr>
<tr><td>신고 세액공제</td><td colspan="3">- 증여일이 속하는 달의 말일로부터 3개월 이내 신고 시 산출세액의 3%</td></tr>
<tr><td>(+)가산세</td><td>신고, 납부가산세</td><td colspan="3">- 신고 : 과소신고는 산출세액의 10%, 무신고는 산출세액의 20%
- 납부 : 1일당 2.2/10,000</td></tr>
<tr><td colspan="2">(=)납부할 세액</td><td colspan="3"></td></tr>
</table>

5 주택 잘 상속받는 법 = 상속 급매 거래 성사

상속이 펼쳐졌을 때 상속재산의 대부분은 주택이 차지한다. 그러므로 가장 큰 상속재산인 주택을 상속받을 때 추후 펼쳐질 취득-보유-처분단계에서의 세금을 고민하지 않을 수 없다. 그냥 주택 상속받는 게 뭐 복잡하고 신경 쓸 게 많냐고 할 수 있지만, 상속인에게 주택 상속은 모든 자산관리의 시작점이다. 그 스타트를 잘 못 끊게 되었을 때 추후 발생하게 될 큰 손실이 발생하게 되므로 상속주택의 취득-보유-처분단계에서의 세금에 대해서 자세히 공부하자.

(1) 상속주택 취득 시

세대가 무주택자인 상속인이 상속주택을 받으면 취득세 감면을 받을 수 있다. 국민주택 규모 이하의 주택을 취득할 때 일반적인 상속주택 취득세는 2.96%이나 무주택자인 상속인이 주택을 상속받으면 0.96%로 3배 이상 차이가 나는 것을 알 수 있다.

상속은 무상 이전이므로 외부에서 자금이 유입되지 않아서 유동성이 부족해지는 경우가 많다. 그때 취득세 3배의 차이가 몇천만 원 이상의 세액으로 발생하는 경우가 많으므로 상속인이 취득세 감면만 잘 알아도 큰 절세를 할 수 있다.

세대가 유주택자인 상속인과 함께 상속을 받는다고 한다면 무주택자의 지분이 다른 유주택자보다 조금이라도 높으면 전체 지분에 대해서 취득세 감면을 받을 수 있으니 상속재산 협의를 할 때 참고하도록 하자.

상속인이 전부 유주택자라면 어떤 사항을 검토해야 할까? 유주택자 중 지분이 가장 큰 상속인은 상속주택이 본인의 주택 수에 포함된다. 만일 상속인들의 지분이 같다면

1. 그 주택 또는 오피스텔에 거주하는 사람
2. 나이가 가장 많은 사람 순으로 주택 수에 포함된다.

   다행히 상속을 원인으로 취득한 주택, 조합원입주권, 주택분양권 또는 오피스텔로서 상속개시일부터 5년이 지나지 않은 주택, 조합원입주권, 주택분양권 또는 오피스텔은 주택 수에서 제외가 되어서 다음 주택 취득 시 취득세 중과 주택 수에서 제외가 되므로 5년간은 주택 수로 인한 취득세 중과 피해를 받지 않는다.

(2) 상속주택 보유 시

재산세 납세의무자는 재산세 과세기준일 현재 재산을 사실상 소유하고 있는 자다. 상속이 개시된 재산으로서 상속등기가 이행되지 않고 사실상의 소유자를 신고하지 않았을 때는 주된 상속자는 민법상 상속지분이 가장 높은 사람이며, 상속지분이 가장 높은 사람이 2명 이상이면 그 중 '가장 나이가 많은 사람'으로 한다.

종합부동산세는 부동산 투기를 억제하는 것이 주된 목적인데 상속주택은 투기목적으로 취득한 주택이 아니므로 규제 대상이 아니다. 따라서 상속주택은 종합부동산세 1세대 1주택자와 중과세율을 판정할 때 주택 수에 포함되지 않는다.

그러나 이는 5년간만 적용된다는 점을 꼭 알아두자. 만약 5년이 지났다면, 상속주택 지분비율이 40% 이하이거나 상속주택 지분율에 상당하는 공시가격이 6억 원 이하인 경우에만 주택 수에 포함되지 않는다. 그리고 상속주택은 주택 수에서만 제외되는 것이지 과세표준에서까지 제외되는 것은 아니다. 상속주택까지 받아서 2주택이 되었다면 상속주택은 과세표준에는 포함되지만 주택 수에서는 제외되므로 1세대 1주택자의 종합부동산세 공제와 세액감면을 받을 수 있는 것이다.

마지막으로 상속주택이 종합부동산세 과세기준일까지 상속등기가 이행되지 않았다고 한다면 피상속인에게 부과되지 않으며 상속인 중 민법상 상속지분이 가장 높은 자가 재산세 납부의무가 있으므로 해당 납부자가 종합부동산세 납세자로 부과된다.

(3) 상속주택 처분 시

세법에서는 상속주택이 투기목적이 아닌 부득이한 사유에 의해 취득한 주택이라고 보고 예외로 규정한다. 그래서 다양한 혜택을 부여하고 있는데 그중 가장 대표적인 것이 상속주택 비과세 특례 규정이다. 상속주택 비과세 특례란 상속으로 주택을 취득했을 경우 본인이 소유하던 일반주택을 양도할 때 비과세를 적용해주는 규정을 말한다. 즉, 일반주택 양도 시 상속주택은 주택 수에서 제외하고 일반주택 비과세를 판단한다.

다만, 상속주택 비과세 특례는 돌아가신 분(피상속인)과 상속받은 사람이 별도 세대를 구성하고 있어야 하며(동거봉양으로 합가한 경우 동일세대 가능), 상속개시 전부터 보유하던 주택에 한해서만 비과세를 적용받을 수 있다. 따라서 상속개시 후 취득한 일반주택은 상속주택 비과세 특례가 적용되지 않는다.

그리고 상속받은 주택이 여러 채일 경우 선순위 상속주택 1채에 한해서만 비과세 특례가 적용된다. 선순위 상속주택은 다음의 순서로 정해진다.

1. 피상속인이 소유한 기간이 가장 긴 1주택
2. 피상속인이 소유한 기간이 같은 주택이 2 이상일 경우에는 피상속인이 거주한 기간이 가장 긴 1주택
3. 피상속인이 소유한 기간 및 거주한 기간이 모두 같은 주택이 2 이상일 경우에는 피상속인이 상속개시당시 거주한 1주택
4. 피상속인이 거주한 사실이 없는 주택으로서 소유한 기간이 같은 주택이 2 이상일 경우에는 기준시가가 가장 높은 1주택(기준시가가 같은 경우에는 상속인이 선택하는 1주택)

주택을 단독으로 상속받을 수도 있지만, 상속인들이 공동으로 상속받을 수도 있다. 이때는 앞서 언급한 상속주택 비과세 특례와 차이가 있다.

먼저 주된 상속인을 결정해야 한다. 주된 상속인은 상속주택의 지분이 가장 큰 자, 상속주택에 거주한 자, 최연장자 순서로 결정한다. 주된 상속인은 단독으로 상속받는 경우와 동일한 상속주택 비과세 특례가 적용된다.

주된 상속인이 아닌 자를 소수지분권자라 하는데, 소수지분권자도 주된 상속인처럼 본인이 소유하던 일반주택을 양도할 때 공동상속주택 비과세 특례를 적용받을 수 있다. 그리고 소수지분권자의 경우에는 상속이 개시된 이후 취득한 주택에 대해서도 비과세 적용이 가능하다.

상속주택에는 비과세 특례 말고도 양도소득세 중과배제 혜택도 있다. 현행 세법에 따르면 다주택자가 조정대상지역에 있는 주택을 양도하면 중과세율이 적용되고 장기보유특별공제가 배제된다. 이때 상속주택을 상속받은 날로부터 5년 이내에 양도하면 주택 수에 상관없이 중과세가 적용되지 않는다.

공동상속주택 소수지분권자의 경우 중과배제 규정에 차이가 있는데, 소수지분권자는 해당 상속주택을 본인 소유의 주택으로 보지 않기 때문에 상속개시 후 5년이 경과하고 상속주택을 양도해도 중과세율이 적용되지 않는다. 그리고 다른 주택을 양도할 때 소수지분권자의 상속주택 지분은 주택 수에 포함되지 않는다.

이렇게 상속주택에 대해서는 취득-보유-처분단계까지 발생할 세금을 잘 파악하고 상속인간 상속재산 협의를 하도록 하자. 잘 못 된 상속등기로 인해서 미래에 후회하는 경우를 실무에서 너무 많이 접하는데, 그 세액 차이가 1억 원 이상 나는 경우가 많다. 그럴 때마다 상속세뿐만 아니라 상속주택에 대한 의사결정을 제대로 못 받았다며 울분을 토하는 말을 많이 듣게 된다. 평생 두 번 정도 경험할 정도로 극히 드문 경험이 상속이므로 대충대충 알아보지 않도록 상속주택의 절세 팁을 꼭 기억하자.

6 상속이 발생하면 상속인은 무엇을 해야할까?

상속세 신고 및 납부기한은 상속개시일(사망일)이 속하는 달의 말일부터 6월이 되는 날까지다. 6개월이나 여유가 있으니 상속세 신고는 급할 것 없다고 생각하는 상속인이 간혹 있다. 그러나 한 달 정도 남겨놓고 세무사를 찾게 되면 제대로 된 상속세 신고를 못 하는 경우가 발생할 수 있다. 그만큼 상속 이후 처리해야 할 사항이 많으며, 오히려 상속세 신고기한인 6개월은 충분한 검토를 하기에 짧을 수 있다. 상속개시일 이후 시간의 순서에 따라 상속인이 처리해야 할 업무와 명심해야 할 사항을 알아보고 각 기한마다 놓치지 말아야 할 사항에 대해서 알아보자.

핵심적으로 공인중개사는 상속인을 챙겨야 하는 이유가 있다. 바로 상속부동산은 급매로 많은 매도를 원하기 때문이다. 이를 위한 매수자 셋팅까지 해놓는 것이 좋다.

(1) 상속개시일 당시

가족의 사망은 언제나 큰 충격과 슬픔으로 다가온다. 앞으로 어떻게 주변을 정리해야 할지도 혼란스럽다. 하지만 슬픔 속에서도 꼭 챙겨야 할 것들이 있다. 그래야 망자가 가족들을 위해 남겨둔 재산을 유지대로 상속할 수 있다. 그 첫 번째는 장례식장을 예약하고, 장례를 치르면서 들어간 비용 영수증과 장지 및 봉분 등을 마련하기 위한 비용 영수증을 챙기는 것이다. 또 장례식 이후 사망진단서를 꼭 수취해야 한다.

(2) 상속개시일 1개월 이내

장례 이후 본격적인 망자의 신변 정리를 시작해야 한다.

1) 사망신고

가장 먼저 할 일은 사망신고다. 사망신고는 사람이 사망한 경우에 하는 보고적 신고다. 사람은 생존하는 동안 권리와 의무의 주체가 되므로 출생신고에 의하여 가족관계등록부가 작성되고, 사망신고에 의하여 최종적으로 가족관계등록부가 폐쇄된다.

사망신고는 사망자와 동거하는 친족이 사망 사실을 안 날로부터 1개월 이내에 해야 한다. 신고 기간이 지난 후의 신고도 적법한 신고로 효력이 있지만, 신고기한 이내에 미신고시 5만 원의 과태료가 부과된다.

2) 안심상속 원스톱서비스(사망자 등 재산 조회 서비스)

안심 상속 원스톱서비스는 사망신고 시 상속의 권한이 있는 자가 사망자의 재산조회를 통합 신청할 수 있게 하여 사망 처리 후속 절차의 번거로움을 없애고 상속 관련하여 신속한 대처가 가능하도록 편의를 제공하는 제도다. 대부분 사망신고를 위해 시·군·구청 또는 주민센터 방문 시 피상속인의 '안심 상속 원스톱 서비스'를 동시에 진행한다.

'안심 상속 원스톱 서비스'를 신청하기 전에 먼저 유념할 사항은 해당 서비스 신청을 하게 되면 피상속인의 금융재산 인출 거래가 정지된다는 점이다. 추후 금융재산에 대하여 공동상속 인간에 협의 분할을 한 후에는 정식으로 인출이 가능하지만 협의 분할 전에 지급해야 할 자동이체 서비스 등은 인출되지 않기 때문에 연체에 대한 불이익을 받을 수 있다. 그러므로 급한 자금이 있다면 미리 인출한 후에 사망신고 및 안심상속 원스톱 서비스를 신청하는 것이 좋다.

- 신청 기한 : 사망일이 속한 달의 말일로부터 6개월 이내 신청 가능
- 신청 방식 : 가까운 구청이나 주민센터 방문 신청 및 (일부) 온라인 신청
- 신청 절차 : 사망신고와 함께 또는 사망신고 처리 완료 후 사망자 재산 조회 신청서 작성, 방문 제출 또는 온라인 신청(온라인 신청은 사망신고 처리 완료 후 가능)
- 지원 내용 : 한 번의 통합신청으로 사망자와 피후견인의 재산 조회 결과를 문자, 우편 등으로 제공
- 통합 처리 대상 재산 조회 종류
  - ◦금융거래 : 신청일 기준으로 사망자(피후견인) 명의 의 각종 예금, 보험계약, 예탁증권, 공제, 대출, 신용카드이용대금, 지급보증, 특수 채권, 대여금고 등
  - ◦국세 : 국세 체납액 및 납부기한이 남아있는 미납세금, 환급금
  - ◦연금 : 국민연금, 공무원연금, 사립학교교직원 연금, 군인연금, 근로복지공단 퇴직연금 가입유무
  - ◦공제회 : 건설근로자공제회, 군인공제회, 대한지 방행정공제회, 과학기술인공제회, 한국 교직원공제회 가입유무
  - ◦토지 : 개인별 토지 소유 현황

- 건축물 : 개인별 건축물 소유 현황
- 지방세 : 지방세 체납액 및 납부기한이 남아 있는 미납세금, 환급금
- 자동차 : 자동차 소유내역
- 4대 사회보험 : 4대 사회보험 보험료(건강보험, 국민연금, 고용보험, 산업재해보상보험) 체납액 및 미지급 환급금 내역
- 기타 : 근로복지공단 대지급금 채무, 어선 보유 내역 등
  ① 7일 이내 : 지방세 체납세액·고지세액·환급액, 토지 소유 내역 정보 등
  ② 20일 이내 : 국세, 금융거래, 국민연금·공무원연금·사립학교교직원연금 정보 등

3) 금융감독원 상속인금융거래조회 서비스

상속인이 피상속인의 금융재산 및 채무를 확인하기 위하여 무작정 금융회사를 일일이 방문하는 것은 시간적·경제적 어려움이 있다. 이를 덜어주기 위하여 금융감독원에서 조회신청을 받아 각 금융회사에 대한 피상속인의 금융거래 여부를 확인할 수 있는 서비스다. 안심 상속 원스톱 서비스의 정보를 토대로 좀 더 상세 내역을 확인할 수 있다.

4) 고정지출 내역 정리

건강보험, 신용카드, 통신비용 등 피상속인의 이름으로 되어 있는 각종 고정 지출사항을 정리해야 합니다. 휴대전화와 집 전화기는 피상속인의 채권·채무 관계를 확인하는 데 필요할 수 있으므로 우선 해지를 미루는 것이 좋으며, 피상속인이 사업장이 있는 경우에는 사업자등록에 대해서도 상속인 간의 협의에 따라 사업장 승계자가 달라질 수 있으므로 상속재산 협의가 어느 정도 마무리된 이후에 진행하는 것이 좋다.

● 상속개시일 3개월 이내

① 예금 및 보험 지급 청구 및 금융거래 상세 내역 준비

'안심 상속 원스톱 서비스'를 통해 파악한 피상속인의 예금 및 보험 정보를 기반으로 각 은행, 우체국, 증권사, 보험사에 사망진단서, 가족관계증명서 등 피상속인과 상속인의 관계를 입증할 서류를 지참하여 지급청구를 할 시기다.

지급 청구 차 방문 시에는 꼭 피상속인의 10년간 계좌 내역 일체와 보험료 납입 내역 등 추후 상속세 신고를 위한 각종 자료도 요청하여 두 번 방문하는 일이 없도록 하는 것이 중요하다. 이때 발급받은 금융거래 내역, 보험료 납입 내역 등을 통해 금융재산 총액, 보험금 총액, 사전증여 내역 등을 파악할 수 있다.

추가로 사망 관련 유족연금, 반환일시금, 사망일시금 등을 국민연금공단에 신청하여 수령하는 것이 좋다.

② 상속 포기 또는 한정승인 신고기한

상속 포기는 상속으로 인하여 생기는 모든 권리와 의무의 승계를 부정하고 처음부터 상속인이 아니었던 효력을 생기게 하는 단독의 의사표시다. 공동상속의 경우에는 상속인별로 자유로이 포기할 수 있다. 피상속인의 재산보다 부채가 많다고 판단되는 경우 상속 포기에 대한 고민을 해볼 수 있다.

한정승인은 상속인이 상속으로 취득할 재산의 한도 내에서 피상속인의 채무와 유증을 변제할 것을 조건으로 상속을 승인하는 것을 말한다. 공동상속의 경우에는 상속인별로 자기의 상속분에 따라 취득할 재산의 한도 내에서 그 상속분에 따른 피상속인의 채무와 유증을 변제할 것을 조건으로 상속을 승인할 수 있다.

상속 포기 또는 한정승인은 상속이 개시된 것을 안 날부터 3개월 이내에 가정법원에 신고해야 한다.

③ 피상속인 자동차 상속 말소신청 및 그 외 업무

피상속인의 자동차를 상속받지 않으려면 상속 말소신청을 상속개시일로부터 3개월 이내에 해야 한다. 만약 상속 말소신청을 하지 않으면 10일 이내에는 10만 원, 그 이후 1일마다 1만 원씩 추가되어 최대 50만 원의 범칙금이 부과된다.

● 상속개시일 6개월 이내

상속개시일인 '평가기준일 전후 6개월 이내'에 시가를 확인할 수 있는 다음 시가 인정 사유가 존재해야 한다. 이때, 시가 인정 사유 판단 기간을 상속세 신고 기간(상속개시일이 속하는 달의 말일로부터 6개월 이내)과 혼동하지 않도록 조심해야 한다.

① 거래가액의 경우에는 매매계약일 ② 감정가액의 경우에는 가격산정 기준일과 감정가액평가서 작성일 모두 ③ 수용보상가액·경매·공매가액의 경우에는 그 가액이 결정된 날

● 상속개시일이 속하는 달의 말일로부터 6개월 이내

핵심적인 신고 의무로 피상속인의 상속세 신고 및 납부를 해야 한다. 그리고 피상속인의 상속개시일 전까지의 종합소득세 신고도 필요하다. 그 외 자동차를 상속받기로 하였다면 소유권이전등록 신청 기한이기도 하다.

상속재산 중 부동산이 있다면 부동산의 취득세 신고 및 납부기한이기도 하다. 상속재산 중 부동산의 비중이 높은 경우가 대부분이므로 부동산을 상속받을 상속인과 상속 비율에 대해 신중하게 고민해야 한다.

상속세, 소득세, 취득세 이 세 가지의 세금 납부가 동시에 일어나게 되면 거액의 자금이 필요할 수 있다. 미리 세금의 재원 마련과 납부 방식에 대한 논의도 상속인 간 협의해야 한다. 이 기간까지 신고 또는 납부되지 않으면 신고불성실 및 납부지연 가산세가 부과된다.

또한 상속세는 신고 및 납부로 모든 세무업무가 종결되지 않으며, 상속세 신고 이후 9개월 이내에 세무조사를 통해 신고의 적정성 파악 및 결정을 하게 된다.

세무조사 중 기존 사전증여 내역 또는 신고 되지 않은 상속재산이 발견되어 추가 세액이 발생하는 경우가 많다. 상속세 신고 이후 일정 기간이 지난 다음에 세무조사를 통한 세무 추징이 발생하였을 때, 즉각적인 납부 여력이 없다면 당혹스러울 것이다. 이를 미연에 방지하기 위해 상속인 간 협의를 통해 공동계좌에 일정 예금을 넣어두어 미래의 상속세를 납부할 수 있도록 대비하는 것이 좋다.

● **상속세 신고기한 이후 9개월 이내**

상속세를 줄이는 여러 공제가 있지만, 핵심은 배우자상속공제다. 거주자의 사망으로 인하여 상속이 개시되는 경우로 피상속인의 배우자가 생존해 있으면 최소 5억 원에서 최대 30억 원까지 배우자상속공제를 적용받을 수 있다.

배우자상속공제를 적용받기 위해서는 상속세 신고기한의 다음 날부터 9개월이 되는 날까지 상속인 간 상속재산 협의분할을 통해 배우자 몫의 상속재산을 분할(등기·등록·명의개서 등을 요하는 경우에는 그 등기·등록·명의개서 등이 된 것에 한함)하고, 상속재산의 분할 사실을 납세지 관할 세무서장에게 신고해야 한다.

이 규정의 취지는 배우자상속공제를 받아 상속세를 납부한 이후에 상속재산을 배우자가 아닌 자의 몫으로 분할함으로써 배우자상속공제를 받은 부분에 대하여 조세회피가 일어나는 것을 방지하고 상속세에 관한 조세법률관계를 조기에 확정하고자 하는데 목적이 있다.

이때까지 분할이 되지 않으면 분할되지 않은 재산에 대해서는 배우자가 실제 상속받은 금액에 포함할 수 없어서 배우자 상속공제가 큰 폭으로 줄어들게 된다. 자세한 사항은 배우자 상속공제편에서 살펴보자.

또한 상속세 신고기한 이후 9개월 이내에는 상속세 결정을 위해 과세관청에서 상속세 조사를 시작하게 된다. 상속세 세무조사는 거의 모든 경우에서 발생하기 때문에 국세청으로부터 우편물을 받더라도 당황하지 말고 담당 세무사에게 연락하여 세무조사에 임하도록 하자.

부동산전문가과정 1 부동산 투자중개실무

초판인쇄 : 2025년 1월 8일
초판발행 : 2025년 1월 15일
편 저 자 : 박종철, 김명식, 김정우, 박철호, 이장원 공편저
발 행 인 : 박 용
등 록 : 2015년 4월 29일 제2019-000137호
발 행 처 : (주)박문각출판
주 소 : 06654 서울특별시 서초구 효령로 283 (서초동, 서경빌딩)
전 화 : 02-6466-7202 Fax : 02-584-2927

저자와의 합의하에 인지생략

정가 : 40,000원 ISBN 979-11-7262-511-5